utb 6283

Eine Arbeitsgemeinschaft der Verlage

Brill | Schöningh – Fink · Paderborn
Brill | Vandenhoeck & Ruprecht · Göttingen – Böhlau · Wien · Köln
Verlag Barbara Budrich · Opladen · Toronto
facultas · Wien
Haupt Verlag · Bern
Verlag Julius Klinkhardt · Bad Heilbrunn
Mohr Siebeck · Tübingen
Narr Francke Attempto Verlag – expert verlag · Tübingen
Psychiatrie Verlag · Köln
Ernst Reinhardt Verlag · München
transcript Verlag · Bielefeld
Verlag Eugen Ulmer · Stuttgart
UVK Verlag · München
Waxmann · Münster · New York
wbv Publikation · Bielefeld
Wochenschau Verlag · Frankfurt am Main

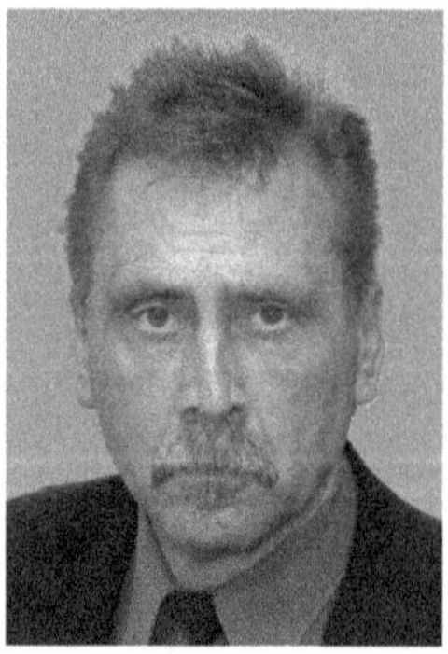

Dr. Norbert Jonscher ist Journalist, Wissenschaftsredakteur und Verfasser journalistischer Lehrwerke.

Norbert Jonscher

Lokaljournalismus im Internetzeitalter

Zur Bedeutung lokaler Kommunikation in einer globalen Medienwelt

UVK Verlag · München

Umschlagabbildung: © suteishi · iStock
Autorenbild: © privat

Bibliografische Information der Deutschen Nationalbibliothek
Die Deutsche Nationalbibliothek verzeichnet diese Publikation in der Deutschen Nationalbibliografie; detaillierte bibliografische Daten sind im Internet über http://dnb.dnb.de abrufbar.

DOI: https://doi.org/10.36198/9783838562834

– Ein Unternehmen der Narr Francke Attempto Verlag GmbH + Co. KG
Dischingerweg 5 · D-72070 Tübingen

Internet: www.narr.de
eMail: info@narr.de

Einbandgestaltung: siegel konzeption | gestaltung
CPI books GmbH, Leck

utb-Nr. 6283
ISBN 978-3-8252-6283-9 (Print)
ISBN 978-3-8385-6283-4 (ePDF)
ISBN 978-3-8463-6283-9 (ePub)

MIX
Papier aus verantwortungsvollen Quellen
FSC® C083411

Inhalt

Über das Buch

Die neue Veröffentlichung des Autors setzt die Reihe der bisherigen Beiträge zur lokalen Publizistik fort; erschienen sind in der Vergangenheit die Lehrbücher „Einführung in die lokale Publizistik" (1991) und „Lokale Publizistik" (1995), beide veröffentlicht im Westdeutschen Verlag (Opladen).

Der dritte Band in dieser Reihe („Lokale Publizistik im globalen Dorf") setzt sich nunmehr mit der Situation des Lokaljournalismus im Internetzeitalter auseinander; der Autor beschäftigt sich u. a. mit Themen wie Onlinejournalismus, E-Paper, Künstliche Intelligenz im Redaktionsalltag, Chancen und Risiken des Roboterjournalismus, *fake news*, Qualitätsjournalismus und Redaktionelles Marketing.

Das Internet bietet insbesondere Printmedien neue Perspektiven. Sie müssen sich aber neu „erfinden", um auf dem digitalen Markt erfolgreich zu sein. Die Tageszeitung steht einmal mehr unter Druck: Junge Leser kommen nicht nach, sie informieren sich im globalen Netz vermehrt aus gratis verfügbaren Quellen. Zeitungsverlage müssen ihr Produkt deshalb aufwerten, um sich zu behaupten. Gefragt sind neue, zeitgemäße Marketingmodelle wie der neue Modeslogan „Qualitätsjournalismus". Ausführlich setzt sich der Autor damit auseinander; seine langjährige Berufserfahrung als Tageszeitungsredakteur und sein redaktionelles Praxiswissen ermöglichen es ihm, journalistische Themen stets auch aus einer besonderen Insidersicht zu analysieren und zu bewerten. Dem analytischen Teil folgt ein Marketingkapitel; es beinhaltet Ideen, Beispiele und praktische Realisierungsmöglichkeiten für einen neuen, erfolgreichen Lokaljournalismus.

Genderhinweis | Der Autor verzichtet auf verkürzte Formen zur Kennzeichnung mehrgeschlechtlicher Bezeichnungen im Wortinneren und verwendet in der Regel das generische Maskulinum.

Über den Autor

Dr. Norbert Jonscher (Jahrgang 1957) hat fundiertes Praxiswissen über die Berichterstattung von Tageszeitungen und hat nach einem Volontariat mehr als drei Jahrzehnte als Zeitungsredakteur bei einer großstädtischen Regionalzeitung gearbeitet. Er kann bei seiner Analyse somit auf redaktionelles Insiderwissen zurückgreifen, um Zeitungsinhalte zu analysieren und Einblicke in die lokaljournalistische Praxis zu gewähren. Bereits in seiner Doktorarbeit hatte sich Jonscher mit dem Thema *Inhalte und Defizite der lokalen Berichterstattung von Tageszeitungen* (1989) beschäftigt. In der Vergangenheit erschienen im Westdeutschen Verlag (Opladen) bereits zwei Bücher des Autors: das Lehrbuch *Lokale Publizistik* (1995) und der Band *Einführung in der lokalen Publizistik* (1991).

Der Autor studierte von 1982 bis 1988 an der Georg-August-Universität in Göttingen Rechtswissenschaft und Sozialwissenschaft.

Vorwort

„Die Zukunft der Zeitung liegt im Lokalen" hieß in den späten 1960er Jahren, als nicht nur Zeitungsverlegern klar wurde: Die Tageszeitung hat ihr jahrhundertelanges Nachrichtenmonopol unwiederbringlich verloren. Wie heute das Internet drängten neue Medien, Radio und Fernsehen, spätestens in der Zeit des ausgehenden „Wirtschaftswunders" die Blätter in eine neue Rolle; das Fernsehen avancierte mit seinen immer umfangreicheren Programmen zum neuen Universalmedium; es lieferte, nahezu in Echtzeit, gegen eine noch geringe jährliche Gebühr Schlagzeilen aus aller Welt ins Wohnzimmer. Während Zeitungen damit meist erst einen Tag später heraus kamen. Sie kämpften zudem mit immer höheren Personal- und Druckkosten.

Eine ungeahnte Pressekonzentration grassierte, lichtete seit Mitte der 1950er Jahre die Reihen im Blätterwald. Rund 20 Jahre lang sollte sie wüten. Zeitungsverleger waren alarmiert. Es wurde nachgerechnet – und nachgedacht. Heraus kam eine Idee, ein Masterplan: Das Lokale, bis dato eher stiefmütterlich behandelt, sollte nun plötzlich die Verlage retten. Ihm sollte die „Zukunft" gehören, hatte sich doch herausgestellt, dass Leser sich mehr noch als für fernes Weltgeschehen für Neues aus ihrer Nahwelt interessierten. Die Erkenntnis war schon damals nicht neu: Findige Zeitungsverleger der General-Anzeiger-Presse hatten bereits fast ein Jahrhundert zuvor eine auf Lesernähe und Unterhaltung konzentrierte Marketingstrategie erfolgreich praktiziert; sie besaßen sozusagen das „Copyright". Aber wie sollte die Transformation der Zeitungsinhalte funktionieren? Die sich bislang weltmännisch gerierende Tageszeitung nun plötzlich als lokaler Nahversorger?

Es herrschte Aufbruchsstimmung in der unter Druck geratenen Tagespresse. Eine „lokale Wende" wurde propagiert, um die Zukunft zu sichern; sie sollte für einen nachhaltigen und bis dahin beispiellosen Umbruch im deutschen Zeitungswesen stehen. Tageszeitungen sollten sich neu „erfinden", um zu überleben, Blatthierarchien sollten gekippt werden. Die Lokalzeitung war ausgemacht als „Organ einer neuen Presseepoche" (1969). Ihre Inhalte, „reparaturbedürftig" (Günter Kieslich 1970) wie sie waren, sollten reformiert, von „alten Zöpfen" befreit werden, von vertrauten Berichterstattungsmustern, die nach 1949, als die alliierte Pressepolitik endete, wie aus dem Nichts in den Lokalteilen wieder auflebten, als vermeintliche Erfolgsmodelle, die jedoch letztlich keinen Erfolg brachten. Viele alte Heimatzeitungen „floppten"; die Zeiten hatten sich geändert. Man erkannte: Zeitungen müssen mit der Zeit gehen, sonst gehen sie mit der Zeit. Eine moderne Lokalredaktion, meinte man nun, sollte sich stringent vom „Mief des Provinziellen" lösen.

Jahrzehnte später, im Siliziumzeitalter der Highspeed-Medien, stehen Zeitungen vor ähnlichen Herausforderungen. Wieder sind schlaue Marketingstrategien gefragt, müssen Zeitungen neue Wege gehen, um Leser zu finden: mit lokalen Exklusivinformationen in ihren E-Papers, den Onlineablegern ihrer Printausgaben. Das Lokale hat auch hier seinen Platz verteidigt: Im datenüberfluteten Internetzeitalter sind lokale Nachrichten für Menschen, die nach Orientierung suchen, wertvoller denn je.

Das ist heute nicht anders. Ist es heute das Internet, das Gratisinformationen in ungeahnter Menge ausspuckt und so die Presse zur Neupositionierung zwingt, waren es seinerzeit Radio und Fernsehen, die den Zeitungen das Informationsmonopol streitig machten.

Mehr als ein halbes Jahrhundert ist seither vergangen. Was ist aus den damaligen Bekundungen geworden? Ist die „Zukunft" Gegenwart geworden? Vordergründig gesehen, präsentieren sich Lokalzeitungen heute tatsächlich lokaler denn je. Lokale „Bildfenster", lokale Spitzenmeldungen und sogar gelegentlich lokale Blattaufmacher auf den Titelseiten – der ganz große lokale „Wumms" ist zumeist aber ausgeblieben. In der Blatthierarchie verdrängen die klassischen Ressorts wie Politik, Rund um die Welt, Regionales, Wirtschaft, Feuilleton und sogar der Sport das Lokale weiterhin auf die hinteren Seiten.

Und die Lokalteile? Ihnen werden immer noch Defizite attestiert: teils „uralte" Leiden, weil Redaktionen an vermeintlich bewährten Rezepten und Nachrichtenmustern festhalten. Gerügt wird

- die Darstellung einer realitätsverzerrten heilen Welt im Lokalen: eine Inkongruenz zwischen Lebenswirklichkeit und Zeitungsrealität,
- ein vordergründiger Veranstaltungsjournalismus mit starkem Ereignisbezug,
- das Fehlen von Hintergrundinformationen,
- eine allgemeine Kritikscheu („Beißhemmung") gegenüber einflussreichen Gruppen (Parteien, Vereine).

Die Zeitung steht einmal mehr unter Druck. Junge Leser kommen nicht nach, sie informieren sich aus anderen Quellen: in sozialen Netzwerken, die von Gratisinformationen überschwemmt, Zeitungsverlage in Rechtfertigungssituation bringen. Sie müssen darlegen, warum sie für ihre Onlineprodukte an der Bezahlschranke eine „Maut" kassieren. Das Lokale ist dabei auch künftig ein „Joker": Redaktionen müssen dazu jedoch nachhaltig qualitativ hochwertige Profi-Informationen zu generieren, die belastbar sind und Menschen das bieten, was sie in einem verwirrenden Informationsdschungel benötigen: lokale Orientierung.

Das vorliegende Lehrbuch basiert als aktualisiertes, neu überarbeitetes Update auf älteren Veröffentlichungen des Autors zur lokalen Publizistik („Inhalte und Defizite des lokalen Teils in der deutschen Tagespresse" 1989, „Lokale Publizistik", 1995, sowie „Einführung in die lokale Publizistik", 1991) und die aktuellen Herausforderungen des Lokaljournalismus in einer zwischenzeitlich globalisierten Medienwelt: im neuen Internetzeitalter.

Braunschweig, im Juli 2024
Norbert Jonscher

Literatur zum Lokaljournalismus

Dorsch, Petra E.: Lokalkommunikation. In: Publizistik 1978, S. 189–201

Dovifat, Emil & Jürgen Wilke: Zeitungslehre I+II. Berlin u. a. 1976

Haller, Michael: Lokale Kommunikation. In Günther Bentele u. a. (Hrsg.), Öffentliche Kommunikation. Handbuch Kommunikations- und Medienwissenschaft. Opladen 2003, S. 576–589

Herrmann, Carolin: Im Dienste der örtlichen Lebenswelt. Lokale Presse im ländlichen Raum. Opladen 1993

Jonscher, Norbert: Einführung in die lokale Publizistik. Opladen 1991

Jonscher, Norbert: Lokale Publizistik. Opladen 1995

Kieslich, Günter: Lokale Kommunikation. Ihr Stellenwert im Zeitgespräch der Gesellschaft. In: Publizistik 1972, S. 95–101

Kretschmar, Sonja u.a.: Lokaljournalismus. Wiesbaden 2009

Kretzschmar, Sonja u.a.: Lokaljournalismus Kompaktwissen Journalismus, Wiesbaden, 2009

Langenbucher, Wolfgfang R. (Hrsg.): Lokalkommunikation.München 1980

Möhring, Wiebke: Das Alltägliche vor Ort. Die Bedeutung des Lokaljournalismus in der digitalen Medienwelt. In: Journalistik. Zeitschrift für Journalismusforschung 1/2019, S. 57–64

Möhring, Wiebke: Lokaljournalismus im Fokus der Wissenschaft. Zum Forschungsstand Lokaljournalismus. Düsseldorf 2015

Peucer, Tobias: De Relationibus Novellis. Diss. Leipzig 1690

Pöttker, Horst & Anke Vehmeier (Hrsg.): Das verkannte Ressort. Probleme und Perspektiven des Lokaljournalismus, Wiesbaden 2013

Saxer, Ulrich: Lokale Kommunikation. In: Media Perspektiven 1978, S. 367–379

Schwarzkopf, Joachim von: Ueber Zeitungen. Ein Beytrag zur Staatswissenschaft. Frankfurt/Main 1795

Stieler, Kaspar David von: Zeitungs Lust und Nutz. Oder: derer so genanten Novellen oder Zeitungen / wirckende Ergetzlichkeit / Anmut / Notwendigkeit und Frommen. Hamburg 1695

Weise, Christian: Schediasma curiosum de Lectione Novellarum (Interessanter Abriss über das Lesen von Zeitungen). Weißenfels 1676

Welker, Martin & Ernst, Daniel: Lokales. Basiswissen für die Medienpraxis. Köln 2012

Abkürzungen

Abo | Abonnement
Abs. | Absatz
AfP | Archiv für Presserecht (Zeitschrift)
Aufl. | Auflage
Az | Aktenzeichen
BAG | Bundesarbeitsgericht
Bd. | Band
BDVA | Bundesverband deutscher Anzeigenblätter
BDZV | Bundesverband Digitalpublisher und Zeitungsverleger (früher: Bundesverband Deutscher Zeitungsverleger)
BetrVG | Betriebsverfassungsgesetz
BGB | Bürgerliches Gesetzbuch
BGBl | Bundesgesetzblatt
BGH | Bundesgerichtshof
BGH Z | Bundesgerichtshof für Zivilsachen
BVerfG | Bundesverfassungsgericht
bzw. | beziehungsweise
ders. | derselbe
d.h. | das heißt
dies. | dieselbe
Diss. | Dissertation
DJV | Deutscher Journalistenverband
Ex. | Exemplar(e)
GG | Grundgesetz für die BRD
HMTL | Hyper Text Markup Language
Hrsg. | Herausgeber
i.V.m. | in Verbindung mit
Jg. | Jahrgang
LG | Landgericht
m.E. | meines Erachtens
MHz | Megahertz
Mio. | Million(en)
Mrd. | Milliarde(n)
MP | Media Perspektiven (Zeitschrift)
NJW | Neue Juristische Wochenschrift (Zeitschrift)
Nr. | Nummer
NRW | Nordrhein-Westfalen
o.a. | oben angeführt
OLG | Oberlandesgericht

PE | Publizistische Einheit
PR | Public Relations
PU | Publizistik (Zeitschrift)
S. | Seite (n)
RuF | Rundfunk und Fernsehen (Zeitschrift)
u.a. | und andere, unter anderem
usw. | und so weiter
VDZ | Verein Deutscher Zeitungsverleger
vH | von Hundert
ZAW | Zentralausschuss für Werbewirtschaft
ZMG | Zeitungsmarktforschung Gesellschaft der deutschen Zeitungen mbH (Frankfurt/Main)
z.T. | zum Teil
ZV | Zeitungsverlag (Zeitschrift)
ZV+ZV | Zeitungs-Verl. u. Zeitschriften-Verlag (Zeitschrift für Medien und Werbung, 1963–1985)

1 Kapitel | Lokale Kommunikation – Die Bedeutung der Lokalmedien im digitalen Dorf

Übersicht

Die rasante Entwicklung in der Computertechnologie hat mit einem urknallartigen Ereignis, dem Start des Internets, eine noch vor Jahrzehnten unvorstellbare Vermehrung der weltweiten **Daten- und Informationsmengen** losgetreten – und rund um den Globus Milliarden Internetnutzer miteinander verknüpft, die rund um die Uhr in Echtzeit miteinander kommunizieren. Im weltweiten Datennetz unterwegs, wird der Zeitungsleser zum datensammelnden „User"; in seinem Gehirn häuft er eine Fülle von frei kursierenden Informationen an, die er letztlich aber nicht ansatzweise zu verarbeiten vermag. Seine vor Jahrtausenden angelegte Hirnkapazität stößt an biochemische Grenzen. Auf sich gestellt, ist der User bereits überfordert, all die Informationen aufzunehmen, die ihm täglich zugespielt werden; und er ist schon gar nicht in der Lage, sie adäquat zu verarbeiten, das heißt, die für ihn jeweils relevanten herauszufiltern. Er benötigt professionelle Hilfe.

Die neuen Lokalmedien könnten ihm dienlich sein, doch auch sie sind damit überfordert, Usern die „neue Welt" zu erklären. Es ist auch nicht ihr Anspruch; sie haben zumeist andere, speziellere Intentionen, um sich am Medienmarkt zu behaupten, und fühlen sich teils semiprofessionellen Journalismusstandards verpflichtet. Der lokalen **Tageszeitung** kommt hier eine besondere Bedeutung zu; ihr obliegt eine „öffentliche Aufgabe" und sie hat als Print- und Onlineunternehmen für Information und soziale Orientierung zu sorgen, trotz sinkender Reichweiten.

1.1 Wesen und Bedeutung der lokalen Kommunikation

Der weltweit interaktive *Homo sapiens* sprengt alle Rekorde. Praktisch im Sekundentakt produziert er – täglich stundenlang in E-Mail-Verkehren, in Chat-Foren und in sozialen Netzwerken unterwegs – schier unvorstellbare Daten- und Informationsmengen, die auf Hochgeschwindigkeitsdatenbahnen rund um den Globus sausen und jederzeit – fast überall auf der Welt – abrufbar sind (→ Abb. 1.1.). Das Internet (Kurzform für: *interconnected networks* = zusammengeschaltete Netzwerke), ein weltweiter Verbund von Rechnernetzwerken, ermöglicht es. Es sprengt alle bisherigen Maßstäbe der Kommunikation und läutete eine völlig neue kommunikative Epoche ein. Im Jahre 1969 vom amerikanischen Verteidigungsministerial Computernetz mit dem Namen Arpanet entwickelt, das vier Computer miteinander verband, revolutionierte das Netz seit den 1990er Jahren die weltweite Kommunikation. Die kulturelle Bedeutung dieser Entwicklung wird mit der Erfindung des Buchdrucks gleichgesetzt.

1.1.1 Boomender Internetdatenverkehr

Abb. 1.1: Millionen Menschen sind auf der weltweiten Internet-Datenautobahn unterwegs. | [1]

2022 wurden laut Interconnection-Plattform-Betreiberin DE-CIX (Frankfurt) im festverkabelten öffentlichen Internet mehr als 48 Exabyte (1 Exabyte = 1 Mrd. Gigabyte) an Daten weltweit ausgetauscht (→ Abb. 1.1.) – ein Anstieg von über 25 Prozent im Vergleich zum Vorjahr 2021. Die Datenmenge von einem Exabyte ist vergleichbar mit der mehr als 2.500-fachen Datenmenge aller Bücher, die je geschrieben wurden. Bereits 2012 betrug das Datenaufkommen mehr als 26,7 Exabyte.

Das Gehirn des Menschen ist dieser allgegenwärtig über ihn hereinbrechenden Wissensflut nicht gewachsen: Die hundert Milliarden Gehirnzellen des *Homo sapiens*, die evolutionär einst für ganz andere Zwecke entwickelt wurden, sind außerstande, auch nur einen nennenswerten Teil aller Informationen aufzunehmen.

Hintergrund | Biologische Grenzen des Gehirns

Neurowissenschaftler haben versucht, die Leistung des menschlichen Gehirns in den digitalen Maßstab umzurechnen und herausgefunden: Der Mensch sei aufgrund seiner Wahrnehmungskapazitäten in der Lage, über seine Sinnesorgane eine Milliarde Bit pro Sekunde an Informationen aufzunehmen. Ein Bit, eine Binärziffer, ist die kleinste digitale Informationseinheit. Acht Bit ergeben ein Byte – und so viel benötigt ein Computer, um einen Buchstaben digital darzustellen. Ein Wort besteht aus ca. 60, eine Buchseite aus rund 1.000 Bit (Wolfgang Donsbach: Medienwirkung trotz Selektion. Einflussfaktoren auf die Zuwendung zu Zeitungsinhalten. 1991, S. 32). Folge: Von allen eingehenden Informationen wird täglich nur ein sehr geringer Prozentsatz überhaupt aufgenommen. Donsbach (S. 15) beziffert diesen mit rund 1,7 Prozent. Allein in den Tageszeitungen, die noch am intensivsten genutzt werden, blieben von den täglich angebotenen 65.000 Worten knapp 60.000 unbeachtet.

Der vor Jahrzehnten noch undenkbaren Ausweitung des menschlichen Informations- und Erfahrungshorizonts sind biologische Grenzen gesetzt (Jäncke 2021). Schon Ende der 1970er Jahre zeichnete sich das Problem ab. Das Bewusstsein des Menschen war der Komplexität seiner neuen Welt allmählich nicht mehr gewachsen (Steinbuch 1978, S. 156). Das heutige Wissen übersteigt das Fassungsvermögen des menschlichen Bewusstseins: Das menschliche Gehirn sei nicht zum Verständnis einer komplex vernetzten Welt entstanden, sondern zwecks Existenzerhaltung unter ganz anderen Bedingungen (Jonscher 1995, S. 21). Das Missverhältnis zwischen der Menge der Informationen, die eigentlich verarbeitet werden müsste, und derjenigen, die tatsächlich verarbeitet werden kann, war noch nie so krass wie in unserer Zeit (Steinbuch 1978, S. 157/158).

1.1.2 Die Entstehung des Internets

Das Internet hat sich in nur wenigen Jahren zu einem globalen, aber auch zu einem „lokalen" Universalmedium entwickelt, das Auskünfte gibt über Notärzte, Apothekendienste, Müllabfuhrtermine oder auch Bürgersprechstunden, Ladenöffnungszeiten und vieles mehr. Behörden, Firmen, Politiker, Organisationen haben die Möglichkeit, auf ihren Websites über sich und ihre Tätigkeit zu informieren. Sie sind dazu nicht mehr auf Printmedien angewiesen.

Dabei ist das Netz eine Anomalie; es wurde nicht „erfunden", sondern hat sich zu dem herausgebildet, was es heute ist: ein weltumspannendes Computernetzwerk, das Dienste wie E-Mail, Chat, World Wide Web (WWW) oder Internettelefonie bereitstellt; es hat die Kommunikation auf ein neues Level gehoben, auch die lokale Kommunikation, wenngleich die allermeisten Informationen im Netz nur indirekt lokalen Bezug haben.

In den 1960er Jahren in den USA als militärisches Projekt gestartet, gelang es dem Internet seit seiner „Freigabe“ für den privaten Sektor im Jahr 1990 in nur wenigen Jahren, zum Universalmedium aufzusteigen.

Hintergrund | Internetidee in Science-Fiction-Story (1946)

Die früheste Vision einer weltweiten Computervernetzung findet sich in einer Kurzgeschichte des Science-Fiction-Autors Murray Leinster (1896–1975); er beschrieb in seiner Story *A Logic Named Joe* (1946) einen Personal Computer (genannt „Logic“), der mit anderen „Logics“ über eine Art Internet kommuniziert. Der Autor stellte sich „Logics“ in jedem Haus vor, die durch ein System von Servern (sogenannte „Tanks") miteinander verbunden sind, um Kommunikation, Unterhaltung, Datenzugriff und Handel zu ermöglichen (Georg Ruppelt, Hrsg.: Der große summende Gott. Geschichten von Denkmaschinen, Computern und Künstlicher Intelligenz. Hameln 2003).

Die Geschichte des Internets lässt sich grob in drei Phasen einteilen.

- Die erste Phase, die Frühphase, setzte ab Mitte der 1960er Jahre ein; US-Nachrichtenexperten legten die Grundlagen der heutigen Technik und Anwendungen des Internets. Als Geburtsstunde gilt das Jahr 1957, als die Sowjetunion einen ersten Satelliten (Sputnik 1) ins All schickte. Die damalige US-Regierung entwickelte daraufhin zum Schutz gegen etwaige russische Satellitenangriffe aus dem All ein optimiertes, dezentrales Nachrichtensystem, das *Arpanet* (Advanced Research Projects Agency Network). Die Rechner wurden aus Sicherheitsgründen an unterschiedlichen Standorten aufgestellt. Das Arpanet wurde 1969 der Öffentlichkeit vorgestellt. Zu der Zeit waren erst vier Rechner innerhalb der USA vernetzt (Schmitt 2016).
- In den 1970er Jahren folgte die zweite Phase der Internetgeschichte; an den Universitäten wurde das Arpanet weiterentwickelt. 1974 tauchte der Begriff „Internet“ erstmals auf: in einem Netzwerkprotokolls namens TCP, das definiert, auf welche Art und Weise Daten zwischen Netzwerkkomponenten ausgetauscht werden (Röhr 2021).
- Die kommerzielle Phase des Internets begann 1990; in diesem Jahr beschloss die National Science Foundation, das Internet auch für private Zwecke nutzbar zu machen. Das Arpanet wurde abgeschaltet. Bereits Ende der 1980er Jahre hatte sich das World Wide Web (WWW) etabliert; es schuf die technischen Voraussetzungen für eine private Nutzung des Netzes. Von nun an konnte jeder das Internet nutzen; es fand schnell Zuspruch.

Die „Entfesselung" des Internets

Das Internet machte Karriere. Nutzung und Datenaustausch nahmen in den 1990er Jahren Fahrt auf.

- Im Jahr 1993 ging der erste massentaugliche Internetbrowser (*Mosaic*) an den Start, kurz darauf folgte der *Netscape Navigator.*
- 1994 gab es die ersten Suchmaschinen (*Lycos, Yahoo*); 1995 nahmen *Alta Vista* und 1998 *Google* den Betrieb auf.
- Das Netz wurde immer populärer; die Anzahl der Domains stieg rasant an. Einige der heute erfolgreichsten Webseiten, wie *Amazon* und *Wikipedia*, starten in dieser Phase ihre Internetpräsenz.
- Mitte der 1990er Jahre startete das Onlineshopping in eine neue Phase. Auch Bankgeschäfte waren jetzt online möglich. Das Internet boomte, auch ohne Werbung. Kultstatus erreichte in Deutschland die *AOL*-Werbung mit Boris Becker im Jahr 1999 („Ich bin drin"). Der Nutzen des Internets wurde immer evidenter; Menschen konnten nun plötzlich unbegrenzt kommunizieren.
- Seit 2004 kamen nach und nach die sozialen Netzwerke hinzu: Plattformen wie *Facebook* (2004), *YouTube* (2005) oder *Twitter* (2006; seit 2023 *X*) und *WhatsApp* (2009). Sie ermöglichten das Chatten: den Austausch von Kurzinformationen.
- Im Jahr 2001 ging die *Rhein-Zeitung* als erste Tageszeitung mit täglicher E-Paper-Ausgabe an den Start.

Wie wird das Internet genutzt?

Studien zeigen, dass vor allem jüngere Menschen täglich bis zu 280 Minuten online sind (Quelle: Statista 11/2023); sie nutzen das Netz hauptsächlich, um Musik und Filme abzuspielen bzw. herunterzuladen, E-Mails zu verschicken oder Produkte und Dienstleistungen zu googeln. Eine repräsentative Befragung von Internetnutzern aus dem Jahr 2019 zeigt, wie vielfältig das Nutzungsmuster des Internets ist (Quelle: Eurostat 5/2019).

So wird das Internet genutzt (Ergebnisse einer EU-Studie aus dem Jahr 2019)	**%**
Senden bzw. Empfangen von E-Mails	86
Produktsuche & Onlinekauf	79
Herunterladen von Spielen, Musik, Filmen, Videos	94
Lektüre von Onlinenachrichten und Zeitungen	69
Nutzen von sozialen Netzwerken	88
Internetbanking	51
eigene Inhalte hochladen	58
Arbeitssuche	30

Abb. 1.2: Das Internet wird von jungen Menschen in erster Linie zum Herunterladen von Musik, Filmen und Spielen genutzt. Wichtig ist auch der E-Mail-Verkehr. | [2]

1.1.3 Folgen

Das Internet hat den Globus nahezu komplett digitalisiert; die Erdkugel, weltumspannend verdrahtet, ist algorithmisch eingeebnet zu einem digitalen „Spielfeld" für interaktive User. Schätzungen zufolge gab es im Jahr 2023 weltweit rund 5,4 Mrd. Internetnutzer; in Deutschland waren weit mehr als 80 Prozent alle Haushalte via PC, Laptop oder Smartphone online. Die menschliche Neugier öffnete die Tür zur binären Welt, zum Onlinemarktplatz der Waren und Informationen. Informationen sind die Rohstoffe in der neuen Informationsgesellschaft; es gilt, sie nutzbringend anzuhäufen.

Doch es gibt auch zahlreiche Internetverweigerer; sie fürchten um ihre Daten, denn im Netz sind auch zwielichtige Akteure unterwegs, die User ausspähen. Laut Statistischem Bundesamt (2022) waren im Jahr 2021 in Deutschland rund 3,8 Mio. Menschen (= 6 Prozent der Bevölkerung im Alter zwischen 16 und 74 Jahren) sogenannte Offliner – sie hatten noch nie das Internet genutzt. Am größten war der Anteil in der Altersgruppe der 65- bis 74-Jährigen: Hier gab es rund 21 Prozent „Offliner". Dazu befragt geben die „Offliner" dafür unterschiedliche Gründe an.

- Der technikfeindliche Typus ist generell skeptisch gegenüber Neuerungen und hegt eine spezielle Aversion gegen Computer: Er hält an Analogtechniken fest, zahlt weiterhin mit Bargeld und liest die Printausgabe von Tageszeitungen. Persönliche Kontakte vermitteln ihm das Gefühl von Halt und Sicherheit in einer als bedrohlich empfundenen Umwelt.
- Der *Homo lokalis* ist ein ähnlicher Offlinetypus; er agiert in analogen Nahwelten und meidet das Internet. Er verdient in der Region sein Geld, gibt es dort aus, lebt in Vereinen und Nachbarschaften. Wenn er sich unterhalten will, geht er in eine Kneipe. Seine Lebensweise ist geprägt von einem Bedürfnis nach Sicherheit und

Orientierung. Die allgemeine Digitalisierung verunsichert ihn; er steht vor einem Internet-PC „wie der Zauberlehrling vor dem Besen“ (Eduard Kaeser 2017).

1.1.4 Suche nach lokalen Welten

Das Internet überflutet mit einer Vielzahl an Informationen und Eindrücken, die in ihrer Gesamtheit nicht sofort zu verarbeiten sind. Der Überschuss versickert unweigerlich ins Unterbewusstsein (Steinbuch 1978, S. 99), in den unzugänglichen Teil des Hirns, in dem Informationen der 2.Kategorie, die sich nicht sofort im Gedächtnis verhaken, um „Parkplätze“ kämpfen. Dabei sind unter ihnen auch viele wichtige, zur Lebensorientierung notwendige Informationen. Paradoxerweise können gerade sie, die weniger spektakulären Neuigkeiten, leicht von sensationellen, faszinierenden Neuigkeiten verdrängt werden: Steinbuch (1978) spricht von „kurzlebigem Unsinn“, der das menschliche Unterbewusstsein regelrecht „verschmutze“ und Menschen desorientiere.

Überfüttert mit Wissen, nimmt der User in der schönen neuen Medienwelt allmählich eine allgemeine Unzufriedenheit wahr; *over-newsed, but under-informed* (Aldous Huxley) weiß er zwar bestens über internationale Konflikte Bescheid, über Börsenkurse und Klimakatastrophen in aller Welt, doch ihm fehlen die „kleinen“, weniger sensationellen Informationen „rund um den eigenen Kirchturm“ und der eigenen Lebenswelt. Schließlich lebt ein User als Mensch auch im Offlinemodus. Suchmaschinen können ihm dabei nicht helfen; nicht alle Informationen und Antworten kann man googeln. Die eigene Lebenswelt ist zu speziell, als dass das Internet passende Einträge dazu parat hätte. Der User muss sich lokalen Inhalten auf anderen Wegen zuwenden. Er findet sie in den lokalen Medien.

Die Fahrt im internationalen Sektor der Highspeed-Datenautobahn endet hier; der Internetnutzer geht zurück auf Start: Ihn zieht es zurück in die persönliche Nahwelt, in seine vertraute Umgebung, in der er nach Antworten sucht; die lokale Publizistik ist ihm dabei behilflich. Geleitet wird der Online-User von verschiedenen Bedürfnissen. Er sucht

- soziale Orientierung,
- persönliche Identität,
- gesellschaftliche Integration,
- emotionale Geborgenheit.

Dem entsprechen Daten zum *Mediennutzungsverhalten*, die seit Jahren eine altersunabhängige Präferenz gerade für die – unmittelbar tangierenden – Lokalnachrichten dokumentieren. Der Lokalteil der Tageszeitungen wird regelmäßig von mehr als 80 Prozent der Käufer gelesen. Der herausragende Stellenwert von lokalen Informationen, das Interesse an Vorgängen und Ereignissen in der unmittelbaren Umgebung, ist aber auch andere Studien gut belegt.

Im Rahmen einer bundesweiten Repräsentativerhebung aus dem Jahr 2006 gab fast die Hälfte der Befragten (46 Prozent) an

- sich „sehr“ für Ereignisse aus dem eigenen Wohnort zu interessieren;
- auch die nähere Umgebung war für 35 Prozent „sehr interessant“;
- von geringerer Relevanz hingegen waren Ereignisse und Vorgänge auf Länderebene und
- noch geringer die auf nationaler oder internationaler Ebene (Ergebnisse in: Media Perspektiven 12/2006, S. 630–638).

1.1.5 Die Bedeutung der lokalen Identität

Ohne Identität fehlt dem Menschen die Prägung; sie erst macht ihn identifizierbar in der Masse. Wer bin ich und wo gehöre ich hin? Menschen sind permanent auf der Suche nach sich selbst, um sich sozial zu verorten; rein äußerliche Faktoren (Konsum von Markenprodukten wie Kleidung oder Zigaretten, Fahren einer Automarke, Mitgliedschaft in Parteien, Vereinen, Fanclubs) können ihm bei der Konstruktion einer eigenen Identität helfen, aber doch nur vordergründig; denn sie sind beliebig austauschbar – anders als Herkunft und Lokalität. Letztere sind fest verankert im menschlichen Wesenskern und daher in hohem Maße identitätsstiftend; sie lassen sich nicht überscheiben wie eine Fahrgestellnummer im Auto. Zusammen mit Name, Aussehen, Alter, Charakter machen sie den Menschen unverwechselbar.

Im Internet gibt es solche Identitäten nicht. Die Website wird hier zur „Heimat“, die IP-Adresse des Computers zum „Wohnort“; sie zeigt aber nur den Standort eines Gerätes an, ist für User insofern nicht identitätsstiftend wie ein Ortsname in der analogen Welt, der sich nicht digital „ersetzen“ lässt. Ortsnamen verblassen im globalen „Dorf“, in dem allenfalls Kontinente noch sicher zugeordnet werden können, Städte- und Ländernamen ihre Aussagekraft aber verlieren. Um seine „analoge“ Identität zu wahren, benötigt der Mensch deshalb relevante Informationen aus seiner Nahwelt; das Lokale wird für ihn zur „informationellen Notwendigkeit“ (Steinbuch 1986).

1.1.6 Bedürfnis nach Territorialität

Die Hinwendung des Interesses auf den Nahbereich hat nicht nur informationelle Gründe; sie entspringt auch einem Grundbedürfnis nach **Territorialität**: nach einem heimatlichen Raum, einem Mittelpunkt innerhalb einer überschaubaren Lebenswelt, die eine territoriale Abgrenzung gegenüber fremden Interessen ermöglicht; sie dient der Herausbildung und permanenten Bestätigung der individuellen **Identität** (Jonscher 1995, S. 22).

Greverus (1972, S. 53) spricht von einem „territorialen Imperativ“ des Menschen, der anthropologisch im Wesen verankert sei. Als biologische Art sei der Mensch trotz aller Mobilitätsinteressen in seinem Verhalten letztlich raumabhängig: Er vermag es nicht, sich von seiner Scholle zu lösen, die ihm und seiner Familie einen sicheren Rückzugsort bietet. Nicht anders als das Tier sei auch er „in seiner ureigensten Wesenhaftigkeit“ nicht für das Leben in größeren Gesellschaften (Staaten) geschaffen, sondern für kleine Sozietäten wie Familie, Gruppen, Dörfer.

Das „globale Dorf“ ist als Lebenswelt für den Menschen, so gesehen, im Prinzip auf Dauer ungeeignet. Er kann in diesem „Dorf“ nicht wirklich leben, nicht heimisch werden, weil es seine emotionalen Bedürfnisse nach Sicherheit und Geborgenheit nicht zu befriedigen vermag. Auch im 21. Jahrhundert kommt der Mensch noch immer nicht als Weltbürger zur Welt und er wird in der Spanne seines Lebens auch nicht zu einem global denkenden Weltbürger (Kaeser 2017). Eher das Gegenteil ist der Fall. Je mehr Menschen zusammenleben, desto mehr wächst das Bedürfnis zur Separation: Denn die Masse ist kein geeigneter Lebensort für den Menschen. Dieser psychologische Mechanismus macht auf Dauer selbst langjährige Staatengemeinschaften instabil; der Trend geht zur identitätsstiftenden Nationalstaatlichkeit. Das erkannte schon Johann Gottfried Herder (1744–1803): Der Mensch sei „von Natur“ kein Weltbürger, behauptete er, er sei ein lokales Wesen, der heimische Provinz und Kultur benötige. Lokale Medien sind solche Kulturgüter.

Meinung | Gesetz der Fremde

Bausinger (1961) spricht von einem „Gesetz der Fremde“, das im Alltag, der mit fremdartigen Einflüssen konfrontierten Menschen, häufig zu beobachten sei und eine Rückbesinnung auf Bekanntes aus dem eigenen Lebenskreis, die eigene Volkskultur, evoziere beispielsweise in der populären Musik. Dieses „Gesetz der Fremde“ habe seinerzeit, im 17. Jahrhundert, folgerichtig auch zur Entstehung der ersten Lokalzeitungen geführt: Erst nachdem die Zeitungen das Neueste aus aller Welt umfassend vermittelt, sich so das „Fremde“ in den Köpfen der Menschen festgesetzt hatte, sei ein stärkeres Bedürfnis nach Informationen auch aus dem mittlerweile komplexer gewordenen Nahbereich erwacht (Hermann Bausinger: Volkskultur in der technischen Welt. 1961, S. 88).

1.1.7 Die politische Bedeutung des Lokalen

Auch in politischer Hinsicht hat der lokale Nahraum eine besondere Relevanz. Der Verfassungsgrundsatz, dass alle Staatsgewalt vom Volke auszugehen hat (Artikel 20 Grundgesetz), gilt auch für Gemeinden, den kommunalen Gebietskörperschaften auf unterer Staatsebene, die über eigene Angelegenheiten selbst entscheiden (BVerfG, Beschluss vom 23.11. 1988); viele halten die Gemeinden sogar für eine „Keimzelle der Demokratie“. „Sie sind die Grundlage des demokratischen Staatsaufbaus“, heißt es in den Gemeindeordnungen der Bundesländer. Durch die Europäische Charta der kommunalen Selbstverwaltung vom 15.10.1985 wird kommunalen Gebietskörperschaften das Recht auf Selbstverwaltung zuerkannt.

Hintergrund | Demokratie in der Gemeinde

Abb. 1.3: Georg Wilhelm Friedrich Hegel (1770-1831). | [3]

Bereits Aristoteles (388–322 v. Chr.), der sich staatsphilosophisch als erster mit der Gemeinde beschäftigte, war davon ausgegangen, dass der Bürger nur dann in der Lage ist, am politischen Geschehen teilzunehmen, wenn die Zusammenhänge überschaubar bleiben. Die Polis, der antike Stadtstaat, soll deshalb nach Aristotles maximal aus mehreren Dörfern bestehen und müsse von der Bevölkerungsgröße so sein, dass sie überschaubar bleibt (Pol. I 1, 1252a1–7). Nahezu ähnliche Gedankengänge finden sich bei Rousseau (1712–1778). Die Demokratie, meint er, sei am ehesten praktizierbar in kleinen politischen Einheiten (Contract Social, 1762).

Während Hegel (1770–1831) behauptet, in einem größeren Staat könne sich die demokratische Verfassung nicht halten. Individuen hätten das Recht, ihr Vermögen selbst zu verwalten. Der Einzelne finde in seiner Gemeinde den Staat, in welchem er mitregieren könne (Hegel 1983, S. 168). Er habe hier, in einer vollkommenen Demokratie, teil an allen Regierungs- und Verwaltungsrechten.

1.1.8 Lokale Grenzen

Im Medienzeitalter der weltübergreifenden Interaktion nimmt die lokale Kommunikation nur scheinbar eine untergeordnete Stellung ein. In Wahrheit haben viele Informationen letztlich mehr oder weniger stark ausgeprägten Lokalbezug: Politische Entscheidungen – ob auf internationaler, nationaler oder regionaler Ebene – erzeugen konkret erlebbare Auswirkungen meist erst auf lokaler Ebene und sie generieren damit „lokale“ Themen für die dort lebenden Menschen

Meinung | Vor Ort erlebte Politik

„Alles, was wir erleben, erleben wir nicht im luftleeren Raum, sondern am konkreten Ort, wir erleben es lokal. Der Informationsanspruch der Bürger vor Ort ist in dieser Logik umfassend. Ob es um Themenfelder geht wie Umweltschutz, Energieversorgung, Sozialpolitik, Arbeitsmarkt, Verkehrsplanung, Industrieansiedlung – in den politischen Zentren in Bonn, Brüssel und auch in der Landeshauptstadt werden zwar die Entscheidungen getroffen, sie holen den Bürger aber ein, wo er lebt, verändern die Rahmenbedingungen für sein Leben, machen ihm positiv oder negativ zu schaffen“ (Dieter Golombek: Messlatten für das Lokale. In: Redaktion ’94. Bonn 1993, S. 29–36, 29).

Schon Anfang der 1970er Jahre war der Wandel des ursprünglich eng gefassten Begriffes des Lokalen hin zu einer „moderneren“ Definition deutlich geworden: Endeten das Lokale und die lokale Kommunikation noch weit bis ins 19. Jahrhundert hinein „in der Regel an der Stadtmauer oder auf der Dorfstraße“, so werde das Lokale in hochindustrialisierten Gesellschaften „nie an einem Ortsschild aufhören“, hieß es nun plötzlich (Kieslich 1972, S. 96).

Abb. 1.4: Gespräch unter Bauern im 16. Jahrhundert dargestellt auf einem Holzschnitt von Christoph Armberger (ca. 1500–1562) von 1526. | [4]

Die Grenzen des regionalen bzw. lokalen Raums sind dabei stets fließend. Historisch wurden die menschlichen Lebensräume durch die Entwicklung der Verkehrsmittel und der Nachrichtenmedien erweitert und damit neu definiert. In Zeiten globaler Abhängigkeiten beeinflussen auch weit entfernte Ereignisse und Veränderungsprozesse regionale Lebensbedingungen (Oehmichen u. a. 2011).

1.2 Interpersonale Kommunikation im Internetzeitalter

Das unmittelbare Zusammenleben in einer örtlichen Gemeinschaft, der historischen „Keimzelle des modernen Staates“ (Hugo Preuss) und eine ihrer gesellschaftlichen Grundformen, setzt voraus, dass durch dem Austausch von Informationen und Meinungen jederzeit eine Verständigung über Angelegenheiten von übergeordneter, allgemeiner Bedeutung möglich ist. Klatsch beim Einkaufen oder beim Friseur, Tratsch über den Gartenzaun hinweg, Dispute an Stammtischen: Herkömmliche Klischees prägten lange die Vorstellungen von einer intakten lokalen Kommunikation. Gemeinden galten prinzipiell als „überschaubar“, Informationen über politische Entscheidungen, so meinte man, würden vor allem „durch originäre Formen der Alltagskommunikation in Nachbarschaft, Vereinen und am Arbeitsplatz hinreichend vermittelt“ (Jonscher 1995, S. 18). Das persönliche Gespräch in einer Vis-a-vis-Situation galt als Prototyp aller gesellschaftlichen Interaktion (→ Abb. 1.4.).

Diese jahrzehntelangen Idealbilder zerplatzen. Die weltweite Verbreitung mobiler und internetfähiger Kommunikationsmedien (PC, Laptop, Smartphone) hat auch die interpersonale Kommunikation komplett verändert. Festnetztelefone, die geographische Einheiten miteinander verbinden, spielen kaum noch eine Rolle. Mobiltelefone und tragbare Computer (Laptops) ersetzen sie, sie stellen die Verbindung zwischen Individuen her. Mussten Gesprächspartner in früheren Face-to-Face-Interaktionen persönlich zur gleichen Zeit am gleichen Ort anwesend sein, können heute im Rahmen mobiler Kommunikation auch abwesende Personen an Face-to-Face-Interaktionen teilnehmen (Kneidinger-Müller 2018).

Das Mobiltelefon wird aber nicht einfach nur als mobile Alternative zur Festnetztelefonie verwendet, es führte auch zu einer neuen Bedeutung kurzer schriftlicher Nachrichten. Internet-Flatrates ermöglichen den Nutzern einen Always-on-Status, indem sie jederzeit und ortsunabhängig mit Freunden und Familie verbunden sind.

Während Aktualität und Relevanz der interpersonal verbreiteten Informationen gegeben ist, gibt es ein Problem beim *Wahrheitsgehalt*. Die Gesprächspartner haben lediglich ihr Gegenüber als Quelle. Insofern können die so erhaltenen Informationen nicht professionell recherchierte und aufbereitete Nachrichten ersetzen.

1.3 Organisierte Kommunikation im Lokalen

Doch lokale Kommunikation umfasst eine Vielzahl kommunikativer Interaktionen, die sich in unterschiedlichen Segmenten des kommunalen Lebens abspielen:

- in der privaten Sphäre,
- im Nachbarkreis,
- am Arbeitsplatz,
- in Vereinen,
- in der lokalen Öffentlichkeit.

Er verlangt die ständige Kommunikation zwischen Bürgern, Institutionen, Organisationen, Parteien, Behörden und anderen wichtigen Kommunikatoren. Sind die Behörden – beispielsweise im Rahmen der Planfeststellungsverfahren für Bauprojekte (Straßen, Schulen usw.) – zur öffentlichen Information und Bürgerbeteiligung verpflichtet, so geht es den zahlreichen örtlichen Gruppen – Vereine, Verbände, Kirchen, Bürgerinitiativen und Parteien – darum, durch öffentliche Information eine Möglichkeit zur Selbstdarstellung, zur Interessenartikulation und zur Mitgliederwerbung zur Verfügung zu haben, während Bürger, so fand man heraus, meist über private Angelegenheiten kommunizieren und ansonsten als Rezipienten von verbreiteten Informationen in Erscheinung treten.

1.3.1 Interne Kommunikation der Vereine und Verbände

Es geht hier um die Kommunikation innerhalb von Organisationen wie Unternehmen, Vereinen, Verbänden, Verwaltungen. In den seltensten Fällen ist die Organisationsstruktur hier allerdings so beschaffen, dass die Kommunikation unter den Mitgliedern eine hinreichende Basis zur organisationsinternen Information darstellt. Unterstützend konstituieren deshalb Medien – kostenlos an die Mitglieder verteilte Verbandsblätter, Rundschreiben, Betriebszeitungen, Schülerzeitungen, Vereinszeitungen, kirchliche Gemeindeblätter usw. – interne Öffentlichkeiten innerhalb der Organisationen.

1.3.2 Schülerzeitungen

Mehr als 11 Mio. junge Menschen besuchen derzeit eine Schule, die meisten von ihnen lesen eine Schülerzeitung. Hinzu kommen knapp 800.000 Lehrer. In vielen der mehr als 32.000 deutschen Schulen werden – meist auch digital – von Schülern sogenannte Schülerzeitungen herausgegeben; sie erscheinen in bestimmten Abständen und informieren in erster Linie über Schulthemen. Die Schülerredakteure sind dem Pressekodex sind verpflichtet. Eine Auflagenstatistik gibt es nicht. Die ersten Schülerzeitungen gab es vereinzelt bereits Ende des 19. Jahrhunderts.

1.3.3 Gewerkschaftszeitungen

Gewerkschaftszeitungen waren bereits ab den 1920er Jahren zentraler Bestandteil der Öffentlichkeits- und Bildungsarbeit der deutschen Gewerkschaften, da die bürgerliche Presse nicht über die Interessen der Beschäftigten berichtete. Inhaltlich griffen die Zeitungen als politische Gegenöffentlichkeit politische – selten lokal oder regional orientierte – Themen aufgegriffen. Das Anzeigengeschäft trug zur Finanzierung bei. Momentan sind ca. 6 Mio. Beschäftigte in den 8 Mitgliedsgewerkschaften des DGB organisiert.

1.3.4 Werkzeitschriften

Die regelmäßige Unterrichtung der Betriebsangehörigen über die Lage des Unternehmens schreibt das Betriebsverfassungsgesetz vor. Zur Information der Mitarbeiter geben größere Betriebe – 1995 waren es ca. 1.000 mit einer Auflage von jährlich etwa 50 Mio. Exemplaren – deshalb Mitarbeiterzeitungen heraus. Aufgabe ist die Verbreitung von unternehmens- und branchenrelevanten Informationen. Sie werden statistisch nicht erfasst. Weitere Ziele sind oft:

- Entscheidungen der Geschäftsführung transparent zu machen,
- Neuigkeiten aus dem Unternehmen zu veröffentlichen und
- Unternehmenskultur und Corporate Identity zu pflegen.

Hintergrund | Entstehung

Um 1850 erschienen in den USA die ersten bekannten Mitarbeiterzeitschriften. In Europa folgte erst Jahrzehnte später die erste Fabrikzeitung; um 1882 wurde im niederländischen Delft der Fabrieksbode herausgegeben. Die 1869 gegründeten Hefe- und Nahrungsmittelfabrik galt als sehr arbeitnehmerfreundlich und hatte einen Betriebsrat. Diese holländischen Aktivitäten wurden in Deutschlan d aufmerksam verfolgt. Der *Schlierbacher Fabrikbote*, ab 1888 für die Belegschaft der *Steingutfabrik Schlierbach* in Hessen gedruckt, gilt als die erste deutsche Mitarbeiterzeitschrift.

1.3.5 Gemeinde- und Pfarrbriefe

Die meisten der ca. 24.500 katholischen und rund 21.100 evangelischen Kirchengemeinden geben zur Information ihrer Gemeindemitglieder seit Mitte der 1950er Jahre in regelmäßigen Abständen erscheinende Gemeindebriefe bzw. Pfarrbrief heraus. Eingeleitet meist durch ein Grußwort des Pfarrers (Pastors) werden Berichte oder Ankündigungen aus der Gemeindearbeit veröffentlicht und Terminpläne, Veranstaltungskalender, Geburtstage, Geburten, Taufen, Todesfälle innerhalb der Gemeinde aufgeführt.

Mitte der 1980er Jahre gab es mehr als 10.000 Titel, die – aus Kirchengeldern und Spenden finanziert – in der Regel vierteljährlich, im Umfang zwischen vier und 20 Seiten kostenlos an alle Haushalte im Einzugsbereich der Kirchengemeinde verteilt wurden (Jarren 1984, S. 206). Die Zahl dürfte inzwischen höher liegen.

1.4 Onlinejournalismus im Internet

1.4.1 Das Internet als Medium

Das Word Wide Web (WWW), ein über das Internet abrufbares System von elekt ronischen Webseiten, die durch Hyperlinks untereinander verknüpft sind, hat sich als weltumspannendes Informations- und Kommunikationsnetzwerk und mediale Universalplattform über den ganzen Globus ausgebreitet, sich selbst in kleinsten geografischen Räumen, in Regionen, Städten und Gemeinden verankert und so selbst die äußersten Weltwinkel erschlossen. Es hat damit die Basis für digitale Information und Interaktion in Nahräumen geschaffen (Oehmichen u. a. 2011). Gleichwohl wird es bisher kaum als lokales oder regionales Medium wahrgenommen. Experten gehen davon aus, dass sich das ändern wird.

1.4.2 Bürgerjournalismus

Im Gegensatz zum *Gatekeeper*-bewehrten Printmediensektor bietet das Internet jedermann eine prinzipiell frei zugängliche Plattform zur Verbreitung von Informationen und Nachrichten. „Bürgerjournalisten" haben, unter Umgehung der Massenmedien, die Möglichkeit, selbsterstellte Fotos, Augenzeugenberichte, überhaupt: wichtig erscheinende Informationen gratis – nur von sogenannten Administratoren beäugt – in Chatforen, Blogs oder Onlineplattformen hochzuladen und diese rund um die Welt zu schicken. Dieser partizipative **Citizen-Journalism** hat in den USA seinen Ursprung, seine Inhalte werden als UGC (User Generated Content = benutzergenerierter Inhalt) bezeichnet. Laut Definition dient Partizipativer Journalismus der „Bereitstellung von unabhängigen, verlässlichen, genauen, ausführlichen und relevanten Informationen, die eine Demokratie benötigt" (Bowman u. a. 2003, S. 9).

„Bürgerjournalisten" haben die Möglichkeit, frei und ungefiltert von der Basis her berichten können. Den in der Regel honorarlos arbeitenden „Amateuren" in der Nachrichtenbranche geht es darum, unabhängige, glaubwürdige, zuverlässige, akkurate und breit gefächerte Informationen einer breiten Masse bereitzustellen. Sie lassen sich eigenen Angaben zufolge leiten von einer gewissen Affinität zum Journalismus und versuchen teilweise, die Beiträge ihrer Profi-Kollegen „nachzuahmen".

Hintergrund | Graswurzeljournalismus

Für die Arbeit dieser „Bürgerjournalisten" hat sich auch der Begriff „Graswurzeljournalismus" herausgebildet, der sich an die Graswurzelbewegung anlehnt und ausdrücken soll: Die Informationen des Bürgerreporters stammen von der Basis, von der Wurzel des Geschehens, dem der Bürgerjournalist beigewohnt hat und somit Informationen aus erster Hand liefern kann. Der Graswurzelbegriff tauchte erstmals im Jahr 1912 in den USA auf, im Zusammenhang mit dem damaligen US-Präsidentschaftswahlkampf.

1.4.3 Rechtliche Grundlagen

Publizistisch gesehen, ist der „Bürgerjournalismus" ein eigenes Genre; die hier tätigen Amateurjournalisten sind, wie alle Staatsbürger, grundsätzlich den zivil- und strafrechtlichen Normen unterworfen. Doch auch der zwischen Verleger- und Journalistenverbänden vereinbarte Pressekodex mit seinen journalistisch-ethischen Grundregeln für die journalistische Arbeit gilt (seit 2009) für sie. Hinzu kommt seit 2020 der Medienstaatsvertrag, der – in § 19 – auch für den Onlinejournalismus mit seinen verschiedenen Erscheinungsformen (Blogs, Chatrooms) festlegt: Auch die hier verbreiteten Inhalte müssen den „anerkannten journalistischen Grundsätzen" entsprechen und „mit der nach den Umständen gebotenen Sorgfalt auf Inhalt, Herkunft und Wahrheit geprüft werden".

Hintergrund | Sorgfaltspflichten

In der Rechtsprechung haben sich verschiedene Grundsätze herausgebildet, die als „anerkannt" gelten können. Im Einzelfall richten sich die Sorgfaltspflichten nach den faktischen **Aufklärungsmöglichkeiten** des jeweiligen Mediums. Von einem kleinen Blog beispielsweise kann niemand erwarten, dass er wie große Recherchemagazine (Spiegel, Zeit, Süddeutsche Zeitung) aufwändige Recherchen anstellt. Der Maßstab ist gleitend und flexibel. Im Grundsatz gilt aber: Je schwerwiegender die Äußerung das Persönlichkeitsrecht beeinträchtigt, umso höhere Anforderungen sind an die Erfüllung der Sorgfaltspflichten zu stellen.

1.4.4 Inhalte

Die Praxis sieht teilweise anders aus. Der Wahrheitsgehalt der Informationen, Beiträge und Kommentare sei oft mangelhaft recherchiert, es fehlten ausführliche, genaue und relevante Quellen, sagen Kritiker (Fasel 2012).

Die Konsequenzen etwaiger journalistischer Defizite sind überschaubar. Verstößen gegen die im Medienstaatsvertrag festgelegten journalistischen Grundregeln können, sofern ein User dies meldet, zur Folge haben, dass die zuständige Landesmedienanstalt Maßnahmen verhängt. Sie erweist sich hier jedoch eher als „zahnloser Tiger", denn schmerzhafte Konsequenzen haben solche bürgerjournalistischen „Fouls" in aller Regel kaum: Die Landesmedienanstalt kann den gerügten Beitrag beanstanden, die weitere Veröffentlichung des Textes untersagen oder schlimmstenfalls eine Sperrung bzw. Löschung des Textes verfügen; auch ein Widerruf kann verlangt werden (Kahl 2013. S. 55).

Ein nennenswerter wirtschaftlicher oder gar Imageschaden geht damit – anders als bei gerügten Printmedien – für die Onlineplattform nicht einher. So sind Tageszeitungen etwa verpflichtet, eine vom Presserat ausgesprochene Rüge abzudrucken – und damit öffentlich einzugestehen und ihren Lesern zu verkünden, dass sie journalistisch unsauber gearbeitet hat. Der Unterschied ist: Fehlerhafte Inhalte, die gedruckt erschienen sind, lassen sich nicht wieder, wie im Onlinesektor jederzeit möglich, in die „Flasche" zurückbeordern – wie Zahnpasta, wenn sie einmal aus der Tube gedrückt wurde.

1.5 Lokale Massenkommunikation

1.5.1 Vorbemerkungen

Im Gegensatz zur „organisierten" Kommunikation der Verbände, Parteien und Institutionen, bei der über eigene, meist selbstfinanzierte Printmedien (Parteizeitungen, Verbandsblätter usw.) ausschließlich eigene Informationen an bestimmte, personenbezogen definierte Zielgruppen (Mitglieder einer Organisation, von administrativen Entscheidungen betroffene Bürger), also an Teilöffentlichkeiten verbreitet werden, richtet sich – fast ausschließlich kommerzielle ausgerichtete – Massenkommunikation an eine anonyme Vielzahl („Masse") von Personen, erfasst also generell die gesamte Sphäre der lokalen Öffentlichkeit und sie unterliegt journalistischen Standards, die u. a. den Wahrheitsgehalt der verbreiteten Informationen garantieren sollen.

Zu diesen Massenmedien zählen im Printmedienbereich neben den Tageszeitungen, die von Gemeinden herausgegebenen Amtsblätter, kommerzielle Anzeigenblätter sowie Stadtteilzeitungen, im elektronischen Rundfunk- und Textkommunikationsbereich Lokaler Hörfunk, Lokal-TV, Offener Kanal sowie andere Informationsdienste.

Massenmedien erscheinen

- in der Regel häufiger,
- sie verfügen über eine größere Informations- und Themenbreite,
- sie unterliegen professionellen journalistischen Standards und
- sind allgemein zugänglich.

Durch ihre Forum-Funktion besitzen Massenmedien eine elementare Bedeutung für die kommunikative Interaktion und die Konstituierung lokaler Öffentlichkeit.

Über Jahrzehnte und Jahrhunderte waren die seit dem 18. Jahrhundert etablierten Tages- bzw. Heimatzeitungen in Deutschland praktisch Alleinanbieter lokaler Informationen. Die Lokalpresse, ökonomisch-sozial in kommunale Strukturen fest eingebunden, erfüllte ihre Funktion als Informations- und Diskussionsforum doch aus Sicht der Leser spätestens in den 1970er Jahren, als drucktechnische Neuerungen die Herausgabe alternativer Medien ermöglichten, nicht mehr in dem Maße (Dorsch 1978). Die Informationslücken wurden immer evidenter.

Die nun überall zur Verfügung stehenden Kleinoffset- und Kopiergeräte und neuen Satzsysteme, mit denen erstmals kleinauflagige Zeitungen oder Zeitschriften kostengünstig erstellt werden konnten, schufen seinerzeit die Basis für einen Aufschwung der lokalen Publizistik, die bis dahin mehr oder weniger ein stiefmütterliches Dasein fristete.

Seit Mitte der 70er Jahre versuchten sublokale und alternative Printmedien und Anzeigenblätter, bestimmte Informationslücken der örtlichen Tagespresse zu schließen (Meyn 1996, S. 72). Die neuen Printmedien verstanden sich meist als Forum einer politischen oder kulturellen Gegenöffentlichkeit, in dem unberücksichtigte oder verschwiegene Themen aufgegriffen, unterdrückte oder nicht artikulierte Meinungen zur Diskussion gestellt werden konnten. Hinzu kamen lokale Rundfunksender und Onlinediienste, die auch lokale Informationen verbreiteten.

1.5.2 Amtliche Kommunikation

Ein verlässlicher Baustein der lokalen Massenkommunikation sind die kommunalen Amtsblätter der Gemeinden und Gemeindeverbände, die in ihren lokalen Einzugsbereichen von der Gemeindeverwaltung herausgegeben und – auch – durch Annoncen finanziert werden.

> Die Pflicht zu einer umfassenden Bürgerinformation ergibt sich aus dem **Demokratiegebot**. So hat das Bundesverfassungsgericht (BVerfG E 44,125) die Öffentlichkeitsarbeit staatlicher Organe (auch Gemeinden) als „notwendig" bezeichnet (Urteil v. 2.3.1977), um „[...] den Bürger nicht auf die Rolle des bloßen Zuschauers zu beschränken, sondern ihn an [...] Entscheidungen zu beteiligen" (OVG Münster, DVBl 1988, S. 800).

Die Gemeinden kommen ihrer Verpflichtung zur Publizität zum einen durch die Einrichtung von Pressestellen nach, die Pressmitteilungen publizieren; ein anderer Publikationsweg sind amtliche Bekanntmachungen in der örtlichen Presse. In Preußen gab es solche Amtsblätter bereits seit dem frühen 19. Jahrhundert. Seit 1811 gab jede Regierung für jeden Regierungsbezirk wöchentlich ein Amtsblatt heraus; es enthielt Verordnungen, Beförderungen, Auktionen, Steckbriefe, Konkurse, Ernennungen von Beamten, Ordensverleihungen, Widmungen und anderes mehr. Eines der allerersten Amtsblätter Deutschlands waren die Schleswig-Holsteinischen Anzeigen, die bereits seit 1750 erschienen.

Die Amtsblätter sind praktisch Verlautbarungsorgane der Gemeinde, die ihre amtlichen Bekanntmachungen nach den gesetzlichen Vorschriften (Publizitätsgebot) veröffentlichen muss, damit sie wirksam werden.

Tatsächlich gehen die Inhalte jedoch seit den 1990er Jahren über einen nichtamtlichen Teil hinaus, denn es erscheinen auch redaktionelle Mitteilungen aus örtlichen Vereinen, Kirchengemeinden, Parteien sowie Personalien der Gemeindebewohner, die in den örtlichen Tageszeitungen meist keinen Platz finden. Die Amtsblätter der Gemeinden wagen sich damit jedoch in eine lange Zeit exakt abgesteckte „Grauzone". Denn gerade auch für den über den amtlichen Teil hinausgehenden, teils mit Geschäftsanzeigen finanzierten redaktionellen Teil eines Amtsblattes gilt: Er muss „öffentlichen Zwecken im Sinne der Gemeindeordnung" dienen und darf privaten Mitbewerbern auf dem Leser- und Anzeigenmarkt (Tageszeitungen) nicht das „Wasser" abgraben, nicht einmal „erhebliche" Einnahmeverlust bescheren.

Unproblematisch ist hier die Veröffentlichung von Serviceinformationen, die den Bürgern weiterhelfen. Dazu gehören beispielsweise: Sprechstunden von Einrichtungen wie Bürgerbüro, Meldeamt, Standesamt, Müllabfuhrtermine, Gottesdienste, ärztliche Notdienste und Apothekennotdienste, Todesfälle, Veranstaltungstermine von Vereinsfeiern oder Ortsfesten, möglicherweise sogar Berichte über solche Veranstaltungen, wenn diese nicht von der Tagespresse aufgegriffen werden.

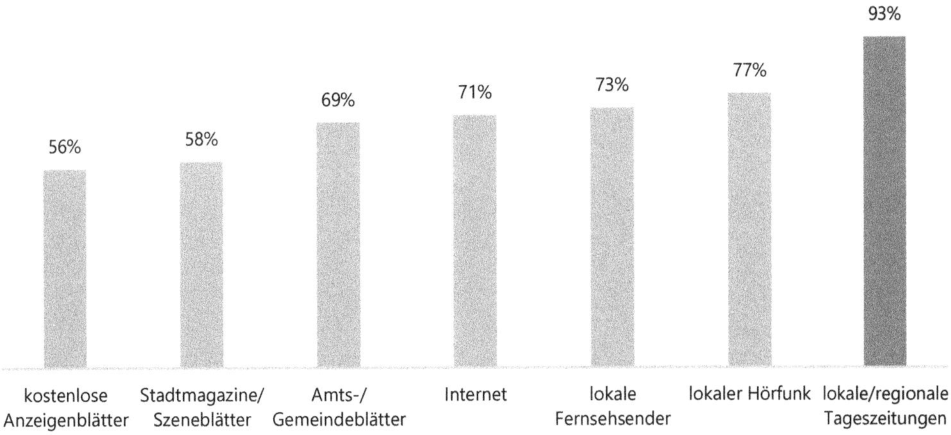

Abb. 1.5: Lokale Tageszeitungen sind für viele Menschen eine wichtige Informationsquelle. | [5]

Hintergrund | BGH-Urteil zu Amtsblättern

Im Jahr 2022 hat der Bundesgerichtshof (BGH) die Rechte von Kommunen gestärkt. Die in Art. 5 Grundgesetz garantierte Institutsgarantie der Presse schütze diese zwar grundsätzlich gegen „Substitutionseffekte“ durch zusätzliche kommunale Onlineinformationsangebote, wenn diese dazu führten, „dass die private Presse ihre besondere Aufgabe im demokratischen Gemeinwesen nicht mehr erfüllen kann“. Journalistische Inhalte in Amtsblättern seien jedoch so lange erlaubt, urteilte der BGH, wie diese „nicht im Gesamtcharakter geeignet sind, der freien Presse Konkurrenz zu machen“ (Az.: I ZR 97/21).

1.5.3 Tageszeitungen

Bei den Printmedien ist die Tageszeitung mit Abstand relevantestes Lokalmedium und wichtigste Informationsquelle für lokales Geschehen (→ Abb. 1.5.). Ende 2023 erschienen laut Bundesverband der Digitalpublisher und Zeitungsverleger (BDZV) bundesweit 309 lokale und regionale Abozeitungen mit rund 1.400 lokal unterschiedlichen Ausgaben (Zeitungstiteln) und einer Auflage von 8,65 Mio. Exemplaren. Wobei etwa zwei Drittel der Zeitungen ihre gedruckte Fassung längst auch als sogenannte digitale E-Paper auf dem Onlinemarkt anbieten: Die deutschen Tageszeitungen (Auflage Ende 2023: 10,6 Mio. Ex.) sind dort mit 2,76 Mio. Auftritten am Start, darunter die lokalen/regionalen Abozeitungen mit 1,54 Mio. Die Tendenz ist steigend.

Der „Marktriese“ gerät jedoch immer mehr unter Druck. Noch Mitte der 1990er Jahre, nach der Eingliederung von 291 früheren DDR-Zeitungstiteln in die deutsche Presselandschaft, waren 1617 verschiedene Zeitungsausgaben gezählt worden. Danach ging es fast Jahr für Jahr leicht bergab mit der Zahl der Titel. Gründe für das Schrumpfen der Lokalpresse sind geringere Leserzahlen und vor allem sinkende Anzeigenerlöse. Nach einer BDZV-Erhebung kam die regionale/lokale Abotagespresse im Jahr 2022 nur noch auf ca. 1,5 Mrd. Euro Anzeigenumsätze, beim Vertrieb hingegen waren es noch 4,2 Mrd. Euro. Ein Ende der Talfahrt zeichnet sich nicht ab.

1.5.4 Anzeigenblätter

Anzeigenblätter (Titelzahl und Auflage)		
Auflage	**Titel**	**Mio. Ex.**
bis 10.000 Exemplare	31	0,3
10.000–25.000	164	3,0
25.000–50.000	249	9,3
50.000–100.000	234	16,0
100.000–200.000	88	11,9
über 200.000	37	13,9
Gesamt	803	54,3

Abb. 1.6: Titelzahl und Auflage der kostenlosen Anzeigenblätter in Deutschland. | [6]

Fast jeder, der einen Briefkasten hat, kann sich alternativ zur Tageszeitung durch lokale Wochenzeitungen (Anzeigenblätter) informieren, die kostenlos von Minijobbern – Schüler, Studenten, Hausfrauen, Rentner – als Hauswurfsendungen verteilt werden – auch an sogenannte Werbeverweigerer, denn Anzeigenblätter gelten wegen ihrer redaktionellen Inhalte nicht als Werbung (OLG Hamm, 2011, Az. I-4 U 42/11).) Die Gratisblätter, deren Inhalte zunehmend durch Zweitabdruck von Tageszeitungstexten gefüllt werden, behaupten sich seit Jahrzehnten erfolgreich am Markt. Sie werden in Deutschland in der heutigen Form seit den 1950er Jahren herausgegeben und stellen im lokalen Printmediensektor vor allem eine wirtschaftliche Konkurrenz für Tageszeitungen dar.

Hintergrund | Boom in den 1970ern

1964 es bereits 170 Wochenblätter mit wöchentlich 2 Mio. Exemplaren. Zwischen 1970 und 1985 folgte ein wahrer Gründungsboom. Wurden 1970 noch insgesamt 335 Titel mit einer Auflage von 9 Mio. Exemplaren publiziert, waren es 1980 bereits 750 Titel mit 32 Mio. und 1985 sogar 49,7 Mio. Exemplare. Nach 1990 entstanden weitere 300 Titel, überwiegend in Ostdeutschland.
Ungefähr seit 2014 (1.406 Titel) ist die Zahl der Anzeigenblätter jedoch stark rückläufig. 2023 lag die Gesamtanzahl der Titel Angaben des Bundesverbandes deutscher Wochenzeitungen (BDA) zufolge nur noch bei 803, sie erreichten eine wöchentliche Gesamtauflage von 54,3 Mio. Exemplaren. 2014 waren es noch 91,4 Mio. Exemplare gewesen. Geschrumpft sind auch die Umsätze der Anzeigenblätter. Im Jahr 2022 setzten die Verlage nur noch 1,26 Mrd. Euro um, im Jahr 2010 waren es noch 2,01 Mrd. Euro gewesen.

Anzeigenblätter (1985–2023)	
1985	952
1990	1.034
1995	1.325
2000	1.311
2005	1.306
2010	1.384
2018	1.268
2020	1.208
2021	970
2022	856
2023	803

Abb. 1.7: Die Titelzahl der kostenlos verteilten Wochenzeitungen in Deutschland. | [7]

Hintergrund | Intelligenzblatt als Vorläufer

Das sogenannte Intelligenzblatt war seit dem frühen 17. Jahrhundert Vorläufer des heutigen Anzeigenblattes. Der Begriff war bis ca. 1930 gebräuchlich. Der Begriff *Anzeigenblatt* wurde zwar bereits seit Mitte des 19. Jahrhunderts verwendet, wenn auch nicht unbedingt im heutigen Sinne einer kostenlosen Zeitung.

Laut Gutachten zur „Situation der lokalen Presse in Deutschland“ (2022), das im Auftrag der Bundesregierung erstellt wurde, haben Anzeigenblätter einen redaktionellen Anteil von 30 bis 40 Prozent, der von rund 1.600 Mitarbeitern erstellt wird. Einen lokalen/regionalem Bezug haben durchschnittlich 59 Prozent der Beiträge, von denen 65 Prozent eigenständig recherchiert wurden (Quelle: „Die Situation der lokalen Presse in Deutschland und ihre Herausforderungen im Zeitalter der Digitalisierung, Berlin, 2022).

Hintergrund | Bis zu 90 Prozent Anzeigen

In den 1970er Jahren waren die Blätter teilweise sogar bis zu 90 Prozent mit Anzeigen (lokalen Geschäftsanzeigen) gefüllt. Die redaktionellen Inhalte (65 Prozent) wurden nur bei jedem zweiten Anzeigenblatt von einem oder mehreren festangestellten Redakteuren produziert; etwa jeder fünfte Anzeigenblattverlag verzichtete auf eigene Recherchen und verwendete ausschließlich Beiträge von Parteien, Verbänden, Anzeigenkunden und Lesern (Sondermann 1978, S. 183).

Hintergrund | Waschzetteljournalismus?

Über die publizistischen Leistungen von Anzeigenblättern gab es meist nur negative Urteile. Im Medienbericht ’85 der Bundesregierung (S. 127) hieß es, dass sich „viele dieser Blätter größtenteils auf einen Verlautbarungs- oder Waschzetteljournalismus“ beschränken. Der Medienbericht '94 (S. 113) besagte, den lokalen Anzeigenblättern komme „für die Sicherung der Meinungsvielfalt im lokalen Kommunikationsraum nur eine eingeschränkte Bedeutung zu“. Zu „rudimentär“ sei die Lokalberichterstattung. Daran hat sich bis heute nicht viel geändert.

1.5.5 Sublokale und alternative Blätter

Seit Mitte der 1970er Jahre versuchten sogenannte Alternativzeitungen, Informationslücken zu schließen, die offensichtlich die herkömmliche Tagespresse in der lokalen Berichterstattung lässt. Unterschieden werden sublokale und alternative Blätter. Sublokale Blätter waren danach Produkte, die von Bürgern oder Gruppen herausgegeben werden, um auf örtlicher Ebene Kommunikation für einzelne Teile der Gemeinde (Stadtviertel, Vororte) oder zu spezifischen Themen zu vermitteln. Ihre Themen waren überwiegend von den Interessen konfessioneller Gruppen, politischer Parteien, Sport- und sonstiger Freizeitvereinigungen, Jugendgruppen und ähnlicher Zusammenschlüsse bestimmt. Die Einzelstücke der meist im Selbstverlag verbreiteten Blätter werden den Lesern meist unentgeltlich überlassen.

1.5.6 Stadtmagazine

Stadtmagazine – auch als Eventmagazine bezeichnet – erscheinen zumeist monatlich in einem regional begrenzten Verbreitungsgebiet. Ihre Inhalte sind redaktionell gestaltet, sie befassen sich mit kulturellen Veranstaltungen und Ereignissen in der Region. Zielgruppen sind freizeitorientierte mobile Menschen. Im Jahr 2022 erschienen mehr als 200 solcher Magazine, wobei sich die Zahl der Ausgaben ständig verändert.

Die Magazine – in der Mehrheit kostenlos ausgelegt – werden aber auch per Abonnement oder per Einzelverkauf vertrieben (Quelle: Wissenschaftliches Institut für Presseforschung und Publikumsanalysen: Inhalt der Stadtmagazine. Köln 2022)

Hintergrund | Blätter der Gegenöffentlichkeit

Sogenannte Stadtzeitungen, Vorläufer der Stadtmagazine, entstanden in den 1970er Jahren als Teil der Alternativkultur, da die etablierte Tagespresse oftmals die Alternativkultur einer Gemeinde nicht widerspiegelte. Es entstand die Idee einer Gegenöffentlichkeit, verwirklicht in Stattzeitungen. Die erste deutsche Stadtzeitung war das von 1971 bis 1977 erscheinende *Hobo* in West-Berlin.

- 1984 wurde ihre Zahl auf 30 bis 60 Titel geschätzt, die Auflagen zwischen 5.000 und 90.000 Exemplaren und Umfänge zwischen 32 und 100 Seiten erreichten.
- 1994 gab es bereits 250 Stadtmagazine. Ursprünglich politischen Motiven folgend, blieben Neugründungen von Stadtzeitungen durch politische Gruppen seit Mitte der 1970er Jahre die Ausnahme.

1.5.7 Lokaler Hörfunk

Neben den landes- und bundesweiten Programmen, die nur sehr begrenzt regionale und lokale Informationen vermitteln, werden seit Mitte der 1980er Jahre aufgrund neuer Frequenzen im UKW-Bereich lokale Radioprogramme kommerziell über – meist private – Lokalsender oder mittels sogenannter „Low-Power-Stationen“, das heißt, Sender mit begrenzter Reichweite zur Versorgung kleinerer Räume (Städte, Kreisteile) verbreitet, zunächst in Baden-Württemberg, Bayern, Berlin, Hamburg und in Nordrhein-Westfalen.

Bundesweit gab es 2014 in Deutschland 170 private Radiosender mit lokaler Ausrichtung, die über UKW zu empfangen sind, wobei die Organisation des privaten Rundfunks je nach Bundesland sehr unterschiedlich ist (Möhring, 2015).

Hintergrund | Hörfunk

- **Baden-Württemberg**
  Das erste Lokalradio in Baden-Württemberg war 1979 das *Kurpfalz-Radio* des *SDR* aus Heidelberg. Ende der 1980er Jahre gab es 37 kleine private Lokalradios, deren Verbreitungsgebiete jedoch zu klein waren, um wirtschaftlich überleben zu können. Deshalb wurde 1992 die Lokalradiostruktur grundlegend reformiert. Es blieben 15 Lokalsender und drei sogenannte Bereichssender. Im Zuge der Neulizenzierung 2003 wurden daraus 13 Lokalsender, durch Fusionen existieren mittlerweile faktisch nur noch 10 eigenständige Lokalprogramme.

- **Bayern**
  Die ersten Lokalradios in Bayern gingen 1984 im Rahmen des *Kabelpilotprojekts München* an den Start. Das Ziel der bayerischen Regierung war eine möglichst flächendeckende Versorgung des Landes mit Lokalstationen, die selbstständig arbeiten sollten. 1998 konnten drei Viertel der damals 56 Stationen mit eigener Frequenz schwarze Zahlen schreiben.
- **Brandenburg**
  2002 ging mit *Radio Cottbus (The Radio Group)* das erste eigenständige Brandenburger Lokalradio für die Lausitz auf Sendung.
- **Nordrhein-Westfalen**
  Das erste Lokalradio in Nordrhein-Westfalen war *Radio Dortmund*, das vom öffentlich-rechtlichen *WDR* 1985 im Rahmen des *Kabelpilotprojekts Dortmund* gestartet wurde. Das erste private Lokalradio in NRW war *Radio Duisburg*, das 1990 auf Sendung ging.
- **Rheinland-Pfalz**
  Das erste Lokalradio in Rheinland-Pfalz war 1984 *Radio Weinstraße* im Rahmen des *Kabelpilotprojekts Ludwigshafen*. 2008 gingen sechs Lokalradiosender auf Sendung.
- **Sachsen**
  1993 begann in Dresden der sächsische Lokalfunk. Im gleichen Jahr gingen sieben Lokalradios an den Standorten Dresden, Leipzig, Chemnitz und Görlitz auf Sendung.

Nicht nur wegen der begrenzten Verbreitungsgebiete besitzt lokaler Hörfunk jedoch wenig Relevanz für die lokale Massenkommunikation. Hörfunk hat, das belegen Hörerbefragungen, mehr eine Funktion als Begleit- bzw. Freizeitmedium; diesen Hörerpräferenzen haben sich die Anbieter weitgehend angepasst: Ein „Musikteppich" dominiert die Programme.

1.5.8 Lokalfernsehen

Start des Lokalfernsehens war im Jahr 1987. Auf Basis einer Regelung im Rundfunkstaatsvertrag wurde die Lizenzvergabe für private Fernsehveranstalter (RTL, SAT 1) mit der Auflage versehen, regionale „Fenster" in ihren Programmen einzurichten. Anfang 1994 gab es 26 Anbieter für diese Fensterprogramme.

Die aktuelle Zahl der bundesweit betriebenen Lokalsender lag Angaben des Bundesverbandes Lokal-TV (Berlin) zufolge im Jahr 2023 bei ca. 80 Sendern; sie verfügten über eine Publikumsreichweite von bis zu 1,4 Mio. Menschen, die lokal über Kabel, Antenne, Livestream und per Satellit erreicht wurden. Die Reichweite wurde durch Einspeisen der Beiträge in Social-Media-Kanäle wie *Facebook*, *Instagram*, *YouTube* oder *Tiktok* erheblich vergrößert. Finanziert wurden die Sender vorwiegend durch lokale Werbung (ca. 90 Prozent), aber auch durch Fördergelder der Länder; die von ihnen produzierten Lokalprogramme wurden, je nach Größe des Senders und Mitarbeiterzahl, ein- bis fünfmal wöchentlich ausgestrahlt. Bundesweit waren 2023 in der lokalen TV-Branche rund 2.000 – vorwiegend festangestellte – Mitarbeiter beschäftigt.

Hintergrund | Reichweiten

Aufgrund der föderalen Struktur des Radio- und Fernsehmarkts gibt es keine belastbaren Zahlen über bundesweite Reichweiten; in Bayern erreichten im Jahr 2023 die 14 Lokal-TV-Programme knapp 750.000 Zuschauer täglich – 56 Prozent per Kabel, 34 Prozent via Satellit (Quelle: Bayerische Landeszentrale für neue Medien 7/2023). In Baden-Württemberg erreichten die sieben Regionalsender täglich 440.000 Zuschauer, die Zahl der Bewohner, die innerhalb der letzten vier Wochen Regional-TV gesehen haben, lag bei 1,6 Mio. (Quelle: LFK-Reichweitenuntersuchung 2023).

Hintergrund | Inhalte

Über die Inhalte des lokalen Fernsehens gibt es kaum aktuelle Studien (Bucher u. a. 2012; Boldt-Schüler 2013). Eigenen Angaben zufolge bemühen sich die Sender darum, lokales/regionales Geschehen – von der Lokalpolitik bis Verkehrsunfällen – in seiner vollen Bandbreite journalistisch ins Bild zu setzen. Die Sender verstehen sich als vielfaltstärkende Ergänzung zu den lokalen Printmedien, die inzwischen allerdings auch technisch in der Lage sind, ihre Onlinebeiträge mit eigenen Videos anzureichern.

Hintergrund | Image

Unter ihren Zuschauern haben die Regionalsender in *Baden-Württemberg* ein positives Image. Knapp zwei Drittel der Befragten waren in einer Reichweitenstudie aus dem Jahr 2023 der Meinung, dass ihr Regionalsender auf Ereignisse in der Region aufmerksam macht (65,5 Prozent). Eine Mehrheit findet die Programme glaubwürdig (64,5 Prozent), aktuell (62,9 Prozent), bürgernah (61,3 Prozent) und bescheinigt ihnen eine sachliche und ausgewogene Berichterstattung (60,3 Prozent). 60,3 Prozent der Befragten bestätigen, dass der Regionalsender über seine Heimatregion berichtet, kaum weniger (56,4 Prozent) finden, der Regionalsender sorgt für Verbundenheit in der Region (Quelle: LFK-Reichweitenuntersuchung 2023).

1.5.9 Offene Kanäle

Ein Offener Kanal bezeichnet einen Hörfunk- oder Fernsehsender, dessen Programm Bürger gestalten und verantworten. Die Offenen Kanäle gehören meist als nichtkommerzieller Lokalfunk zum Bereich der Bürgermedien. In einigen Ländern gibt es die Bezeichnung Bürgerfunk. Die jeweilige Landesmedienanstalt stellt die erforderliche Infrastruktur, Produktionstechnik, Räumlichkeiten und passende Bildungsangebote meist kostenfrei oder gegen geringes Nutzungsentgelt oder Unkostenbeiträge zur Verfügung. Ziel der Offenen Kanäle ist es, die Rundfunklandschaft aus öffentlich-rechtlichem und privatem Rundfunk um eine „dritte Säule der Medienvielfalt“ zu ergänzen. In Deutschland tragen die Landesmedienanstalten und/oder örtliche Trägervereine die Kosten; somit werden diese teilweise aus Rundfunkgebühren finanziert.

Da Fernsehtechnik erschwinglicher geworden ist, können viele ehrenamtliche Bürgergruppen und Amateurfilmer ihre Beiträge heute komplett selbständig produzieren. Sie nutzen die nicht-kommerziellen Offenen Kanäle dann als zusätzlichen Verbreitungsweg und finanzieren ihre Redaktionsarbeit eigenständig.

Die Qualität der Programme und damit auch die Reichweiten sind je nach Sender sehr verschieden. Mehrere Offene Kanäle senden sowohl ein Radio- als auch ein Fernsehprogramm, einige sind nur im Radio oder nur im Fernsehen zu empfangen.

Offene Kanäle entstanden im Zusammenhang mit der Einführung privat-kommerziellen Rundfunks ab 1984 und als Gegenbild dazu. Bürger sollten mit eigenen Sendungen zur Meinungsvielfalt beitragen. Ende 2015 gab es im Fernsehen 46 Offene Kanäle. Viele öffentliche Kanäle senden inzwischen auch auf dem 2005 gegründeten Videoportal YouTube.

Hintergrund | Rundfunk in eigener Regie

Mitte 1993 gab es im Hörfunk vier und im Fernsehbereich 27 Offene Kanäle in Deutschland, über die interessierte Einzelpersonen, Vereine, Verbände usw. unentgeltlich und in eigener Regie bzw. Verantwortung eigene Rundfunkbeiträge herstellen und verbreiten können.

- In NRW sind die *Offenen Hörfunkkanäle* gesetzlich vorgeschriebener Bestandteil der insgesamt 44 lokalen Radiostationen (sog. *Bürgerfunk*).
- In Saarbrücken (seit 1989), Hamburg (1988) und Lübeck (1992) wird der *Offene Hörfunkkanal* über terrestrische Sender, in Berlin (seit 1985) über Kabel verbreitet. Die wöchentliche Sendezeit liegt zwischen 56 und 10 Stunden. Die 27 Offenen Fernsehkanäle werden ausschließlich über Kabel verbreitet.
- Bis 1993 standen in acht Bundesländern solche Bürgerkanäle zur Verfügung. Die wöchentliche Sendezeit schwankte zwischen 56 und 2 Stunden.

Literatur

Boldt-Schüler, Heike: Lokaljournalismus im Fernsehen. In Horst Pöttker & Anke Vehmeier (Hrsg.): Das verkannte Ressort – Probleme und Perspektiven des Lokaljournalismus, S. 231–245. Wiesbaden 2013

Bowman, Shayne & Chris Willis: We Media – The Future of News and Information. O.A. 2003

Bundesverband kostenloser Wochenzeitungen (BDVA): Daten & Fakten – Übersicht 2024 und aktuelle Marktentwicklung. Berlin 2024, S. 2 und 5

Bucher, Hans-Jürgen u.a.: Publizistische Qualität im lokalen Fernsehen. Baden-Baden 2012

Dorsch, Petra E.: Lokalkommunikation. In: Publizistik 1978, S. 189–201

Fasel, Christoph: Zwischen Infotainment und De-Professionalisierung: Welcher Journalismus in Zukunft unersetzbar bleibt. In: Uta Rußmann u.a.: Grenzenlose Enthüllungen. Medien zwischen Öffnung und Schließung. Innsbruck 2012, S. 153–161

Friedewald, Michael: Vom Experimentierfeld zum Massenmedium: Gestaltende Kräfte in der Entwicklung des Internet. In: Technikgeschichte, Bd. 67 (2000), H. 4, S. 331–361.

Greverus, Ina-Maria: Der territoriale Mensch. Ein literaturanthropologischer Versuch zum Heimatphänomen. Frankfurt/Main 1972

Jarren, Otfried: Kommunale Kommunikation. Eine theoretische und empirische Untersuchung kommunaler Kommunikationsstrukturen unter besonderer Berücksichtigung lokaler und sublokaler Medien. Diss. Münster 1984

Jonscher, Norbert: Lokale Publizistik. Opladen 1995

Kaeser, Eduard: Abschied vom Homo globalis. In: journal 21.ch (Onlinebeitrag 2017)

Kahl, Jonas: Elektronische Presse und Bürgerjournalismus. Presserechtliche Rechte und Pflichten von Wortmedien im Internet. Baden-Baden 2013

Kieslich, Günter: Lokale Kommunikation. In: Publizistik 1972, S. 95–101

Kneidinger-Müller, Bernadette: Die neue Mehrdimensionalität interpersonaler Kommunikation. In: Christian Katzenbach u. a. (Hrsg.): Neue Komplexitäten für Kommunikationsforschung und Medienanalyse: Analytische Zugänge und empirische Studien. Berlin 2018, S. 161–180

Meyn, Hermann: Massenmedien in der Bundesrepublik Deutschland. Berlin 1996

Möhring, Wiebke: Lokaljournalismus im Fokus der Wissenschaft. Düsseldorf 2015

Oehmichen, Ekkehardt & Christian Schröter: Die Bedeutung der Region für das Internet. Internet zwischen Globalität und Regionalität. In: Media Perspektiven 4/2011, S. 182–194

Röhr, Matthias: Der lange Weg zum Internet. Computer als Kommunikationsmedien zwischen Gegenkultur und Industriepolitik in den 1970er/1980er Jahren. Bielefeld 2021

Schmitt, Martin: Internet im Kalten Krieg: eine Vorgeschichte des globalen Kommunikationsnetzes. Bielefeld 2016

Statistisches Amt der Europäischen Union: Einzelpersonen – Internet-Aktivitäten (05/2019) (cc by-nc-nd/3.0/de)

Steinbuch, Karl: Heimat als informationelle Notwendigkeit. In: Klaus Weigelt (Hrsg.): Heimat, Tradition, Geschichtsbewußtsein. Mainz 1986, S. 45–56

Steinbuch, Karl: Maßlos informiert. Die Enteignung unseres Denkens. München/Berlin 1978

Zeitungsmarktforschung – Gesellschaft der deutschen Zeitungen (ZMG) mbH: Studie: Digitaler Journalismus 10.3.2021

Weiterführende Literatur

Altrogge, Michael u.a.: Lokal-TV zwischen Heimat- und Regionalfernsehen Vistas 1999

Bodendorf, Tilo: Die Verteilung von Anzeigenblättern gegen den Willen des Adressaten. In: Archiv für Presserecht 1988, S. 322–325

Bosshart, Stefan u.a.: Kollaborative Nachrichtenproduktion durch Laien: Was leistet der sogenannte Citizen Journalism im Internet? In: Jens Wolling u. a. (Hrsg.): Medieninnovationen, S. 61–81. Konstanz 2011

Brandt, Sarah u.a.: Lokaler Bürgerjournalismus: Ergänzung oder Konkurrenz zur Tageszeitung? Eine Nutzerbefragung. In: Studies in Communication Media (SCM) 2012, S. 443–472.

Dense, Hans-Georg: Die rechtliche Problematik der Anzeigenblätter. Diss. Münster 1974

Deutscher Städte- und Gemeindebund (Hrsg.): Lokale Öffentlichkeit. Schriftenreihe des Deutschen Städte- und Gemeindebundes, Heft 39. Göttingen 1982

Donsbach, Wolfgang u.a.: Publizistischer Mehrwert von privatem Ballungsraumfernsehen. Berlin 2010s.

Dorsch, Petra E.: Neue Medien im sublokalen Kommunikationsraum. Die sogenannte Alternativpresse in ihrem sozialen Umfeld. München 1981

Dorsch-Jungsberger, Petra E.: Amtsblatt. In: Peter Schiwy & Walter J. Schütz (Hrsg.): Medienrecht. Neuwied/Frankfurt/Main 1990, S. 1–6

Dunckelmann, Henning: Lokale Öffentlichkeit. Schriften des Instituts für Urbanistik [Bd. 51]. Stuttgart u. a. 1975

Frahm, Eckart: Heimatmedien. Zur lokalen und regionalen Berichterstattung in Presse, Rundfunk und Fernsehen. Tübingen 1979

Grieswelle, Detlef: Tradition und kleinräumliche Identität. In: Klaus Weigelt (Hrsg.): Heimat, Tradition, Geschichtsbewusstsein. Mainz 1986, S. 175–196

Günzler, Uwe: Das Regionalfernsehen. Provinz-Journalismus oder Flaggschiff der Dritten Programme? In: Media Perspektiven 11/1990, S. 689–698

Haller, Michael & Thomas Mirbach: Medienvielfalt und kommunale Öffentlichkeit. Publizität im lokalen Raum. Bonn 1989

Jäncke, Lutz: Von der Steinzeit ins Internet: Der analoge Mensch in der digitalen Welt. Bern 2021).

Jarren, Otfried (Hrsg.): Stadtteilzeitung und lokale Kommunikation. München 1983

Jarren, Otfried: Lokaler Hörfunk für die Bundesrepublik. In: ders. & Peter Widlok (Hrsg.): Lokalradio. Berlin 1985, S. 15–42

Jarren, Otfried: Publizistische Vielfalt durch lokale und sublokale Medien. In: Günther Rager & Bernd Weber (Hrsg.): Publizistische Vielfalt zwischen Markt und Politik. Düsseldorf 1992, S. 65–84

Kopp, Mirjam & Philomen Schönhagen: Die Laien kommen! Eine Untersuchung zum Rollenselbstbild sogenannter Bürgerjournalisten. In Thorsten Quandt & Wolfgang Schweiger (Hrsg.), Journalismus online. Wiesbaden 2008, S. 79–94

Kopper, Gerd G.: Anzeigenblätter als Wettbewerbsmedien. München u. a. 1991

Langenbucher, Wolfgang u.a.: Journalismus und kommunale Öffentlichkeit. München 1979

Löffler, Doreen: Lokalfernsehen im Globalisierungszeitalter: Die Bedeutung lokaler Fernsehsender in einer globalisierten (Medien-)Welt. 2011

Möhring, Wiebke: Das Alltägliche vor Ort. Die Bedeutung des Lokaljournalismus in der digitalen Medienwelt. In: Journalistik. Zeitschrift für Journalismusforschung 1/2019, S. 57–64

Oehmichen, Ekkehardt & Christian Schröter: Internet zwischen Globalität und Regionalität. Die Bedeutung der Region für das Internet. In: Media Perspektiven 2011, 182–194.

Polster, Marek: Im Schatten der Riesen – Lokale TV-Programme. In: journalist 4/93, S. 42–45

Ring, Wolf-Dieter: Chancen und Grenzen lokalen/regionalen Fernsehens. In: DLM-Jahrbuch 1992. München 1993, S. 53–60

Rühle, Angela: Der deutsche Radiomarkt – Struktur und Nutzung. In: Media Perspektiven 6/2014, S. 325–338.

Schmidt, Celia: Direkt in die Tonne. Das Anzeigenblatt – Chance der Basispublizistik? In: medium 2/1991, S. 42–46

Sehl, Annika & Michael Steinbrecher: Der Bürger als Programmmacher. In: Marco Dohle & Wiebke Loosen (Hrsg.): Journalismus und Publikum. Wiesbaden 2014, S. 171–189

Sondermann, Gerhard: Lokale Wochenblätter und Anzeigenblätter im Wettbewerb mit lokalen/regionalen Tageszeitungen. In: KFB 1974–1978. Bonn 1978, S. 179–187

Starke, Joachim: Der Kampf um den Lokalfunk. In: Otfried Jarren & Peter Widlok (Hrsg.): Lokalradio. Berlin 1985, S. 43–51

Thomä, Manuel: Der Zerfall des Publikums. Nachrichtennutzung zwischen Zeitung und Internet. Wiesbaden 2013

Weiß, Ralph & Werner Rudolph: Die lokale Welt im Radio. Information und Unterhaltung im Lokalradio als Beiträge zur kommunalen Kommunikation. Opladen 1993

2 Kapitel | Die Entstehung der Lokalpresse — Wie die Zeitung „erfunden" wurde

Übersicht

Die ersten deutschen Tageszeitungen erschienen vor mehreren hundert Jahren; sie wurden anfangs nebenberuflich herausgegeben: von Buchhändlern, Druckereibesitzern, Postmeistern und Nachrichtenkrämern, die erkannt hatten, dass sich die an den Postwegen kursierenden, aus dem Ausland herein flatternden Nachrichten verkaufen ließen, wenn sie entsprechend aufbereitet und kompiliert wurden. Die Menschen gierten nach Neuigkeiten in der beginnenden Neuzeit. Die gewohnten mittelalterlichen Strukturen änderten sich, das Alltagsleben war im Wandel. Der Handel boomte. Die Welt wurde größer, es gab viel zu berichten.

Die Erfindung des **Buchdrucks** (um 1440) war die Initialzündung für eine anfangs noch kaum ertragreiche Branche: den Handel mit Neuigkeiten. Das Zeitungsgeschäft war geboren. Der Staat beäugte das Geschäftsmodell, überließ die Unterrichtung der Öffentlichkeit jedoch denen, die Zugang hatten zu den Informationsquellen. Fürsten und Könige erteilten Zeitungslizenzen, ohne Qualifikationen großartig zu hinterfragen; sie begnügten sich mit einer Aufsichtsrolle, griffen zensierend ein, sobald ihnen Inhalte politisch nicht korrekt erschienen. Ansonsten oblag es den Zeitungsmachern, Nachrichten zu bewerten. Ins Blatt kam, was sich verkaufen ließ. Der Absatz zählte, eine übergeordnete Intention gab es nicht.

Erst viel später, als in den Städten der Einzelhandel aufkam, erhielt die Presse eine zweite Einnahmequelle: das **Inseratengeschäft**. 1847 wurde in Preußen der Insertionszwang aufgehoben; Anzeigenwerbung und Inserate durften nun auch in Tageszeitungen erscheinen. Zeitungen verkauften nicht mehr nur Nachrichten, sondern nun auch Anzeigenraum. Das hybride Betriebssystem implementierte neue Probleme: Redaktionen, die frei berichten sollten, mussten nun auch die Interessen ihrer Anzeigenkunden bedenken. Der funktionale Grundkonflikt für private Presseunternehmen war geboren.

Die ersten Zeitungen hatten noch mit anderen Problemen zu kämpfen. Ihre Inhalte, so reißerisch sie daher kamen, entsprachen nicht immer den Erwartungen der Leser. Zu dünn gesät waren anfangs die Informationsquellen, die sich zudem nicht immer als zuverlässig erwiesen. Nicht alles, was in die Zeitungen gelangte, entsprach der **Wahrheit**. Und schließlich mussten Herausgeber auch die staatliche Zensur im Auge behalten; sie konnten abgemahnt, schlimmstenfalls strafrechtlich belangt werden und ihre Lizenz verlieren. Vor diesem Hintergrund bildeten sich bereits früh Phänomene wie Gefälligkeitsjournalismus, **Verlautbarungsjournalismus** und „Hofberichterstattung" heraus: das Anbiedern an Obrigkeiten.

Die frühen Zeitungen standen unter „Druck“. Daran änderte sich wenig, als Ende des 19. Jahrhunderts die Städte anwuchsen und sich ein öffentliches Leben herausbildete. Der „normale“ Leser wurde nun plötzlich Gegenstand der Berichterstattung, seine Freizeitaktivitäten in Vereinen und Interessenverbänden wurden publik. Das war neu. Ein lokaljournalistisches Kernproblem ploppte auf, Redaktionen wurden mit Erwartungshaltungen ihrer Leser konfrontiert. An dieser Grundkonstellation hat sich bis heute wenig geändert; es macht deshalb Sinn, die Entstehung der Lokalberichterstattung im Rückspiegel zu betrachten und so das allmähliche Herausbilden jener lokaljournalistischen Phänomene nachzuvollziehen, die nicht zufällig bis heute in vielen Lokalteilen „überlebt“ haben.

2.1 Lokale Nachrichten in den Anfängen des Zeitungswesens

2.1.1 Flugblätter und Lokalrelationen

Das Bedürfnis nach Mitteilung aktueller Ereignisse war Quelle und Ursprung des Zeitungswesens. Als einen ersten Vorläufer haben wir in Deutschland ab ca. 1380 – bekanntestes Beispiel sind die *Fuggerzeitungen* – den **Privatbrief** anzusehen, der bis in das 17. Jahrhundert hinein die gedruckte, periodisch erscheinende Zeitung ersetzte. Fürsten, Kirchen, Gelehrte und Händler entwickelten im ausgehenden Mittelalter einen zunehmenden Briefverkehr, wobei dem privaten Teil der Briefe schon früh politische, wissenschaftliche oder geschäftliche Nachrichten – auch zur Weitergabe an Freunde – angehängt wurden. Fürsten und Handelshäuser unterhielten bezahlte Korrespondenten in verschiedenen Orten: die Vorläufer der heutigen Journalisten (Lindemann 1969, S. 16).

2.1.2 Die *Newen Zeytungen*

Im 14. Jahrhundert entwickelt sich der Begriff **Zeitung** im Kölner Raum aus dem *zidunge*, das für „Nachricht“, „Neuigkeit“ stand. 1445 legte die Erfindung des Buchdrucks mit beweglichen Lettern des Mainzers Johannes Gutenberg die Grundlage zur Massenverbreitung von Presseerzeugnissen. Die ersten gedruckten, wenngleich noch nicht periodisch erscheinenden Produkte waren Ende des 15. Jahrhunderts Flugblätter, Flugschriften und sogenannte Neue (*Newe*) Zeitungen (die erste erschien 1502), von denen – nachweislich zwischen 1480 und 1700 – vermutlich mehr als 5.000 Titel verbreitet wurden.

Verfasser der Flugblätter (Relationen) waren meist Pfarrer, Schulmeister oder Stadtschreiber, was die Glaubwürdigkeit und das Ansehen der Meldungen erhöhte. Die von Postmeistern und Buchhändlern herausgegebenen *Fliegenden Blätter*, die postalisch versendet oder auf Marktplätzen verteilt wurden, schossen im Laufe des 16. und 17. Jahrhunderts aus dem Boden, so dass sich bald fast jede Stadt im deutschsprachigen Raum einer eigenen „Lokalzeitung“ erfreute. Gedruckt wurde, wo eine Druckerpresse stand und regelmäßiger Postverkehr für immer neue Nachrichten sorgte. Ihr Inhalt war auf die Geschmacksrichtung der einfachen Menschen dieser Zeit zugschnitten: Alltäglichkeiten des bürgerlichen Lebens, Stadtneuigkeiten, Mord- und Klatschgeschichten füllten die nicht sehr umfangreichen Schriften.

Abb. 2.1: „Der Kramer mit der newe zeittung“ (1589), Buchhändler und ambulante (Neuigkeits-)Krämer verkauften damals die „Neuen Zeitungen“. | [8]

Hintergrund | Zeytung erstmals 1502

Die *Newen Zeytungen* gelten als Vorläufer der modernen Zeitung. „Newe Zeytung vom orient und auff gange“ lautete die Überschrift eines Artikels, der 1502 erstmals die Bezeichnung „Zeitung“ für ein gedrucktes Nachrichtenblatt verwendete. In dieser ersten Zeitung wurde die Wiedereroberung der Insel Lesbos durch die Franzosen mitgeteilt. Zeitungen hatten damals bis zu 20 Seiten Umfang; Titelzeilen und Text waren häufig mit Holzschnitten, Illustrationen, Initialen und Vignetten ausgeschmückt und bildeten somit ein erstes Zeitungslayout heraus (Jürgen Wilke: Die „Neue Zeitung“. 2021, S. 83–109).

Rund 4.100 *Newe Zeytungen*

Bis ins Jahr 1700 erschienen nachweislich rund 4.100 *Newe Zeytungen*, hinzu kamen Nachdrucke. Nach Schätzungen, die Verlustrate von 50 Prozent einbeziehen, dürften zwischen 1500 und 1700 bis zu 17.000 *Newe Zeytungen* im deutschsprachigen Raum erschienen sein (Helmut W. Lang: Die Neue Zeitung des 16. und 17. Jahrhunderts. 2008, S. 122). Auf Basis von 421 verfügbaren Exemplaren ermittelte Pfarr (1994) insgesamt 94 Produzenten an 61 Verlagsorten (Kristina Pfarr: Empirische Untersuchung eines Informationsmediums der frühen Neuzeit. 1994). Die wirklichen Zahlen dürften deutlich höher liegen. Zentren der Produktion waren Nürnberg und Augsburg, aber auch Köln und Straßburg. Diese Städte waren dazu durch ihre Lage an den Nachrichtenwegen und Postverbindungen prädestiniert und erhielten so ständig neue „Nachrichtenstoffe".

Mehrere hundert Exemplare pro Titel

Eine wesentliche Leistung der *Newen Zeytung* bestand darin, dass sie in einem bisher nicht gekannten Maße Öffentlichkeit herstellte. Genaue Zahlen dazu fehlen, aber man geht von mehreren hundert Exemplaren pro Titel aus. Solche Auflagenhöhen erlaubten eine Kalkulation von vergleichsweise niedrigen Verkaufspreisen. Die ab ca. 1600 periodisch erscheinenden Druckschriften läuteten das Ende der *Newen Zeytungen* ein, sie wurden allmählich von den neuen Wochenblättern überflügelt.

Warhafftige Zeitung.
Von den Gottlosen Hexen/
auch Ketzerischen vnnd Teufels Weibern/ die zu
des heiligē Römischen Reichsstatt Schletstatt im Elsaß/auff
den zwey vnd zwentzigsten Herbstmonats/des verlauffenen siebentzigsten Jars/von wegen jrer schentlicher Teufelsuerpflichtung/verbrent
worden/Sampt einem kurtzen Extract vnd außzug etlicher
Schrifften von Hexerey/ zusamen gebracht.
Durch Renhardum Lutz Erythropolitanum.
M. D. LXXI.

Abb. 2.2: „Warhafftige Zeitung von den gottlosen Hexen" (1571). | [9]

Die ersten Zeitungen

Die ersten Zeitungen nach heutigen Kriterien (Periodizität, Publizität, Aktualität und Universalität) erschienen zu Beginn des 17. Jahrhunderts. Als „Geburtsstunde der modernen Zeitungspresse gilt das Jahr 1609, aus dem die beiden ältesten noch erhaltenen „Zeitungen" stammen, die von Johann Carolus (1575–1634) gedruckte sogenannte *Straßburger Relation* (*Relation Aller Fürnemmen vnd gedenckwürdigen Historien*) und der in Wolfenbüttel von Julius Adolph von Söhne (?–1616) hergestellte *Aviso Relation oder Zeitung* (die Bezeichnung „Relation" bedeutet so viel wie Mitteilung, Bericht und stammt vom lateinischen *referre*, was so viel heißt wie zurücktragen). Beide Blätter besaßen damals keineswegs den Stellenwert späterer Zeitungen, wurden anfangs lediglich als eines unter zahlreichen Informationsmedien angesehen.

Relation:
Aller Fürnemmen/vnd gedenckwürdigen Historien / so sich hin vnnd wider in Hoch vnnd Nieder Teutschland / auch in Franckreich / Italien / Schott vnd Engelland / Hisspanien / Hungern / Polen / Siebenbürgen / Wallachey / Moldaw / Türckey / rc Inn diesem 1609. Jahr verlauffen vnd zutragen möchte.

Alles auff das trewlichst wie ich solche bekommen vnd zuwegen bringen mag / in Truck verfertigen will.

Abb. 2.3: Die „Relation aller Fürnemmen und gedenckwürdigen Historien" aus dem Jahr 1609. Die deutschsprachige Relation, von Johann Carolus nachweisbar seit mindestens 1605 in Straßburg veröffentlicht, gilt als die erste Zeitung der Welt. | [10]

Die Zahl der Zeitungen wuchs in der Folgezeit an, überall wollten Menschen plötzlich Neuigkeiten erfahren. Der Dreißigjährige Krieg (1618–1648) bot Nachrichtenstoffe in einer bis dahin nicht bekannten Fülle und Relevanz. Er wirkte wie ein Initialzünder für das Erscheinen immer neuer Nachrichtenblätter. Bis 1620 gab es 20 Zeitungsgründungen und schätzungsweise rund 40 Druckorte in der Zeit zwischen 1640 und 1650. Mit dem schwedischen Kriegseintritt sorgte eine zweite Gründungswelle dafür, dass Zeitungen überall im deutschen Sprachraum erschienen.

Aus heutiger Sicht war die Qualität der Berichterstattung über den Krieg erstaunlich gut, die Informationen waren zuverlässig und faktentreu. Berichtet wurde in einer jedermann verständlichen Sprache.

Inhaltlich fand in den zunächst wöchentlichen, durch die Post versendeten *Lokal-Relationen* erstmals auch das noch spärliche Alltagsgeschehen Eingang in die Berichterstattung, die bis dahin auf Sensationsmeldungen aus aller Welt setzte, mit denen die lokalen Neuigkeiten nichtmithalten konnten. Wo sich Postlinien kreuzten, erschienen die Blätter infolge des höheren Nachrichteninputs bald häufiger. Ende des 17. Jahrhunderts existierten ca. 60 solcher Zeitungen, die Auflagen bis zu 400 Exemplaren hatten und nach Schätzungen bereits über 250.000 Leser erreichten.

Hintergrund | Neuigkeitskrämerei

Die Sprache der Relationen war monoton, die Texte, versehen mit gefetteten Ortsangaben, waren nach ihrem Eingang chronologisch aneinandergereiht, noch ohne Überschriften. Zum Teil wurden auch längere Aktenstücke, Urkunden oder Teile davon wörtlich abgedruckt. Ansonsten dominierten „wahllose Neuigkeitskrämerei und Stadtklatsch, freilich fast ausschließlich aus anderen Orten als dem Erscheinungsort der Zeitung selbst“ (Albert Berger: Der Lokalreporter. Diss. 1923, S. 7).

Hintergrund | Klumpfüßige Boten

Abb. 2.4: Johann Peter von Ludewig (1670-1743). | [11]

Johann Peter von Ludewig (1670–1743) notierte im Jahr 1705, dass es mit den „Methoden der Zeitungsschreiber“ und dem Niveau der Zeitungen sehr im Argen liege. Er warf den Schreibern Ungenauigkeit und die Benutzung unzuverlässiger Quellen vor. Das spürten auch die Leser. Sie trauten den „Zeitungsschreibern“ nicht über den Weg, dem gedruckten Wort standen sie skeptisch gegenüber, bezweifelten dessen Wahrheitsgehalt. In ihrer Frühphase gelang es der Presse nur sehr allmählich, das „sie verfolgende, schier allgegenwärtige Phantom des hinkenden, klumpfüßigen Boten in Bauerntracht abzuschütteln, der die Leute zwar viel langsamer, dafür jedoch oftmals zuverlässiger informierte“ (Klaus Rost: Die Welt in Zeilen pressen. 1995, S. 96).

2.1.3 Die ersten Tageszeitungen

In Leipzig gab der Buchhändler und Drucker Timotheus Ritzsch (1614–1678) ab Mitte 1650 die erste bekannte Tageszeitung der Welt, die *Einkommenden Zeitungen* heraus (wobei der Begriff „Zeitung“ damals ein Synonym für Nachrichten war); sie erschien bis 1918, zuletzt unter dem Titel *Leipziger Zeitung*. Jede Ausgabe hatte einen Umfang von vier Seiten, ein Format von ca. 13,5 x 17 Zentimetern und sie erschien sechsmal wöchentlich, mit einer Auflag von vermutlich rund 200 Exemplaren. Aus heutiger Sicht hoben sich die *Einkommenden* von anderen Blättern auch durch die Qualität und Ausgewogenheit ihrer Meldungen hervor. Korrespondenten aus den wichtigsten europäischen Städten sorgten mit ihren Informationen für Aktualität und Vielfalt. Wie in nachfolgenden Zeitungen war die thematische Vielfalt anfangs allerdings nur schwach ausgeprägt.

Das **Lokale** war zunächst auch für die Leipziger Zeitungsschreiber kein Thema, zumal es ein parlamentarisches Staatsleben, über das man hätte berichten können, noch nicht gab. Vorgänge im Ausland, übersichtlich nach Ländern geordnet, nahmen großen Raum ein und befriedigten das Neuigkeitsinteresse der Leipziger Leser.

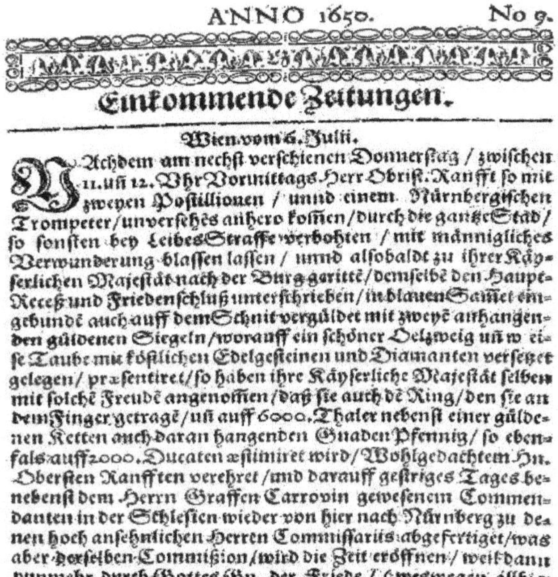

ANNO 1650. No 9.

Einkommende Zeitungen.

Wien vom 6. Julii.

NAchdem am nechst verschienen Donnerstag / zwischen 11. und 12. Uhr Vormittags Herr Obrist Ranfft so mit zweyen Postillionen / unnd einem Nürnbergischen Trompeter / unversehens anhero kommen / durch die gantze Stadt / so sonsten bey Leibes Straffe verbohten / mit männigliches Verwunderung blassen lassen / unnd alsobaldt zu ihrer Käyserlichen Majestät nach der Burg geritten / denselbe den Haupt-Receß und Friedenschluß unterschrieben / in blauen Sammet eingebunden auch auff dem Schnit vergüldet mit zweyen anhangenden güldenen Siegeln / worauff ein schöner Oelzweig und weisse Taube mit köstlichen Edelgesteinen und Diamanten versetzet gelegen / præsentiret / so haben ihre Käyserliche Majestät selben mit solchen Freuden angenommen / daß sie auch den Ring / den sie an dem Finger getragen / und auff 6000. Thaler nebenst einer güldenen Ketten auch daran hangenden Gnaden Pfennig / so ebenfals auff 2000. Ducaten æstimiret wird / Wohlgedachtem Hn. Obersten Ranfften verehret / und darauff gestriges Tages benebenst dem Herrn Graffen Carrovin gewesenem Commendanten in der Schlesien wieder von hier nach Nürnberg zu denen hoch ansehnlichen Herren Commissarius abgefertiget / was aber derselben Commißion / wird die Zeit eröffnen / weil dann nunmehr durch Gottes Gn. der Friede / (weswegen allhier ein solches Frolocken / daß nicht zubeschreiben) richtig; als ist verschienen Montag Herr General von Buchheim mit 2. Ton-

Abb. 2.5: In Leipzig gab der Buchhändler und Drucker Timotheus Ritzsch ab 1650 die erste bekannte Tageszeitung der Welt, die „Einkommenden Zeitungen“ heraus. | [12]

Hintergrund | Reise- und Jagdberichte

„Aus dem Inland“, resümierte Otto Groth (1875–1965) in seinem vierbändigen Werk „Die Zeitung. Ein System der Zeitungskunde (Journalistik)“ im Jahr 1928, „durfte nur mitgeteilt werden, was der Regierung genehm war: Über die kriegerischen Taten der Fürsten, ihre Reisen und Jagden, Feste des Hofes oder fürstliche Familienereignisse, über Verordnungen und Ernennungen durfte der Zeitungsschreiber berichten. Darüber hinaus war der Öffentlichkeit kein Blick erlaubt“ (S. 579). Der Zeitungsschreiber wusste, wer seine Tätigkeit jederzeit untersagen konnte, wenn Inhalte nicht genehm erschienen: die Obrigkeit nämlich, die stets ein Auge auf die Zeitungsschreiber gerichtet hatten, die Landesherren, Könige und Fürsten. Dementsprechend fehlte es in den Blättern nicht an entsprechenden Ehrerbietungen.

Hintergrund | Katastrophenmeldungen

Neben dem politischen Stoff aus dem Ausland reizte und beschäftigte alles Seltsame und Ungewöhnliche, besonders aus fernen Ländern, die Neugierde, die Phantasie, den romantischen Sinn und die Wissbegier des damaligen Publikums: Merkwürdige Naturerscheinungen, Missgeburten, Wunderzeichen, Erdbeben und Wolkenbrüche, Hochwasser und Feuersbrünste, Seuchen, Hexenverfolgungen, Räubereien, Mordfälle und Duelle. Politik und Vermischtes bildeten somit in der Hauptsache den Inhalt, der sich, in buntem Durcheinander, meist trocken ohne Kritik oder individuelle Färbung vorgetragen, dem Leser bot (Groth 1928, S. 580).

In allen bekannten Zeitungen dieser Periode ist dagegen noch keine Spur einer örtlichen Berichterstattung: Die Vorfälle im Leben der damals noch stark konzentrischen, von hohen Stadtmauern eingekesselten Städte und ihrer Bürger wurden nicht erwähnt. Das innere politische Gemeindeleben in dieser Zeit war durch die Wirren des Dreißigjährigen Krieges zudem in einen „Todesschlaf“ gefallen; es bot kaum Berichtsmöglichkeiten. Die gewöhnlichen Lokalereignisse aber waren für den Zeitungsschreiber wie für den heimischen Zeitungsleser nicht „neu“, das heißt sie hatten aus Sicht der Herausgeber keinen journalistischen Wert für die Zeitung. Unglücksfälle oder Verbrechen sprachen sich im Ort von Mund zu Mund so schnell herum, dass eine drucktechnische Benachrichtigung durch die wöchentlich nur ein- oder zweimal erscheinende Zeitung zu spät gekommen wäre. Während städtische Angelegenheiten keine Presse brauchten, sie konnten per Anschlag oder Ausruf bekannt gemacht werden;

2.2 Intelligenzblätter und Anfänge einer Lokalberichterstattung

Die Anfänge einer Lokalberichterstattung der Zeitungen datieren um die Wende des 17. Jahrhunderts. Die Schrecken des 30-jährigen Krieges waren überwunden, die Presse war dabei, sich zu etablieren und neue Wege zu gehen, um in den wachsenden Städten neue Leser zu gewinnen. Doch das war nicht einfach, denn die allermeisten Menschen lebten und arbeiteten im 17. und 18. Jahrhundert noch auf dem Land, als einfache Bauern. Um das Jahr 1800 waren das noch 75 Prozent der deutschen Bevölkerung.

Doch schon im Spätmittelalter, ab dem 13. und 14. Jahrhundert, war es zu einer Abwanderung der bäuerlichen Bevölkerung gekommen. Die unfrei lebenden Bauern strebten nach Stadtluft und entledigten sich so ihrer Abgaben und drückenden Frondienste. Als Städter konnte der Bauer über seinen eigenen Besitz verfügen, sofern er einen hatte, und auch einen Rat wählen, der über seine Angelegenheiten entschied, so er denn das Bürgerrecht erworben hatte. Die meisten dieser Bauern konnten aber weder lesen noch schreiben, sie besaßen kaum Bildung, was sich erst im Zuge der Aufklärung änderte. Bereits um 1700 wurde die allgemeine Schulpflicht eingeführt. Doch bis alle Leute lesen und schreiben konnten, ihnen nicht mehr aus der Zeitung vorgelesen werden musste, verging noch eine ganze Zeit.

Die lange überschaubaren Städte dehnten sich derweil aus, etwa Mitte bis Ende des 17. Jahrhunderts, als rund 50.000 in Frankreich verfolgte Hugenotten als Glaubensflüchtlinge nach Deutschland kamen und sich als Handwerker hauptsächlich in den Städten ansiedelten. Ein demographischer Wandel setzte ein. Immer neue Bewohner drängten in die Städte, in denen sie Schutz suchten vor den auf dem Lande immer noch marodierenden Soldaten. Es gab nun etwas zu berichten. Die Presse hatte plötzlich einen Nährboden für lokale Berichte. Sie berichtete über Hinrichtungen, über Unfälle, lokale Naturerscheinungen und so weiter. Die einfach gestrickten Nachrichtenstoffe wendeten sich an ein breiteres Publikum, sie sollten den Absatz der Zeitungen steigern.

Hintergrund | Erste Lokalnotizen

Die *Leipziger Zeitung* veröffentlichte laut Otto Groth (1928, S. 587) ihre ersten Leipziger Lokalmeldungen im Jahrgang 1700. In den Berliner Blättern *Postillon* und *Merkur* tauchten 1705 hier und da Lokalnotizen auf. Vom 19. Juni 1705 datiert die erste Reporternotiz über einen Kindsmord. Während der Jahrgang 1707 der *Breslauer Zeitung* nur einen Lokalbericht über die Durchreise „hoher Herrschaften" enthält, finden sich 1724 bereits 40 Lokal- und 40 Provinznachrichten, 1737 sogar 60 Nachrichten aus Breslau und 10 aus der Provinz Schlesien.

Oft war ein einziger ausländischer Brief umfangreicher als die ganze lokale Rubrik, die sporadischen Meldungen über örtliche Vorfälle verirrten sich scheinbar zufällig in die Blätter. Auffällig ist, dass lokale Geschehnisse nicht etwa aus örtlichen Quellen, sondern häufig in offiziösem Verlautbarungsstil aus anderen Städten gemeldet werden. Vieles deutet darauf hin, dass es sich dabei um eine bloße Verschleierungstaktik bezüglich Verfasser und Informationsquellen handelt. Auswärtige Informanten wurden vorgeschoben, um etwaige Beschwerden über die abgedruckten Nachrichten ins Leere laufen zu lassen und Kritikern keine Angriffsfläche zu bieten (Groth 1928, S. 588). Schwarzkopf (1795, S. 112) bemängelte, der größere Teil der Zeitungen bestehe aus „entlehnten und ausgeschriebenen Artikeln".

2.3 Das Lokale im 19. Jahrhundert

Im 19. Jahrhundert entstand die Massenpresse, was zum großen Teil an den technischen Neuerungen der Druckpressen lag. 1812 wurde die Schnellpresse erfunden, 1845 die Rotationsmaschinen und 1886 die Linotype-Setzmaschine. Außerdem stieg weiterhin das Interesse der Bevölkerung an Informationen aus Politik und Gesellschaft. Zudem wurde das staatliche Anzeigenmonopol aufgehoben, dadurch entstand für das Zeitungswesen die zweite Einnahmequelle – der Anzeigenverkauf. Durch den Anzeigenverkauf konnte die Zeitung selbst noch günstiger verkauft werden, was zu einer wesentlich größeren Verbreitung führte. In der gleichen Periode stieg die Alphabetisierungsrate rasant an.

Hintergrund | Zensur unterdrückt Zeitungskritik

Inhaltlich jedoch ergab sich in der ersten Hälfte des 19. Jahrhunderts das gleiche trostlose Bild, wobei die napoleonische Ära keine echte Zäsur für das deutsche Pressewesen bedeutete. Der Erlass der Stein'schen Städteordnung (1808) und die Einführung der kommunalen Selbstverwaltung verschafften dem lokalen Teil zwar ein reiches Betätigungsfeld. Im Gegensatz zu anderen europäischen Staaten, war der preußische Staat aber nicht gewillt, sich der Kritik freier Zeitungen zu stellen. Die strengen Zensurbestimmungen der Karlsbader Beschlüsse von 1819 unterdrückten noch über Jahrzehnte hinweg jegliche liberalen Bestrebungen und politische Themen in den Blättern, die nach den Befreiungskriegen (1813–1815) aufgeflackert waren.

Tageszeitungen beschränkten sich darauf, königliche Dekrete und Hofberichte aus anderen Ländern zu veröffentlichen. Die Meldungen aus Deutschland rangierten beinahe am Schluss.

Angetrieben von einer allgemeinen politischen Bewusstseinsbildung in der Bevölkerung und einem wachsenden Leserinteresse, griffen die Zeitungen, wenn auch nur sehr zögernd und sehr zurückhaltend, schließlich dennoch kommunalpolitische Themen auf.

Hintergrund | Kein lokaler Teil in Breslau

Der *Breslauer Zeitung* fehlte laut Otto Groth (1928, S. 590) in den 20er Jahren des 19. Jahrhunderts ein lokaler und provinzieller Teil noch vollständig, ebenso der *Schlesischen Zeitung*. Die *Wormser Zeitung* brachte bis in die 30er Jahre nur selten eine Lokalnotiz, und lediglich lokalgeschichtliche Berichte erschienen seit 1834. Auch im *Leipziger Tagblatt* findet man in dieser Zeit nur gelegentlich etwas Örtliches. Gleiches gilt für den *Halleschen Courier*, in dem noch Anfang der 40er Jahre der lokale Teil als ständige Rubrik fehlt.

Die Lokaljournalisten hielten sich jedoch mit eigenen Meinungen und Berichten stark zurück, schwebte über ihnen doch permanent die Gefahr einer Entlassung oder sogar eines staatlich verfügten Verbots der Berufsausübung: Selbst kommunale Missstände, die bereits öffentlich diskutiert wurden, griff nicht die Presse selbst auf, sondern überließ dies ihren Lesern, deren Zuschriften kommentarlos veröffentlicht wurden. Die Lokalzeitung „verschanzte" sich hinter einer Flut von Lesermeinungen, die Blätter wurden – geboren aus der Not zu befürchtender staatlicher Repressionen – zum Sprechsaal für das Publikum. Allerdings betätigten sich nicht nur gelegentlich auch Redakteure laut Salomon (1906, S. 267) unter Pseudonymen als Leserbriefschreiber.

Meinung | Kraut und Rüben

Abert Berger sah in seiner Dissertation *Der Lokalreporter* (1923, S. 19) eine wesentliche Ursache in der Person des Lokalredakteurs begründet und setzte damit ein Ausrufezeichen in der Lokalpresseforschung. Er schrieb: „Dass da Artikel und Nachrichten wahllos wie Kraut und Rüben durcheinanderstehen, ist nur zu begreiflich, vom Fehlen jeder eigenen Stellungnahme [...] gar nicht zu reden [...]. Der Mann [...] ist in der Mehrzahl ohne höhere Schulbildung und steht gerade mit dem Haupthandwerkszeug des Redakteurs: dem guten, sauberen Stil auf dem Kriegsfuß. Wie soll er da Einsendungen stilistisch, grammatikalisch und orthographisch oft noch weniger geschulter Mitarbeiter inhalts- und sprachgemäß redigieren, das Unwesentliche vom Wesentlichen unterscheiden und entsprechend kürzen oder streichen können?"

2.4 Die Entwicklung des Lokalen nach 1874

Im deutschen Kaiserreich von 1870/71 erhielt die Pressefreiheit erstmals eine gesetzliche Grundlage durch das 1874 vom Reichstag verabschiedete Reichspreßgesetz (das übrigens offiziell erst 1966 endgültig außer Kraft trat). Die Zensur war nun aufgehoben. Die Ausübung des Pressegewerbes war frei. Mit dem Wachstum der Großindustrie dehnten sich in der zweiten Hälfte des 19. Jahrhunderts die Städte aus. Die Kommunalpolitik fand nun steigende Aufmerksamkeit, auch in der Presse. Die Vielgestaltigkeit und Intensität des Lebens lieferte den Zeitungen einen reichen Stoff, der eine breite Masse der Bevölkerung ansprach.

Den geschäftlichen Wert dieser Situation ausnützend, wurden zwischen 1870 und 1900 zahlreiche Lokal- oder General-Anzeiger gegründet, Massenzeitungen, die zunächst als Gratisanzeigenblätter rein privaten Erwerbszwecken dienten. Sie druckten, was der „kleine Mann" in der Zeitung suchte, setzten ihren Fokus neben den bewährten Sensations- und Unterhaltungsmeldungen aber auch verstärkt auf das Lokale und eroberten mit diesem Konzept bald die lokalen Anzeigenmärkte. Als erste dieser Zeitungen gilt der 1871 von Joseph La Ruelle (1822–1900) gegründete und herausgegebene *Aachener Anzeiger.*

Das Geschäftsmodell funktionierte. Bis 1914 verdoppelten und verdreifachten sich die Auflagen und Anzeigenerlöse, während die Entwicklung der älteren Zeitungen stagnierte. Nur etwa 3,5 Prozent von ihnen erreichten um 1900 eine Auflage von mehr als 15.000 Exemplaren (Koszyk 1972, S. 272).

Die Anzeigeneinnahmen garantierten den Anzeigern konstante Gewinne. Um sie nicht zu gefährden, mussten sich redaktionelle Inhalte anpassen. Das blieb nicht unbemerkt. Nachrichten fielen unter den Tisch, eingesandte Notizen wurden übernommen, „wenn der vielumworbene Inserent das bei Auftragserteilung zur Bedingung machte" (Hammer 1911, S. 6/7). Eine „reinliche Scheidung zwischen Text- und Inseratenteil" gab es für die profitorientierten General-Anzeiger nicht.

Der folgende Weltkrieg (1914–1918) stoppte den Aufwärtsschwung der Anzeigenblätter. Die Wirtschaft schrumpfte und mit ihr die Anzeigenumsätze der Presse. Der Abonnent wurde nun wieder interessanter (Koszyk 1972, S. 274).

2.5 Inhalte der General-Anzeiger-Presse

Das Niveau der lokalen Berichterstattung in den General-Anzeigern war gering. Die Nachrichten wurden, durch Spitzmarken voneinander getrennt, einfach aneinander gereiht. Einen festen Platz hatten – etwa in den *Dresdner Neuesten Nachrichten* – die Hofnachrichten: Selbst Einkäufe der königlichen Familie wurden „genau mit Zeit- und Geschäftsangabe" gebracht, ebenso detaillierte Schilderungen von Hoffesten, wo ein Schwerpunkt auf die akribische Beschreibung der getragenen Kleidung gelegt wurde. Kommunalpolitische Fragen fanden erst ab 1900 allmählich Beachtung (Hofmann 1940). Ein erster lokalpolitischer Leitartikel tauchte in dem Blatt 1903 auf. Der *Aachener General-Anzeiger* versprach in seiner Leserwerbung 1882 explizit folgenden lokalen Themenmix: Schützen-, Turn- und sonstiges Vereinswesen, Hunde-, Bienen-, Kaninchen- und Taubenzucht.

Die General-Anzeiger-Presse setzte die älteren Tageszeitungen unter Druck. Sie sahen sich zu einem Ausbau ihres lokalen Teils wie auch zu Neuerungen in der Aufmachung des Stoffes gezwungen: In den großstädtischen Blättern bildete sich der lokale Teil regelrecht zu einer eigenen Zeitung heraus, der möglichst umfangreich, mannigfaltig und unterhaltend sein sollte. Es wurden „Fragen behandelt wie das Wegwerfen von Kirschkernen, das Benehmen auf der Trambahn [...] oder die Frage, was man für 10 Pfennig kaufen kann“ (Groth 1928, S. 927).

Hintergrund | Berliner Studie (1884/85)

Eine „Stoffanalyse“ von drei Berliner Zeitungen der General-Anzeiger-Presse brachte für die Jahrgänge 1884/85 folgendes Ergebnis: Der *Lokal-Anzeiger* brachte 22 Prozent Lokales, gemessen am Gesamtumfang der Zeitung, die *Haude- und Spenersche Zeitung* 8,4 Prozent, die *Vossische Zeitung* 3,5 Prozent (Emil Dovifat: Generalanzeiger. In: Walther Heide Hrsg.: Handbuch der Zeitungswissenschaft [Bd. 1]. 1940, Sp. 1224).

2.6 Lokalpresse in der Weimarer Republik

Nach dem Zusammenbruch des deutschen Kaiserreiches im Jahr 1918 erhielt die Meinungsäußerungsfreiheit „durch Wort, Schrift, Druck, Bild oder in sonstiger Weise“ in Artikel 118 der Weimarer Verfassung erneut eine Grundlage. Im Betriebsrätegesetz von 1920 wurde Zeitungsunternehmen erstmals ein **Tendenzschutz** (gegenüber der innerbetrieblichen Mitwirkung und Mitbestimmung) gewährt. Eine Fortentwicklung des Presserechts gelang dagegen zunächst nicht.

1924 kam ein Gesetzentwurf über die „Rechte und Pflichten der Schriftleiter periodischer Druckschriften“ zustande. Der Entwurf sah vor, dass der „Schriftleitungsteil“ öffentlichen Interessen diene, das heißt, der einzelne Redakteur sollte nicht gegenüber wirtschaftlichen Verlegerinteressen, sondern gegenüber der Allgemeinheit verpflichtet sein (Koszyk 1972, S. 342/343). Ein konzertierter Einspruch der Verleger brachte den Entwurf zum Scheitern; stattdessen kam es zwischen Verlegern und Redakteuren (Reichsarbeitsgemeinschaft der Verleger und Redakteure) zu einer Vereinbarung, die 1926 in Kraft trat und in der es für den Redakteur hieß, er sei neben etwaigen öffentlichen Interessen „verpflichtet, das Gesamtinteresse und die Überlieferung der Zeitung im Auge zu behalten“.

Nach dem Ersten Weltkrieg, ab 1918, war das Lokale in der General-Anzeiger-Presse auffällig expandiert; vor allem zwischen 1919 und 1923 wurden Zeitungen – aus absatzstrategischen Überlegungen – vielfältige lokale und Heimatbeilagen angefügt. Sie sollten den Verbreitungsradius der großstädtischen Verlage auf die umgebenden Landkreise erweitern. Die bereits ab 1914 einsetzende Inflation bremste dann den beispiellosen Höhenflug der General-Anzeiger-Presse. Die Kosten stiegen ins Uferlose, das Anzeigenaufkommen sank rapide.

Auch die Lage der zahlreichen – ohnehin chronisch auflagenschwachen – Heimatzeitungen verschlimmerte sich. Als die Nationalsozialisten 1933 die Macht übernahmen, wurden sie – wie die gesamte bürgerliche Presse – gleichgeschaltet. Bereits 1933 mussten 1.000 Zeitungen ihr Erscheinen einstellen, weitere 1700 gingen in den Besitz des NSDAP-eigenen Eher-Verlages über. Mit Beginn des Krieges wurden erneut zahlreiche Zeitungsbesitzer enteignet, Hunderte von Heimatzeitungen wurden liquidiert. Von den über 4.000 Zeitungen, die Anfang 1933 mit einer Gesamtauflage von 18,6 Mio. Exemplaren im Deutschen Reich erschienen waren, blieben 1944 noch 977 übrig, mit einer Gesamtauflage von ca. 25 Mio. Exemplaren.

2.7 Lokalpresse nach 1945

Nach den im Potsdamer Abkommen von 1945 fixierten Vorstellungen der alliierten Besatzungsmächte sollte die deutsche Presse nach Ende der NS-Diktatur neu gestaltet, eine Restauration des früheren, von Großkonzernen dominierten deutschen Pressewesens verhindert werden. Das war der Plan. Tatsächlich wurde die alte privatwirtschaftliche Struktur der Presse bald wieder eingeführt. Bereits in der von amerikanischen Militärbehörden verfügten Betriebsanweisung Nr. 1 für Zulassungsinhaber wurde die Führung der Presselizenzbetriebe nach kapitalistischen Prinzipien festgelegt, in der es hieß: „Alle Einnahmen [...] sind als Eigentum der Zulassungsinhaber anzusehen. Sie sind verpflichtet, das Unternehmen nach besten Geschäftsgrundsätzen zu betreiben." Damit waren die Lizenzträger der Gewinnerzielung verpflichtet. Ein Wesensmerkmal der Weimarer General-Anzeiger-Presse war somit wieder konstituiert.

Das Ende der Lizenzpolitik wurde ab 1948 vorangetrieben. Nach der Währungsreform Mitte 1948 und der Aufhebung der **Papierkontigentierung** konnten die Zeitungen nun wieder häufiger und mit größerem Umfang erscheinen. Auch stand es den Lizenzträgern jetzt frei, beliebig viele Anzeigen aufzunehmen (Hurwitz 1972, S. 213). Durch das Gesetz Nr. 5 wurde im September 1949 der alliierte Lizenzzwang aufgehoben und die deutsche Pressefreiheit wiederhergestellt. Es kam zu einer Flut von Neugründungen im Zeitungswesen. Innerhalb eines halben Jahres stieg die Zahl der Zeitungen um etwa 400 auf 568 (S. 236). Neugründer waren vor allem die sogenannten „Altverleger", die bis 1945 Zeitungen herausgegeben und in der Lizenzierungsphase keine Lizenz erhalten, jedoch ihre Druckereien und technischen Einrichtungen behalten hatten.

Die alliierte Pressepolitik hatte den Zeitungsinhalten ihren Stempel aufgedrückt. Sie sollten sich von den Strickmustern der NS-Presse lösen, sich US-amerikanischen und britischen Journalismusstandards anpassen. Neben der allgemeinen Kontrollratsdirektive Nr. 40 von 1946 („Richtlinien für die deutsche Presse") hatte es zahlreiche Anweisungen für Aufmachung und Inhalt der Zeitungen gegeben: Zum Beispiel war die Verwendung der Frakturschrift sowie aller typographischen Mittel der NS-Presse verboten, ebenso die Verwendung der für den deutschen Faschismus und Militarismus typischen Terminologie. Die Quellen der Nachrichten sollten klar gekennzeichnet werden, alle zur Veröffentlichung gelangten Materialien die Namen der jeweiligen

Verfasser tragen und den gesellschaftlichen Gruppen Gelegenheit gegeben werden, gleichberechtigt ihre verschiedenen Standpunkte zur Geltung zu bringen.

Optisch sollte der Leser durch aufsehenerregende Überschriften und einen lebendigen Umbruch zur Lektüre angereizt werden, denn die Zeitungen sollten schließlich den neuen demokratischen Zeitgeist in die Bevölkerung tragen. Die Reportage als journalistisches Stilmittel sollte an Bedeutung gewinnen (Mannhart 1957, S. 17). Verantwortlich für die Umsetzung der redaktionellen Richtlinien waren die Lizenzträger.

Die Pressetheorie wurde alsbald von der Praxis überholt. Schon sehr bald nach Ende der Lizenzauflagen kehrte die deutsche Presse zu gewohnten Mustern und Gepflogenheiten zurück. „Durch den frischen Wind des freien Wettbewerbs nach 1949 ist einiges aus den deutschen Zeitungen, sowohl in Bezug auf den Inhalt als auch in Bezug auf die Gestaltung verschwunden, was der Mentalität des deutschen Lesers nicht angemessen war. Viel Gutes blieb erhalten“ (Mannhart 1957, S. 16).

Literatur

Groth, Otto: Die Zeitung. Ein System der Zeitungskunde. Mannheim u. a. 1928–1930

Hammer, Walter: Die Generalanzeiger-Presse kritisch beurteilt als ein Herd der Korruption. Leipzig 1911

Hofmann, Hans Joachim: Die Entwicklung der „Dresdner Neuesten Nachrichten“ vom Generalanzeiger zur Heimatzeitung. Diss. Leipzig 1940

Hurwitz, Harold: Die Stunde Null der deutschen Presse. Die amerikanische Pressepolitik in Deutschland 1945–1949. Köln 1972

Koszyk, Kurt: Deutsche Presse 1914–1945. Berlin 1972

Lang, Helmut W.: Die Neue Zeitung des 16. und 17. Jahrhunderts. In: Martin Welke & Jürgen Wilke (Hg.): Die Entwicklung der Tagespresse. Bremen 2008, S. 117–122

Lindemann, Margot: Deutsche Presse bis 1815. Berlin 1969,

Mannhart, Franz: Entwicklung und Strukturwandel der Tagespresse in der BRD seit 1945. Diss. München 1957

Pfarr, Kristina: Empirische Untersuchung eines Informationsmediums der frühen Neuzeit. Mainz 1994

Salomon, Ludwig: Geschichte des deutschen Zeitungswesens. Oldenburg u. a. 1906

Wilke, Jürgen: Die „Neue Zeitung“. In: Jan Martin Lies (Hrsg.): Chancen und Herausforderungen durch den Buchdruck im Zeitalter der Reformation. Göttingen 2021, S. 83–108

Weiterführende Literatur

Adloff, Liselotte: Der lokale Teil der Berliner Presse von seinen Anfängen bis zum Jahre 1848. Diss. Würzburg 1939

Baader, Wolfgang: Redaktionelle Probleme der Heimatpresse. In: ZV Nr. 5/6 1950, S. 13–16

Binder, Heinrich: Der lokale Teil der Tageszeitungen. In: ZV [12] 1911 Nr. 4, Sp. 63–65

Bogel, Else & Elger Blühm (Hrsg.): Die deutschen Zeitungen des 17. Jahrhunderts [2 Bde.]. Bremen 1971, München 1985

Bücher, Karl: Gesammelte Aufsätze zur Zeitungskunde. Tübingen 1926

Buschmann, Hugo: Die deutsche Lokalpresse. Diss. Köln 1921

Conrad, Erich: Die Entwicklung des kommunalen Teils der größeren Leipziger Tageszeitungen in der zweiten Hälfte des 19. Jahrhunderts. Diss. Leipzig 1935

Grathoff, Erich: Bauern- und Dorfzeitungen des 18. Jahrhunderts. Diss. Heidelberg 1937

Groth, Otto: Der Stoff der Zeitungen, seine Einteilung und Verteilung (1911/12). In: Winfried Schulz (Hrsg.): Der Inhalt der Zeitungen. Düsseldorf 1970, S. 99–127

Gunkel, Rudolf: Der Lokalteil der Münchener Presse von 1848–1870. Diss. München 1943

Ludewig, Johann Peter von: Von Gebrauch und Missbrauch der Zeitungen. Anno 1700. In: ders. (Hrsg.): Gesamte Teutsche Schrifften. Halle 1705

Peucer, Tobias: Über Zeitungsberichte (= De Relationibus Novellis). Diss. Leipzig 1690

Preller, Ludwig: Untersuchungen über die Statistik des redaktionellen Zeitungsinhalts. Diss. Leipzig 1922

Prutz, Robert E.: Geschichte des deutschen Journalismus. Erster Theil. Hannover 1845

Richter, Edgar: Die deutsche Kleinstadtzeitung unter bes. Berücksichtigung thüringischer Verhältnisse. Diss. Jena 1922

Schmeitzel, Martin: Gedancken von Politischen Zeitungen, nach derselben Ursprung, Beschaffenheit, Nutzen und Glaubwürdigkeit. In: Wöchentliche Hallische Anzeigen Nr. 52 (vom 26.12.1746) S. 834 Anm.36

Schröder, Ernst: Untersuchungen über die kleine Lokalpresse unter besonderer Berücksichtigung der wirtschaftlichen Seite. Diss. Tübingen 1922

Schröder, Thomas: Die ersten Zeitungen. Textgestaltung und Nachrichtenauswahl. Tübingen 1995

Schwarzkopf, Joachim von: Ueber Zeitungen. Ein Beytrag zur Staatswissenschaft. Frankfurt/Main 1795

Stöver, Hermann: Zeitungslesen im 18. Jahrhundert. In: Jahrbuch der Wittheit zu Bremen XXV – 1981, S. 161–188

Wilke, Jürgen: Nachrichtenauswahl und Medienrealität in vier Jahrhunderten. Berlin/New York 1984

3 Kapitel | Die Tages- und Heimatzeitung — Ein Marktriese unter Druck

Übersicht

Seit bald vier Jahrhunderten begleitet die gedruckte Tageszeitung die Menschen in ihren Verbreitungsgebieten durch den Alltag. Die erste **Zeitung** erschien 1650 in Leipzig, damals noch mit kleiner Auflage. Sie erreichte nur wenige Leser. Die „Geburtsstunde" der lokalen Massenpresse schlug erst später, Ende des 19. Jahrhunderts, als Geschäftsanzeigen eine Professionalisierung der Inhalte ermöglichten. Heute nimmt die lokale Tageszeitung wegen eben dieser journalistischen Professionalität eine Sonderstellung ein; sie grenzt sich damit gegen die vielen anderen Lokalmedien ab.

Im Jahr 2023 erschienen laut Bundesverband der Digitalpublisher und Zeitungsverleger (BDZV) noch 309 lokale und regionale Abonnementzeitungen mit einer täglichen Auflage von ca. **8,89 Mio. Exemplaren**. Hinzu kommen aktuell knapp 2 Mio. Onlineauftritte von Tageszeitungen, die ihr Printprodukt als digitale 1:1-Version im Internet verkaufen. 1,49 Mio. Exemplare entfielen Ende 2023 auf die lokalen/regionalen Abo-Zeitungen (Quelle: IVW-Erhebung 3/2023).

Doch wie geht es weiter mit den Printauflagen? Sie schrumpften von 18 Mio. Exemplaren vor zweieinhalb Jahrzehnten auf nunmehr knapp 9 Mio. Und was bringt die Zukunft? Irgendwann könnten die immer unrentabler werdenden Printausgaben der Tageszeitungen komplett vom Markt verschwinden.

Im Frühjahr 2023 wurde eine lang gehegte Befürchtung erstmals Realität: Die zur Funke Mediengruppe gehörende *Ostthüringer Zeitung* stellte laut dem Verleger- und Digitalpublisher-Verband BDZV (2023) die Belieferung von rund 300 Printabonnenten im Landkreis Greiz zum 1. Mai ein. Sie begründete dies mit der Explosion der Kosten für Papier, Produktion und Zustellung. Den bisherigen Abonnenten wurden kostenlose Schulungen in der Nutzung des **E-Papers** angeboten. 30 Prozent erklärten sich bereit, auf die digitale Version umzusteigen.

Der Auflagenschwund geht einher mit dem Rückgang des Anzeigengeschäfts. Unternehmen und Geschäftsleute haben das Vertrauen in die Werbeplattform Lokalzeitung verloren. Zwischen 2013 und 2020 hat sich der Anzeigenumsatz der Lokalzeitungen von 2,4 Mrd. auf 1,5 Mrd. Euro fast halbiert. 4,2 Mrd. Euro stammen laut BDZV-Umsatzerhebung aus dem Vertrieb.

Zugleich hat sich die Nachfrage nach Publikationen der lokalen Presse verändert: Der Konsum von jungen Menschen verlagert sich zunehmend von klassischen Printprodukten hin zu digitalen Angeboten. Die Konkurrenz von **Onlinemedien** hat die Auflagenkrise beschleunigt. Die Kosten der Zeitungen sind explodiert, die Wahrnehmung der „öffentlichen Aufgabe" scheint mehr denn je gefährdet.

Die Folge ist: Auch die Zahl der **Beschäftigten** in den Redaktionen sinkt. Eigenen Angaben zufolge hat auch die Breite des Informationsangebots abgenommen. Die zukünftige Entwicklung des Informationsangebots wird noch kritischer gesehen. Vor diesem Hintergrund wird die staatliche Presseförderung zur Aufrechterhaltung der originären Pressefunktionen zum Thema.

3.1 Entwicklung und Struktur der Tagespresse

Die Zeitung – erstmals tauchte diese Bezeichnung, als Zwischentitel, in einem Druckwerk des Jahres 1502 auf – ist die wichtigste Informationsquelle im kommunalen Bereich. Die Zeitungen, behauptete Kaspar von Stieler (1632–1707) in der „Vorrede" zu seinem 1695 erschienenen Kompendium *Zeitungs Lust und Nutz*, seien „der Grund, die Anweisung und Richtschnur aller Klugheit". Der Philosoph Arthur Schopenhauer (1788–1860) bezeichnete sie als „Sekundenzeiger der Geschichte".

Knapp 300 Jahre später wurde die Tageszeitung – im Anschluss an einen Druckerstreik – gar zum unverzichtbaren „Schrittmacher im Alltag" (Dorsch 1984, S. 119) erhoben: Sie sei ein „wichtiger Lebensnerv, der den Organismus Stadt antreibt und in Bewegung hält" und ohne den die öffentliche Kommunikation schnell „erlahmen" würde (S. 135). Zwischen dem Bürger als Leser und seiner Zeitung hätte sich eine „symbiotische Beziehung" herausgebildet; beide seien „eng aufeinander angewiesen".

Die Grundmerkmale Aktualität, Periodizität, Universalität und Publizität bestimmen das Wesen der Zeitung:

Aktuell
... bedeutet, dass die Zeitung inhaltlich jüngstes Gegenwartgeschehen in werktäglicher Folge vermittelt. Neben dieser zeitlichen Dimension des Begriffes birgt „Aktualität" noch das Kriterium der Bedeutung (Relevanz).

Periodizität
... meint das periodische Erscheinen der Zeitung in bestimmten regelmäßigen Zeitabständen (meist täglich).

Universalität
... verweist auf die thematische Vielfalt.

Publizität
... schließlich bedeutet prinzipiell allgemeine Zugänglichkeit.

3.1.1 Typologie

Aufgrund ihrer privatwirtschaftlichen Organisation hat die deutsche Zeitungslandschaft seit jeher eine heterogene Struktur. Im Zusammenhang mit der wirtschaftlich bedingten Pressekonzentration, die verstärkt ab Mitte der 1950er Jahre den deutschen Blätterwald lichtete, lassen sich je nach Größe des Verlagsortes, nach Kooperationsgrad und Verbreitung folgende Typen lokaler Tageszeitungen unterscheiden (Stuiber 1975, S. 43–45):

Hintergrund | Typolohie

1. **Großstädtische Tageszeitungen**
   ohne Nebenausgaben; mit Lokalberichterstattung vornehmlich am Verlagsort,
   - mit überwiegend regionalen Nebenausgaben im Umland;
   - mit weniger als drei kreis- und/oder ortsbezogenen Nebenausgaben;
   - mit kreis- und/oder ortsbezogenen Nebenausgaben, die nur maximal dreimal wöchentlich erscheinen.
2. **Großstädtisch-regionale Tageszeitungen**
   mit Lokalberichterstattung am Verlagsort und eigener kreis- und/oder ortsbezogener Berichterstattung in mind. drei Nebenausgaben (Abdeckung eines regionalen Kommunikationsraumes durch ein System von Bezirksausgaben).
3. **Mittelstädtisch-regionale Tageszeitungen**
4. **Mittelstädtische Tageszeitungen**
   mit Lokalberichterstattung hauptsächlich am Verlagsort (max. 2 Nebenausgaben),
   - die den Zeitungsmantel selbst erstellen und das Anzeigengeschäft selbst verwalten;
   - die zwar den Zeitungsmantel selbst erstellen, aber das überlokale Anzeigengeschäft nicht selbst verwalten;
   - die den Zeitungsmantel nicht selbst erstellen und meist auch das überlokale Anzeigengeschäft nicht selbst verwalten.
5. **Kleinstädtische Tageszeitungen**
   mit Lokalberichterstattung hauptsächlich am Verlagsort (max. 2 Nebenausgaben),
   - die den Zeitungsmantel selbst erstellen und das Anzeigengeschäft selbst verwalten;
   - die zwar den Zeitungsmantel selbst erstellen, aber das überlokale Anzeigengeschäft nicht selbst verwalten;
   - die den Zeitungsmantel nicht selbst erstellen und meist auch das überlokale Anzeigengeschäft nicht selbst verwalten.

6. **Stadtteilzeitungen**
   deren Lokalberichterstattung sich auf einzelne Stadtbezirke oder Vororte in Großstädten konzentriert.
7. **Mittel- und kleinstädtische Heimatzeitungen**
   die nur lokalpolitisch relevante Informationen anbieten.

3.1.2 Verbreitung

Ende 2023 erschienen laut Bundesverband der Digitalpublisher und Zeitungsverleger (BDZV) bundesweit 309 lokale und regionale Abozeitungen mit rund 1.400 lokal unterschiedlichen Ausgaben (Zeitungstiteln) und einer Auflage von 8,65 Mio. Exemplaren (Tageszeitungen: 10,6 Mio.). Hinzu kamen 1,54 Mio. Onlineauftritte von lokalen/regionalen Abozeitungen (Tageszeitungen gesamt: 2,76 Mio.).

Die Zahlen sind seit den 1950er Jahren – abgesehen von den Jahren ab 1990, als 291 DDR-Zeitungstitel mit einer Auflage von 9,6 Mio. Exemplaren den deutschen Zeitungsmarkt bereicherten – kontinuierlich gesunken. Fast 1.700 Zeitungstitel waren damals, um 1990, auf dem Markt, mit einer Auflage von 27,3 Mio. Exemplaren.

Tageszeitungen 1954–2023				
	publizistische Einheiten	**Zeitungsverlage**	**Ausgaben Titelzahl**	**Auflage in Mio.**
1954	225	624	1.500	13,4
1964	183	573	1.495	17,3
1976	121	403	1.229	19,5
1985	126	382	1.273	20,9
1991	158	410	1.673	27,3
2001	136	356	1.584	23,7
2012	130	333	1.532	18,2
2023	-	-	1.400	10,6

Abb. 3.1: Die Entwicklung der Tageszeitungen in Deutschland 1954 bis 2023. Seit 2012 werden Publizistische Einheiten nicht mehr gezählt. | [13]

3.1.3 Lokalisierung der Tagespresse

Die erste großangelegte Zeitungsstatistik datiert aus dem Jahr 1954. Damals wurden rund 1.500 Ausgaben im damaligen Bundesgebiet gezählt, sie erschienen mit einer täglichen Auflage von 13,4 Mio. Exemplaren und wurden von 624 Verlagen herausgegeben, von denen 225 – als sogenannte „Publizistische Einheiten" – eigene Zeitungsmäntel erstellten. Aktuell gibt es nur noch rund 130 publizistische Einheiten.

Die Tendenz zur „Lokalisierung" von Zeitungsausgaben ist damit evident: Noch Mitte der 1990er Jahre wurden, im neuen Bundesgebiet, 1617 Zeitungsausgaben gezählt, die von 381 Verlagen herausgegeben wurden, mit einer Verkaufsauflage von etwa 25,0 Mio. Exemplaren. Rein rechnerisch kamen damit auf jeden Verlag mehr als vier Ausgaben, die meist als lokale Bezirksausgaben erschienen – ein Indiz für die besondere Bedeutung des Lokalen. Die Aufspaltung in eine Vielzahl von Redaktionellen Ausgaben und Lokalteilen, in ein differenziertes System von Bezirks- und Nebenausgaben, wurde schon früh als ein Wesensmerkmal der deutschen Tagespresse angesehen (Schütz 1956, S. 40).

Hintergrund | Erste Pressestandorte

Sie ist historisch begründet und hat ihren Ursprung im 16. und 17. Jahrhundert. 1445 hatte der Mainzer Johannes Gutenberg den Buchdruck mit beweglichen Lettern erfunden. Überall im Land erschienen nun Presseerzeugnisse mit neuen Nachrichten: „fliegende Blätter" und *Neue („Newe") Zeitungen*, hergestellt an unzähligen Standorten, an denen Druckmaschinen standen, so dass sich bald fast jede größere Stadt in Deutschland einer eigenen „Lokalzeitung" erfreute. Bis zu 17.000 Zeitungstitel wurden gezählt. Zentren der Produktion waren Nürnberg und Augsburg, aber auch Köln und Straßburg.

Hintergrund | Zersplitterte Zeitungslandschaft

Die „Kleinstaaterei" auf dem Gebiet des heutigen Deutschlands, der ausgeprägte Territorialismus, leistete der lokalen Diversifizierung der Presse Vorschub. Während in Europa Nationalstaaten entstanden, blieb das deutsche Territorium lange in viele kleine Fürstentümer und Königreiche zersplittert. Die Presse trug dem Rechnung. Leser wollten Nachrichten aus „ihrer" Stadt. Nach dem Dreißigjährigen Krieg (1618–1648), als die ersten Tageszeitungen erschienen, war das Land in Hunderte von Königreichen und Fürstentümer aufgesplittert. Noch um 1800 existierten mehr als 300 Klein- und Mittelstaaten. Sie alle hatten ihre eigenen Zeitungen. Das erklärt die Heterogenität der deutschen Zeitungslandschaft. In Deutschland erschienen bald so viele Zeitungen wie sonst nirgendwo in Europa. Einige der ältesten noch deutschsprachigen Zeitungen erscheinen bis heute. Zu ihnen gehören die Hildesheimer Allgemeine Zeitung (1705), der Pfälzische Merkur (1713), der Hanauer Anzeiger (1725), die Bremer Nachrichten (1743), die Saarbrücker Zeitung (1761) und die Schaumburger Zeitung (1762).

3.1.4 Zunahme der Ein-Zeitungskreise

Ein Ein-Zeitungskreis ist ein Kreis oder eine kreisfreie Stadt, in der die Bevölkerung sich nur aus einer Tageszeitung über das örtliche Geschehen informieren kann. Die Bezeichnung wurde in den 1950er Jahren im Zusammenhang mit der damals zunehmenden Pressekonzentration eingeführt. Die aktuelle Situation: In den mehr als der Hälfte der 400 deutschen Landkreise und Städte (106 *Städte*, 294 *Landkreise)* erschien 2023 nur noch eine einzige Lokal- oder Regionalzeitung am Tag; sie sind somit sogenannte Ein-Zeitungskreise. 2004 waren es noch 299 gewesen. Auch Großstädte sind betroffen: In 35 deutschen Großstädten erscheint aktuell nur eine Lokalzeitung.

Ein-Zeitungskreise		
Jahr	**Anzahl**	**%**
1954	85	15,2
1964	121	21,4
1976	156	45,3
1989	160	48,8
1993	299	55,1
2004	299	67,5

Abb. 3.2: Die Zahl der Ein-Zeitungskreise in Deutschland. | [14]

Hintergrund | Folgen der Pressekonzentration

Der Konzentrationsprozess der deutschen Tagespresse hatte in den Jahrzehnten zuvor zu einer dramatischen Vermehrung der Ein-Zeitungskreise geführt; 1954 waren es laut Medienbericht der Bundesregierung (1994) noch 85 (= 15,2 Prozent aller Kreise) gewesen, in denen man sich nur durch eine Tageszeitung informieren konnte, zehn Jahre später (1964) waren es bereits 121 (= 21,4 Prozent) und 1989 schließlich 160 (= 48,8 Prozent). Betroffen davon waren 1993 ca. 30,5 Mio. Menschen, das waren rund 38 Prozent der Bevölkerung.
Etwas besser war die publizistische Versorgungsquote in den Großstädten: In ca. 34 Prozent der Städte mit mehr als 100.000 Einwohnern erschien ebenfalls nur eine örtliche Zeitung, in 18 Prozent gab es zwei Zeitungen und in 48 Prozent der Großstädte zwei und mehr örtliche Zeitungen (Quelle: Medienbericht ’94, S. 79–81).

Die Reduzierung der äußeren Pressevielfalt in lokalen Zeitungsmärkten hat in der Folge die Aufmerksamkeit mehr auf die innere Themen- und Meinungsvielfalt der Heimatpresse gelenkt.

3.2 Digitale Internettageszeitungen (E-Papers)

Bereits lange vor Erfindung des World Wide Web (WWW) war 1980 die US-amerikanische Tageszeitung *The Columbus Dispatch* mit Sitz in Columbus, Ohio über *Compuserve* verfügbar, einem US-Internetdienstanbieter, der in den 1990er Jahren zum Wegbereiter für die Nutzung des Internets in Privathaushalten wurde. Sie erreichte knapp 3.000 Leser (Hooffacker 2017).

Ab Ende der 1990er Jahren suchten auch deutsche Zeitungsverlage nach Möglichkeiten, ihre Printprodukte als sogenannte E-Papers im Internet auf den Markt zu bringen, zunächst gratis, später hinter der sogenannten Bezahlschranke, auch *Paywall* genannt; sie trennt kostenpflichtige von frei verfügbaren Inhalten eines Anbieters.

E-Paper ist die Abkürzung für die englische Bezeichnung *electronic paper* (wörtlich übersetzt: elektronisches Papier), eine Wortbildung analog zu E-Mail oder E-Book. Per Definition handelt es sich um eine digitale Zeitungsausgabe, die nach Inhalt und Layout mit ihrem Printpendant 1:1 identisch ist.

Die erste deutsche Tageszeitung mit einem täglichen E-Paper-Angebot war die Rhein-Zeitung; sie erschien ab 2001 auch online. Inzwischen bieten fast alle Zeitungen eine E-Paper-Ausgabe im Internet an. Ende 2023 wurden pro Erscheinungstag 1,99 Mio. Tageszeitungen als E-Paper verkauft, davon 1,49 Mio. Exemplare der lokalen und regionalen Abonnementzeitungen (Quelle: BDZV). Deutsche Zeitungsverleger sehen im E-Paper-Geschäft ihre Zukunft; die digitale Zeitung verursacht weitaus geringere Herstellungskosten und praktisch keine Vertriebskosten. Erwartet wird, dass E-Paper die Printzeitung auf kurz oder lang ersetzen wird (Quelle: BDZV-Jahresbericht 2023).

Tageszeitungen E-Paper-Verkauf	
Jahr	**Mio.**
2016	0,86
2017	1,07
2018	1,28
2020	1,40
2021	1,63
2022	2,13
2023	2,76

Abb. 3.3: Tageszeitungen verkaufen immer mehr E-Paper-Ausgaben. | [15]

3.3 Anzeigengeschäft

3.3.1 Entwicklung des Anzeigenwesens

Anzeigeneinnahmen sind für eine privatwirtschaftliche Tagespresse elementar wichtig. Vorläufer der heutigen Anzeigen finden sich bereits in den Einblattdrucken des 15. Jahrhunderts, die gelegentlich geschäftliche Ankündigungen brachten, die allerdings noch nicht werblich aufgemacht waren. Seit Ende des 17. Jahrhunderts erschienen Anzeigen in größerer Zahl, zunächst Buchanzeigen (Eigeninserate der Verleger), dann auch Anzeigen für Heilmittel und Kosmetika, Lotterieanzeigen, Suchanzeigen für entlaufene Hunde und so weiter. Durch das Inseratenverbot für Zeitungen (in Preußen ab 1727) wurde die Entwicklung jedoch zunächst gestoppt.

3.3.2 Auswirkungen auf die Berichterstattung

Die Lokalzeitung – als Organ der kommunalen Öffentlichkeit – steht in einem immanenten Interessenkonflikt, denn sie bezieht ihre Einnahmen hauptsächlich von privater, vor allem gerade von Unternehmerseite, über die sie jedoch – neutral – zu berichten hat und ist insofern gezwungen, täglich damit bei ihrer Berichterstattung einen Spagat auszuführen.

Meinung | Druck durch Anzeigenkunden

Der Druck ist nicht neu. Wie er funktioniert, schilderte Bernhard Maurer in „Der Anzeigenentzug als wirtschaftliches Druckmittel“ in der gewerkschaftlichen Monatszeitschrift „journalist“ (1/1955, S. 11). Es gebe einen stets existenten, subtilen Druck, den Anzeigenkunden auf die Berichterstatter ausüben. Jeder Schaufensteraufbau, jede Eröffnung oder Erweiterung eines Lokals sei heute Anlass zu einem „Presseempfang“ oder einer „Pressebesichtigung“. Die eingeladenen Redakteure würden „überaus freigebig“ bewirtet, und dann verlange man „unverblümt einen langen Artikel, [...] der die Erzeugnisse, Veranstaltungen oder Leistungen des Unternehmens im günstigsten Licht erscheinen lässt“.

Missgeburt?

Der Gewerkschafter Ferdinand Lasalle (1825–1864) sah in einer 1863 veröffentlichten Rede vor dem Allgemeinen deutschen Arbeiterverein in der Kombination von öffentlichen und privatunternehmerischen Interessen eine „Missgeburt“, und der Gesellschaftstheoretiker und Journalist Karl Marx (1818–1883) warnte in einem 1842 in der Rheinischen Zeitung erschienenen Beitrag, „die erste Freiheit der Presse [bestehe] [...] darin, kein Gewerbe zu sein“, kommerzielle Interessen weder verfolgen noch berücksichtigen zu müssen. Und schon früh gab es Forderungen nach einer strikten Trennung des publizistischen und des ökonomischen Tageszeitungssektors – sie blieben unerhört angesichts eines prosperierenden Zeitungsgewerbes und wachsender Macht der Verleger.

Der Ausgang des redaktionellen Interessenkonflikts hängt jeweils von verschiedenen Faktoren ab. Allgemein wird man feststellen können: Je umfangreicher das Verbreitungsgebiet und der Anzeigenteil einer Tageszeitung ist, desto eher wird die Möglichkeit bestehen, derartige Pressionen zu ignorieren. Betroffen sind vor allem auflagenschwächere Tageszeitungen in lokal begrenzten Verbreitungsgebieten, die angesichts begrenzter Werbepotenziale und dementsprechend kleinerer Anzeigenteile auf bestimmte Großinserenten stärker angewiesen sind als Großstadtzeitungen mit ihren zahlreichen Geschäftskunden. Die Lokalzeitung ist hier nämlich auf einen fest umrissenen Abonnenten- und Inserentenkreis fixiert, der durch Anzeigen- und Kaufpreise die Berichterstattung über sich und seine Umgebung selbst finanziert.

Grundsätzlich gilt: Ein starkes Anzeigengeschäft einer Zeitung kann „am ehesten jene **Unabhängigkeit** garantieren, aus der gelegentlich auch einmal Anzeigenaufträge, wenn sie mit Einflussnahme verbunden sind, zurückgewiesen werden können. Dies kann sich jedoch eine Zeitung dann nicht leisten, wenn sie keinen Anzeigenüberhang hat und auf jeden Anzeigenauftrag angewiesen ist" (Dovifat & Wilke 1976, S. 204/205).

3.3.3 Zeitungssterben

Die Anzeigenabhängigkeit der deutschen Lokal- und Regionalpresse im Bereich der Einnahmen hat dazu geführt, dass sich, forciert durch den Mechanismus der Auflagen-Anzeigen-Spirale, schon seit Mitte der 1950er Jahre viele kleine Zeitungsunternehmen wegen zu geringer Anzeigenerlöse vom Markt verabschieden mussten, während seither der Markteintritt neuer Blätter in fast keinem Fall gelang. Ergebnis ist in der Hälfte aller Kreise die Zeitungsdichte 1, das heißt, es findet kein publizistischer Wettbewerb mehr statt.

Werbeeinnahmen der Tageszeitungen		
Jahr	**Mio. Euro**	**Vorjahr**
2001	5.642,2	-13,9%
2005	4.476,6	-0,6%
2010	3.637,6	-1,5%
2015	2.651,4	-6,6%
2017	2.386,2	-5,7%

2018	2.219,3	-7,0%
2019	2.083,4	-6,5%
2020	1.712,1	-17,8
2021	1.821,7	+6,4

Abb. 3.4: Die Werbeeinnahmen der Tageszeitungen schrumpfen, das setzt die Presse unter Druck. | [16]

3.3.4 Die aktuelle Situation

In einem Gutachten im Auftrag der Bundesregierung zur „Situation der lokalen Presse in Deutschland und ihre Herausforderungen im Zeitalter der Digitalisierung“ (Berlin, 2022) heißt es – auf Basis einer empirischen Bestandsaufnahme – zu den aktuellen Entwicklungen der Lokalpresse:

- Die Nachfrage nach Publikationen der lokalen Presse verändert sich: Der Konsum von jungen Menschen verlagert sich zunehmend von klassischen Printprodukten hin zu digitalen Angeboten.
- Folge: Die **Printauflagen der Lokalpresse** – im Gegensatz zu den E-Paper-Auflagen – sind stetig gesunken.
- Geschrumpft sich auch die **Umsätze** und die Werbeerlösen der Zeitungen.
- Auf der anderen Seite sind die Kosten (Produktions- und Vertriebskosten, Personalkosten, Energiekosten) stark gestiegen.
- Folge: Das Informationsangebot und die Meinungsvielfalt der lokalen Presse hat in den letzten Jahren abgenommen und nimmt weiter ab: Die Anzahl der Verlage, der publizistischen Einheiten sowie die Anzahl der Ausgaben (Titel) der lokalen Printpresse sind im Sinkflug.
- Gesunken ist auch die Zahl der *Beschäftigten* in den Redaktionen: Im Jahr 2020 arbeiteten in Mitgliedsverlagen des BDZV insgesamt nur noch 11.188 Redakteure.

Tageszeitungen (Umsätze 2006–2022)		
Jahr	**Vertrieb**	**Anzeigen**
2006	4.261	4.793
2008	4.373	4.639
2010	4.577	3.656
2012	4.716	3.432
2014	4.764	2.994
2016	4.889	2.674

2018	4.811	2.364
2019	4.962	2.193
2020	5.165	1.823
2021	5.087	1.897
2022	5.042	1.786

Abb. 3.5: Die Umsätze (in Mrd. Euro) der deutschen Tageszeitungen aus Vertrieb und Anzeigengeschäft sind seit Jahren stark rückläufig. | [17]

3.4 Subventionierung der lokalen Tagespresse

Es gibt verschiedene Vorschläge, die durch Auflagenrückgänge und Umsatzeinbrüche in Schieflage geratene Lokalpresse zu stützen. Grundsätzlich ist es der Gesetzgeber, der in der Pflicht steht, über die Existenz der Meinungsvielfalt auch in der Lokalpresse zu wachen. Diese Vielfalt der Meinungen, die eine freie Meinungsbildung des Lesers erst ermöglicht, wird durch Zeitungskonkurrenz gewährleistet. Es ist jedoch festzustellen, dass diese Konkurrenz – zumindest bezogen auf die Lokalpresse – in sogenannten Einzeitungskreisen nicht (mehr) gegeben ist. Es wäre insofern zur Stärkung der Pressevielzahl und damit des Instituts der freien Presse an eine Subventionierung kleinerer, finanzschwacher Presseunternehmen zu erwägen.

Eine solche Subventionierung begegnet dann keinen Bedenken, wenn damit keine inhaltliche Einflussnahme des Staates verbunden ist.

Hintergrund | Gerichtsurteil

In einer Entscheidung vom 6. Juni 1989 hat das Bundesverfassungsgericht zu einer staatlichen Subvention im Pressewesen Stellung genommen. Zwar folge aus der Pressefreiheit für den einzelnen Träger (Verlag) noch kein grundrechtlicher Anspruch auf Förderung. Wenn sich der Staat jedoch – ohne dazu verpflichtet zu sein – zu Förderungsmaßnahmen für die Presse entschließe, verlange Art. 5 GG, jede Einflussnahme auf Inhalt und Gestaltung einzelner Presseerzeugnisse sowie Verzerrungen des publizistischen Wettbewerbs insgesamt zu vermeiden. Staatliche Förderungen dürften bestimmte Meinungen oder Tendenzen weder begünstigen noch benachteiligen (BVerfG E 80, 124; BVerfG NJW 1991, S. 1943).

Direkte oder indirekte Förderung?

Die Presseförderung kann direkt oder indirekt erfolgen. Eine *indirekte* Förderung wäre eine geringere Besteuerung von Zeitungsunternehmen, wie beispielsweise in der Anfangszeit der USA. 1792 entschied hier der Kongress, die Versandkosten für Zeitungen auf ein Minimum zu reduzieren.

Direkte Maßnahmen …

der Presseförderung wären a) Zuschüsse unter Voraussetzung gewisser Kriterien oder b) die teilweise oder vollständige Rückvergütung von Ausgaben für den Zeitungsversand (Vertriebsförderung). Direkte Maßnahmen zur Stärkung der Presselandschaft haben vor allem in den skandinavischen Staaten eine Tradition, auch in Italien, Liechtenstein und Luxemburg finden direkte Instrumente seit Jahrzehnten Anwendung. Andere Länder mit Presseförderung sind unter anderem die Schweiz, Schweden, Österreich, Finnland, Frankreich (direkte Förderung), Norwegen und Spanien.

Indirekte Maßnahmen …

der Presseförderung wären beispielsweise ein reduzierter Mehrwertsteuersatz oder vergünstigte Posttarife für die Zustellung von Tageszeitungen, wie dies in Deutschland praktiziert wird.

Einer möglichen Ausweitung (direkte Förderungen) stehen vor allem größere Verlage nicht unkritisch gegenüber. Befürchtet werden als Folge eine mögliche Wettbewerbsverzerrung sowie eine **Intransparenz** bei der Vergabe der Fördermittel. Bedenklich erscheint zudem eine Verteilung von Geldern nach dem sogenannten „Gießkannenprinzip“, also die gleichmäßige Verteilung von Geldern an alle Printmedien ohne qualitative Voraussetzungen, wie dies etwa in Deutschland bereits bei der Vertriebsförderung in der Regel der Fall ist.

Hintergrund | Meinung der Verleger

In einer Onlineumfrage wurden 2022 deutsche Printverlage zum Thema *Direkte Presseförderung* befragt. Die Presseverlage standen einer direkten staatlichen Förderung grundsätzlich offen gegenüber, sie machten jedoch deutlich, dass ihre Befürwortung von der Ausgestaltung der Förderung abhängen („Situation der lokalen Presse in Deutschland und ihre Herausforderungen im Zeitalter der Digitalisierung“. Berlin, 2022). Ein weiterer Kritikpunkt: Trotz der weiten Verbreitung direkter Presseförderungen in Europa sei deren Wirksamkeit zur Unterstützung der Informations- und Meinungsvielfalt bis heute weitgehend unklar. Sowohl die theoretische als auch die empirische Literatur kann bisher keine eindeutigen Ergebnisse bezüglich der Effektivität und Effizienz der verschiedenen Fördermaßnahmen liefern.

3.5 Lokalpresse im internationalen Vergleich

Die deutsche Lokalpresse ist unter Druck; die Auflage schrumpft. Es rauscht nicht mehr im lokalen Blätterwald – in anderen Zeitungsländern wie Großbritannien oder den USA ist die Situation aber ähnlich.

3.5.1 USA

Die Lokalpresse blickt in den USA auf eine lange Tradition zurück. Britische und deutsche Einwanderer gründeten ab dem 18. Jahrhundert die ersten Zeitungen. Entsprechend der Dezentralität der US-Verwaltung, bildete sich eine verzweigte Regionalpresse heraus. Das Interesse an lokalen Nachrichten ist seit jeher groß. Doch die weltweite Medienwende traf auch die USA. Schon seit den 1970er Jahren hat sich die Zahl der Tageszeitungen in den USA allerdings immer weiter verringert (Bettels 2012).

- Im Jahr 1950 gab es noch 1.772 Tageszeitungen in den USA.
- Mitte der 1990er Jahre waren noch ca. 1600 Titel am Start (mit einer Gesamtauflage von 63 Mio. Exemplaren).
- Bis zum Jahr 2000 schrumpfte die Zeitungszahl auf 1.480 und die Gesamtauflage auf rund 55,8 Mio. Exemplare.
- 20 Jahre später, 2020, gab es in den USA nur noch 1.260 Tageszeitungen; sie brachten rund 24,3 Mio. Exemplare heraus (Quelle: UNC Hussman School of Journalism and Media, USA).

Eine Zäsur auf dem US-Zeitungsmarkt brachte die Wirtschaftskrise im Jahr 2009. Die praktisch über Nacht einsetzende Werbeflaute traf die Zeitungen bis ins Mark und beschleunigte das Zeitungssterben. Die Geschäftsanzeigen und Kleinanzeigen brachen weg. Bereits seit Ende der 1990er Jahre hatte sich die Stellen- und Wohnungsbörse immer mehr ins Internet verlagert, die privaten Kleininserenten wanderten in Scharen ab auf kostenlose Websites wie *Ebay* & Co.

In 3.143 US-Countys gibt es inzwischen keine lokale Tageszeitung mehr. Laut einer Studie der *UNC School of Media and Journalism* gelten mehr als 1.300 Gemeinden in den USA inzwischen als „Nachrichtenwüsten", in den bis zu 70 Mio. Bürger ohne Zeitungen leben. Hinzu kommt das Phänomen der *ghost newspapers*: An vielen Orten existiert zwar noch eine Zeitung mit einem traditionsreichen Namen, dahinter stehen aber so gut wie keine eigenen Journalisten mehr. Schätzungsweise zwischen 1.000 und 1.500 solcher „Geisterzeitungen" soll es inzwischen geben; in ihnen werden fast nur noch Inhalte aus anderen Redaktionen veröffentlicht (Müller 2023).

3.5.2 Großbritannien

Großbritannien gilt als Land der Zeitungsleser; mehr als drei Viertel aller Briten lesen regelmäßig Zeitung. Insgesamt erscheinen 1.400 Wochenblätter und 150 Tages- und Sonntagszeitungen mit einer Gesamtauflage von rund 30 Mio. Exemplaren. Die

Lokalzeitung ist nach wie vor das beliebteste Printprodukt. Aber auch hier kriselt es im Blätterwald. Einige der etwa 1.200 regionalen und lokalen Zeitungen haben in den vergangenen Jahren ihren Betrieb einstellen müssen.

3.5.3 Frankreich

Seit Jahrzehnten leidet auch die französische Tagespresse unter einem chronischen Auflagenschwund.

- In den 1950er Jahren gab es neben 28 landesweiten noch 175 regional bzw. lokal erscheinende Tageszeitungen mit einer Gesamtauflage von 13 Mio. Exemplaren. Bis 2008 sank die Auflage auf ca. 8,0 Mio. und bis 2015 auf 7,4 Mio. Exemplare, trotz staatlicher Presse Subventionierung. Im Jahr 2021 lag die Auflage laut der offiziellen Auflagenstatistik OJD bei 4,9 Mio. Exemplaren.
- Es gab es 2021 nur noch 8 (von einst 28) landesweit erscheinende Tageszeitungen (mit einer durchschnittlichen Auflage von rund 1,6 Mio. Exemplaren) sowie
- 46 regionale Zeitungen mit knapp 3,3 Mio. Exemplaren.

Seit ca. 20 Jahren erobern neuartige Gratistageszeitungen den Markt, ausschließlich finanziert durch Werbeeinnahmen. Sie werden in den Städten kostenlos verteilt und enthalten knapp gehaltene tagesaktuelle sowie nützliche Verbraucherinformationen. 2002 gestartet, waren bis 2014 bereits 179 Titel auf dem Markt, mit einer Gesamtauflage von rund 2,6 Mio. Exemplaren (Hubé 2017)

Literatur

Bettels, Tina: Lokal international Kurzporträts des Lokaljournalismus in anderen Ländern: In. Bundeszentrale für politische Bildung. Bonn 2012

Bundesverband Digitalpublisher und Zeitungsverleger (BDZV): Zur wirtschaftlichen Lage der deutschen Zeitungen 2023. Quelle: BDZV-Homepage

Bundesverband Digitalpublisher und Zeitungsverleger (BDZV): Zur wirtschaftlichen Lage der deutschen Zeitungen 2023. Quelle: BDZV-Website

Dorsch, Petra E.: Die Zeitung, Medium des Alltags. München 1984

Dovifat, Emil & Jürgen Wilke: Zeitungslehre I+II. Berlin u. a. 1976

Hubé, Nicolas: Frankreichs Presse- und Medienlandschaft. In: Bürger & Staat 2017, S. 273–280

Müller, Jan-Werner: Ist der Lokaljournalismus noch zu retten? In: Project Syndicate 2023

Röper, Horst: Zeitungsmarkt 2022 – weniger Wettbewerb bei steigender Konzentration. In: Media Perspektiven 6/2022, S. 297 und 301

Schütz, Walter J.: Deutsche Tagespresse in Tatsachen und Zahlen. In: PU 1956, S. 31–48

Schütz, Walter J.: Deutsche Tagespresse 2012. In: Media Perspektiven 11/2012, S.570–593 (571) von Walter J. Schütz

Stuiber, Heinz-Werner: Kommunikationsräume der lokal informierenden Tagespresse. Pressestatistische Typenbildung. Nürnberg 1975

Weiterführende Literatur

Knoche, Manfred & Winfried Schulz: Folgen des Lokalmonopols von Tageszeitungen. In: Publizistik 1969, S. 298–310

Koszyk, Kurt: Kontinuität oder Neubeginn? Massenkommunikation in Deutschland 1945–1949. Siegen 1981

Koszyk, Kurt: Pressepolitik für Deutsche 1945–1949. Berlin 1986

Koszyk, Kurt: Zur Analyse der Marktzutrittsphase 1949–1954 in der Bundesrepublik Deutschland. In: Gerd G. Kopper (Hrsg.): Marktzutritt bei Tageszeitungen. München 1984, S. 53–63

Mannhart, Franz: Entwicklung und Strukturwandel der Tagespresse in der BRD seit 1945. Diss. München 1957

Noelle-Neumann, Elisabeth: Folgen lokaler Zeitungsmonopole. In: dies. u.a.: Streitpunkt lokales Pressemonopol. Düsseldorf 1976, S. 11–57

Noll, Jochen: Die deutsche Tagespresse. Ihre wirtschaftliche und redaktionelle Struktur. Frankfurt/Main 1977

Röper, Horst: Die Entwicklung des Tageszeitungsmarktes in Deutschland nach der Wende in der ehemaligen DDR. In: Media Perspektiven 7/1991, S. 421–430

Schütz, Walter J.: Deutsche Tagespresse 2012. Ergebnisse der aktuellen Stichtagssammlung. In: Media Perspektiven, 11/2012, S. 570–593.

Schütz, Walter J.: Deutsche Tagespresse in Tatsachen und Zahlen. In: PU 1956, S. 31–48

Schütz, Walter J.: Zur Entwicklung des Zeitungsmarktes in den neuen Ländern 1989–1992. In: BDZV (Hrsg.): Zeitungen '92. Bonn 1992b, S. 270–296

Teckentrup, Konrad H.: Einflußfaktoren des Text-Anzeigen-Verhältnisses bei Tageszeitungen. In: ZV/ZV [65] 1968, Nr. 41, S. 1832–1844

4 Kapitel | Aufgaben und Funktionen — Welche Rolle Lokalmedien spielen

Übersicht

Wie kaum eine andere Wirtschaftsbranche sind ortsansässige Medienbetriebe in ein kompliziertes **Beziehungs- und Interaktionsgeflecht** involviert, das in den publizistischen Sektor ausstrahlt. Sie beziehen ihre „Rohstoffe" (= Informationen) überwiegend aus ihrem Verbreitungsgebiet und wollen diese, inhaltlich aufbereitet und journalistisch „veredelt", auch wieder dorthin zurückveräußern: als lokale Tageszeitung. Tageszeitungen agieren damit in einem geschlossenen wirtschaftlichen Kreislaufsystem und sind gezwungen, die Gesetzmäßigkeiten eines begrenzten Rohstoff- und Absatzmarktes zu akzeptieren; sie müssen sich mit den Akteuren arrangieren (Jonscher 1995, S. 119).

Sieht man die **lokale Öffentlichkeit** als Bühne, so sind die Rollen unter den Akteuren verteilt. Die örtliche Presse schreibt das Drehbuch und sie ist verantwortlich für die Dramaturgie der Inszenierung; sie setzt die Akteure in Szene, um ein realitätsnahes Abbild der lokalen Ereigniswelt nachzubilden. Die Akteure – Politiker, Geschäftsleute, Bürgermeister, Behörden- und Polizeisprecher, Partei- und Vereinsvorsitzende – agieren als Darsteller zwar oft nur Nebenrollen; sie sind zugleich aber auch Teil des Publikums und haben somit ein berechtigtes Interesse, eigene Ideen, Anregungen und sogar Textvorschläge in die Inszenierung einzubringen.

Will die lokale Presse erfolgreich sein, hat sie die divergenten, scheinbar nicht zusammenpassenden **Interessen und Erwartungen** dieser Rollenträger zu respektieren; sie müssen, wie Teile eines Puzzles, zusammengefügt werden: zu einem Lokalteil. Organisationen, die Ziele im Auge haben, pochen auf vermeintliche Gewohnheitsrechte: Sie beliefern die Presse mit Gratisinput und erwarten im Gegenzug, dass diese in ihrem Sinne verbreitet werden, im Rahmen eines „rituellen Tauschgeschäfts".

Zwei **Funktionen** überlagern sich hier zu einem dysfunktionalen Grundkonflikt: Einerseits soll die Presse unabhängig sein, andererseits soll sie für Gruppen als Verlautbarungsorgan zur Verfügung stehen. Diese Konstellation implementiert Interessenkonflikte; diese entstehen insbesondere dann, wenn Inhalte, um die es geht, sich als nicht kompatibel erweisen: Wenn Lokalmedien diese zurückweisen müssen, weil professionelle Pressestandards einer Veröffentlichung entgegenstehen.

Journalistisch relevant sind unter den Organisationen in erster Linie die lokalen **Vereine**, speziell die mitgliederstarken Freizeit- und Geselligkeitsvereine, die in unregelmäßigen Abständen, meist aus Anlass von „Ereignissen" wie Jahresver-

sammlungen oder Vorstandswahlen, die Presse kontaktieren, um ihre Vereinsarbeit öffentlich zu machen, Fördergelder zu legitimieren, das Ansehen des Vereins zu mehren und Mitglieder zu werben. Vereine verfolgen zumeist non-monetäre Interessen; ihre Anliegen an die Presse sind jedoch dadurch nicht legitimiert.
Das **Kernproblem** besteht darin, dass Vereine, Verbände und Interessengruppen durch ihre Mitgliederzahlen über „Sanktionsinstrumente" verfügen, mit denen sie Druck ausüben können. Maßgeblich sind die Mitgliederzahlen: Vereinsmitglieder verfügen im Kollektiv über eine wirtschaftliche „Macht", üben diese meist aber nur in Form von Drohgebärden aus. Kollektiv gekündigt wird eher selten, häufiger kommt es vor, dass Zeitungsannoncen vorübergehend storniert werden, um ein „Warnsignal" auszusenden.

Hintergrund | Was wollen Vereine?

Freizeit- und Geselligkeitsvereine streben nach öffentlicher Aufmerksamkeit; die Lokalzeitung ist ihre Bühne. Ihrer Meinung nach kommen ihnen, oft aus einer langen Praxis heraus, eine Art gewohnheitsrechtliche „Ansprüche" zu, was den Abdruck ihrer Texte betrifft, die man wie Quasiannoncen „in die Zeitung setzen" möchte. Nimmt die Redaktion Änderungen vor, recherchiert sie gegebenenfalls nach, steht das in der Regel nicht im Einklang mit dem speziellen Presseverständnis der Vereine. Allein schon wegen ihrer Gemeinnützigkeit erwarten sie eine positive Würdigung ihrer Arbeit in aller gebotenen Ausführlichkeit, gegebenenfalls unter Aufzählung aller bedeutsam erscheinenden Mitgliedernamen.
Die Presse gerät hier in eine Zwickmühle. Sie weiß: Sie darf nicht zum Verlautbarungsorgan machen. Denn der „normale" Leser verlangt im Prinzip genau das Gegenteil von dem, was Vereinen und anderen Interessengruppen oftmals vorschwebt. Leser erwarten, dass „ihre" Zeitung neutral berichtet, Dinge kritisch hinterfragt, die im Verbreitungsgebiet geschehen, und das gilt auch für das Leben in Vereinen. Das Problem ist: Berichtet die Presse allzu unkritisch, schadet sie sich selbst, indem die journalistische Wertigkeit des Produkts leidet. Leser nehmen das wahr.

Die kurze Darstellung mag die teils dysfunktionalen und sogar kontraproduktiven Verflechtungen zwischen Lokalmedien und gesellschaftlichen Gruppen verdeutlichen; die vielfältigen Korrelationen und Interdependenzen zeigen, dass die Lokalpresse ihre Nachrichten nicht in einem „luftleeren Raum" produzieren; prägend sind auch Einflüsse von außen, die von kommunalen Gruppen ausgehen. Das einzelne Presseunternehmen agiert, so gesehen, inmitten eines lokalen Interessenkosmos wie ein **kybernetisches System**, das sich an die Umgebung anpasst und so versuchen muss, dennoch die eigenen Ziele zu erreichen.

Doch es gibt auch Einflussfaktoren, die als betriebliche Realfunktionen im Presseunternehmen selbst angesiedelt sind und von dort auf den publizistischen Sektor ausstrahlen. Privatwirtschaftliche Unternehmen sind zur **Gewinnerzielung** verpflichtet. Ihre Besonderheit besteht darin, dass sie mit einem in sich gekoppelten Spezialprodukt, bestehend aus einem redaktionellen Teil und einem Anzeigenteil, auf zwei ganz unterschiedlich funktionierenden Nachfragemärkten vertreten sind: auf einem Lesermarkt, auf dem es um die Qualität von Nachrichtenstoff geht und um den Verkauf von möglichst vielen Zeitungen, und auf einem Inserentenmarkt, auf dem Anzeigenraum zu möglichst hohen Preisen angeboten wird, wobei sich die Höhe des Preises nach der Höhe der Leserzahlen bemisst.

Um auf beiden Märkten erfolgreich zu sein, müssen Pressebetriebe einen Kompromiss finden, der beiden betrieblichen Funktionen möglichst optimal gerecht wird: Der redaktionelle Teil darf Anzeigenkunden nicht verschrecken, das Anzeigengeschäft nicht so dominieren, dass redaktionelle Inhalte beeinträchtigt werden.

Weiterhin spielen noch sogenannte **berufsspezifische Funktionen** der im Betrieb beschäftigten Journalisten eine Rolle. Sie sind im Prinzip zwar weisungsgebunden wie alle Angestellten; ihre Tätigkeit ist jedoch gesellschaftlich derart relevant und vor allem von oben herab nicht normierbar, dass auch jedem einzelnen Journalisten im Unternehmen eine eigene Rolle zukommt. Er ist dabei journalistischen Standards wie Unabhängigkeit, Ausgewogenheit und Wahrhaftigkeit verpflichtet.

Zusammenfassend lässt sich sagen: Die Tätigkeit der Lokalmedien – die Kollektion, Selektion, Transformation und Distribution von Informationen und Meinungen – dient der Information und Meinungsbildung der Bürger in einer Demokratie. Die kommerzielle Distribution durch privatwirtschaftliche Lokalmedien wird damit zu einer notwendigen Funktion, zu einer originären gesellschaftlichen Aufgabe. Sie muss vielfach – aufgrund ihrer publizistischen Monopolstellung – von lokalen Tageszeitungen wahrgenommen werden.

Die Lokalredaktion ist dabei in ein dichtes Beziehungsgeflecht von gesellschaftlichen Interessengruppen, Organisationen und Institutionen eingebunden, deren **Erwartungen** für die Presse relevant sind, sofern diese einen akzeptablen Informationsbedarf repräsentieren. Soziologisch gesehen, agiert die Lokalpresse nicht autonom. Das heißt: Die konkreten Aufgaben und Funktionen der Lokalpresse erschließen sich erst mit Blick auf das kommunale Umfeld der Presse.

4.1 Pressefunktionen

Die Presse greift vorhandene Informationen und Meinungen auf, formt diese zu Nachrichten, veräußert diese – und erfüllt dabei Aufgaben und Funktionen innerhalb eines Gesamtsystems. Gesetzlich verpflichtet ist sie dazu nicht, auch wenn in Gesetzen von einer öffentlichen „Aufgabe“ der Presse die Rede ist und diese staatliche Privilegien genießt wie etwa Steuererleichterungen beim Vertrieb von Zeitungen.

Soziologisch gesehen, geht es nicht um Gesetze, sondern um sozial definierte Gesetzmäßigkeiten: um Integration, Kooperation und Akzeptanz in einem gesellschaftlichen Rollenspiel, an dem alle lokalen Akteure teilnehmen und das nur funktioniert, wenn alle Rollen bzw. Funktionen akzeptabel ausgeübt werden – auch von der Lokalpresse; sie ist ein funktionswichtiges Rad in einem Alltagsgetriebe, das sich drehen und seine Funktion erfüllen muss.

Je nach Bezugspunkt und Erkenntnisinteresse lassen sich folgende Pressefunktionen unterscheiden (Jonscher 1995, S. 123):

- normativ-demokratische und gesellschaftliche Funktionen (**Staat/Gesellschaft**);
- bedarfsorientierte Funktionen zur Erfüllung von Kommunikations- und Informationserwartungen in einer Zeitungsregion (**Publikum**);
- makro- und mikroökonomische (betriebswirtschaftliche) Funktionen der Lokalpresse (**Zeitungsunternehmen**);
- berufsspezifische Funktionen (**Redakteur/Kommunikator**).

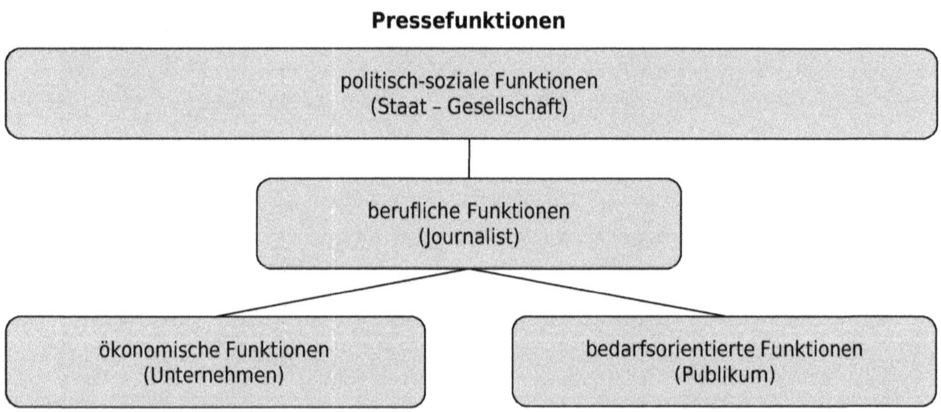

Abb. 4.1: Private Presseunternehmen haben eine Reihe politischer und sozialer Funktionen in der Gesellschaft; sie erfüllen eine „öffentliche Aufgabe“, müssen aber auch wirtschaftlich rentabel arbeiten. | [18]

4.2 Die öffentliche Aufgabe der Presse

Die vielzitierte „öffentliche Aufgabe“ der Presse ist ein zentraler, wenn auch konturenunscharfer Terminus. Eine Konkretisierung hat er erstmals im Schriftleitergesetz von 1933 und später in den Pressegesetzen der Länder erfahren, in denen zur Tätigkeit der Presse, der Gesamtheit der verbreiteten Printmedien, klargestellt wird:

„Die Presse erfüllt eine öffentliche Aufgabe, wenn sie in Angelegenheiten von öffentlichem Interesse Nachrichten beschafft und verbreitet, Stellung nimmt, Kritik übt oder auf anderer Weise an der Meinungsbildung mitwirkt."

Einerseits dadurch, dass von einer „Aufgabe" und nicht bloß beschreibend von einer Funktion die Rede ist, andererseits, dass die Erfüllung dieser „Aufgabe" nachfolgend an bestimmte **Pflichten** geknüpft wird (Wahrheit, Vielfalt, Sorgfalt, Verantwortung), entsteht der Eindruck, es handele sich um eine Inpflichtnahme der Presse: um obligatorische **Soll-Funktionen**. So könnte das Wort „Aufgabe" im Sinne von Auftrag, Weisung oder Pflicht verstanden werden. Dem widerspricht zunächst aber bereits der gesetzgeberische Wortlaut, der von Vokabeln wie „hat zu" oder „muss" Abstand nimmt; es handelt sich dem Wortlaut nach also zunächst lediglich um eine deskriptive Darstellung von Stellung und staatlich-gesellschaftlicher Funktion der Presse und nicht um die Zuweisung publizistischer Aufgaben wie Information, Kritik, Meinungsbildung. Diese sind zwar genannt, jedoch in einen mit „wenn" eingeleiteten Konditionalsatz gekleidet, der sie erkennbar in einen bestimmten situativen Kontext stellt (Jonscher 1995, S. 131).

Tatsächlich erschließt sich die Bedeutung der öffentlichen Aufgabe aus dem historischen Kontext: Sie dient der Legitimation von kritischen Darstellungen und Meinungsäußerungen von Journalisten und den damit verbundenen Eingriffen in Rechtsgüter, in Persönlichkeitsrechte, die für Normalbürger strafbar sind (Beleidigung, üble Nachrede), für Journalisten, wenn sie ihrer Arbeit nachgehen, jedoch nicht. Das war noch Anfang des 20. Jahrhunderts anders und damit keine Basis für eine kontrollierende, meinungsbildende Tätigkeit der Presse. Ihre Tätigkeit wurde deshalb – im Hinblick auf ihre überragende politisch-gesellschaftliche Bedeutung – unter staatlichen Schutz gestellt, ebenso wie die Journalisten.

4.3 Eigentumspflicht der Verleger

Dass die privatwirtschaftende Presse aber auch öffentliche Funktionen zu erfüllen hat, belegt Artikel 14, Absatz 2 Grundgesetz, in dem es heißt: „Eigentum verpflichtet. Sein Gebrauch soll zugleich dem Wohle der Allgemeinheit dienen." Mit anderen Worten: Auch verlegerisches Eigentum ist sozialpflichtig, man spricht hier von einer sozial-ethischen Eigentumsbindung, die nach dem Willen des Grundgesetzgebers für jedermann gilt. Sie soll verhindern, dass Eigentum ausschließlich dem Nutzen des Einzelnen dient, hier: dem des Verlegers, sondern zugleich auch dem Wohle der Allgemeinheit. Worin dieses „Wohl der Allgemeinheit" im Pressewesen besteht, ist evident: Der demokratische Staatsgedanke lebt von der politischen Mitwirkung informierter Staatsbürger, die jederzeit die Möglichkeit haben müssen, am politischen Geschehen zu partizipieren. Die Presse hat deshalb die Aufgabe, die politische Information und Meinungsbildung der Staatsbürger zu gewährleisten.

Da die öffentliche Aufgabe nicht positiv-rechtlich definiert ist, erschließen sich die so hergeleiteten „Aufgaben“ der Presse aus staatsrechtlicher, soziologischer und kommunikationspolitischer Perspektive. Grundlage ist das sogenannte Spiegel-Urteil des Bundesverfassungsgerichts (BVerfG) aus dem Jahr 1963, in dem es zur „öffentlichen Aufgabe“ der Presse heißt:

Hintergrund | Spiegel-Urteil des Bundesverfassungsgerichts

„Soll der Bürger politische Entscheidungen treffen, so muss er umfassend informiert sein, aber auch die Meinungen kennen und gegeneinander abwägen können, die andere sich gebildet haben“, befand das Bundesverfassungsgericht im sogenannten Spiegel-Urteil vom 5. August 1966 (BVerfG E 20): „Die Presse hält diese ständige Diskussion in Gang; sie beschafft die Informationen, nimmt selbst dazu Stellung und wirkt damit als orientierende Kraft in der öffentlichen Auseinandersetzung. In ihr artikuliert sich die öffentliche Meinung; die Argumente klären sich in Rede und Gegenrede, gewinnen deutliche Konturen und erleichtern so dem Bürger Urteil und Entscheidung.
In der repräsentativen Demokratie steht die Presse zugleich als ständiges Verbindungs- und Kontrollorgan zwischen dem Volk und seinen gewählten Vertretern in Parlament und Regierung. Sie fasst die in der Gesellschaft und ihren Gruppen unaufhörlich sich neu bildenden Meinungen und Forderungen kritisch zusammen, stellt sie zur Erörterung und trägt sie an die politisch handelnden Staatsorgane heran, die auf diese Weise ihre Entscheidungen auch in Einzelfragen der Tagespolitik ständig am Maßstab der im Volk tatsächlich vertretenen Auffassungen messen können“ (BVerfG E 20, S. 174/175).

Die Formulierungen sind relativ unbestimmt. Es handelt sich um ganz bestimmte Aufgabenzuweisungen im Bereich der politischen Meinungsbildung. Wobei letztlich unklar bleibt, wer – die Presse als Gesamtheit oder auch das einzelne Unternehmen – von den obersten Richtern verpflichtet wird. Hat der Gesetzgeber hier bisher wenig zur Erhellung beigetragen, so gibt das BVerfG in späteren Entscheidungen deutliche Hinweise, wenn es betont: Umfassende Information und Meinungsbildung im Printmedienbereich würden durch das umfangreiche Angebot an periodischen Druckerzeugnissen gewährleistet, mit anderen Worten: durch eine außenplurale Vielfalt der Presseprodukte (BVerfG E 52, 283: 296); dies würde bedeuten, dass einzelne Unternehmen grundsätzlich nicht in die Pflicht genommen sind, solange eine außenplurale Vielzahl besteht.

Für Printunternehmen heißt das: Sie müssen – im Gegensatz zum Rundfunk – dieser Ansicht nach nicht **binnenplural** organisiert sein, um vorhandene Interessen und Meinungen widerzuspiegeln. Das BVerfG geht bis heute von einer nach wie vor bestehenden Außenpluralität im Printsektor aus. Das gilt somit auch für die zahlreichen

Ein-Zeitungskreise, in denen nur noch eine einzige Tageszeitung lokal informiert, weil Zeitungskonkurrenz hier fehlt. Das lässt diese Rückschlüsse zu:

- Den Richtern erscheint die lokale Berichterstattung in Bezug auf die Öffentliche Aufgabe weniger relevant.
- Oder eine äußere Medienpluralität in den Gemeinden erscheint ihnen, wenn nicht im Printsektor, so doch angesichts neuer technischer Onlinepublikationsmöglichkeiten (Internet) weiterhin gegeben.

Es stellt sich zudem noch die Frage, ob in Ein-Zeitungskreisen die öffentliche Aufgabe nicht dem jeweiligen Monopolmedium obliegt, das – analog dem Rundfunk – in diesem Fall binnenplural zu berichten hätte. Obwohl der lokalen Berichterstattung immer wieder Defizite attestiert werden, sahen sich weder BVerfG noch Gesetzgeber bislang veranlasst, sich mit dieser Frage zu beschäftigen.

4.4 Politische Funktionen

Bezogen auf die Gesamtheit der Printmedien, gab es im Anschluss an das *Spiegel-Urteil* Ansätze, die Funktionen der Presse als obligatorische Idealfunktionen für das politisch-soziale Gesamtsystem zu bestimmen. Als politische Funktionen werden am häufigsten genannt:

- Information (Herstellen von Öffentlichkeit durch Bekanntmachen von Programmen, Absichten, Forderungen und Zielen der am politischen Prozess Beteiligten),
- Mitwirkung an der Meinungsbildung sowie
- Kritik und Kontrolle von Exekutive, Legislative und Judikative,
- schließlich auch politische Bildung: die Heranbildung und Aktivierung von Staatsbürgern, die sich am politischen Prozess beteiligen.

Entsprechend unterschieden werden a) eine Informationsfunktion (Tatsachenberichterstattung), b) eine Artikulierfunktion (Darstellung der Vielfältigkeit des Volkswillens gegenüber den politisch Verantwortlichen) und c) eine Kritikfunktion (Sachkritik an Sach- und Personalfragen; Stilkritik an politischen Regierungsweisen).

Primärfunktion ist die **Informationsdistribution**. Massenmedien erfüllen die Aufgabe, Informationen zu beschaffen und zu verbreiten, „die der einzelne Staatsbürger benötigt, um sich – unter Abwägung von Argument und Gegenargument, Meinung und Gegenmeinung – seine eigene politische Meinung bilden zu können. Dazu bedarf er der wahrheitsgemäßen, das heißt: vollständigen, objektiven und verständlichen Berichterstattung, die nicht nur isolierte Fakten aneinanderreiht, sondern politische, soziale und kulturelle Entwicklungen in ihrem Entstehungs- und Wirkungszusammenhang darstellt“ (Branahl 1981, S. 212).

4.5 Gesellschaftlich-soziale Funktionen

Neben den genannten politischen Funktionen wurde der Presse im Anschluss auch eine Reihe gesellschaftlich-sozialer Funktionen zugeschrieben, begründet mit „allgemeinen sozialen Bedürfnissen“ (Ronneberger 1971, S. 48):

- **Sozialisation**
  Die Eingliederung des Menschen in das ihn umgebende Sozialsystemdurch „die Vermittlung verbindlicher, gelegentlich auch unterschiedlicher, einander widersprechender Leitbilder, Werte und Normen des Denkens und Verhaltens mit dem Ziel dauerhafter Prägungen, sowie die Vermittlung von Denkformen und Verhaltensweisen, die das Leben in einem bestimmten sozialen System überhaupt erst ermöglichen“ (Ronneberger).
- **Enkulturation (Teilprozess der Sozialisation)**
  Anpassung des Einzelnen an die Gemeindekultur, das Bekanntwerden mit dem umgebenden Wert- und Normensystem.
- **Soziale Kontrolle (Mechanismus der Sozialisation)**
  Positive Sanktionierung (Lob, Anerkennung) sozial erwünschten Verhaltens, Aufzeigen und negative Sanktionierung abweichenden Verhaltens (z. B. Kriminalität).
- **Soziale Orientierung**
  Die Vermittlung von Orientierungsdaten über das soziokulturelle Geschehen am Ort.
- **Soziale Integration**
  Die Eingliederung des Einzelnen in ein soziales System durch Sozialisation, Enkulturation und soziale Orientierung.
- **Rekreation**
  Entspannung und Lesevergnügen durch Unterhaltung.

Es handelt sich um ein Konglomerat von Aufgabenzuweisungen, aus bestimmten Interessenpositionen und politischen Blickwinkeln formuliert, die für die Presse allesamt subsidiären Charakter haben: Sie sind keine zielgerichteten, sondern unbeabsichtigte Nebenfunktionen der privatwirtschaftlich, auf Gewinnerzielung ausgerichteten Lokalpresse. Was jedoch nicht ausschließt, dass die Presse diesen Funktionen de facto tatsächlich nachkommt, indem sie vielfältig über relevante Themen berichtet.

Aufgaben der Presse im Staat

Information	• Beschaffen & Vermitteln von Fakten • Herstellen von Öffentlichkeit
Meinungsbildung	• Vermitteln von Fakten & Meinungen • eigene Stellungsnahmen
Kritik & Kontrolle	• Aufzeigen von Fehlern und Missständen bei Behörden, Gerichten und Polizei
soziale Orientierung	• Informationen über das soziokulturelle Geschehen am Ort
Sozialisation	• Eingliederung in die Gesellschaft • Vermittlung von Normen und Kultur
Unterhaltung	• Entspannung und Lesevergnügen • Eskapismus

Abb. 4.2: Information, Meinungsbildung, Kritik und Kontrolle, aber auch Unterhaltung - die Lokalpresse erfüllt einige Aufgaben zur Aufrechterhaltung des lokalen Systems. | [19]

4.6 Bedarfsorientierte Funktionen

Die Lokalpresse erfüllt nicht nur Funktionen für das politische Gesamtsystem; „sie orientiert sich auch, aus absatzstrategischen Überlegungen heraus, an spezifischen, real existierenden Informations- und Kommunikationserwartungen ihrer Leser, von denen es eine Vielzahl gibt“ (Jonscher 1995, S. 140).

4.6.1 Kollektive Erwartungen

Relevant sind hier für Lokalzeitungen die vielen größeren und kleineren Gruppierungen, „von denen die allermeisten an der Arbeit der Zeitung ein spezifisches Interesse haben und gegenüber der Redaktion ganz bestimmte Erwartungen hegen“ (Wolz 1979, S. 28). Sie formulieren, mehr oder weniger explizit, bestimmte Erwartungen an die Berichterstattung.

Typisch für diese Kollektiv-Erwartungen ist, dass sie den Ansprüchen der Allgemeinheit, sprich: des breiten Publikums, häufig nicht in dem Maße entsprechen, diesen sogar entgegenstehen, sie dysfunktional überlagern. Während eine Organisation einen Skandal vertuschen, ihn möglichst aus den Schlagzeilen fernhalten will, ist die Allgemeinheit in der Regel gerade an solchen *bad news* interessiert. Die Lokalredaktion, will sie beiden Seiten gerecht werden, gerät dadurch in einen Interessenkonflikt.

Honoratioren

Noch bis ins frühe 20. Jahrhundert galten lokale Honoratioren als Rückgrat der Gemeinden, der demokratischen Basis des modernen Staates; Anfang des 19. Jahrhunderts waren sie qua Gesetz (Stein`sche Städteordnung von 1808) als hierfür besonders geeignete Protagonisten förmlich in diese privilegierte Stellung gedrängt worden. Dieser politischen bzw. gesellschaftlichen Rolle fühlen sich noch heute jene verpflichtet, die als „lokale Honoratioren" vor allem in kleineren und mittleren Städten eine privilegierte Stellung in den Gemeinden einnehmen, die es ihnen erlaubt, Einfluss auf politische Entscheidungen auszuüben; sie fühlen sich in der Pflicht und Verantwortung, ihre Erfahrung und ihr Wissen in den Dienst des Allgemeinwohls zu stellen. Lokale Honoratioren waren früher Fabrik- und Großgrundbesitzer, heute sind es lokale Unternehmer, Vereins- und Verbandsvorsitzende, Gewerkschaftsbosse und höhere Verwaltungsangestellte, auch Ex-Politiker. Die „lokalen Eliten" hatten noch in den 1970er Jahren ein negativ besetztes Image; vordemokratische Denk- und Handlungsmuster wurden ihnen nachgesagt. Honoratioren wurden als „lokal herrschende Allianz" beschrieben, „in deren Einflussbereich direkt oder indirekt das ganze soziokulturelle Leben im Dorf jahrhundertelang fest und sicher verwahrt gewesen ist" (Köhle-Hezinger 1978).

Heutige „Honoratioren" leitet solche Intentionen nicht mehr, wenn sie sich auf die lokalpolitische Bühne begeben, um ihre Meinungen zu artikulieren. Ihre privaten Kontakte und ihre gesellschaftliche Stellung ermöglicht es ihnen, dabei die üblichen Wege abzukürzen und inoffizielle Kanäle zu nutzen, um an die Schaltzentralen der lokalpolitischen Entscheidungen vorzudringen. Auf die örtliche Lokalpresse sind sie dabei, anders als Ottonormalbürger, nicht angewiesen. Leserzuschriften, von Honoratioren abgefasst, finden sich beispielsweise in der Regel nur selten in Lokalzeitungen.

Doch auch lokale Honoratioren haben Erwartungen an „ihre" Lokalpresse. Um welche Art von „Erwartungen" es sich dabei handelt, deckten sogenannte Honoratiorenbefragungen in den 1970er Jahren immer wieder auf, als das Lokale im Zusammenhang mit der grassierenden Pressekonzentration in der Kommunikationswissenschaft Konjunktur hatte. Das Fazit der Forscher klang, dem damaligen politischen Zeitgeist entsprechend, nicht immer schmeichelhaft. Honoratioren wurden als „mächtig und einflussreich" beschrieben und dabei auffällig „an Publizität interessiert"; für sie als „Figuren des öffentlichen Lebens" sei die Presse „ein Organ der Selbstdarstellung" (Ellwein u. a. 1982, S. 130). Die Presse biete ihnen diese Bühne an und verleihe ihnen damit eine „besondere Position im Kommunikationsprozess, die sie ohne die Presse nicht einnehmen könnten".

Politiker

Vereinzelt auch Lokalpolitiker zählen zum Kreis der lokalen Honoratioren, zu den „Figuren des öffentlichen Lebens". Was sie von ihren Lokalmedien erwarten, zeigt eine repräsentative Studie von Fawzi u. a. (2018). Befragt wurden 461 Akteure der Kommunalpolitik aus 52 kreisfreien Städten, unter ihnen 290 Lokalpolitiker sowie 162 Bürgermeister bzw. Dezernenten (wobei anzumerken ist, dass sowohl Bürgermeister als auch Dezernenten politisch gewählte Akteure sind). Heraus kam, dass Medien bei den Befragten eine große Rolle spielen.

- Sie sind die zentrale Informationsquelle, um sich über die öffentliche Meinung und auch über die aktuelle Themenagenda zu informieren (→ Abb. 4.3).
- Befragt zu den Funktionen von Lokalmedien, war den allermeisten Politikern wichtig, dass sie ihnen ermöglichen, eigene „Themen auf die politische Tagesordnung zu setzen" (82 Prozent), Einfluss auf den politischen Entscheidungsprozess zu nehmen (80 Prozent) und sie als „Ressource" einsetzen zu können, um den alltäglichen Kampf um politische Macht auszutragen" (Fawzi u. a. 2018).
- Jeder zweite Politiker meinte, Lokalmedien hätten für ihn die Funktion, „den Bürgern ein positives Bild von sich selbst zu vermitteln" (51 Prozent) bzw. „auf die Schwächen der Konkurrenz hinzuweisen" (47 Prozent).

Abb. 4.3: Lokalpolitiker informieren sich in der Zeitung über das Geschehen am Ort, dies zeigt der französische Kupferstich Ende des 18. Jahrhunderts. | [20]

Vereine und Organisationen

Vereine und (gemeinnützige) Organisationen nehmen im lokalen Leben eine wichtige soziale Rolle ein; zu ihnen zählen die zahlreichen Schützen-, Gesangs- und Züchtervereine, zum anderen auch Wohlfahrtsverbände und Hilfsorganisationen wie Arbeiter-Samariter-Bund, Johanniter-Unfall-Hilfe, Naturschutzbund, Bund für Umwelt und Naturschutz oder Bund der Steuerzahler. Sie alle haben ein berechtigtes Interesse, dass über ihre Arbeit berichtet wird (→ Abb. 4.4.). Lokale Vereine nehmen die Bewohner von Gemeinden auf, bieten ihnen eine Heimat; sie schaffen Räume des sozialen Miteinanders und haben eine Integrations- und Sozialisationsfunktion. Insbesondere in kleineren Gemeinden oder ländlichen Regionen tragen Vereine ganz wesentlich zur Förderung des Gemeinwesens und dem Erhalt kultureller Traditionen bei. Sie gelten als Brückenbauer zwischen den Menschen.

Folgende Erwartungen und Interessen hegen lokale Vereine und Organisationen gegenüber der Lokalpresse (Fuchs 1984, S. 202; Huber 1986, S. 136):

- Bekanntmachung der Organisation; Herstellen von Öffentlichkeit als Druckmittel für eigene Forderungen;
- Motivation für Mitarbeiter/Mitglieder;
- Mitgliederwerbung;
- Hilfe beim Streben nach finanziellen Zuwendungen;
- Verleihung von Status durch Berichterstattung;
- Legitimierung eigener Aktivitäten;
- Mobilisierung von Solidarität für eigene Ziele.

Die Redaktion hat diese Interessen journalistisch einzuordnen. Besteht ihrer Meinung nach ein berechtigtes Interesse an der Berücksichtigung, sind diese für sie relevant.

Abb. 4.4: Lokale Vereine suchen die Öffentlichkeit. Schützenvereine präsentieren ihre „Majestäten" alljährlich anlässlich von Schützenfesten. Lokalmedien kommt aus ihrer Sicht die Aufgabe zu, darüber ausführlich zu berichten. | [21]

4.6.2 Erwartungen und Bedürfnisse der Leser

Unklar ist, was genau ein Leser von „seiner" Zeitung erwartet, zu unterschiedlich sind die Interessen und Meinungen der Menschen, die zudem, je nach Lebenssituation, im Laufe der Jahre divergieren. Bestimmte Grundbedürfnisse werden deshalb als Hilfskonstruktion bemüht, sie werden als Ursache einer aktiven Medienzuwendung

(Nutzung) angenommen. Massenmedien gelten danach als Gratifikationsinstanzen: als Quellen zur aktiven Befriedigung von Bedürfnissen. Folgende Bedürfnisarten sind bekannt (Mc Quail 1983, S. 82):

- **Informationsbedürfnis**
  Orientierung über relevante Ereignisse in der unmittelbaren Umgebung, in der Gesellschaft und der Welt; Ratsuche zu praktischen Fragen; Befriedigung von Neugier; Lernen, Weiterbildung; Streben nach Sicherheit durch Wissen.
- **Bedürfnis nach persönlicher Identität**
  Suche nach Verhaltensmodellen; Selbstfindung.
- **Bedürfnis nach Integration und Interaktion**
  Ein Gefühl der Zugehörigkeit entwickeln; eine Grundlage für Gespräche und soziale Interaktion erhalten; einen Ersatz für (fehlende) Geselligkeit oder Partnerschaft finden.
- **Unterhaltungsbedürfnis**
  Wirklichkeitsflucht, Ablenkung, Entspannung, kulturelle Erbauung; Zeit füllen; emotionale Entlastung; Stimulation.

Für die Lokalpresse muss es nun darum gehen, einen „durchschnittlichen" Informationsbedarf innerhalb eines Verbreitungsgebietes zu ermitteln, der empirisch jedoch nicht ermittelbar ist. Eine Hilfskonstruktion ist hier das demokratische Postulat der **Partizipation** als größtem gemeinsamen Nenner: der Beteiligung von Personen und Personengruppen an Entscheidungs- und davor gelagerten Willensbildungsprozessen. Die wesentliche Aufgabe einer Lokalzeitung wäre danach die Vermittlung **partizipationsrelevanter Information** (Rombach 1983, S. 21).

Doch wie erkennt die Presse partizipationsrelevante Informationen? Und wann genau ist eine Information partizipationsrelevant? Exakt nicht definierbar, liefert hier das demokratische Postulat der publizistischen, sprich: inhaltlichen Vielfalt eine Lösung. Die These ist: Lokalzeitungen kommen ihren Leserwartungen dadurch nach, indem sie sie eine möglichst große Vielzahl von partizipationsrelevanten Informationen und Meinungen veröffentlichen.

4.7 Ökonomische Funktionen der Massenmedien

Massenmedien sind Wirtschaftsunternehmen: Informationen sind ihre Ware, Leser die Kunden, das Kapital besteht aus der Druck- und Nachrichtentechnik sowie der Arbeitskraft der Mitarbeiter. Auf der anderen Seite erbringen die Unternehmen neben ihren eigenen, ökonomischen Imperativen auch Nebenfunktionen, für die sie nicht bezahlt werden.

Zu unterscheiden sind makro- und mikroökonomische Funktionen. Zu den makroökonomischen Funktionen zählt die Bereitstellung von Arbeitsplätzen (Holzer 1973, S. 131). „Medienunternehmen fungieren zudem als Nachfrager auf diversen Teilmärkten, indem sie beständig Rohmaterialien wie Papier sowie Verbrauchs- und

Investitionsgüter wie Maschinen, Computer und Büroeinrichtungen ordern" (Jonscher 1995, S. 145).

Mikroökonomisch gesehen, erbringen Medienbetriebe diverse betriebswirtschaftliche, auf das Unternehmen bezogene Leistungen, um ihre Existenz wirtschaftlich zu sichern. So erst schaffen sie die Basis zur Realisierung weiterreichender publizistischer Funktionen. Die Gewinnerzielung steht dabei an erster Stelle; diesem Oberziel sind alle anderen Ziele untergeordnet. Auch die Redaktion und ihr „Entscheidungsprogramm" sind diesem Oberziel prinzipiell verpflichtet (Huber 1986, S. 142).

Erwartet wird von der Lokalredaktion, betriebsökonomisch gesehen:

- ein möglichst kurzer und störungsfreier „Produktionsprozess";
- eine kostenbewusste und effiziente Nachrichtenarbeit;
- ein möglichst sparsamer Umgang mit dem Redaktionsetat;
- die Vermeidung von vermeidbaren Verstößen gegen ökonomische Ziele des Medienunternehmens, unter Umständen auch entgegen anderslautende publizistische Zielsetzungen.

„Die Art und Weise, wie die ökonomischen Funktionen von Unternehmen angegangen werden, beeinflusst den Inhalt der Medienprodukte" (Jonscher 1995, S. 146). Wird beispielsweise der Redaktionsetat gekürzt, kann dies zur Folge haben, dass freiwerdende Stellen nicht wieder besetzt werden. Die Redakteursarbeit wird auf freie Mitarbeiter verteilt, auf Volontäre, und selbst Redaktionssekretärinnen leisten ihre Beiträge im Sektor des reinen Datenjournalismus, in dem es meist um die Ankündigung von Veranstaltungen geht. Ähnliche Einspareffekte lassen sich im Arbeitsmittel- oder im Beschaffungssektor beobachten.

Aus publizistischer Sicht kritisch wird es, wenn sich Maßnahmen zur Einnahmemaximierung auf den publizistischen Sektor erstrecken: Wenn beispielsweise das Anzeigengeschäft gesteigert werden soll. Redaktionen haben dann die – meist nicht explizit formulierte – die Weisung, möglichst alles zu vermeiden, was Anzeigenkunden stören und dem Geschäft abträglich sein könnte, mit der Folge, dass Themen unter den Tisch fallen.

Hintergrund | Der Halo-Effekt

Studien beweisen immer wieder, welche Bedeutung das **Werbeumfeld** in einem Medium auf die Wirkung auch von Zeitungsanzeigen hat. Die Beschaffenheit des Umfelds hat einen wesentlichen Einfluss darauf, wie sie wahrgenommen wird: Man nennt das den Halo-Effekt: das heiligenscheinartige (daher der Name) Abstrahlen des Kontexts auf die Anzeige (Mustafa Mussa: Kontext ist auch King! In: Mobile Advertising DE 2019). Mit anderen Worten: Verbraucher sind in solchen Fällen dreimal weniger bereit, sich mit den beworbenen Marken zu identifizieren. Der Halo-Effekt hat zudem eine Wirkung auf die Erinnerbarkeit der Anzeige: Anzeigen in einem positiv empfundenen Kontext werden bis zu 30 Prozent häufiger erinnert.

Das privatwirtschaftliche Medienunternehmen, dem im publizistischen Sektor eine öffentliche, der Allgemeinheit dienende Aufgabe abverlangt wird, gerät so in einen permanenten Funktionskonflikt, der letztlich auf der unteren Ebene der Redaktionsarbeit ausgetragen wird.

4.8 Berufsspezifische Funktionen des Lokaljournalismus

Die Tätigkeit der Lokalpresse wird schließlich durch solche Funktionen bestimmt und beeinflusst, die als sogenannte berufsspezifische Funktionen auf der Ebene der Lokaljournalisten angesiedelt sind (Huber 1986, S. 146).

- „Normalfunktion" ist für den einzelnen Journalisten die **Informationsfunktion**, die Vollständigkeit, Objektivität und Verständlichkeit erfordert.
- Die Artikulationsfunktion bezeichnet die **anwaltschaftliche Rolle** des Lokaljournalisten für weniger artikulationsfähige Bevölkerungskreise.
- Die **Selektionsfunktion** schließlich ist arbeitstechnischer Natur und meint die Nachrichtenauswahl: die quantitative Verkürzung des eingegangenen Nachrichtenstoffes. Sie steht damit im Prinzip „quer" zu den beiden zuvor genannten Funktionen.

Nach Maletzke (1963) bestimmen u. a. folgende Faktoren die journalistischen Selektions- und Bearbeitungsaktivitäten:

- Persönlichkeit des Kommunikators;
- allgemeine soziale Beziehungen des Kommunikators;
- Bild des Kommunikators von sich selbst und seiner Rolle;
- Aufgabe und Position des Kommunikators in Team und Institution;
- Zwänge des Mediums, der Aussage und des Programms.

Berufsverständnis

Von Bedeutung ist hier auch das individuell durchaus unterschiedliche Berufs- und Rollenverständnis des einzelnen Journalisten, das meist auf einer idealisierten, berufsethischen Ebene angesiedelt ist (Einsetzen für gesellschaftliche Minderheiten; Kampf gegen soziale Ungerechtigkeit und Unterdrückung; Aufdecken verschwiegener Skandale). Es beeinflusst die journalistische Tätigkeit auf einer subtileren Ebene der individuellen Detailkompetenzen, zum Beispiel bei der Frage, wie ein Thema dargestellt wird, und ist damit eine eigenständige Determinante.

Literatur

Branahl, Udo: Öffentliche Aufgabe. In: Kurt Koszyk & Karl Hugo Pruys: Handbuch der Massenkommunikation. München 1981, S. 211–214

Ellwein, Thomas u.a.: Wertheim. Politik und Machtstruktur einer deutschen Stadt. 1982

Fawzi, Nayla u.a.: Die Funktionen von Lokalmedien für die Kommunalpolitik. Wiesbaden 2018

Fuchs, Wolfgang: Presse und Organisationen im lokalen Kommunikationsraum. Diss. Augsburg 1984

Holzer, Horst: Kommunikationssoziologie. Hamburg 1973

Huber, Rudolf: Redaktionelles Marketing für den Lokalteil. München 1986

Jonscher, Norbert: Lokale Publizistik. Opladen 1995

Köhle-Hezinger, Christel: Lokale Honoratioren. Düsseldorf 1978

Maletzke, Gerhard: Psychologie der Massenkommunikation. Theorie und Systematik. Hamburg 1963

Mc Quail, Denis: Mass Communication Theory. An Introduction. London 1983

Rombach, Theo: Lokalzeitung und Partizipation am Gemeindeleben. Berlin 1983

Ronneberger, Franz: Sozialisation durch Massenkommunikation. In: ders. (Hrsg.): Sozialisation durch Massenkommunikation. Der Mensch als soziales und personales Wesen. Stuttgart 1971, S. 32–101

Wolz, Dieter: Dieter: Die Presse und die lokalen Mächte. Düsseldorf 1979

Weiterführende Literatur

Begemann, Marianne: Zur politischen Funktion der Lokalpresse. Diss. Münster 1982

Burkart, Roland u.a.: Lokale Kommunikation als Bedarfsdeckung. In: RuF 1978, S. 278–294

Czajka, Dieter: Pressefreiheit und „öffentliche Aufgabe" der Presse. Diss. Göttingen 1968

Kepplinger, Hans Mathias & Verena Martin: Die Funktion der Massenmedien in der Alltagskommunikation. In: Publizistik 1986, S. 118–128

Klein, Horstpeter: Die öffentliche Aufgabe der Presse. Eine verfassungsrechtliche und rechtspolitische Untersuchung der Presse in der Demokratie. Düsseldorf 1973

Langenbucher, Wolfgang u. a. (Hrsg.): Sozialisation durch Massenmedien. Konstanz 1988

Langenbucher, Wolfgang: Der Lokalredakteur als Sozialisator und Sozialisand im Prozeß der Lokalkommunikation. In: Franz Ronneberger (Hrsg.): Sozialisation durch Massenkommunikation. Stuttgart 1971, S. 151–171

Maletzke, Gerhard: Integration – eine gesellschaftliche Funktion der Massenmedien. In: Publizistik 2,3/1980, S. 199–206

Maletzke, Gerhard: Integration – eine gesellschaftliche Funktion der Massenkommunikation. In: Hannes Haas (Hrsg.): Mediensysteme. Struktur und Organisation der Massenmedien in den deutschsprachigen Demokratien. Wien 1990

Ronneberger, Franz: Die politischen Funktionen der Massenkommunikationsmittel. In: Publizistik 1964, S. 291–304

Ronneberger, Franz: Integration durch Massenkommunikation. In: Ulrich Saxer (Hrsg.): Gleichheit oder Ungleichheit durch Massenmedien? München 1985, S. 3–18

Scheuner, Ulrich: Privatrechtliche Struktur und öffentliche Aufgabe der Presse. In: Archiv für Presserecht (AfP) 1968, S. 725–739

Stuiber, Heinz-Werner: Zu den Funktionen der Massenkommunikation: Politische und soziale Orientierung als Grunddimension massenkommunikativer Leistungen. In: Manfred Rühl & Jürgen Walchshöfer (Hrsg.): Politik und Kommunikation. Nürnberg 1978, S. 211–235

Teichert, Will: Die Region als publizistische Aufgabe. Hamburg 1982

5 Kapitel | Die Lokalredaktion — Wie die Zeitung entsteht und wer dabei mitwirkt

Übersicht

Die Lokalredaktion ist die **publizistische Einheit** in einer Tageszeitung, die für die lokale Berichterstattung zuständig ist: für die Abbildung der täglichen Geschehnisse im Verbreitungsgebiet durch eigene Texte, und sie unterscheidet sich damit von anderen Ressorts, die überregional berichten und ihren Input zu einem Großteil von international tätigen Nachrichtenagenturen beziehen.

Die Lokalredaktion hat auf solche Kanäle zwar ebenfalls Zugriff, findet hier jedoch kaum verwertbare Neuigkeiten. Sie muss ihre Inhalte insofern täglich aufs Neue selbst produzieren und dementsprechend personell stärker besetzt sein als andere Ressorts. Genaue Zahlen gibt es nicht; aber geht man davon aus, dass alle der rund 1.400 deutschen Zeitungsausgaben über eine Lokalredaktion verfügen und diese mit mindestens zwei bis drei Redakteuren besetzt ist, würden schätzungsweise bis zu **7.000 Lokalredakteure** an deutschen Tageszeitungen arbeiten, unterstützt von vermutlich mindestens ebenso vielen freien Mitarbeitern, deren gemeinsame Aufgabe es ist, Tag für Tag die Spalten der Lokalteile mit Lesestoff zu füllen.

Unterstützt werden sie dabei bald von digitalen Kollegen: von „künstlich-intelligenten" Mitarbeitern, die Routineaufgaben übernehmen könnten: das Erstellen von Veranstaltungskalendern, Serviceplänen und sogar das Ankündigen von Veranstaltungen. Die Roboterjournalisten könnten damit ihre humanen Kollegen entlasten, ihnen Freiräume für höher qualifizierte journalistische Tätigkeiten freischaufeln, beispielsweise für Recherchebeiträge, aber sie damit auch teilweise substituieren. Intern ist die Lokalredaktion dabei der Chefredaktion unterstellt, das heißt, sie kann prinzipiell nicht autonom über die Veröffentlichung von Informationen entscheiden.

Zudem agiert die Lokalredaktion, intensiver als andere Ressorts, innerhalb eines kommunalen Beziehungsgeflechts der Parteien, Vereine und Verbände, die mit ihre Interessen **Einfluss auf Berichterstattung** nehmen möchten und zu unerfreulichen Reaktionen neigen, wenn Berichte über eigene Aktivitäten nicht prinzipiell deckungsgleich sind mit ihrem publizistischen Selbstverständnis.

5.1 Zur Entstehung der Redaktion

5.1.1 Nebenerwerblicher Nachrichtenhandel

Als im 17. Jahrhundert in Deutschland die ersten periodischen Druckerzeugnisse (Relationen) erschienen, gab es Redaktionen im heutigen Sinne noch nicht. Die Texte wurden ohne großen journalistischen Aufwand einfach in der Reihenfolge ihres Eingangs abgedruckt, ohne redaktionell in irgendeiner Weise bearbeitet zu werden – was seinerzeit keineswegs als publizistischer Makel bewertet wurde: Korrespondenzen, so bekannte etwa der Herausgeber Johann Carolus (1575–1635) anlässlich der Herausgabe des seit 1605 in Straßburg erschienenen wöchentlichen Nachrichtenblattes „Relation aller fürnemmen und gedenckwürdigen Historien" („Bericht von allen wichtigen und bemerkenswerten Vorfälle"), von dem aus dem Jahr 1609 ein kompletter Jahrgang erhalten ist, würden von ihm „ohn einigen Zusatz und anderst nicht, das wie sie geschriben hierher kommen" veröffentlicht.

Hintergrund | Redaktionslose Phase

Die ersten 200 Jahre des periodischen Pressewesens verliefen weitgehend redaktionslos. Die Nachrichten wurden aus anderen Blättern, aus Akten, Urkunden oder Privatbriefen kopiert; eine Überprüfung der Quelle oder des Wahrheitsgehalts, das heißt, eine redaktionelle Tätigkeit im heutigen Sinne, fand nicht statt; sie wäre unter den damaligen Arbeitsbedingungen – noch ohne Telefon oder Telegraphie – auch aktuell gar nicht möglich gewesen. Die Blätter beuteten sich gegenseitig als Quellen aus. Die „Methoden der Zeitungsschreiber" und das geringe Niveau der Zeitungen wurden alsbald, bereits um 1700, öffentlich beklagt (Johann Peter von Ludewig: Von Gebrauch und Mißbrauch der Zeitungen. 1705, S. 98).

Postmeister als Herausgeber

In der Frühphase der Zeitungen waren es vor allem Postmeister, oft zugleich auch Besitzer von stark frequentierten Wirts- und Gasthäusern, die sich, staatlich lizenziert, im Nebenerwerb als Herausgeber von Relationen betätigten: An ihren Stationen kreuzten sich die Wege der Ordinari-Boten; die bei ihnen kontinuierlich „einlaufenden" mündlichen Informationen konnten sie kostenlos übernehmen, zugleich kontrollierten sie auch – ob erlaubt oder nicht – das bei ihnen passierende Briefmaterial, legten ihre Hände auf die darin enthaltenen Nachrichten und veräußerten diese an interessierte Kreise weiter. Die Poststellen waren somit die wichtigsten Nachrichtenredaktionen jener Zeit.

Die Bearbeitung des Nachrichtenmaterials (*Redaction*) war im 17. Jahrhundert noch rudimentär. Umfang und Erscheinungshäufigkeit der Zeitungen waren so gering, dass ein einzelner Herausgeber die Kollationierung, das gewerbsmäßige „Abkupfern" der Nachrichten erledigen konnte (Jonscher 1995, S. 241). Auch nach der Erfindung des Buchdrucks dominierte noch lange der rein gewerbliche Handel mit fremden Nachrichten und der Nachdruck aus anderen Zeitungen. Dies belegt etwa folgender Quellenverweis auf dem Titelblatt einer Frankfurter Zeitung aus dem Jahre 1633: „[...] unpartheiische Beschreibung, auß allerhand glaubwürdigen, anderstwo gedruckten Zeitungen und gewissen Sendbriefen zusammengesetzt".

5.1.2 Trennung von Verlag und Redaktion

Die Herausgeber verstanden sich als handwerkliche Kleinunternehmer, ihr Interesse war mehr geschäftlicher Natur und sie verfolgten keineswegs politische Absichten mit der Herausgabe ihrer Publikationen, durften dies im Übrigen auch nicht angesichts einer scharfen staatlichen Zensur. Die Verfertigung der frühen Zeitungen blieb mithin lange eine Sache des sub- oder nichtakademischen Dienstleistungsgewerbes.

Erst im Zuge der allgemeinen Politisierung der Gesellschaft und der Presse (Gesinnungspresse) schob sich allmählich zwischen Nachrichtensammlung und Nachrichtenpublikation ein neues Glied: die Redaktion. Der Zeitungsverleger wurde von einem Verkäufer neuer Nachrichten zu einem „Händler mit öffentlicher Meinung", der in Kontakt zu seiner Umwelt trat, Stellung in einer sich entwickelnden und maßgeblich auch von den Zeitungen getragenen öffentlichen Diskussion bezog und dazu immer qualifizierteres Redaktionspersonal benötigte.

Das auch quantitativ immer umfangreicher eingehende Nachrichtenmaterial musste ergänzt, erläutert, mit Anmerkungen versehen und rubriziert werden, um den Ansprüchen der Leserschaft zu genügen. Dies erforderte mehr Zeit, aber auch ein größeres Wissen und Urteilsfähigkeit bei der Sichtung der Nachrichten. Über beides verfügten nicht alle Verleger oder nicht in dem Maße. Eine Trennung von Verlag und Redaktion vollzog sich. Die redaktionellen Aufgaben wurden Schriftstellern, Gelehrten usw. übertragen.

Hintergrund | Schriftstellerpresse

Man spricht auch von der „Periode des schriftstellerischen Journalismus" (Mitte 18. bis 19. Jahrhundert), die der „präjournalistischen" (Ende des 15. Jahrhunderts) und der „korrespondierenden Periode" (16. bis Mitte 18. Jahrhundert) folgte (Dieter Paul Baumert: Die Entstehung des deutschen Journalismus. 1928, S. 624).

Freie Mitarbeiter

Noch bis weit ins 19. Jahrhundert hinein wurde die Redaktion der Nachrichten fast ausschließlich im Nebenamt betrieben. Erstmals tauchte der Begriff „Redaktion" im Jahr 1799 auf, er umfasste jedoch zunächst nur die Tätigkeit des Redakteurs, das Redigieren. Das Schreiben von Artikeln oblag nach wie vor fast ausschließlich den nichtangestellten, auf Honorarbasis arbeitenden freien Mitarbeitern.

Leser als Autoren

Ein florierendes Anzeigengeschäft gab es damals für Tageszeitungen noch nicht. Insofern kam es darauf an, Zeitungsinhalte möglichst kostenneutral zu generieren. Das zeigt eine Studie über die Stoffbeschaffung der Berliner Tageszeitungen zwischen 1800 und 1850. Der lokale Teil sei „aus finanziellen Gründen" häufig darauf angewiesen gewesen, „sich Mitarbeiter aus dem Leserkreis der Zeitung zu gewinnen". Davon hätten die Zeitungen ausgiebig Gebrauch gemacht. Stadtverordnete und Stadträte schrieben danach Erörterungen über kommunalpolitische Fragen, junge Juristen verdienten sich als Gerichtsberichterstatter ein Zubrot (Liselotte Adloff: Der lokale Teil der Berliner Presse von seinen Anfängen bis zum Jahre 1848. Diss. 1939, S. 81–84).

5.1.3 Anfänge der Redaktion

Die ersten hauptamtlichen Redaktionen bildeten sich in der ersten Hälfte des 19. Jahrhunderts aus. Erstmals definiert die 8. Auflage der Brockhaus-Encyklopädie aus dem Jahre 1836 (Bd. IX, S. 96) den Begriff „Redaktion" – wie seit Ende des 18. Jahrhunderts gebräuchlich – nicht nur als publizistische Tätigkeit, sondern zugleich als „Gesamtname[n] der Vorsteher eines literarischen Unternehmens". An der ausschließlich redigierenden Tätigkeit änderte sich allerdings kaum etwas. Noch 1820 betrug die wöchentliche Arbeitszeit der Redakteure beispielsweise an der *Breslauer Zeitung* lediglich zwölf Stunden; die Verdienstmöglichkeiten waren dementsprechend gering (Jonscher 1995, S. 243).

Eine entscheidende Aufwertung erfuhren die Redaktionen nach der „Befreiung" der Presse 1848/49 und der Aufhebung der Zensur. Der Zeitungsredakteur wurde nun beruflich zum „Hauptfunktionär" im Journalismus (Baumert 1928). Spätestens seit 1850 wird der Begriff „Redaktion" nicht nur für die „Gesamtheit der Redakteure", sondern auch für deren Arbeitsräume verwandt.

Nach der Entstehung der Massenpresse (General-Anzeiger) am Ende des 19. Jahrhunderts, mit der eine Expansion des Anzeigengeschäfts, der Zeitungseinnahmen und damit auch des angebotenen redaktionellen Teils einherging, wuchsen die Redaktionen dann personell an. Die Kompliziertheit, Differenziertheit und die Ausdehnung des politischen, wirtschaftlichen und geistigen Lebens steigerte die Notwendigkeit einer ordnenden, auswählenden, vereinheitlichenden und zielweisenden Stelle: die Redaktion wurde das „Gehirn" der Zeitung.

Bezugspunkt aller Überlegungen blieb aber zunächst der einzelne **Journalist**, der als ein arbeitsmäßig und sozial weitgehend isoliertes Wesen betrachtet wurde. Ihm wurden eine Reihe idealistisch postulierter Eigenschaften abverlangt: So stellte Richard Wrede im 1902 erschienenen *Handbuch der Journalistik* einen regelrechten Katalog von Begabungs- und Verhaltensanforderungen für Redakteure auf, dem (vage) ethische und moralische Wertprämissen zu Grunde lagen; um den darin genannten Idealen zu entsprechen, hätte ein Journalist „fast übermenschliche Qualitäten“ haben müssen (Rühl 1979, S. 44).

Durch ihren Eintritt in die Redaktion unterwarfen sich Journalisten bestimmten **Mitgliedsregeln**; sie verpflichteten sich auf die Einhaltung einer bestimmten Arbeitszeit, einer bestimmten Grundhaltung der Zeitung und der redaktionellen Richtlinien und hatten die Entscheidungsrechte der Redaktionsleitung anzuerkennen und wurden so beruflich sozialisiert.

Abb. 5.1: Die ersten Lokalredaktionen gab es erst Ende des 19. Jahrhunderts, als das florierende Anzeigengeschäft die Anstellung von Redakteuren ermöglichte (das Bild zeigt die Redaktion einer schwedischen Zeitung um 1935). | [22]

5.2 Die Lokalredaktion als System

Dass eine Zeitungsredaktion mehr ist als ein Aggregat einzelner Journalisten, sondern ein umweltorientiertes, dynamisches und stets **ungleichgewichtiges System**, das in einer „komplexen, variantenreichen und unbeherrschbaren Umwelt“ (Rühl 1979, S. 70) aus verschiedenen Erwartungsbündeln besteht, wurde Mitte der 1960er Jahre zum Leitbild der empirischen Redaktionsforschung. Ihm folgte eine mehr kybernetische Sichtweise der Redaktion. Sie sah Redakteure als Systemmitglieder, die durch verbindliche Handlungsanweisungen (Programme) gesteuert werden.

- Leitgedanke ist die Erkenntnis, dass sich komplexe Organisationen – wie auch Redaktionen – als dynamische Systeme darstellen, für die rückgekoppelte Lernprozesse und innovatives Verhalten charakteristisch sind. Mit anderen Worten: Sie passen sich ständig einer sich verändernden Umgebung an, reagieren dynamisch auf nicht vorhersehbare neue Umweltbedingungen und handeln dabei nach vorgegebenen Entscheidungsmustern.

- Nachrichtenselektion wird dabei als „systemstabilisierendes Verhalten" erklärbar: als informationsreduzierender Prozess, in dem Journalisten als „Rollenträger" über bestimmte Signalwege und Sensoren durch Feedbackschaltungen miteinander verbunden sind, um „eine relativ konstante Informationsabgabe" sicherzustellen (Robinson 1973, S. 354).
- Speziell instruierte Journalisten reagieren auf eingehendes Nachrichtenmaterial, das nach Maßgabe professioneller und organisatorischer Kriterien wie Artikelausstoß, Leistungsfähigkeit, Anpassungsfähigkeit, Vielseitigkeit und Schnelligkeit des redaktionellen Systems reduziert wird. Sie sorgen dafür, dass die Menge des Outputs – der produzierten Nachrichten – täglich annähernd gleich bleibt und nicht vom Quantum des Inputs beeinflusst wird; sobald sich der Selektionsdruck (durch vermehrten Input) erhöht, verstärken sich die Selektionsprozesse.

Nicht die persönliche Einschätzung des Nachrichtenwertes durch einen *Gatekeeper* soll danach, wie früher angenommen, relevant sein. Dieser agiert aus damaliger Sicht lediglich als „Teilelement" eines Systems und sorgt dafür, dass der Nachrichtenausstoß auf eine vorbestimmte Größe, den Lokalteil, gebracht wird. Er fungiert dabei als Durchlass. Und selbst die Entscheidungsträger steuern nicht autonom, sie werden selbst überwiegend gesteuert (Hienzsch 1990, S. 113).

5.3 Mitarbeiter

Die Aufgaben in einer Lokalredaktion werden bislang durch verschiedene Mitarbeiter wahrgenommen, durch

- festangestellte Redakteure (und Volontäre),
- regelmäßig, auf festgelegter Honorarbasis arbeitende hauptberufliche freie Journalisten in arbeitnehmerähnlicher Stellung (Pauschalisten),
- gelegentlich tätige hauptberufliche freie Journalisten sowie
- nebenberuflich tätige freie Mitarbeiter.

Sie könnten künftig durch künstlich-intelligente Redaktionsmitarbeiter, von einem Redaktionsprogramm gesteuerte sogenannte Nachrichtenroboter unterstützt werden und journalistisch weniger qualifizierte Routinetätigkeiten wie das Nachrichtenschreiben übernehmen, um ihren „physischen" Kollegen Freiräume für andere Tätigkeiten zu schaffen. Wobei eine andere Frage ist, ob sie dadurch originäre Redakteurstätigkeit vernichten und auf die Dauer Mitarbeiter substituieren könnten.

5.3.1 Freie Mitarbeiter

Das lokale Ressort wird journalistisch zu einem großen Teil von nebenberuflichen freien Mitarbeitern geprägt, dem „Urtyp des Journalisten“ (Arstad 1959, S. 157), die in manchen Zeitungen bis zu zwei von drei Beiträgen verfassen.

Meinung | Stiefkinder der Redaktionen?

Für diese „Nebenerwerbsjournalisten“ gebräuchlich waren früher abfällige Bezeichnungen wie „Arbeitsbienen“ (Frizenschaf 1901) oder „Wasserträger“, später auch „Ersatzredakteure im Dorf“ (Held 1989), „Mauerblümchen“ (Baramowsky 1963) oder „Stiefkinder der Redaktionen“ (Münster-Göldner 1958, S .189). Den „feierabendlichen Hobbyjournalisten“ (Bayer 1963) wurde ansonsten wenig Beachtung geschenkt. Man forderte einen „Abbau dieser journalistischen Reservearmee“, die hauptberuflichen Kollegen Arbeitsplätze wegnähme (Albert Schiefer: Die Nebenberuflichen: Der Abbau der journalistischen Reservearmee muss in den Lokalredaktionen beginnen. 1957, S. 10–12).

Zahl

Die Anzahl der freien Mitarbeiter, die für Lokalredaktionen arbeiten, divergiert. Frahm (1976) zählt zu diesem „billigen Korrespondentennetz“ auch Nachrichtenlieferanten aus Rathäusern und Vereinen, die über Neues aus ihrem eigenen Wirkungskreis berichten, nach heutiger Terminologie mithin „Pressesprecher“ sind. Das Zahlenverhältnis von Redakteuren und freien Mitarbeitern gibt Frahm mit „1:10 bis 1:20“ an. Wobei die freien „Kollegen“ nicht nur unterschiedliche journalistische Fähigkeiten, sondern auch unterschiedlichste Interessen an der Veröffentlichung ihrer Berichte hätten: So schrieben beispielsweise „manche Bürgermeister die Gemeinderatsberichte selber“ (Frahm 1976, S. 8)

Grundsätzlich gilt: Lokalzeitungen in ländlichen Gebieten bzw. in Kleinstädten haben – bezogen auf 1.000 Abonnenten – die meisten freien Mitarbeiter. Ihre Zahl steht hier in einem „umgekehrt proportionalen Verhältnis zur Auflage der Lokalzeitungen“ (Büttner 1968, S. 63). Mit anderen Worten: Je kleiner und auflagenschwächer eine Zeitung ist, desto mehr freie Mitarbeiter beschäftigt sie. Und sie verfassen dann auch die mit Abstand meisten der Beiträge (Jonscher 1989, S. 120).

Typen

Bezogen auf ihre Arbeitsstellung lassen sich folgende Typen freier Mitarbeiter unterscheiden (Wiesand 1977, S. 163):

1. **„Arbeitnehmer“ (mit verkappten Arbeitsverhältnissen)**
   Ständig beschäftigte, betrieblich eingegliederte „freie Mitarbeiter“ ohne Unternehmerrisiko (= Arbeitnehmer): Sie arbeiten im Wesentlichen nur bei einem Auftraggeber und beziehen von diesem ihr Haupteinkommen. Sie sind als Arbeitnehmer zu werten.
2. **Hauptberufliche freie Mitarbeiter**
   - Arbeitnehmer auf Zeit: nicht ständig (z. B. auf Produktionsdauer) beschäftigte „freie Mitarbeiter“ in persönlich abhängiger Stellung.
   - Wirtschaftlich abhängige, arbeitnehmerähnliche „freie Mitarbeiter“: Freie Mitarbeiter, die hauptberuflich in einem Umfang für ein Unternehmen tätig werden, der zu ihrer wirtschaftlichen Abhängigkeit führt.
   - Multimedial tätige, freischaffende Mitarbeiter: Sie sind selbständig für verschiedene Auftraggeber tätig, aber nicht von einem wirtschaftlich abhängig.
3. **Nebenberufliche freie Mitarbeiter**
   - Die hauptberuflich im Medienbereich angestellt sind, nebenberuflich aber auch für anderen Medien als freie Mitarbeiter tätig sind.
   - Mit sonstigem (nicht medienbezogenen) Hauptberuf, die gelegentlich oder öfter als freie Mitarbeiter für bestimmte Medien tätig sind (Angestellte, Pensionäre, Rentner, Hausfrauen, Studenten, Schüler).

Studie von 2020

Nebenberufliche freie Mitarbeiter arbeiten für Lokalredaktionen mehr im Hintergrund; sie nehmen weniger spektakuläre Themen wahr, werden insbesondere gern zu kulturellen und geselligen Veranstaltungen, zu Vereinssitzungen und Volksfesten geschickt, um darüber einfach strukturiert zu berichten, während Recherchethemen eher die Ausnahme sind (Wagner & Möhring 2020).

Im Vergleich zu ihren festangestellten Kollegen treten freie Mitarbeiter im Lokalteil in aller Regel nicht prominent, das heißt, für den Leser erkennbar in Erscheinung. Sie schreiben keine eigenen Kolumnen, verfassen keine Bildkommentare. Dementsprechend wenig Interesse zeigte die Journalismusforschung bislang an ihnen. Ein Forschu ngsprojekt am Institut der Journalistik der TU Dortmund (2020) brachte ein wenig Licht in die Sozialstruktur der oft verkannten „Feierabendjournalisten“. 512 Kollegen aus 15 Bundesländern wurden befragt, unter ihnen auch zahlreiche hauptberuflich tätige Autoren. Sie arbeiteten in Großstädten (25 Prozent), mittleren Städten (40 Prozent), Kleinstädten (49 Prozent) und Landgemeinden (49 Prozent). Die Ergebnisse:

- Im Durchschnitt waren die freien Mitarbeiter – der Anteil der Männer und Frauen war ungefähr gleich – meist zwischen 46 und 65 Jahre alt.
- Knapp 50 Prozent der Befragten hatten einen Hochschulabschluss, ein abgeschlossenes Volontariat 17 Prozent (→ Abb. 5.2.).

- Nur etwas mehr als ein Viertel der Befragten gab an, dass die journalistische Tätigkeit mit Blick auf das persönliche Einkommen die **berufliche Haupttätigkeit** darstellte.
- Die größte Gruppe stellen mit rund 28 Prozent Rentner und Pensionäre dar, die nebenher für die Lokalredaktion arbeiten; elf Prozent waren Studierende. Mehr als jeder Fünfte stand noch im Berufsleben und war **nebenberuflich** für die Lokalredaktion aktiv. Diese Personen gingen im Hauptberuf ganz unterschiedlichen Tätigkeiten nach.
- Sie verdienten im Schnitt 763 Euro, einige weniger Gutverdienende sogar bis zu 3.000 Euro monatlich und mehr.
- Mehr als acht von zehn Mitarbeiter gaben an, auch abseits von Pressekonferenzen, Terminen und Veranstaltungen eigene Themen zu recherchieren.
- Rund vier von zehn waren nach eigenen Angaben sogar für ein bestimmtes lokales Gebiet oder Thema zuständig.
- Rund ein Viertel der Freien kümmerte sich am häufigsten um Vereine, Verbände und Feste.

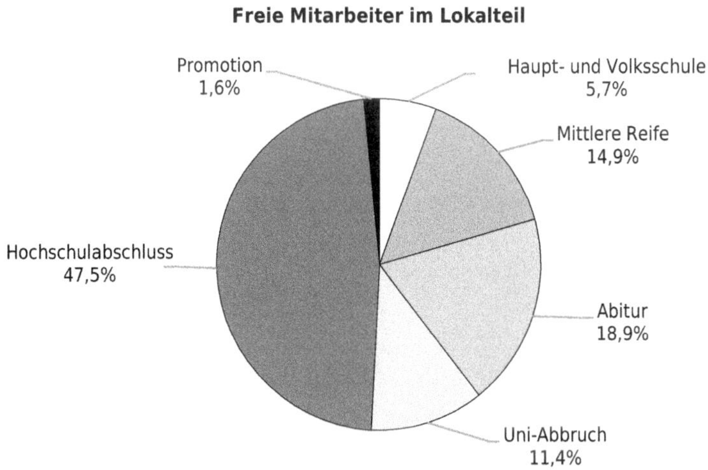

Abb. 5.2: Nebenberufliche freie Mitarbeiter sind meist gut gebildet. | [23]

5.3.2 Zahl der Beschäftigten

Über die Zahl der Beschäftigten in deutschen Lokalredaktionen gibt es keine neueren Erhebungen. Wichtige Quellen waren zuvor die seit 1954 vorgenommenen regelmäßigen Stichtagserhebungen des Statistikers Walter J. Schütz (1930–2013) gewesen. Die letzte der insgesamt acht Erhebungen stammt aus dem Jahr 2012. Seit 1970 war Schütz auch mitverantwortlich für das statistische Zahlenmaterial der seit 1978 regelmäßig erscheinenden Medienberichte der Bundesregierung, die in dieser Form nicht mehr herausgegeben werden. Nach Angaben des Bundesverbandes der Digitalpublisher und

Zeitungsverleger (BDZV) arbeiteten 2020 noch 11.188 festangestellte Redakteure an Tageszeitungen sowie 895 Volontäre.

Ihre Zahlen sind bei den Redakteuren zwischen 2010 (= 13.573) und 2020 um knapp 17 Prozent gesunken, bei den Volontären um rund 30 Prozent. Geht man davon aus, dass jede der rund 1.400 Zeitungsausgaben eine eigene Lokalredaktion hat, die mit mindestens drei bis vier festangestellten Redakteuren besetzt ist, kommt man schätzungsweise auf eine Zahl von mindestens 7.000 Lokalredakteuren.

Redakteure und Volontäre an Tageszeitungen		
Jahr	**Redakteure**	**Volontäre**
2014	11.136	966
2015	10.580	966
2016	10.557	904
2017	10.895	907
2018	10.986	901
2019	11.521	974
2020	11.188	895

Abb. 5.3: Die Tabelle zeigt die Zahl der Redakteure und Volontäre an Tageszeitungen. | [24]

Abhängig auch von der Größe des Zeitungsverlags, sind Lokalredaktionen mit unterschiedlichen Personalstärken am Start. Der Medienbericht der Bundesregierung spricht hier von „kommunikativen Versorgungsquoten“ und meint damit die Anzahl der Redakteure pro 100.000 Einwohner. Die so definierte Versorgungsquote lag noch Mitte der 1990er Jahre in manchen Gebieten zwischen 1,8 und 3, in anderen bei über 20. Wobei laut Medienbericht `94 nicht nur die Größe des Verbreitungsgebietes ausschlaggebend war, sondern auch die jeweilige Marktsituation und das Anzeigengeschäft: Bei Konkurrenzzeitungen war die personelle Besetzung stärker als bei Monopolblättern, in Großstädten erscheinende Zeitungen mit größeren Anzeigeneinnahmen konnten sich mehr „Lokalpersonal“ leisten als Provinzblätter.

Beschäftigte in lokalen Zeitungsredaktionen			
Jahr	**Redakteure**	**Volontäre**	Freie MA
1983	9.532	1.079	21.728
1988	10.628	1.279	23.142
1989	10.923	1.370	23.781
1990	11.590	1.436	24.019

1991	14.524	1.697	28.290
2000	15.306	1.378	-
2020	11.188	895	-

Abb. 5.4: Die Zahl der Beschäftigten in lokalen Tageszeitungsredaktionen (1983 bis 2020) ist seit Jahren rückläufig. | [25]

5.4 Innere Organisation

5.4.1 Entscheidungskompetenzen

Im redaktionellen Sektor der Tagespresse sind drei Kompetenzebenen zu unterscheiden: die Grundsatz-, die Detail- und die Richtlinienkompetenz (Jonscher 1995, S. 271).

Verlegerische Grundsatzkompetenz

Die Grundsatzkompetenz umfasst das Recht, die allgemeine Haltung im publizistischen Sektor einer Zeitung festzulegen, das heißt, eine dauerhafte Linie zu fixieren, damit die Eigenart des Publikumsorgans zu bestimmen und die angestellten Journalisten auf diese allgemeine politische, wirtschaftliche und kulturelle Richtung durch Arbeitsverträge zu verpflichten. Sie wird ganz überwiegend dem Verleger (Herausgeber) zugesprochen und mit der ihm zugewiesenen Pressefreiheit begründet. Das von ihm geführte Unternehmen soll dabei Tendenzschutz nach § 118 Abs. 1 S. 2 Betriebsverfassungsgesetz genießen.

Journalistische Detailkompetenz

Die Detailkompetenz bedeutet die Befugnis der Ausgestaltung des Textes im Einzelnen. Auch diese Kompetenz unterliegt grundsätzlich dem Direktionsrecht des Verlegers (Herausgebers), sie wird jedoch aus pragmatischen Gründen als **dezisionistische Kompetenz** in aller Regel den Redakteuren übertragen. Deren Entscheidungsspielraum bezieht sich also auf die Regelung nicht grundsätzlicher, alltäglicher Angelegenheiten von untergeordneter Bedeutung und die Ausgestaltung des Textes im Einzelnen. Der Redakteur kann so z. B. die Umfänge und Formate von Beiträgen nach seinem Ermessen festlegen, die Überschriften formulieren und auch die Platzierung eines Artikels auf einer vom ihm layouteten Zeitungsseite bestimmen. Schließlich kann er gegebenenfalls inhaltliche Kürzungen und – nach Rücksprache mit dem Verfasser – Veränderungen an fremden Texten vornehmen (Jonscher 1995, S. 272).

Die Selbständigkeit bei der Ausgestaltung des Textes durch den Redakteur muss freilich dort enden, wo eine Veröffentlichung

- gegen die vorgegebene Grundhaltung der Zeitung,
- gegen entsprechende Weisungen der Chefredaktion verstößt oder
- unzumutbare Folgen für einen Verlag haben kann, insbesondere wenn die Veröffentlichung Klagen von Betroffenen auslösen könnte.

In diesen Fällen gilt wiederum ein Zugriffsrecht des Verlegers.

Redaktionelle Richtlinienkompetenz

Zwischen Grundsatz- und Detailkompetenz angesiedelt ist die Richtlinienkompetenz als mittlere Ebene. Sie umfasst das Recht, über neu auftauchende Fragen von herausragender, über die Tagesaktualität hinausgehender Bedeutung – wie zum Beispiel solche im Zusammenhang mit der Stadtplanung, der Schulentwicklung usw. – zu entscheiden, also eine grundsätzliche Linie im konkreten Fall herbeizuführen. Es hat sich herausgestellt, dass die Grundsatzkompetenz des Verlegers dazu in der Regel keine ausreichende Basis darstellt. So ist es unmöglich, publizistische Grundsätze so zu formulieren, dass sie auf jeden konkreten Fall „passen" und der Redaktion eindeutige Entscheidungsvorgaben bieten. Zum anderen lassen sich bestimmte Entwicklungen und Ereignisse im öffentlichen Leben nicht voraussehen und damit auch nicht grundsätzlich regeln.

Die Grundsatzkompetenz wird deshalb auch, unter journalistischen Gesichtspunkten, als „tote" Kompetenz bezeichnet und durch die Richtlinienkompetenz ergänzt (Jonscher 1995, S. 273). Von den Verlegern „eingeführt", ist ihre Zuordnung umstritten. In der Regel nimmt die Chefredaktion, im Einklang mit dem Verleger, diese mittlere Kompetenz gegenüber den Ressortleitern und deren Mitarbeitern wahr. Nicht wenige Verleger beanspruchen jedoch für sich das Recht, auch in die Richtlinien ihrer Zeitung eingreifen zu können. Die Redakteure schließlich fürchten, dass durch die Richtlinienkompetenz die ihnen zugebilligte Detailkompetenz ausgehöhlt werden könnte; sie fordern deshalb ein Mitspracherecht an Entscheidungen auf der mittleren Kompetenzebene (Jonscher 1995, S. 273).

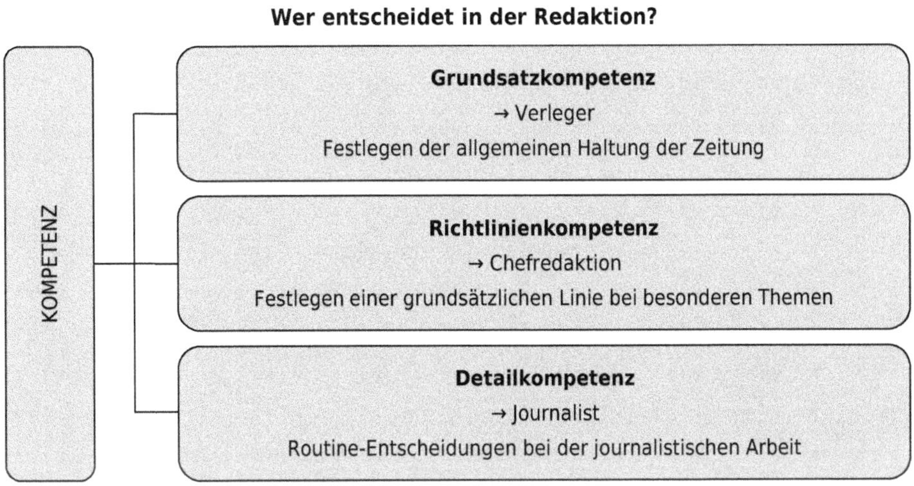

Abb. 5.5: Die Entscheidungsbefugnisse in einer Redaktion sind hierarchisch gegliedert, die Grenzen sind in der Praxis aber fließend. | [26]

5.4.2 Verlegerischer Tendenzschutz

Durch den Tendenzschutz wird die **Pressefreiheit** vor einer Beeinträchtigung durch betriebliche Mitbestimmung abgeschirmt. Der Tendenzschutz hat nicht zur Voraussetzung, dass das Unternehmen eine bestimmte (einseitige) Tendenz verfolgt. Auch eine streng überparteiliche Gesinnung ist zum Beispiel geschützt. Das Grundrecht der Pressefreiheit umfasst die Freiheit, die politisch-weltanschauliche Tendenz eines Presseorgans festzulegen, zu verwirklichen, beizubehalten und zu ändern. Unter Tendenzschutz versteht man die Einschränkung der Mitspracherechte der Arbeitnehmer in Unternehmen, die eine geistig-ideelle Zielsetzung verfolgen. Diese Regelung beruht auf der Erkenntnis, dass Mitspracherechte von Arbeitnehmern geeignet sind, bestimmte Tätigkeiten, die unter dem Schutz im Grundgesetz garantierter Freiheitsrechte stehen (z. B. Art. 5 GG), zu beeinflussen oder zu beeinträchtigen.

5.5 Aufgaben und Funktionen der Lokalredaktion

5.5.1 Verlagsinterne Aufgaben

Im Verlagsunternehmen, deren Unternehmenszweck darin besteht, den Kommunikationsbedarf innerhalb einer Zeitungsregion zu befriedigen und damit Gewinne zu erwirtschaften, ist die Lokalredaktion für den lokalpublizistischen Sektor bei der Herstellung des Presseprodukts zuständig. Weisungsbefugt ist die Chefredaktion, die eine Richtlinienkompetenz bei der inhaltlichen Gestaltung des Produkts besitzt.

Die Lokalredaktion ist für die das Verbreitungsgebiet relevanten Informationen zuständig. Ihre wesentliche Aufgabe besteht, betriebswirtschaftlich gesehen, darin, täglich bis zu einem festgelegten Zeitpunkt (Redaktionsschluss) zu möglichst geringen Kosten einen marktgängigen und publikumswirksamen Lokalteil für das Presseprodukt zu erstellen, dessen Umfang andere Abteilungen nach reichweitenstrategischen und betriebswirtschaftlichen Gesichtspunkten festlegen (Jonscher 1995, S. 253).

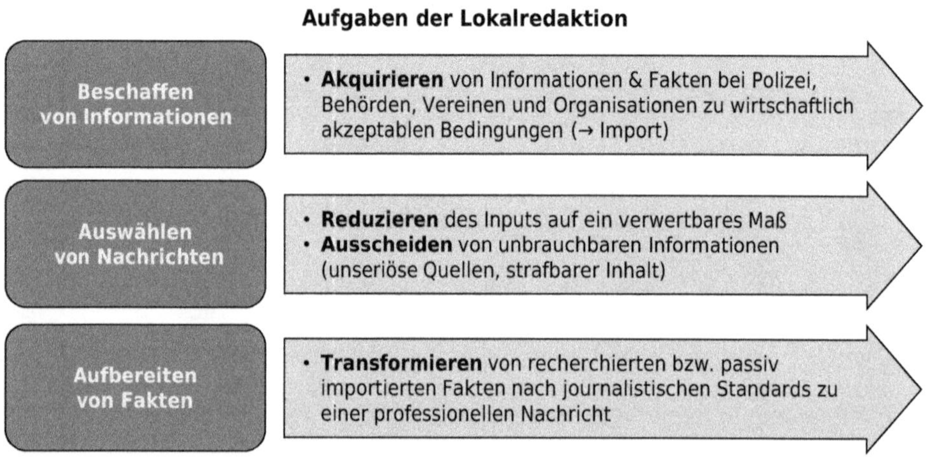

Abb. 5.6: Die Lokalredaktion ist für das Beschaffen von lokalen Informationen, für die Nachrichtenauswahl und das Aufbereiten der Fakten zuständig. | [27]

Dabei fallen für die Redaktion täglich wiederkehrende Teilaufgaben an: die Kollektion, Selektion und Kondensation von Informationen (Jonscher 1995, S. 253). „Aus dem [...] diffusen Informationsbestand der Umwelt sammelt die Redaktion [...] aufgrund einer vorgeformten Typik Informationen. Die so erlangte Informationsmenge fasst sie, nach mehrmaligen Auswahl- und Verdichtungsvorgängen, in bestimmte Formen [...], wobei sie sich an ihrer Umwelt, aus der die Ursprungsinformationen stammen, orientiert" (Ronneberger 1972, S. 52).

1. **Teilaufgabe**
   ist die permanente Beschaffung, der Import, von „geistigen" Rohstoffen zu wirtschaftlich akzeptablen Bedingungen. Wobei viele Informationen die Redaktion unangefordert über Informationskanäle wie Telefon oder E-Mail, vielfach sogar kostenlos erreichen; „Lieferanten" sind Pressestellen, Vereine und Organisationen. Ein Großteil des benötigten Informationsmaterials wird zudem von freien Mitarbeitern angeliefert, der Rest von den Redakteuren selbst eruiert und recherchiert.
2. **Teilaufgabe**
   ist die Auswahl (Selektion) der Informationen, die aus betriebswirtschaftlichen Erwägungen notwendig wird, wenn die Menge der einge gangenen Informationen den nach ökonomischen Rentabilitätsgesichtspunkten kalkulierten Normal-

umfang des Produkts übersteigt. Eingespielt hat sich ein Verhältnis von 60:40 zwischen redaktionellem und Anzeigenteil. Total selektiert, das heißt, endgültig ausgeschieden, werden nur solche Informationen, die in der Beurteilung der Redaktion keinen besonderen Nachrichtenwert besitzen oder unbrauchbar sind (strafbarer Inhalt unseriöse Quelle). Der regelmäßig verbleibende „Überhang" der aus Platzgründen nicht genutzten Rohstoffe verfällt jedoch nicht unbedingt; behält die Nachricht ihren Wert, wird sie später erneut in den Selektionsprozess einbezogen.

3. **Teilaufgabe**
   ist die Bearbeitung (Transformation) des Rohstoffes, der aus nach journalistischen Kriterien in eine rezipierbare Form gekleidet bzw. marktgängig gestaltet werden muss, um dann gewinnbringend veräußert werden zu können (Export).

5.5.2 Druck der Anzeigenkunden

Es gibt Beispiele, die beweisen, wie sehr auch Einflussfaktoren von außerhalb die Aufgaben der Lokalredaktion bestimmen können. Geht man davon aus, dass zwei Drittel der Tageszeitungseinnahmen aus dem Anzeigengeschäft kommen, besteht aus verlegerischer Sicht der Unternehmenszweck nicht allein in der Herstellung und dem Verkauf eines marktgängigen Presseproduktes, sondern auch in dem Verkauf von Anzeigen. Ein Ziel ist muss insofern auch die Schaffung eines **umwelt- und werbeverträglichen Textumfeldes** sein, unter Umständen auch entgegen anders gerichteter publizistischer Zielsetzungen. Was insertionsfördernd ist, entscheidet der Inserent letztlich durch sein Insertionsverhalten. Die Redaktion ist aufgefordert, Verstöße gegen diese ökonomischen Ziele möglichst zu vermeiden.

Meinung | Verkauf von Anzeigenraum

Bereits 1917 erkannte der Zeitungskundler Karl Bücher: „Der redaktionelle Teil ist bloßes Mittel zum Zweck. Dieser besteht allein in dem Verkauf von Anzeigenraum; nur um für dieses Geschäft möglichst viele Abnehmer zu gewinnen, wendet der Verleger auch dem redaktionellen Teile seine Aufmerksamkeit zu und sucht durch Ausgaben für ihn seine Beliebtheit zu vergrößern. Denn je mehr Abonnenten, umso mehr Inserenten. Sonst aber ist der redaktionelle Teil nur ein lästiges kostensteigerndes Element des Betriebes [...] Öffentliche Interessen werden in der Zeitung nur gepflegt, soweit es den Erwerbsabsichten des Verlegers nicht hinderlich ist" (Karl Bücher: Gesammelte Aufsätze zur Zeitungskunde. 1926 1926, S. 405).

Abb. 5.7: Karl Bücher (1847–1930). | [28]

Verkaufte Konsumenten

Mehr als 70 Jahre später, 1990, heißt es zu diesem Thema: „Man ist heute an einem Punkt angelangt, wo man nicht Informationen den Medienkonsumenten verkauft, sondern Medienkonsumenten an die Inserenten“ (Frank Hänecke: Trennung von Werbung und redaktionellem Teil. 1990, S. 244).

Studien zeigen: Die Wirkung von Anzeigen hängt auch vom jeweiligen Kontext ab, in dem sie erscheint, sprich: vom Inhalt des Lokalteils und dessen Qualität. Man nennt das den sogenannten **Halo-Effekt**: das Abstrahlen des Kontexts auf die Anzeige. Werbestrategen wissen: In der Nachbarschaft von negativ beurteilten Inhalten sind Anzeigen deutlich weniger erfolgreich (Mustafa Mussa: Kontext ist auch King! In: Mobil e Advertising DE, 2019). Das haben Lokaljournalisten bei ihrer Arbeit stets im Hinterkopf – oder sie werden gegebenenfalls daran erinnert.

5.6 Import von Informationen (Nachrichtenquellen und -kanäle)

5.6.1 Vorbemerkungen

Grundlage der lokalen Nachrichtengebung und damit wichtigste Teilaufgabe der Redaktion ist die permanente Informationsbeschaffung, die a) durch eigene Recherchen sowie b) durch Bezug von Hinweisen und auch komplexeren, meist schriftlich fixierten Nachrichtenstoffen erfolgt. Der Import von Informationen erfolgt aus unterschiedlichen Quellen: Input liefern mündliche bzw. fernmündliche Hinweise, schriftliche Pressemitteilungen von Unternehmen, Organisationen, Vereinen, Leserzuschriften und amtliche Bekanntmachungen; hinzu kommen selbständig verfasste Beiträge freier Mitarbeiter, die der Redaktion ohne vorherige Absprache angeboten werden.

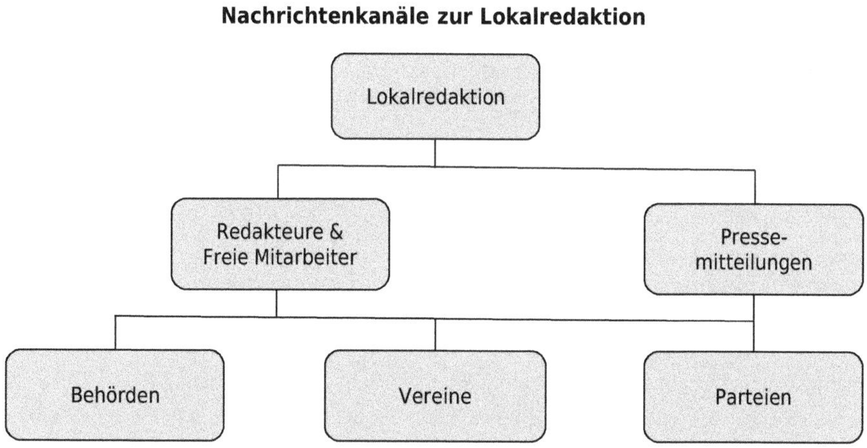

Abb. 5.8: Die Lokalredaktion bezieht ihre Nachrichten über festangestellte Mitarbeiter (Redakteure) und freie Mitarbeiter, die wiederum ihre Informationen bei Lesern, Vereinen, Parteien und anderen Interessengruppen einholen. Eine weiterer Informationsweg sind Pressemitteilungen. | [29]

5.6.2 Entwicklung

Dass die lokale Informationsbeschaffung heute idealerweise als aktive, eigeninitiative Aufgabe von Journalisten gesehen wird, ist das Ergebnis eines Entwicklungsprozesses. Noch 1928 war Groth davon ausgegangen, dass Informationsbeschaffung lediglich als die „Organisierung und Sicherung des Materialbezugs" zu verstehen sei.

Hintergrund | Keine Zeit für Recherchen

Die Redaktionen waren zum Beginn des 20. Jahrhunderts noch zu schwach besetzt, als dass ihre angestellten Mitarbeiter neben der Bearbeitung des immer umfangreicheren Nachrichtenmaterials regelmäßig Berichterstattungstermine wahrnehmen oder zeitaufwendige Recherchen anstellen konnten. Erschwerend kam hinzu, dass die allgemeinen Verkehrs- und Nachrichtenverbindungen noch zu wenig entwickelt waren, um die Nachrichtenbeschaffung im örtlichen Verbreitungsgebiet entscheidend zu beschleunigen. Der „rasende Reporter" war auf seine eigenen Füße, auf Postkutschen, später auf das Fahrrad, auf Straßenbahnen oder Taxis angewiesen.

Neu: Zeitungsinhalte überprüfbar

Hatten die „Redaktionspioniere" der ersten Zeitungsepoche das Beschaffungsproblem dadurch gelöst, dass sie Nachrichten aus anderen Zeitungen, aus Privat- und Geschäftsbriefen oder aus Dokumenten kopierten, ohne Erkundigungen über den Wahrheitsgehalt einzuholen (→ Kap. 2), so konnte diese Art der Informationsbeschaffung nur so lange Bestand haben, wie Zeitungen vorwiegend über auswärtige (internationale) Angelegenheiten berichteten. In dem Maße, wie auch die lokale Information Einzug in die Berichterstattung der Blätter hielt, wuchsen die Ansprüche der Leser an die Zuverlässigkeit der Nachrichten, die nun von den Rezipienten überprüfbar waren und bei Unrichtigkeiten mindestens Ärger, wenn nicht straf- oder zivilprozessuale Folgen für die Redaktionen nach sich zogen.

Rechercheure vor Ort

Es mussten also Möglichkeiten gefunden werden, auf zuverlässigem Wege Informationen einzuholen und zu überprüfen. Viele Zeitungen gingen deshalb dazu über, freie Mitarbeiter als sogenannte „Rechercheure" zu beauftragen und zu instruieren, vor Ort Erkundigungen anzustellen. Rechercheure, meinte Edmund Krafft (1902, S. 261) im *Handbuch für Journalistik*, im Kapitel über den Lokalredakteur, müssten „gleichzeitig dreist und gottesfürchtig" sein.

Es waren nachrichtentechnische Innovationen, vor allem die immer weitere Verbreitung des Telefons in der Bevölkerung, die dazu führten, dass solche Rechercheure allmählich überflüssig wurden und die Redakteure selbst eine aktivere Rolle bei der Informationsbeschaffung einnehmen konnten. Die Redaktion beschaffte fortan den „geistigen Rohstoff" (Dovifat 1931). Berufsbild und Selbstverständnis des Lokalredakteurs vollzogen einen Wandel; in den Vordergrund schob sich das Bild vom schreibenden und emsig recherchierenden Lokaljournalisten, der mehr nebenbei die anfallenden redaktionellen Aufgaben – das Bearbeiten und Präsentieren fremder Texte – erledigte.

Inzwischen ist hier jedoch seit einiger Zeit neuer Trend zu beobachten. Wurde Anfang der 1980er Jahre die Arbeitszeit rheinland-pfälzischer Lokaljournalisten noch zu 50 bis 60 Prozent durch Redigieren und Organisieren in Anspruch genommen (für die Recherche blieben lediglich 20 bis 30 Prozent, für die Wahrnehmung von Berichterstattungsterminen gar nur 20 Prozent übrig; Rager 1982), so haben sich heute in Lokalredaktionen neue Formen der Arbeitsteilung etabliert:

- Auf der einen Seite produzieren reine Blattmacher zu 100 Prozent die Produkte, redigieren Fremdtexte, schreiben Meldungen.
- Während auf der anderen Seite Reporter so freie Hand gegeben wird; sie füllen die „neue" Autorenzeitung mit ihren journalistischen Beiträgen.

5.6.3 Import über organisierte Kanäle

Die Einführung neuer elektronischer Redaktions- und Zeitungstechnik hatte in der Phase zuvor, insbesondere seit Ende der 1980er Jahre, das Berufsbild des Journalisten genau in entgegen gesetzter Richtung verändert. Die neue Technik machte die alten herkömmlichen Zeitungsmacherberufe wie den des Setzers (der handschriftliche oder mit der Schreibmaschine getippte Texte in Bleilettern setzte) und den des Metteurs (der mit diesem Bleisatz Seiten umbrach, das heißt, sie gestaltete) bei der modernen Art der Zeitungsherstellung entbehrlich. Ihre Tätigkeiten wurden in die Redaktionen verlagert, wo neuartige Redaktionssysteme es Journalisten ermöglichten, Texte druckreif abzuliefern, sie selbsthändig in eine Zeitungsseite einzupassen, diese dann druckfertig zu layouten und – unter umgehend mehrerer Arbeitsschritte – an die Druckerei weiterzuleiten. Mit einer deutlichen Anhebung der Tarifgehälter wurde die vermeintliche Mehrarbeit den Journalisten seinerzeit entlohnt. Tatsächlich verlagerte sich jedoch nur ihr Tätigkeitsbereich. Fortan waren Journalisten mehr mit produktionstechnischen Regelaufgaben befasst, originäre journalistische Tätigkeiten wie das Schreiben und die Nachrichtenbeschaffung litten für Jahre unter der neuen Mehrbelastung. Folge: Andere mussten die Informationen beschaffen: die freien Mitarbeiter, wie früher, in den Anfängen der Presse. Und Redaktionen griffen zudem auf extern vorproduziertes Nachrichtenmaterial zurück: schriftliche Mitteilungen von Organisationen, Parteien und Vereinen. Sie lieferten die Basis für bis zu zwei Drittel der Beiträge (Rind 1982).

5.6.4 Nutzen und Gefahren

Der Rückgriff auf diese außerredaktionellen Fremdtexte führte zu einer sich allmählich einschleichenden „Außensteuerung" der Redaktionen durch die Pressesprecher von Institutionen, die als „heimliche Blattmacher", von den Lesern unbemerkt, im Hintergrund agierten. Sie lieferten gratis und zuverlässig, verknüpften an ihre journalistisch anmutenden Verlautbarungen jedoch die Erwartung, dass die eingesandten Mitteilungen auch in der Form veröffentlicht wurden (Rager & Schibrani 1981, S. 506). Redaktionen, die sich auf diesen Verlautbarungsjournalismus einließen, liefen Gefahr, irgendwann als „Sprachrohr" externen Gruppen enttarnt zu werden (Teichert 1982, S. 25). Für sie war es bisweilen fast schwerer, die kontinuierlich von außen hereinflatternden Nachrichten abzuwehren als sie zu beschaffen.

Die Phase ist überwunden. Längst ist die Lokalpresse unter dem Label „Autorenzeitung" am Start. Fremdtexte füllen den Lokalteil allenfalls auf. Reichweitenanalysen im Onlinesektor der Zeitungen zeigten: Sie lassen sich in den E-Papers der Lokalpresse, die Klickzahlen generieren müssen, um auf dem Onlinemarkt zu bestehen, nicht erfolgreich vermarkten. Was bei den Lesern punktet, ist der Autorenname.

Meinung | Sprachrohr der Verbände

Es gab auch Befürworter des „Verlautbarungsjournalismus". Selbst die „größte Bereitschaft zu journalistischer Eigenleistung", argumentierte Dorsch (1982), „würde nicht ausreichen, auch nur die wichtigsten Teilnehmer am Kommunikationsgeschehen zu Wort kommen zu lassen". Die Gesellschaft brauche diese freiwilligen Gesprächsbeiträge möglichst vieler Gruppen und Verbände, weil sonst die gesellschaftliche Kommunikation zur Kommunikation einer „Elite" würde –

> nämlich die der Journalisten (Petra Dorsch: *Verlautbarungsjournalismus* – eine notwendige Medienfunktion. 1982, S. 538).

5.6.5 Absender der Pressetexte

Lieferanten der Gratisfremdtexte sind Pressestellen von Unternehmen, Organisationen, Verbänden und der öffentlichen Verwaltung sowie Pressewarte von Vereinen und Parteien; auch Polizei und Feuerwehr informieren die Redaktion kontinuierlich über aus ihrer Sicht relevante Tagesereignisse wie Straftaten, Unfälle und dergleichen. Die journalistische Qualität der so eingehenden Informationen ist überschaubar. Ein Grund ist, dass Pressesprecher mit ihren Verlautbarungen naturgemäß andere Zielsetzungen verfolgen als Pressejournalisten mit ihren Beiträgen. Lokalredakteure selbst bezeichnen die Eingänge bisweilen gar als publizistischen „Müll", der allerdings verwertbare Rohstoffe, sprich: Informationen enthalte (Schniederjost 1991, S. 53–59).

5.6.6 Informationskontrolle

Die täglich eingehenden Fremdtexte müssen nach journalistischen Standards geprüft werden, bevor ihre Inhalte verwertet werden können. Nötig ist eine sorgfältige Informationskontrolle, ein aktives Beschaffen von verifizierenden oder falsifizierenden Zusatzinformationen, um keine ungewollten Zeitungsenten zu produzieren. Da die Verfasser dieser Manuskripte über eigene Aktivitäten berichten, sind Objektivität und Wahrheitsgehalt ihrer Darstellungen grundsätzlich Zweifeln unterworfen. Bestimmte Informationen werden gern abgeschwächt dargestellt oder gar verschwiegen, andere übertrieben positiv dargestellt.

> Erst die **Recherche** kann die Basisinformation für einen auf Presseinformationen basierenden Beitrag hervorbringen, denn der Journalist erfährt von Informanten in der Regel nicht den wahren Tatbestand eines Sachverhalts, sondern sehr oft nur eine Meinung darüber.

Aufgabe der Lokalredaktion ist es, den Inhalt der eingehenden Mitteilungen auf ihren Wahrheitsgehalt zu überprüfen. Das geschieht, für Außenstehende in der Regel nicht nachvollziehbar, in den Redaktionen und internen Einzelfallentscheidungen der einzelnen Redakteure, für die sie im Rahmen ihrer journalistischen Detailkompetenz meist allein verantwortlich sind. Darüber, wie Redaktionen ihrer Pflicht zur Recherche in der Praxis nachkommen, gibt es kaum empirische Daten. Es fehlt dem Leser zur Einschätzung der journalistischen Arbeit in der Regel die konkrete Bezugsgröße, sprich: die Originalfassung der eingegangenen, nicht bearbeiteten Presseinformation, um Recherchedefizite nachvollziehen und rügen zu können.

Redaktionen wissen: Die Verfasser der Texte sind eo ipso in aller Regel gut informiert über das Thema, über das sie die Presse informieren, so dass aus Sicht der Redaktionen die „Gefahr“ und die Wahrscheinlichkeit eher gering ist, dass sich a) sachliche Fehler in die Pressemitteilung eingeschlichen haben könnten und wenn doch, dass diese b) dem „normal“ vorgebildeten Leser gar nicht auffallen.

Eine andere Frage ist, ob Pressesprecher nicht beispielsweise durch bewusstes Weglassen, durch Ausblenden von Fakten den Wahrheitsgehalt in seiner Gesamtheit so sehr beeinträchtigen, dass eine Nachrecherche nötig ist. Das festzustellen, fällt Redaktionen aber schwer und wäre zudem mit einem hohen Arbeitsaufwand verbunden, der sich nur in begründeten Einzelfällen rechtfertigen ließe. Und schließlich: Kommen Redaktionen ihrer Recherchepflicht nicht in dem ihnen obliegenden Maße nach, drohen zunächst keine Konsequenzen, weil dies a) in den allermeisten Fällen gar nicht auffällt und b) deshalb vermutlich auch niemand eine solche im Einzelfall eher geringfügige Nachlässigkeit beim Presserat anzeigt und so womöglich eine Rüge erwirkt.

Hintergrund | Recherchestudien

- Mitte der 1970er Jahre gab es eine Redakteursbefragung in der Stadt Königstein (Taunus). Ergebnis: 54 Prozent der dort erscheinenden Nachrichten beruhten auf Informationen, die von außen an die Redaktionen herangetragen wurden. 46 Prozent der publizierten Nachrichten waren durch Initiative der Lokaljournalisten erschlossen worden. 85 Prozent der veröffentlichten Artikel basierten zudem auf nur einer einzelnen, meist schriftlichen Information (Robert Rohr: Lokale Berichterstattung – Auswahl von Ereignissen aus der lokalen Realität. 1978, S. 319).
- Es gibt wegen der begrenzten Einsehbarkeit in redaktionelle Abläufe nur relativ wenige Studien über die Recherchetätigkeit von Redakteuren. Ende der 1970er Jahre fand man bei der *Rheinischen Post* in Düsseldorf heraus, dass zusätzliche Informationen nur in weniger als 10 Prozent der Fälle eingeholt wurden (Christoph Rind: Einflussfaktoren in der lokalen Presseberichterstattung dargestellt am Beispiel der Rheinischen Post in Duisburg. Diss. Münster 1982).
- 1990 war die *Bayerische Zeitung* Gegenstand einer Studie. Ergebnis: Nur 5 Prozent des redaktionellen Zeitungsumfangs umfassten solche Artikel, denen ein Gespräch zwischen Redakteuren und Informanten vorausging. 216 Gespräche von Redaktionsmitgliedern mit externen Personen wurden registriert, aus denen 47 von Redakteuren verfasste Artikel erwuchsen (Eduard Grimme: Zwischen Routine und Recherche. Eine Studie über Lokaljournalisten und ihre Informanten. 1991).

5.7 Nachrichtenauswahl

5.7.1 Entwicklung des lokalen Informationsangebots

Die Intensivierung und Differenzierung des politischen, gesellschaftlichen und sozialen Lebens in den Gemeinden hat seit dem 19. und 20. Jahrhundert das Themenangebot für lokale Medien erheblich intensiviert. Die Kriminalitätsrate in den Städten stieg an, immer neue Freizeit- und Geselligkeitsvereine gründeten sich und drängten mit ihrem Vereinsleben in die lokale Öffentlichkeit. In den Zeitungsredaktionen wuchs die zu verarbeitende Inputmenge – und damit der Selektionsdruck. Redaktionen waren, aufgrund technischer wie auch personeller Kapazitätsgrenzen, irgendwann nicht mehr in der Lage, die reale Vielfalt in ihren Verbreitungsräumen so umfassend abzubilden, wie sie es sollen (Jonscher 1995, S. 279). Sie mussten aus dem täglichen Informationsangebot auswählen, denn sie konnten längst nicht alle Informationen mit einem verlässlichen redaktionellen Gütesiegel versehen und diese in ihrem Blatt veröffentlichen. Im Printsektor fehlte hierzu die erforderliche Seitenzahl, woran sich bis heute im Prinzip nichts geändert hat. Im räumlich entgrenzten Onlinesektor der Zeitungen bestehen solche Kapazitätsgrenzen nicht mehr; doch es fehlt zum einen am nötigen Redaktionspersonal zum qualifizierten Bearbeiten und Veröffentlichen der Nachrichten, zum anderen oftmals an zugewiesenen Nachrichtenwerten, die hohe „Einschaltquoten" in den E-Papers garantieren und damit den redaktionellen Aufwand wirtschaftlich sinnvollmachen. Normale Vereinsnachrichten beispielsweise besitzen erfolgsversprechende SEO-Keywords in der Regel nicht.

Hintergrund | Rinnsal wird zur Informationsflut

Bereits in der Frühphase der Presse war es zu einem explosionsartigen Anwachsen des Nachrichtenstoffes gekommen; ein einst spärliches „Rinnsal" von Nachrichten (Wilke 1984) wurde im Zeitalter der Industrialisierung, das durch ein Anwachsen der Städte und ein Erwachen des öffentlichen Lebens gekennzeichnet war, rasch zu einer gewaltigen „Informationsflut", welche die Lokalteile zu „überschwemmen" drohte. Vorbei waren die Zeiten, in denen mangels Nachrichtenstoffes die letzte Seite einer Zeitung ganz oder teilweise leer bleiben musste. Laut Wilke (1984) stieg die Anzahl der Nachrichten je Zeitungsausgabe zwischen 1622 und 1906 von 44 auf 125 an, die Anzahl der Druckzeilen sogar von 191 auf 2.713 (Jürgen Wilke: Nachrichtenauswahl und Medienrealität in vier Jahrhunderten. 1984).

5.7.2 Nachrichtenselektion

Redaktionen geraten durch das Überangebot der auf sie einprasselnden Nachrichtenstoffe unter Druck: Sie müssen Nachrichten zurückweisen, an die sich konkrete Publikationserwartungen knüpfen – und das implementiert bestenfalls eine Unzufriedenheit der Nachrichtenabsender, schlimmstenfalls unerfreuliche Reaktionen. Vor allem Vereine und Organisationen machen gern Ansprüche auf eine Veröffentlichung ihrer Texte geltend; sie möchten in der örtlichen Lokalpresse ihre Aktivitäten publik machen. Redaktionen tun sich oft schwer damit, solche Anliegen zurückzuweisen – zumal die Lokalzeitung lange das einzige Medium war, das über die erforderlichen Reichweiten verfügte, um Öffentlichkeit herzustellen. Eine Unterrichtung aus anderen Quellen war für Vereine und Organisationen in der Regel nicht möglich.

Heute bieten sich ihnen andere Informationswege; Vereine können ihre Vereinsnachrichten jederzeit online auf ihren We verbreiten. Gleichwohl bleibt der Artikel in der lokalen Tageszeitung für sie jedoch der „Königsweg" zum Leser, denn es geht bei der Veröffentlichung auch ums Prestige: um eine vermeintliche Aufwertung der eigenen Organisation und ihrer Mitglieder durch die Platzierung im Lokalteil (→ Kap. 8.9.2.)

Meinung | Fast unendlich viele Ereignisse

Einen Zwang zur Selektion – trotz des vergleichsweise geringen Nachrichtenangebots – beschrieb bereits Tobias Peucer 1690 in seiner (theologischen) Dissertation *De Relationibus Novellis.* Da die Zahl der Ereignisse „fast unendlich" sei, müsse aus ihnen eine gewisse Auswahl [selectus] getroffen werden, so dass Erinnerns- oder Wissenswertes vorgezogen wird" (Peucer 1690, S. 6). In 29 Paragrafen legte Peucer grundlegende Elemente der Zeitung und des Nachrichtengeschäfts dar – von der „Beliebtheit des Stoffes", der „Stoffauswahl" bis hin zur „Glaubwürdigkeit und Wahrheitsliebe". Ferner befasste er sich mit „Nutzen" und „Zweck der Berichte".

Kaum der vierte Teil

Kaspar von Stieler (1695), der bereits im 17. Jahrhundert die Ursprünge des deutschen Pressewesens erforschte, berichtet von teils massiven Eingriffen in die Nachrichteninhalte der *Newen Zeytungen*; die damaligen Postmeister, die „Redakteure" jener Epoche, hätten praktisch alles aus den eingegangenen Korrespondenzen eliminiert, was der kirchlichen und weltlichen Obrigkeit anstößig erscheinen konnte, aus einer nicht unbegründeten Furcht heraus auch vor strafrechtlichen Konsequenzen; ihnen drohte zudem permanent ein Verlust ihrer Zeitungslizenzen und damit einer wichtigen Einnahmequelle. Laut Stieler ließen sie deshalb „kaum den vierten Teil" ihrer Informationen drucken, „das übrige aber bey sich verborgen behalten und niemanden als ihren sehr vertrauten Freunden darvon in geheim teil geben" (Stieler 1695, S. 121).

In den Anfängen des Zeitungswesens ließ sich das allmählich wachsende Nachrichtenangebot zunächst noch mit technischen Mitteln auffangen; üblich waren die Verkleinerung von Schriftgrad und –schnitt (notfalls sogar innerhalb von einzelnen Artikeln), die Vergrößerung des Zeitungsformats, die Erweiterung des Umfanges sowie gegebenenfalls die Verkürzung der Erscheinungsintervalle (Wilke 1984, S. 36–42).

Heute wäre eine solche Anpassung ebenso undenkbar wie eine Erweiterung des Lokalteils; diese ist nur in Ausnahmefällen realistisch, aus Anlass besonderer Großereignisse. Es besteht insofern eine Notwendigkeit zur Selektion von Nachrichten. Die **Selektion** kann dabei **total** (= Verzicht auf die gesamte Information) oder **partiell** (= Kürzung) erfolgen.

Folgende Umstände führen zu einer Selektion von Nachrichten:

Hintergrund | Wirtschaftliche Zwänge

Die **Menge des zugelieferten Nachrichtenstoffes** überschreitet, bezogen auf die Printausgabe, den betriebswirtschaftlich gerade noch akzeptablen Maximalumfang eines Lokalteils. Das Medium ist somit objektiv nicht in der Lage, eine umfassendere Berichterstattung zu finanzieren, sofern nicht ein erhöhtes Anzeigenaufkommen (beispielsweise durch eine spezielle Anzeigenkampagne wie beispielsweise bei Lokalteilbeilagen) die redaktionellen Mehrkosten kompensiert. Für die Onlineausgabe gilt: Überschreitet die Menge des eingehenden Nachrichtenstoffes die vorhandenen personellen Bearbeitungskapazitäten, erfordert dies eine Nachrichtenauswahl.

Nachrichtenbezogene Mängel

- Der Inhalt der Information verstößt gegen zivil- oder strafrechtliche Normen. Folge: Totalsektion.
- Es liegen Zweifel an der Zuverlässigkeit der Informationsquelle vor. Folge: Quellenrecherche.
- Es liegt ein Verstoß gegen die journalistische Sorgfaltspflicht vor. Folge: Nachrecherche, gegebenenfalls Totalselektion.
- Die Aussage verstößt gegen publizistische Vorgaben im Pressekodex (z. B. Verbot der „Schleichwerbung“). Folge: Totalsektion.
- Die Nachricht dient nicht der öffentlichen Information und Meinungsbildung, sondern individuellen, eigennützigen Interessen (z. B. Selbstdarstellung von Verbänden). Folge: Teil- bzw. Totalsektion.
- Der Umfang der Information steht in einem Missverhältnis zu seiner Bedeutung für die öffentliche Information und Meinungsbildung und muss deshalb reduziert werden. Folge: Teil- bzw. Totalselektion.

Darüber hinaus gibt es eine Reihe weiterer Einflussfaktoren, die realiter zur Selektion von Informationen führen, auch wenn sie in keinem Journalismuslehrbuch aufgeführt sind:

- Eine Rolle spielen hier das berufliche **Selbstverständnis des Lokaljournalisten** mit seinen individuell ausgeprägten Entscheidungsmustern, sowie persönliche **Meinungen** und **Einstellungen** (Sympathien bzw. Antipathien) des Redakteurs/Journalisten gegenüber einer bestimmten Person oder Organisation;
- bedeutsam sind schließlich Einflussnahmen von lokalen Organisationen, sofern diese als *pressure group* über wirksame **Sanktionsmittel** gegen die Redaktion oder einzelne Lokaljournalisten verfügen, um ihre Interessen durchzusetzen. Dies kann de facto u. a. zur Unterdrückung (Selektion) unerwünschter Informationen führen.

5.7.3 Kriterien zur Auswahl von Lokalnachrichten

Erste Hinweise darüber, dass Nachrichtenstoffe nach Kriterien (Nachrichtenwerten) zu beurteilen seien, finden sich in Kaspar von Stielers Abhandlung *Zeitungs Lust und Nutz*, dem großen Kompendium der Zeitungskunde aus dem Jahre 1695: Stieler sprach nicht nur von „zeitungswürdigen Materien", sondern auch davon, dass etwas „meldungs werth", „berichtens wehrt" und „lesens werth" sei: „Denn eben darum kaufet und lieset man die Zeitungen / daß man berichtet werde dessen / was wahr und nachzureden ist" (Stieler 1695, S. 74).

Allerdings, darauf verwies genau 100 Jahre später Schwarzkopf (1795), könne es keine allgemeingültigen Kriterien (Maßstäbe) für die Nachrichtenauswahl geben. Denn: „Den Maasstab mathematisch für Alle vorzuschreiben, ist unmöglich. Vieles hängt dabei von dem Interesse des Augenblicks, sodann auch von der geographischen Lage und dem Lesekreise der Zeitung ab" (Joachim von Schwarzkopf: Ueber Zeitungen. 1795, S. 84).

Die systematische Erforschung der Nachrichtenwerte, also der Kriterien, nach denen aufgrund eines redaktionellen Entscheidungsprogramms Nachrichten selektiert werden, leitete mehr als 200 Jahre später vermutlich ein Essay *Public Opinion* von Walter Lippmann (1922) ein, der eine Liste von Nachrichtenfaktoren (*news values*) zusammenstellte. Er versuchte nachzuweisen,

- dass der alltägliche Prozess der Nachrichtenauswahl – notwendigerweise – einer „standardisierten Routine" folgt, wie auch bereits der Journalist Hermann Stöver 1791 vermutet hatte, der sich fragte, „wie ein einziger Mann die Ausfertigung eines Blattes so schnell besorgen könne" und fand, „die Routine muß ihm darin wohl hauptsächlich zu Hülfe kommen" (S. 165)
- und dass er von allgemeinen Nachrichtenwertvorstellungen (Stereotypen) bestimmt ist, auf die sich Journalisten mehr oder weniger stillschweigend verständigen.

Meinung | Nachrichtenroutine

„Ohne Standardisierung, ohne Stereotypen, ohne Routineurteile, ohne eine ziemlich rücksichtslose Vernachlässigung der Feinheiten stürbe der Redakteur bald an Aufregungen" (Walter Lippmann: Die öffentliche Meinung. 1964, S. 240). Solche Nachrichtenwerte sind nach Lippmann: Eindeutigkeit des Geschehens, Überraschung, Konflikt, Betroffenheit und räumliche Nähe. Die „Routinisierung" journalistischer Arbeit hat aber auch zur Folge, dass letztlich „Stereotypen als Formen der ökonomischen Vereinfachung und Schematisierung der Wirklichkeit unsere Weltsicht prägen, die Kommunikation zwischen den Menschen bestimmen und insbesondere als Verkehrsmittel der öffentlichen Meinung dienen" (Jürgen Wilke: Nachrichtenauswahl und Medienrealität in vier Jahrhunderten. 1984, S. 14).

Überragendes Kriterium bei der Auswahl ist der **Ortsbezug**, die räumliche Nähe einer Nachricht. „Die meisten Menschen interessieren sich intensiv für alles, was sich in ihrer engen Umwelt tut. Das Interesse nimmt mit zunehmender Entfernung ab, und zwar im Quadrat: Für eine Münchener Zeitung sind 16 Unfalltote in Sri Lanka weniger wichtig als vier Tote in Osnabrück, die wiederum von zwei Toten auf dem Marienplatz in München in den Schatten gestellt werden" (Projektteam Lokaljournalisten, Hrsg.: Handbuch für Lokaljournalisten. 1980 Bd. III, S. 107).

Ein lokaler Bezug kann auch indirekt gegeben sein, zum Beispiel wenn Auswirkungen überregionaler Handlungen oder Entscheidungen in der Bundes- oder Landespolitik beschrieben werden. Maßgeblich sind hier Relevanz und Betroffenheit vor Ort.

Meinung | Was in Utopia „geschiehet"

Früh erkannten die ersten „Journalisten" die räumliche Nähe als Nachrichtenwert. Kaspar von Stieler (1632–1707), der sich Ende des 17. Jahrhunderts kritisch mit der Berichterstattung der *Newen Zeytungen* auseinandersetzte, behauptete gar, Nachrichten „von ganz weit entfernten und unbekannten örtern sind nichts nütze" (Stieler 1695, S. 85), denn „was gehet mich an / was der große Mogol / oder Priester Johann im Morenlande mache? Welche seiner Ministern er an- oder absetze? Wie viel Frauen oder Kinder er habe? Wann aber die benachbarte Potenzen etwas anfangen / woraus eine sonderbare Folge entspringen kan / welche zu einer künftigen Betrachtung gehöret [...]. So kan man wol dergleichen auswärtige Zufälle endlich denen Zeitungen einverleiben: Nicht aber / was in Utopia geschiehet / oder deren Wissenschaft sonsten keinem Menschen bey uns schadet oder nutzet" (Stieler, S. 85).

Nachrichten auf den Ort „reflectieren“

Auch Schmeitzel betonte 1746 die Nähe als Nachrichtenwert. Dem Zeitungsschreiber machte er zur Aufgabe: „Auf seinen Ort und dessen Nachbarn, die sich seiner Blätter bedienen, fleissig reflectiren, mithin solche und solche nova vortragen, daran ihnen am meisten zu wissen gelegen“ (Martin Schmeitzel: Gedancken von Politischen Zeitungen, nach derselben Ursprung, Beschaffenheit, Nutzen und Glaubwürdigkeit. In: Hallische Anzeigen vom 26.12.1746).

5.7.4 Praxisnahe Auswahlkriterien

Nach welchen anderen Kriterien die Auswahl von Lokalnachrichten in der Redaktionspraxis erfolgt, versuchte Rohr (1978) in seiner Studie über drei in der hessischen Stadt Königstein erscheinende Tageszeitungen mit Hilfe der Indikatoren Größe und Aufmachung für den Nachrichtenwert eines Ereignisses zu ermitteln; er fand mehrere Faktoren, welche die Nachrichtenbewertung der Redakteure positiv beeinflussen:

- Anwesenheit „prominenter“ Personen (Bürgermeister, Vereinsvorsitzende, Mitglieder der Verwaltungsspitze; Firmenchefs usw.).
- Personalisierbarkeit der Berichterstattung: 91 Prozent der untersuchten Nachrichten wiesen eine mehr oder minder starke Personalisierung auf; es standen Personen und nicht die Schilderung von Vorgängen oder Sachverhalten im Mittelpunkt.
- Zitierbare verbale Äußerungen: Die Berichterstattung bestand zu mehr als zwei Dritteln aus der Wiedergabe verbaler Äußerungen; tatsächliches (beobachtbares) Geschehen, also die Beschreibung von Vorgängen, wurde wesentlich seltener zur Berichterstattung ausgewählt.
- Geringer Zeitaufwand für die Recherche: Es überwogen in der Berichterstattung solche Ereignisse, die mit relativ geringem Zeitaufwand wahrgenommen werden konnten.
- Bezug zu bereits in die öffentliche Diskussion eingeführten Themen (Vorthematisierung).
- Relevanz (Betroffenheit) und Bedeutsamkeit für die Bevölkerung, insbesondere durch räumliche Nähe der Ereignisse.
- Kuriosität bzw. überraschendes Abweichen vom Normalverlauf von Ereignissen/Prozessen.
- Bestimmte Struktur der Ereignisse: Rund 40 Prozent der berichteten lokalen Ereignisse hatten eine stereotype Verlaufsform, wenige Personen waren an ihnen beteiligt und es gab nur ein einziges nachrichtenrelevantes Thema.
- Kriminalität: Dieser Faktor wurde ausschließlich in Polizeiberichten registriert.
- Schaden und Misserfolg: Dieser Faktor wurde in 20 Prozent der Beiträge, zum überwiegenden Teil in Polizeimeldungen festgestellt.

- Erfolg und positive Ereignisse: In knapp 19 Prozent der Artikel wurde über positives Geschehen (Erfolge) berichtet, wobei diese Artikel meistens größer und besonders aufgemacht waren.

Konflikte waren für die Lokalredaktionen nicht unbedingt ein positiver Nachrichtenfaktor: Geschehen, bei denen Konflikte ausgetragen wurden, bei dem aggressives Verhalten oder Handeln zum Ausdruck kam, behandelten die untersuchten Zeitungen nur in 12 Prozent ihrer Artikel, die dann allerdings überwiegend mehrspaltig und besonders auffällig aufgemacht waren (Rohr 1978, S. 324).

Hintergrund | Die Mannheimer Studie

Ende der 1970er Jahre fand man in drei Mannheimer Tageszeitungen eine „relativ einfache Regelstruktur" bei der Präsentation von Ereignissen. Als zentrale Aufmerksamkeitskriterien nennt Schönbach 1. die Prominenz agierender oder nur anwesender Personen; 2. die Anzahl der namentlich genannten Akteure; 3. ein großer Kreis betroffener Personen; 4. ein punktueller Charakter des Themas: eine kurze, meist nicht einen Tag übersteigende Dauer des Ereignisses; 5. Kuriosität und ungewisser Ereignisverlauf, der möglichst eine Kontroverse beinhalten sollte; 6. Einordbarkeit der Ereignisse in einen bereits thematisierten Kontext (Klaus Schönbach: Die isolierte Welt des Lokalen. 1978, S. 260–276).

Signifikant ist in beiden Studien die Bedeutung der Nachrichtenfaktoren Prominenz, Kontroverse, Kuriosität und Vorthematisierung. Erfasst werden darüber hinaus vor allem Ereignisse mit einfachen, klar überblickbaren Handlungsabläufen, das heißt, die Reduktion von Komplexität erfolgt hier mehr durch Selektion als durch Verarbeitung (Kaspar Luchsinger u.a.: Strukturen der Lokalberichterstattung. 1981).

Problematisch daran wäre, wenn die Lokalpresse und ihre *Gatekeeper* in den Redaktionen, einem Automatismus folgend, wirklich so stereotyp agieren würden, dass sie „solche Ereignisse bevorzugt zur Berichterstattung auswählen, die von vornherein bestimmte Eigenschaften zeigen und dafür andere Ereignisse vernachlässigt oder ausspart" (Rohr 1978, S. 325). Die Arbeit von Journalisten wäre dann insofern kaum mehr als ein bloßer Reflex auf objektive Ereignismerkmale. Übersehen wird dabei, dass solche Automatismen unpraktikabel sind, wie noch zu zeigen sein wird.

5.7.5 Nachrichtenwerte

Der Begriff Nachrichtenwert (*news value*) entstand in den 1920er Jahren in der US-Presseforschung; er sollte indizieren, welche Information warum berichtenswert ist und welche nicht; es ging dabei auch um den **Aufmerksamkeitswert** beim Publikum. In der Praxis zeigte sich alsbald, dass es solche absoluten Nachrichtenwerte nicht geben kann: Denn tatsächlich beurteilen Journalisten, je nach Zielpublikum und eigenem Berufsverständnis Inhalte unterschiedlich. Gelichwohl übte die Vorstellung, Informationen objektiv klassifizieren zu können, indem man ihnen „Nachrichtenwerte" zuweist, im Prinzip bis heute. Abhängig davon, welche bzw. wie viele solcher Nachrichtenwerte ihnen zugewiesen werden, werden auch lokale Nachrichten unterschieden und einer ersten, zweiten und dritten Kategorie zugeordnet:

- Zur Kategorie 1 gehören Ereignisse von überragender allgemeiner Bedeutung (z. B. Rücktritt des Bürgermeisters, Brandkatastrophe, Kommunalwahlen usw.).
- Nachrichten in Kategorie 2 haben ein etwas geringeres Gewicht, jedoch noch gute Chancen, in der Print- bzw. der E-Paper-Ausgabe veröffentlicht zu werden.
- In Kategorie 3 fallen Nachrichten, die in der Printausgabe im Bedarfsfall als „Füllmaterial" benutzt werden.
- Zur 4. Kategorie zählen Meldungen, die nicht verwendet werden.

5.7.6 Subjektive Einflussfaktoren

Die redaktionelle Nachrichtenauswahl erfolgt also nicht ausschließlich nach objektiv nachvollziehbaren Kriterien. Der Grund hierfür liegt in der Natur der Sache. Denn die Beurteilung eines Nachrichtenstoffes – die Abwägung für und wider eine Veröffentlichung – ist kein objektiv regelbarer Vorgang; dafür sind die zu Grunde liegenden Sachverhalte und Ereignisse zu vielfältig und zu verschieden. Die Auswahl muss mithin jeweils im Ermessen der Redaktion liegen, in weniger bedeutenden Einzelfällen, etwa beim Kürzen eines Textes, im Ermessen des einzelnen Redakteurs (Jonscher 1995, S. 289). Sein individuelles, durch persönliche Einstellungen geprägtes Nachrichtenempfinden entscheidet darüber, welche Aussagen und Teilinformationen aufgenommen werden und welche nicht. Dieser *Gatekeeper*-Prozess spielt sich nicht nur im Kopf des Redakteurs ab, der es in der Regel mitmanifesten Nachrichtentexten zu tun hat; er hat sich dann bereits eine Stufe zuvor im Kopf des Nachrichtenschreibers vollzogen, der eingehende Informationen und Eindrücke permanent bewerten und jeweils nach deren Bedeutung selektieren muss, bevor er sie notiert und in eine Nachricht aufnimmt. Denn darin besteht die Hauptaufgabe des Journalisten: im Weglassen des Unwesentlichen, um das Wesentliche einer Information, sprich: die Bedeutung für den Leser, zu betonen.

> „Jede Auswahl, jedes Herausarbeiten und Betonen einer Nachricht, ist ein Vorgang subjektiver Natur", bemerkte bereits Emil Dovifat in seiner *Zeitungslehre* (Bd. I. 1929, S. 83), denn es gibt meist nur einen festen **Nachrichtenkern** (*hard news*), um den sich eine Reihe von mehr oder weniger wichtigen, also selektierbaren Details, ranken. Der Nachrichtenwert dieser Zusatzinformationen kann von verschiedenen Berichterstattern sehr unterschiedlich beurteilt werden. Selbst derselbe Journalist würde möglicherweise unter anderen äußeren oder inneren Umständen, zum Beispiel mit einem anderen Vorwissen oder einer inzwischen geänderten persönlichen Einstellung, gleiche Informationen anders bewerten.

Studien zeigen, dass Lokaljournalisten sich bei ihrer Nachrichtenauswahl primär von ihrem Gefühl, ihrer Erfahrung, ihrer Intuition und ihrem Gespür leiten lassen; sie berichteten – unbewusst – das, was ihnen richtig und wichtig erscheint, wobei auch die Beziehung zum jeweiligen Akteur eine wichtige Rolle spielt (Rohr 1980, S. 70/71); alles zusammen kann zu ungleichen Bewertungen von im Prinzip gleichartigen Aktivitäten führen (Jonscher 1995, S. 289).

5.8 Nachrichtenbearbeitung (Redigieren)

5.8.1 Qualität des redaktionellen Inputs („Müll"-Theorie)

Die Lokalredaktion hat fremdbezogene Informationen und Texte stilistisch, grammatikalisch und publizistisch so zu bearbeiten, dass sie in dieser Form veröffentlicht werden können, also verständlich und leicht rezipierbar sind. Eine Besonderheit: Die journalistische Qualität des eingehenden Nachrichtenmaterials ist im lokalen Ressort im Durchschnitt geringer als in anderen Ressorts; Texte leiden oft unter einer übermäßigen Länge und verursachen einen erheblichen Arbeitsaufwand beim Kürzen (Jonscher 1995, S. 290).

Oft ist der angelieferte Nachrichtenstoff, verfasst von ungeübten Pressewarten, zudem inhaltlich dermaßen „deformiert", dass er eigentlich unbrauchbar ist (Schniederjost 1991, S. 55), jedoch dennoch benötigt wird, um Lokalteile zu füllen. Wobei häufigste Ursachen der Deformation a) eine nicht angemessene Ausdrucksweise (Verwendung von „Worthülsen"; protokollhafte Darstellung), b) eine falsche Schwerpunktsetzung oder überzogene Darstellung oder c) eine nicht leserbezogene Aufbereitung des Stoffes sind.

Die Redakteure verwerten diesen Probleminput durch Anwendung der üblichen journalistischen Techniken wie Kürzen und Verdichten, Umschreiben, Nachrecherchieren und Ergänzen; übrig bleibt jedoch fast immer ein unverwertbarer Rest: der sogenannte „Sondermüll" der Redaktionen.

5.8.2 Bearbeitungsgrade

Die Bearbeitungsintensität der eingehenden Nachrichten ist im lokalen Ressort größer als in anderen Ressorts, die ihre Informationen im Wesentlichen über professionelle Agenturen beziehen. Zu unterscheiden sind vier Bearbeitungsgrade von fremden Nachrichtenstoffen (Fritsch 1983, S. 88):

- Passiv bezogene Informationen werden ohne jegliche Bearbeitung, mit
- Ausnahme der Berichtigung von orthographischen oder grammatikalischen Fehlern, für den Output verwendet.
- Sie werden redigiert (umformuliert, gekürzt, ergänzt).
- Sie werden bei ihrer Quelle nachgefragt.
- Sie bilden den Anlass zu umfangreicheren Nachrecherchen.

Doch wie gehen Lokalredaktionen in der Praxis mit solchen Nachrichteninput um? Dazu gab es in den 1980er Jahren Studien:

Hintergrund | Die Düsseldorfer Studie

Eine zweiwöchige Erhebung in der Außenredaktion der *Rheinischen Post* in Düsseldorf zeigte: Mehr als die Hälfte der Manuskripte wurden gar nicht oder nur leicht bearbeitet.

- Dem Bearbeitungsgrad 1 (orthographische/grammatische Prüfung) unterlagen vor allem Berichte von Polizei, städtischem Presseamt oder PR-Stellen, „die oft stilistisch den journalistischen Standards der Redaktion entsprechen, so dass nur noch die Zeilen ausgezählt werden brauchten, und die Vorlage wurde zum Beitrag".
- Dem Bearbeitungsgrad 2 (Umformulierungen, Kürzungen, Ergänzungen) unterzogen wurden überwiegend Vorlagen von Vereins- und sonstigen Pressewarten, deren Texte „teilweise zu lang, schlecht und zusammenhanglos formuliert waren und zu viel Eigenlob enthielten" (Michael Fritsch: Informationsquellen im lokalen Bereich. Probleme der Materialbeschaffung, -bearbeitung und -verwendung in der Außenredaktion einer NRW-Regionalzeitung. 1983, S. 90).

Pressemitteilungen, druckfertig frei Haus geliefert, sind im Prinzip willkommener Gratisinput für Redaktionen. Der publizistische Wert des so bezogenen Nachrichteninputs bemisst sich nach den in ihnen enthaltenen „harten" Fakten und ihrem Neuigkeitswert, der vor allem in den online verbreiteten E-Papers hohe „Einschaltquoten" generieren kann, zumal hier die Autorenschaft bzw. Quelle der Nachricht weniger im Vordergrund steht als im Printsektor. Der User wird so, sofern im Text selbst kein Hinweis enthalten ist, schlicht und einfach getäuscht: Eine – nicht vorhandene – journalistische Qualität wird ihm suggeriert, ohne dass er diese nachprüfen kann (Jonscher 1995, S. 292).

Tatsächlich ist der Bearbeitungsgrad von Mitteilungen bisweilen geringer, als er sein sollte. Lokaljournalisten agierten hier mehr als „Informationsverwalter", meint Gabriela Wollenhaupt in ihrem Beitrag „Lokaljournalisten – Marionetten der PR-Manager?" (1980, S. 6), die auf Inhalte nur marginalen Einfluss nehmen (Fritsch 1983, S. 90). Eingesandte Vorlagen, sofern sie nur äußerlich einigermaßen professionellen Ansprüchen genügen, würden unverändert oder nur geringfügig verändert adaptiert und – entgegen Ziff. 1.3 des Pressekodex – ohne einen erkennbaren Hinweis auf den Verfasser oder die Quelle veröffentlicht.

Wobei die Redaktion selbst, abgesehen von einer aber eher unverbindlichen Verpflichtung auf die Beachtung berufsethischer Grundsätze im Pressekodex, nach denen „zur Veröffentlichung bestimmte Informationen mit der nach den Umständen gebotenen Sorgfalt auf ihren Wahrheitsgehalt zu prüfen sind" (Grundsatz 2), kaum darüber hinausgehende Motivationen besitzt, stärkere Initiativen bei der Bearbeitung von Nachrichtenmaterial zu entwickeln.

> Unter **Effizienzgesichtspunkten** geht es darum, die Texte erstens möglichst schnell und termingerecht, zweitens wenig arbeitsintensiv und damit kostensparend, dabei jedoch drittens orthographisch und grammatikalisch fehlerfrei sowie stilistisch akzeptabel, also einigermaßen gut lesbar und verstehbar, abzugeben. Auf alle weitergehenden Bearbeitungsinitiativen folgen in der Regel keine positiven Sanktionen – sei es das Lob eines Lesers oder die anerkennende Würdigung eines Vorgesetzten. Die Motivation, solche Fremdtexte zu bearbeiten, dementsprechend gering ist.

Hintergrund | Die Rolle der Vereine

Häufig werden zugesandte Manuskripte auch deshalb unbearbeitet veröffentlicht, weil Absender, vor allem die an einer positiven Selbstdarstellung interessierten Vereine, überaus allergisch auf redaktionelle Änderungen, vor allem auf Kürzungen, reagieren. „So kann es vorkommen, dass der Redakteur sich die Sympathien und das Abonnement aller Mitglieder eines Vereins verscherzt, denn meistens dreht es sich 4um einen Vereinsbericht, der die rächende Nemesis heraufbeschwört, und bekanntlich hat jeder Verein die engste Solidarität seiner Mitglieder auf seine Fahne geschrieben“ (Albert Berger: Der Lokalreporter. Diss. 1923, S. 19).

Die Redaktionen geben den Erwartungen der Einsender schließlich auch deshalb nach, weil die Veröffentlichung keine Negativfolgen für sie hat. Die Gratistexte werden zuverlässig kontinuierlich angeliefert, sie helfen, die Lokalteile zu füllen und solange deren Schreibstil einigermaßen journalistischen Standards entspricht, handelt es sich um kostenloses, direkt verwertbares Nachrichtenmaterial. Man könnte sogar so weit gehen zu behaupten: Die „Gegenleistung“ der Redaktion besteht darin, die Texte, wie gewünscht, im Wesentlichen unverändert zu veröffentlichen, als handele es sich um eine unbezahlte Anzeige. Der Zeitungsjournalist Eckart Frahm (1976) spricht von einem „ritualisierten Tauschgeschäft“, einem „Nachrichten-Deal“ nach dem Prinzip: kostenlose Information gegen Gratisabdruck im redaktionellen Teil.

5.9 Künstlich-intelligente Mitarbeiter

5.9.1 Vorbemerkungen

Die Redakteure und freien Mitarbeiter in den Lokalredaktionen erhalten digitale Unterstützung: „künstlich Intelligente“ Kollegen, die nicht an Schreibtischen arbeiten, ihre Texte ohne Honorare und Autorenzeilen „schreiben“ und ohne an Arbeitszeiten gebunden zu sein. Sie recherchieren und formulieren diskret im Hintergrund, in menschlichen Hirnen unzugänglichen digitalen Welten. Programmierte Schreibroboter sind auch in Lokalpresse auf dem Vormarsch, gesteuert von Algorithmen, die den Lokaljournalismus auf ein bisher nicht gekanntes Level heben könnten. Erste Versuche gibt es bereits.

Als „Künstliche Intelligenz" (KI) bezeichnet man die Fähigkeit eines Computersystems, menschenähnliche Verhaltensweisen nachzuahmen, auch die Tätigkeit von Lokaljournalisten eignet sich grundsätzlich hierfür. Die hirnlosen Schreib-Maschinen finden im Lokaljournalismus zunächst aber teilweise Betätigungsmöglichkeiten: Einfachstrukturierte Routinetätigkeiten können sie ausüben, wie das Schreiben von Serviceinformationen. Als Datenspezialisten könnten die KI-Kollegen zudem irgendwann befähigt sein, auch einfache journalistische Texte zu erstellen: beispielsweise im Zusammenhang mit der Auswertung von Jahresstatistiken und kommunalen Haushaltsplänen, die sie nach Zahlen durchforsten und in Storys verpacken könnten.

> Die **digitalen Journalisten**, die nicht aus Fleisch und Blut sind, stoßen jedoch irgendwann an Grenzen: immer dann, wenn es um mehr geht als um „ergebnisorientierte" Berichterstattung im binären Code, der aus den zwei Ziffern 1 und 0 besteht. Transportiert werden im Lokaljournalismus auch Inhalte „zwischen den Zeilen" (die sich nicht mit 1 oder 0 darstellen lassen). Begriffe wie Relevanz und Bedeutung sind – und bleiben – für künstlich-intelligente Roboter Fremdwörter, ihr Sinn erschließt sich ihnen nicht. Schreibenden Rechenknechten würde sich der „Sinn" ihrer Tätigkeit nicht erschließen, sie hätten keine Vorstellung über die komplexen Zusammenhänge, die sich an ihre Arbeit knüpfen (Gruber 2022).

Dazu muss erklärt werden, wie dieser Roboterjournalismus funktioniert: Eine auf Daten fokussierte Software saugt Statistiken förmlich auf – und spuckt, nachdem die Datenmenge verdaut ist, eine faktenbasierte Geschichte aus, die einen journalistischen Beitrag simuliert und teils täuschend echt wirkt: als stamme sie aus der Feder eines menschlichen Kollegen. Die so generierten Stories könnten irgendwann als „Zeitungsartikel" formieren, im besten Fall mit einem Hinweis auf die Autorenschaft. Ertüchtigt mit journalistischen Textbausteinen, können die elektronischen Schreibknechte bereits jetzt Einfachtexte erzeugen, indem sie vorgefundene Zeilen unter logischen Gesichtspunkten fortführen. Aus Datenkolonnen (Namen, Orte, Ranking, Statistiken) zimmert sich das Programm einen Plot zurecht. Welche Formulierungen dabei in welchem Zusammenhang verwendet werden, definiert vorab ein menschlicher Redakteur. Sprachlich ausgefeilten Qualitätsjournalismus beherrschen die KI-Kollegen nicht (→ Abb. 5.9.). Sie gießen humorlos Zahlen in Worte (Müller-Brehm 2021).

Abb. 5.9: Die Künstliche Intelligenz (KI) kann einfache redaktionelle Arbeiten übernehmen, aber den Redakteur nicht ersetzen. | [30]

KI-Kollegen sind in den USA, dem „Mutterland“ des Journalismus, bereits im Einsatz, in europäischen Ländern wie Finnland oder England wird getestet. Auch in den deutschen Zeitungsredaktionen werden die Redaktionsroboter zum Einsatz kommen.

5.9.2 Was können KI-Mitarbeiter?

Die Schreibroboter scheinen in der Lage zu sein, redaktionelle Routinetätigkeiten zu übernehmen: das Anfertigen von Listen, von Ratgebern und anderen serviceorientierten Artikeln. Sie müssen dazu entsprechend „angelernt“, sprich: instruiert werden.

Die KI-Kollegen können auch bei journalistischen Recherchen helfen, indem sie in den Tiefen des Internets nach Daten fischen.

Sie können auch Vorschläge für Überschriften, Vorspänne und Bildunterschriften generieren.

Zweifelhaft ist, ob die lernfähigen Roboter in der Praxis bald vermehrt auch als Schreiber in Erscheinung treten könnten. Dazu müsste ihnen beigebracht werden, journalistische Texte einigermaßen akzeptabel zu generieren, wie sie dies bereits bei einfachen Sportberichten hinbekommen. Gespickt mit Daten über Mannschaftsaufstellungen, eingewechselte Auswechselspieler, Torschützen, Abseitspositionen, Gelbe und Rote Karten, Zuschauerzahlen und so weiter, erzeugen die Schreibroboter Spielberichte, in die sie Zitate von Spielern oder Trainern als Sprechblasen einarbeiten können (Langer 2012).

Hintergrund | KI-Kollegen brauchen Trainer

Mit nur wenigen Stichworten ist ein modernes KI-System in der Lage, einen beliebig langen, stringenten Text zu generieren, der sich in seiner Ausdrucksweise kaum von der eines Menschen unterscheidet. Die lernfähigen Sprachmodelle nutzen das sogenannte Deep Learning, um menschenähnlichen Text zu erzeugen und benötigen dafür einen Ausgangstext als Aufforderung, um diesen nach seinen Algorithmen logisch fortzusetzen. Vorgeschaltet ist ein langwieriger Trainingsprozess, der dafür sorgt, dass die Texte nicht nur sinnvoll zusammenhängend, sondern auch im jeweils gewünschten Stil bzw. Sprachgebrauch ausgegeben werden.

Die neuen KI-Kollegen erzeugen aber nur rein synthetische, aus Zahlen und Fakten zusammengezimmerte Texte, ohne Vorstellung von Wirkung und Folgen: ohne Wissen um gesellschaftliche Bedeutung und Verantwortung ihrer Tätigkeit. Die Schreibprogramme üben nicht Kritik und Kontrolle, sie artikulieren nicht die Interessen „schwacher" Bevölkerungsschichten. So gesehen, werden KI-Journalisten nie in der Lage sein, ihre humanen Kollegen zu substituieren, ebenso wenig können sie keine presserechtliche Verantwortung übernehmen. Humane Kollegen müssen ihren den Output im Auge behalten (Gruber 2022).

5.9.3 Chancen und Gefahren

Welche Rolle die KI-Journalisten künftig in Lokalredaktionen spielen werden, ist nicht abzusehen. Ein Faktor ist die Akzeptanz des Publikums. Der Leser müsste akzeptieren, dass es in „seiner" Zeitung künftig Journalismus simulierende Inhalte gibt, die nicht von Menschenhand getippt sind. Zeitungsunternehmen bieten sich hier Möglichkeiten, ihren publizistischen Sektor neu zu strukturieren, Arbeitsabläufe umzuschichten. Was das bedeutet, ist noch unklar. Es besteht die Gefahr, dass die Roboter humane Arbeit vernichten (Fanta 2018). Die Frage wird sein, ob Unternehmen das wirtschaftliche Potenzial von KI höher bewerten als die publizistische Qualität ihrer Produkte (Reichelt 2017).

Literatur

Arstad, Sverre: Der freie Mitarbeiter in der Provinzpresse. In: Die Feder [7] Nr. 10 1959, S. 157

Baumert, Dieter Paul: Die Entstehung des deutschen Journalismus. München 1928

Büttner, Hans: Die Bedeutung des freien Mitarbeiters für die Lokalzeitung. Diss. München 1968

Dovifat, Emil: Zeitungswissenschaft [Bd. 1]. Allgemeine Zeitungslehre. Berlin/Leipzig 1931

Fanta, Alexander: Roboterjournalisten retten die Lokalpresse. Wer rettet uns davor? In: Netzpolitik.org. 2018

Frahm, Eckart: Lokalzeitungen: kleine heile Welt? In: medium 10/1976, S. 7–13

Fritsch, Michael: Informationsquellen im lokalen Bereich. Bochum 1983

Gruber, Barbara: Fakten, Falschmeldungen, Zahlen: KI und Journalismus. Goethe-Institut 2022
Hienzsch, Ulrich: Journalismus als Restgröße. Redaktionelle Rationalisierung und publizistischer Leistungsverlust. Wiesbaden 1990
Jonscher, Norbert: Inhalte und Defizite der lokalen Berichterstattung von deutschen Tageszeitungen. Diss. Göttingen 1989
Langer, Ulrike: Roboter als Reporter. In: Medium. Magazin für Journalisten 9/2012, S. 34
Müller-Brehm, Jaana: Künstliche Intelligenz in Redaktionen – Ist Journalismus berechenbar? O.A. 2021
Rager, Günther & Harald Schibrani: Das Lokale als Gegenstand der Kommunikationsforschung. In: Rundfunk und Fernsehen 1981, S. 498–508
Rager, Günther: Publizistische Vielfalt im Lokalen. Tübingen 1982
Reichelt, Patrick: Einführung in den Roboterjournalismus. Bedrohung oder Chance? Baden-Baden 2017
Rind, Christoph: Einflussfaktoren in der lokalen Presse-Berichterstattung, dargestellt am Beispiel der Rheinischen Post in Duisburg. Diss. 1982
Robinson, Gertrude Joch: 25 Jahre Gatekeeper-Forschung. In: Jörg Aufermann u. a. (Hrsg.): Gesellschaftliche Kommunikation und Information. Frankfurt/Main 1973, S. 344–355
Ronneberger, Franz: Wege der Meinungsbildung in der Gesellschaft. Hannover 1972
Rühl, Manfred: Die Zeitungsredaktion als organisiertes soziales System. Freiburg 1979
Schniederjost, Gerhard: Ein Müllkonzept für Redaktionen. In: Bundeszentrale für politische Bildung (Hrsg.): Lokalredaktion 1992. Almanach. Bonn 1991, S. 53–59
Teichert, Will: Die Region als publizistische Aufgabe. 1982,
Wagner, Anna-Lena & Wiebke Möhring: Freie im Lokalen. Wer sie sind und was sie tun. Wiesbaden 2020
Wiesand, Andreas: Journalisten-Bericht. Berlin 1977

Weiterführende Literatur

Arzberger, Klaus u.a.: Bürger, Presse und Eliten. In: Projektteam Lokaljournalisten (Hrsg.): Materialien für Lokaljournalisten – Teil 1. München 1980, S. 84–143
Baader, Wolfgang: Redaktionelle Probleme der Heimatpresse. In: ZV Nr. 5/6 1950, S. 13–16
Baramowsky, W.: Das Mauerblümchen. Der freie Mitarbeiter von Zeitungen und Zeitschriften. In: Die Feder [11] 9/1963, S. 5–6
Baumann, Max: Freie Mitarbeiter und Redaktionen. Grundsätzliche Gedanken zur Klärung eines langwierigen Streites. In: Die Deutsche Zeitung [6] 3/1952, S. 18–21
Bayer, Hans: Glanz und Elend des freien Mitarbeiters. In: journalist 4/1963, S. 125–128
Burghart, Heinz: Das Problem der »Nebenberufler«. In: journalist [7] 5/1957, S. 12
Durth, K. Rüdiger: Der freie Mitarbeiter an Tageszeitungen. Remagen 1975
Ellwein, Thomas u.a.: Wertheim. Politik und Machtstruktur einer deutschen Stadt. München 1982

Fabris, Hans Werner: Lokalredakteure – Blinde als Anwälte? Anmerkungen zur täglichen (De-) Formation des Zeitungsinhalts. In: Wolfgang R. Langenbucher (Hrsg.): Lokalkommunikation. München 1980, S. 83–104

Fritsch, Michael: Informationsquellen im lokalen Bereich. Probleme der Materialbeschaffung, -bearbeitung und -verwendung in der Außenredaktion einer NRW-Regionalzeitung. Bochum 1983

Fuchs, Wolfgang: Presse und Organisationen im lokalen Kommunikationsraum. Diss. Augsburg 1984

Fuß, Gustav: Von der Arbeitsteilung im Redaktionsbetrieb. In: MVA [21] Nr. 196 1920, S. 6

Gubo, Mathias: Die Quellen im Lokalteil der Tageszeitung. München 1982

Haldimann, Ueli: Der verkaufte Leser. Presse unter Inserentendruck. Basel 1980

Heider, Hans: Der freie Mitarbeiter. Bonn 1950

Heider, Hans: Die Organisation der Arbeit im Lokalen. In: Emil Dovifat & Karl Bringmann (Hg.): Die Bedeutung des Lokalen. Düsseldorf 1969, S. 96–100

Hömberg, Walter: Zur Rolle der Medien auf dem Lande. In: Wolfgang R. Langenbucher (Hrsg.): Lokalkommunikation. München 1980, S. 164–177

Koller, Barbara: Lokalredaktion und Autonomie. Eine Untersuchung in Außenredaktionen regionaler Tageszeitungen. Nürnberg 1981

Koller, Barbara: Lokalzeitungen in Wettbewerbs- und Monopolsituation. Bedingungen in den Redaktionen und das Verhältnis zu Lokalhonoratioren. In: Manfred Rühl & Jürgen Walchshöfer (Hrsg.): Politik und Kommunikation. Nürnberg 1978, S. 273–293

Kortendieck, H.: Redaktionelle Eigenarbeit der kleineren und kleinen Provinzzeitung. In: MVA [20] Nr. 186 1919, S. 2–4

Krone, Rüdiger: Der journalistische Arbeitsprozess und die Methodik der redaktionellen Arbeit. Leipzig 1989

Krüger, Uwe: Meinungsmacht. Der Einfluss von Eliten auf Leitmedien und Alpha-Journalisten. Eine kritische Netzwerkanalyse. Köln 2013

Kurp, Matthias: Lokale Medien und kommunale Eliten. Opladen 1994

Landgrebe, Klaus-Peter: Die Macht der Inserenten. In: Bundeszentrale für politische Bildung (Hrsg.): Die Presse in der deutschen Medienlandschaft. Bonn 1985, S. 59–62

Martini, Bernd-Jürgen: Der nebenberufliche Mitarbeiter. In: Projektteam Lokaljournalisten (Hrsg.): Materialien – Teil 1. München 1981, S. 144–174

Meunier, Ernst: Zeitung als Organismus. Erfahrungen aus der Redaktionsarbeit. In: ZV [33] 1932 Nr. 32, S. 543–544

Moenikes, Manuela: Hobby: Journalist. Freie Mitarbeiter in lokalen Tageszeitungen. Wiesbaden 2001

Moenikes, Manuela: Hobby: Journalist. Freie Mitarbeiter in lokalen Tageszeitungen. Wiesbaden 2001

Münster-Göldner, Ruth: Die freien Mitarbeiter – Stiefkinder der Redaktionen. In: Der Journalist. Das Handbuch für den Publizisten, Gießen u. a. [4] 1958, S. 189–19

Murck, Manfred: Macht und Medien in Kommunen. In: RuF 1983, S. 370–380

Rinsche, Günter: Die Bedeutung der lokalen Tageszeitung aus Sicht des Kommunalpolitikers. In: Der Städtetag 1969, S. 322–325

Rohr, Robert: Auswahl, Verarbeitung und Präsentation der lokalen Berichterstattung in der Presse. Diplom-Arbeit, Mainz 1975

Rohr, Robert: Lokale Berichterstattung – Auswahl von Ereignissen aus der lokalen Realität. In: Rundfunk und Fernsehen 1978, S. 319–327

Ronneberger, Franz & Dieter Wolz: Lokale Presse und Herrschaft in der Ortsgemeinde. In: PU 1974, S. 19–29

Schiefer, Albert: Die „Nebenberuflichen": Der Abbau der »journalistischen Reservearmee« muß in den Lokalredaktionen beginnen. In: journalist 2/1957, S. 10–12

Schulz, Rüdiger: Entscheidungsstrukturen der Redaktionsarbeit. Diss. Mainz 1974

Thielemann, Edgar: Lokalredaktionen – Sammelplätze für Gescheiterte? In: journalist 10/1972, S. 12–15

Vogel, Karl: Erwartungen von Lokalhonoratioren als Leser lokaler Ausgaben von Regionalzeitungen. In: Wolgang R. Langenbucher (Hrsg.): Lokalkommunikation. München 1980, S. 154–163

Vogel, Karl: Erwartungen von Lokalhonoratioren als Leser lokaler Ausgaben von Regionalzeitungen. In: Wolfgang R. Langenbucher (Hrsg.): Lokalkommunikation. München 1980, S. 154–163

Wolz, Dieter: Die Presse und die lokalen Mächte. Düsseldorf 1979

Zipfel, Horst: Gemeindeklüngel oder lokale Demokratie? In: Helmut Köser (Hrsg.): Der Bürger in der Gemeinde. Hamburg 1979, S. 139–174

6 Kapitel | Der Lokaljournalist — Anwalt, Kritiker und Kontrolleur, umzingelt von Vereinen

Übersicht

Die ertragreichen Jahre der deutschen Lokalpresse sind vorbei. Einnahmen und Auflagen schrumpfen, es gibt immer weniger Leser, die von „ihrer“ Tageszeitung mit lokalen Neuigkeiten versorgt werden wollen. Dementsprechend lichten sich die Reihen in den Lokalredaktionen. Es sind dort immer weniger „Faktenjäger“ und „Nachrichtensammler“ am Start.

Die Zahl der festangestellten Lokalredakteure ist rückläufig. Genaue Zahlen aus dem Ressort gibt es nicht, doch Branchenangaben zufolge arbeiten derzeit noch knapp **11.000 Journalisten** als Redakteure an deutschen Tageszeitungen, rund zwei Drittel davon (ca. 7.500) im Lokalressort, unterstützt von rund 900 Volontären. Hinzu kommen schätzungsweise mehr als 7.000 freie Mitarbeiter. Sie alle sorgen dafür, dass die rund 1.400 Lokalausgaben der deutschen Tagespresse täglich mit Inhalten aus dem Verbreitungsgebiet gefüllt werden.

Ob festangestellt oder frei unterwegs: Lokaljournalisten sind, als Mitglieder des Redaktionsapparats, der publizistischen **Grundhaltung des Unternehmens** verpflichtet, den hausinternen Vorgaben und Weisungen. Das engt ihren Spielraum ein. Dem einzelnen Journalisten kommt zunächst einmal nur eine „Detailkompetenz“ zu bei Auswahl, Zusammenstellung und Präsentation von Fakten.

Diese **Detailkompetenz** bezieht sich auf die untere, die Basisebene der Publizistik, auf der Inhalte mitentscheidend vorgeprägt werden. Dem einzelnen Journalisten kommt damit eine nicht unerhebliche journalistische Entscheidungsmacht zu: Denn letztlich er allein über die Gesamtheit der Informationen zu einem Thema, über vor Ort gewonnene Eindrücke, aus denen er einen Beitrag formt und dabei eine „innere“, von ihm und seinem journalistischen Selbstverständnis gesteuerte Faktenauswahl vornimmt.

- Gesteuert wird der Journalist dabei von einer **subjektiven Wahrnehmung**. Die „Realität“, über die er berichten soll, entsteht für ihn erst in seinem Kopf. Das Erlebte durchläuft hier einen „Filter“: Er ordnet Gesehenes, Gehörtes, ein, reichert es an mit vorhandenen Erfahrungen, Bedeutungszuweisungen, Gefühlen.

- Journalisten haben jedoch gelernt, mit ihren subjektiven Wahrnehmungen so „professionell“ umzugehen, dass sie im Allgemeinen als **objektive Wahrheit** plausibel erscheinen und nicht hinterfragt werden, weil sie ins Bild passen: Bereits als Neuling „sozialisiert“ sich der Berufseinsteiger selbst: Er passt sich pragmatischer Weise Berufskollegen an, adaptiert deren Berichterstattungsmuster – wobei sich als Folge letztlich in der Branche ein Standard herausbildet, der annähernd gleiche, „objektiv“ anmutende Darstellungen zur Folge hat.
- Bereits bei der **Themenwahl** lässt sich ein Journalist von seinem Ermessen leiten, seinem Nachrichtengespür. Er agiert dabei gegenüber der Redaktion vorwiegend autonom; er präferiert ihm relevant erscheinende Themen, die ihm begegnen. Dabei fungiert er praktisch wie ein seismographischer Nachrichtensensor, den der Redaktionsapparat fühlerartig ausfährt, um Veränderungen in ihrer Außenwelt wahrzunehmen. Erscheinen die übermittelten „Messdaten“ einigermaßen plausibel, werden sie nicht mehr hinterfragt; ansonsten wird „nachgemessen“. Die Redaktion, als Institution, ist dazu nicht in der Lage. Sie muss damit leben, über Kanäle mit Informationen versorgt zu werden.

Der Lokaljournalist in seiner Person ist damit Themengenerator und redaktionelle Themenquelle, gespeist durch seine Erlebniswelt, die ihn, so gesehen, zum „Zufallsgenerator“ macht. Seine Themen sind niemals repräsentativ, sie entspringen einem persönlich gefärbten Interessenhorizont des Journalisten, der sie nach seinen Präferenzen in seinem Kopf einordnet und gewichtet. Er wird damit zur eigentlichen Hauptfigur des **Agenda Setting**.

Geht es um die Beurteilung von Zeitungsinhalten, verengt sich so der Fokus unweigerlich auf die **Person des Lokaljournalisten**: auf Einflussfaktoren wie Charakter, Berufsverständnis und Sozialisation, die unterschiedlich ausgeprägt sein können. Daraus folgt: Je vielfältiger und heterogener die Interessen der Mitarbeiter einer Redaktion sind, desto größer ist die inhaltliche Vielfalt des Lokalteils. Und umgekehrt. Mit anderen Worten: Personelle Binnenpluralität kann ein Garant sein für inhaltliche Vielfalt.

Dem wurde bei der Analyse von Lokalteilen bislang meist nur wenig Rechnung getragen. Lokaljournalisten galten stets als eine homogene Berufsgruppe, die durch objektive Standards, durch Pflichten und Berufsregeln bei ihrer Arbeit geleitet werden. Wobei über die Person des Lokaljournalisten, seine Einstellungen, meist wenig bekannt ist.

Abb. 6.1: Der Lokaljournalist steht im Mittelpunkt der Nachrichtenproduktion. Sein Berufsverständnis beeinflusst nicht unerheblich, welche Fakten zu Nachrichten werden und welche nicht. | [31]

6.1 Berufsbild des Lokaljournalisten

6.1.1 Sozialprestige

Ein einheitliches oder gar offizielles Berufsbild für die Tätigkeit des Journalisten („Tagesschriftsteller", frz. *le jour* = der Tag) gibt es in Deutschland nicht; auch ist die Berufsbezeichnung nicht geschützt: „Journalist" nennen kann sich im Grunde jeder „Feierabendschriftsteller" oder Leserbriefschreiber, wenn er sich nur dazu berufen fühlt oder „Lust" dazu hat (La Roche 1978, S. 17) – ohne qualitative Mindeststandards oder eine spezielle persönliche Befähigung nachweisen zu müssen (wie etwa ein Arzt oder ein Apotheker). Dies hat sicher dazu beigetragen, dass Journalisten in der Bevölkerung nur ein relativ geringes Ansehen genießen. Das kann man bereits in frühen Abhandlungen zum Thema nachlesen.

Meinung | Lieben und loben

Erste Hinweise finden sich bei Kaspar von Stieler (1695), der forderte, „Zeitungs-Schreiber" müssten ob des Nutzens ihrer Tätigkeit „in hohen Ehren gehalten [...] und geliebet und gelobet werden" (S. 45). Nur, das Gegenteil sei nicht selten der Fall; sie erhielten für ihren Fleiß „oft schlechten Dank".

Beruf verfehlt

Ein Zeitungsschreiber sei „ein Mensch, der seinen Beruf verfehlt hat", urteilte Otto von Bismarck (Quelle: Bismarck, Reden. An eine Deputation aus Rügen im November 1862). Andere bezeichneten Journalisten als „Tagelöhner der Zeitgeschichte" (Emil Dovifat) oder „geistige Proletarier" (Lasalle 1919, S. 364): Die Presse sei „ein Sammelplatz aller Mittelmäßigkeiten, aller ruinierten Existenzen, aller Arbeitsscheuen und Nichtwisser", „ihre Lügenhaftigkeit, ihre Verkommenheit, ihre Unsittlichkeit [würde] von nichts anderem überboten als vielleicht von ihrer Unwissenheit".

Profanster Beruf

Der Sozialhygieniker Eduard Reich (1836–1919) soll 1888 moniert haben: „Die Zeitungsschreiberei, welche der edelste und heiligste Beruf und hochgeachtet sein sollte, ist durch das Drängen erwerbssüchtiger Geschäftsleute und die Jämmerlichkeit der Scribenten zu dem profansten Berufe geworden" (zit. nach Otto B. Roegele: Von der Zeitungskunde zur Publizistik, 1986, S. 2).

Ramscharbeiter

Der Verleger Wilhelm Brönner (1876–1955) bemerkte über in einer Abhandlung über *Die Praxis des Schriftleiters* (1920): „Leute ergreifen den Beruf, [...] die von Ruhm und Größe träumen und ihre Kräfte überschätzen. [...] Bedeutungslose Reporter, die weiter nichts leisten, als dass sie einen Füllfederhalter in den Dienst der Zeitung stellen, düncken sich Redakteur und Künstler. Ramscharbeiter, deren Fähigkeit damit erschöpft ist, dass sie solange Nachrichten in die Spalten schütten, bis der Metteur ‚Halt' ruft, rechnen sich gleichfalls zur Presse" (S. 47/48).

Der Journalist genoss lange kaum soziales **Ansehen**, war gesellschaftlich „heimatlos"; für ihn stand keine soziale Kategorie bereit, was wohl auch mit seiner kritisierenden, stets distanziert kontrollierenden Tätigkeit zusammenhängt. Der Journalist Friedrich Sieburg (1893–1964) analysierte: „Es gehört zu seiner Natur, allein zu stehen und keinen Stand zu bilden, der ihm Konvention, Rückhalt und einen erkennbaren Platz gäbe. Jeder Versuch, ihn sozial zu erfassen und zum Bestandteil einer Gliederung zu machen, rührt schädlich an sein Wesen, das sich erst jenseits aller gesellschaftlichen Bindung entfalten kann" (S. 89/92).

Ein weiterer Grund für die geringe gesellschaftliche Importanz hatte früher auch am vermeintlich geringen **Einkommen des Journalisten** gelegen, bemisst sich die soziale Position in einer Gesellschaft auch nach der Höhe des jeweiligen Salärs. Journalisten galten als Geringverdiener, ohne geregeltes Einkommen, die von Verlegern leistungsabhängig, sprich: nach ihren veröffentlichten Zeilen bezahlt werden. Was tatsächlich auch heute noch für freie Journalisten gilt, während festangestellte Kollegen Tariflöhne erhalten – zumindest dann, wenn ihre Unternehmen noch dem aktuellen

Tarifverbund angehören. Denn das tun längst nicht mehr alle. Sie zahlen de facto unter Tarif, sparen damit bei den Personalkosten ein.

An dem geringen Ansehen der Journalisten hat sich bis heute nicht sehr viel geändert. Obwohl sie eine öffentliche, der Allgemeinheit dienende Aufgabe erfüllen, rangieren Journalisten auf den immer wieder veröffentlichten Prestigeskalen der Meinungsforschungsinstitute regelmäßig in der unteren Hälfte, immerhin noch deutlich vor den Versicherungsvertretern. Warum dies so ist, lässt sich nur vermuten (Jonscher 1995, S. 314).

Hintergrund | Geringeres Ansehen

Im Jahr 2022 zählten laut Bevölkerungsumfrage nur 32 Prozent der Deutschen Journalisten zu den Menschen, die sie am meisten schätzen (Quelle: Statista), weit abgeschlagen hinter Feuerwehrmann (93 Prozent), Krankenpfleger (88 Prozent), Arzt (86 Prozent), Polizist (78 Prozent), Müllmann (70 Prozent) und Richter (64 Prozent).

Meinung | Unverzichtbar wie Kapitalisten

Dabei merkte Jürgen Rüttgers in seiner Rede beim DJV-Verbandstag 1996 an, Journalisten seien in der Wissensgesellschaft ebenso „unverzichtbar wie Kapitalisten in der Industriegesellschaft“, weil sie Information – transportabel gemachtes Wissen, das von ihnen eingepackt und ausgepackt wird – herstellen und vermitteln: Sie „machen aus Wissen Information und aus Information Wissen“ (Der Mensch im Mittelpunkt der Wissensgesellschaft. In: journalist 12/1996, S. 30).

Die Geringschätzung könnte damit zusammenhängen,

- dass Journalisten häufig kritisieren und damit als „Nestbeschmutzer“ erscheinen,
- dass Arbeitsweise und Auftreten einiger besonders in der Öffentlichkeit präsenter Kollegen als typisch für alle gelten (z. B. „Rasende Reporter“),
- dass der Nutzen ihrer Arbeit für die Allgemeinheit nicht so klar erkennbar sei wie beim Arzt oder Ingenieur,
- und dass es keine geregelte Berufsausbildung gibt (Meyn 1996, S. 187).

Es fragt sich, was die knapp 11.000 festangestellten Redakteure an deutschen Tageszeitungen sowie rund drei Mal so vielen auf Honorarbasis tätigen freien Mitarbeiter – von denen die allermeisten im Lokalressort arbeiten – veranlasst hat, diesen wenig prestigeträchtigen Beruf zu ergreifen. Tatsächlich spielen hier auch non-monetäre Aspekte hinein, wie Befragungen von Lokaljournalisten zeigen.

Warum Lokaljournalisten ihren Beruf ergriffen haben (Index: 1 = sehr wichtig; 6 = absolut unwichtig)	
Möglichkeit zu schreiben	1,8
Missstände aufdecken	1,9
Abwechslung und Spannung	1,9
sich für Werte einsetzen	2,3
interessante Leute treffen	2,9
sicherer Arbeitsplatz	3,5
gute Verdienstmöglichkeiten	3,6
eigene Überzeuchungen weitergeben	3,8
politische Entscheidungen beeinflussen	3,8
man kommt viel herum	4,0
Ansehen der Journalisten	4,8

Abb. 6.2: Die Möglichkeit zu schreiben stand laut einer Studie, in der 55 Lokaljournalisten des „Münchner Merkur" befragt wurden, an oberster Stelle bei der Berufswahl. | [32]

6.1.2 Rollentypologie

Lokalreporter

Eine wichtige Aufgabe nimmt im lokalen Ressort, das nicht wie andere Ressorts auf professionelle Agenturmeldungen zurückgreifen kann, sondern sein Nachrichtenmaterial überwiegend selbst zu beschaffen hat, der Lokalreporter wahr, der „stets bewegliche und bewegte Seismograph allen lokalen Lebens“, dessen „Quecksilbrigkeit“ es ihm ermöglicht, „mit flinken Beinen möglichst immer gerade da zu erscheinen, wo etwas los ist“, wie Albert Berger 1923 in seiner Dissertation *Der Lokalreporter* (S. 54) feststellte. Lokalreporter waren früher meist freie Journalisten, die für ihre Beiträge Honorare erhielten. Sie boten der Redaktion entweder eigeninitiativ Themen oder fertige Beiträge an oder sie erhielten Aufträge, Termine wahrzunehmen oder Themen zu realisieren.

Nach einer Umstrukturierung der Lokalredaktionen und einer strikten Trennung zwischen Reportern und Blattmachern sind, einhergehend mit dem Einzug des „Qualitätsjournalismus“ in das lange vernachlässigte Resort sind immer mehr festangestellte Kollegen als Autoren tätig. Sie sind die Protagonisten der modernen „Autorenzeitung“, die genau für das Gegenteil der früheren Autorenkürzel steht, mit denen Leser nichts anfangen können. Wer ein Buch kauft, möchte wissen, wer es geschrieben hat. Für den Bezahljournalismus gilt im Prinzip nichts anderes. Auch hier haben Leser ihre Lieblingsautoren.

Lokalredakteur

Die redaktionellen Kernaufgaben, das Bearbeiten des Nachrichtenmaterials, wurden seit jeher von Redakteuren wahrgenommen. Wobei der Begriff „Redakteur" sich sprachlich herleitet von dem Wort „redigieren": dem Sammeln, Sichten, Ordnen, Auswählen und Bearbeiten von Schrift- und Bildmaterial zum Zwecke der Veröffentlichung in einer periodisch erscheinenden Druckschrift.

> **Zeitungsredakteur** ist, diese Definition liegt dem zwischen Bundesverband deutscher Zeitungsverleger (BDZV) und Journalistenorganisationen abgeschlossenen Manteltarifvertrag zu Grunde, derjenige festangestellte Journalist, der „kreativ an der Erstellung des redaktionellen Teils von Tageszeitungen in der Weise mitwirkt, dass er
>
> - Wort- und Bildmaterial sammelt, sichtet, ordnet, dieses auswählt und veröffentlichungsreif bearbeitet und/oder
> - mit eigenen Wort- und/ oder Bildbeiträgen zur Berichterstattung und Kommentierung in der Zeitung beiträgt und/oder
> - die redaktionell-technische Ausgestaltung (Umbruch) des Textteils besorgt und/oder
> - diese Tätigkeiten koordiniert".

Hintergrund | „Zeitungsredakteur" seit 1837

Der Begriff „Redakteur" – seit 1750 in Frankreich und auch in Deutschland ein Terminus für Schriftsteller, die Kompilationen oder Auszüge „redigierten", sowie für Gelehrte, welche die landesüblichen Bestimmungen und Verordnungen der einzelnen Provinzen zusammenstellten – wird erstmals 1781 als „Herausgeber, Anordner, Abfasser, Sammler, Druckbesorger" geführt, seit 1837 auch im engeren Sinn als Zeitungsredakteur (Hermann Paul: Deutsches Wörterbuch. Tübingen 1992, S. 440; 681).

Blattmacher

Ein Blattmacher ist ein Zeitungsjournalist, der eine Zeitung – ein **Blatt** – erstellt. Der Ursprung der Bezeichnung ist unklar, sie könnte entlehnt sein aus der Webereisprache. Ein Blattmacher war hier in früheren Zeiten ein Handwerker, der „Blätter" (Webkämme) für die Webstühle fertigte. Anders in der Redaktion. Hier bedeutet die Blattherstellung in der Regel, dass der Blattmacher mitentscheidet, welche Artikel auf den einzelnen Seiten der Zeitung erscheinen. Er ist es auch, der oftmals die Überschriften formuliert und eventuell die einleitenden ersten Zeilen von Artikeln. Dazu muss er „ein gutes Zeilengespür" haben (Vicari 2014, S. 148).

6.1.3 Was ist ein Journalist?

Die wohl erste umfassende Definition des Journalisten findet sich in Zedler's Universallexikon aus dem Jahre 1749. Darin heißt es: „Zeitungs-Schreiber [...] heiszet derjenige, so die gedruckten Blätter, so in großen Städten wöchentlich ausgegeben werden, und darinnen zu lesen, was merckwürdiges in der Welt vorgefallen, in Ordnung bringet u. schreibet (Sp. 917)"

Abb. 6.3: Einer der ersten Zeitungsmacher in Europa: der niederländische Journalist Nicolas Delafond. | [33]

Der aus dem Französischen stammende Begriff *Journalist* tauchte erstmals 1688 in seiner heutigen Bedeutung als „Mitarbeiter eines Journals" auf, setzte sich jedoch erst gegen Ende des 18. Jahrhunderts gegen die bis dahin gebräuchliche kaufmännische Definition (bezogen auf Journal = kaufmännisches Handlungs- und Rechnungsbuch) durch. Etwa zeitgleich wurden auch die Bezeichnungen *Berichterstatter* (um 1800 noch ein ausschließlich in der Amtssprache gebräuchliches Synonym für „rapporteur"), *Reporter* und auch *Redakteur* üblich.

Die meisten deutschen Journalisten sind als Freiberufler tätig, sie arbeiten ohne feste Tarife. Gehaltstarifverträge gelten nur für jene Journalisten, die *hauptberuflich* an der Verbreitung von Informationen, Meinungen und Unterhaltung beteiligt sind. Doch es gibt auch hauptberuflich tätige Freie Journalisten. Für sie gilt ein Tarifvertrag für sogenannte arbeitnehmerähnliche freie Journalisten an Tageszeitungen, der ihnen festgesetzte Honorare garantiert. Voraussetzung ist, dass sie ihre Einkünfte überwiegend aus journalistischer Tätigkeit beziehen, mehr als 750 Euro pro Monat verdienen und mindestens ein Drittel des Einkommens vom jeweiligen Presseunternehmen beziehen.

6.1.4 Selbst- und Rollenverständnis

Journalisten arbeiten nicht wie Handwerker, ihre Arbeit lässt sich nicht objektiv an einem Gegenstand bewerten. Informationen durchlaufen, bevor sie Nachrichten werden, einen neurobiologisch komplex vernetzten Hirnapparat des Journalisten, der sie nach seinem Ermessen bewerten, sortieren und in ein Format pressen muss. Nur klare handwerkliche Fehler erschließen sich auf den ersten Blick.

Journalismus hat nur ansatzweise auch mit handwerklichen Tätigkeiten zu tun: mit der Weitergabe von Informationen und Meinungen, dem Einsammeln und der Vervielfältigung von Fakten. Insgesamt handelt es sich jedoch mehr um eine nichtgegenständliche Dienstleistung, die für ein Publikum erbracht wird und die auf dieses Publikum kognitiv und emotional einwirkt und Folgen haben kann. Menschen ändern nach der Rezeption von Presseerzeugnissen ihre Einstellungen und Meinungen, denken anders über Themen und Personen, treffen andere Wahlentscheidungen und sonstige Dispositionen. Zum anderen greifen Journalisten oft notwendigerweise in Persönlichkeitsrechte anderer Menschen ein wie Chirurgen in die körperliche Unversehrtheit von Patienten; solche Eingriffe sind aber nur solange legitimiert, wie ein Journalist ein berechtigtes öffentliches Interesse nachweisen kann, das heißt, der für den Einzelnen schmerzhafte Eingriff muss dem Allgemeinwohl dienen: dem Erfüllen einer öffentlichen Aufgabe (Jonscher 1995, S. 319).

Um das abzuwägen, hat der Journalist neben normativen Berufsstandards fast immer auch einen eigenen Ermessens- und Beurteilungsspielraum; seine Tätigkeit, die Abbildung einer lokalen Lebenswelt, ist schließlich nicht in allen Facetten durch Vorgaben regulierbar wie die eines Handwerkers. Das setzt, ähnlich wie bei Ärzten oder Apothekern, die Menschen ebenfalls Dinge verabreichen, für die sie die Verantwortung tragen, ein besonderes Verantwortungsbewusstsein voraus, das über das normale Maß hinausgeht. Dies spräche für eine Professionalisierung des Berufes: für eine geregelte, gesetzlich festgelegte (akademische) Ausbildung zur Sicherstellung elementarer beruflicher Standards im Umgang mit Menschen.

Journalisten sind bei ihrer Arbeit aber auch so Profis, die gelernt haben, was sie zu tun und was sie zu lassen haben – oft aus einer gewissen journalistischen Intuition heraus, die ihre Entscheidungen leitet und die von einem beruflichen Rollen- und Selbstverständnis geprägt ist. Es hilft ihnen, ihr Handeln und ihre Entscheidungen gegenüber sich selbst und auch gegenüber anderen begründen zu können.

Als Angestellte eines Medienunternehmens sind Journalisten nur scheinbar in ein Korsett von Richtlinien eingebunden, das ihnen eine selbstverantwortliche, freie Berufsausübung nicht gestattet. Es bleiben stets journalistische Detailfragen, die zu entscheiden sind und die sich überindividuellen Regelungen entziehen. Und genau hier kommt das journalistische Selbstverständnis ins Spiel; es ist, einer persönlichen Destination entsprechend, in der Nähe von Berufsethik und „Berufsehre“ angesiedelt – wie beispielsweise bei Briefzustellern, deren Profession darin besteht, Nachrichten, allen Widrigkeiten trotzend, stets gewissenhaft und zuverlässig dem Empfänger zu übermitteln. Monetäre Anreize sind es dabei eher nicht, die beide – Briefzusteller wie Journalisten – motivieren, ihre Pflicht für die Allgemeinheit auszuüben.

In Bezug auf das Berufs- und Rollenverständnis lassen sich, grob gesehen, zwei Journalismus-Auffassungen unterscheiden:

1. ein neutral-objektiver reiner **Informationsjournalismus**, bei dem sich der Journalist in erster Linie als Informationsvermittler sieht, der den Ereignissen passiv-distanziert gegenüber steht, sowie
2. ein sozial engagierter **anwaltschaftlicher Journalismus**, der aktiv in Geschehnisse eingreift; der Journalist tritt hier als Kritiker, Machtkontrolleur bzw. als Anwalt benachteiligter Personengruppen in Erscheinung. Wobei die Anwaltsfunktion idealerweise eine Ergänzung darstellt, um Lücken zu schließen, die der reine Informationsjournalismus hinterlässt (Kunczik 1988, S. 78).
3. Diesen beiden Positionen zwischengeschaltet ist der sogenannte **interpretative Journalismus**, der sich der Meinungsbildung verpflichtet fühlt. Der Journalist

agiert als Erklärer und wählt die von ihm verbreiteten Fakten nach subjektiven Gesichtspunkten aus (Weischenberg 1995, S. 114).

4. Komplettiert wird die Aufzählung durch den Typus des vor allem in leitenden Positionen vorzufindenden primär **kommerziell orientierten Journalismus**, der Entscheidungen Leserquoten zugrunde legt, Werbung als einen wichtigen (kommerziellen) Faktor sieht und den unterhaltenden Aspekt von Nachrichten stärker als andere betont (Janet A. Bridges 1991).

Neutrale Vermittler von Informationen

Deutsche Journalisten sehen sich in erster Linie als neutrale Vermittler von Informationen, die ihr Publikum schnell und präzise informieren möchten. Der Journalist arbeitet dabei mit geringen Autonomievorgaben; seine Aufgabe ist die „objektive“ Weitergabe von Informationen auf Basis standardisierter Darstellungsformen (Nachricht, Bericht), ohne Implizieren von Werturteilen oder emotionell determinierte Stilelemente in der Nachrichtensprache (Weischenberg 1995, S. 114). Er „verkauft“ Fakten und agiert damit so wie die Nachrichtenhändler in der Frühphase der Presse. Dieser Handel mit Informationen war Ursprung des Journalismus. Die ersten Meinungstexte kamen im 19. Jahrhundert auf.

Kritiker und Kontrolleur

Lokaljournalisten sehen sich selbst auch in der Rolle des Kritikers, der Konflikte und Ungerechtigkeiten aufdeckt, politische Institutionen und Machtgruppen kontrolliert (Mühlberger 1979, S. 105). Kritik ist eine journalistische Triebfeder, die ihre Ursprünge in der Zeit der Aufklärung im späten 18. Jahrhundert hat, in der Epoche der Vernunft, in der Denker wie Immanuel Kant (1724–1804) zur Erkenntnis gelangten, der Kritik habe sich alles unterwerfen, selbst Majestäten könnten sich ihr nicht entziehen. „Alsdann erregen sie gerechten Verdacht wider sich und können auf unverstellte Achtung nicht Anspruch machen, die die Vernunft nur demjenigen bewilligt, was ihre freie und öffentliche Prüfung hat aushalten können“ (Immanuel Kant: Kritik der reinen Vernunft. Vorrede zur ersten Auflage, A XII. Riga 1781).

Für den damaligen Journalismus war das eine Initialzündung, zumal sich alsbald, im frühen 19. Jahrhundert, unter dem Einfluss der französischen Besatzer die staatliche Zensur lockerte. Der Freiheits- und Bürgerrechtsgedanke machte auch in Deutschland Karriere und er ließ sich von der staatlichen Obrigkeit auf Dauer nicht wieder einfangen. Die Einführung der Meinungs- und Pressefreiheit war später die logische Folge.

Die journalistische **Wächterrolle** bildete sich heraus. Der bedeutendste Zeitungstheoretiker des späten 18. Jahrhunderts, der Staatswissenschaftler und Historiker Joachim von Schwarzkopf (1795, S. 89) warnte zwar generell vor jeglicher „Staatskritik“, die schädlich sei; er räumte den zeitgenössischen Journalisten durchaus aber eine

Kritikfunktion ein, indem er befand: Wo „die erforderlichen Data und Prämissen bekannt“ seien, dürfe „auch der Zeitungsverfasser ein Urtheil kühnlich wagen“.

In den gedruckten Zeitungen fanden sich zu der Zeit bereits erste Kommentierungen. Als „Pionier“ gilt aus heutiger Sicht der evangelische Theologe Hermann Braess (1738–1797) aus Dettum (Wolfenbüttel), der in seiner ab 1786 erschienenen *Zeitung für Städte, Flecken und Dörfer*, wegen ihrer rot gedruckten Titelzeile auch *Rothe Zeitung* genannt, gelegentlich auch kommentierte, was ein absolutes Novum war und von der Obrigkeit geduldet wurde.

Anwälte

Als anwaltlicher Journalist ergreift der Autor Partei und setzt sich für die Interessen von Gruppen und deren Standpunkte ein, wenn diese in den Medien unterrepräsentiert sind. Der anwaltschaftliche Journalismus entstand in den 1960er Jahren in den USA. Journalisten setzten sich zum Ziel, die Öffentlichkeit für Probleme im Zusammenhang mit Konflikten rund um Bürgerrechtsbewegungen und Vietnamkriegsgegner zu sensibilisieren. Im deutschen Journalismus machte das Genre jedoch kaum Karriere (Weischenberg u. a. 2006, S. 107). Die Medien orientierten sich an massentauglichen Inhalten; Massentauglichkeit avancierte zum Erfolgskriterium. Heute besitzt das anwaltliche Engagement eine immer geringere Relevanz (Weischenberg u. a. 1994, S. 161), zumal Randgruppen inzwischen die Möglichkeit haben, sich via Internet zu artikulieren.

Interpretative Erklärer

Interpretativ agieren Journalisten, wenn sie Ereignisse erklären und mit Hintergrundinformationen anreichern. Der interpretative Journalist möchte objektiv berichten. Der Begriff Interpretativer Journalismus kam in Deutschland erst Anfang der 1980er Jahre auf; er stammt aus dem „Mutterland“ des Journalismus, den USA. Kurz nach dem Ersten Weltkrieg erschienen hier erste Zeitschriften, die tiefgründig über Ereignisse berichteten. Populär wurden diese Magazine besonders nach der Weltwirtschaftskrise 1929, als viele Menschen über die Hintergründe dieser Krise informiert werden wollten

Studien

Wie sehen Journalisten ihre Rolle in der Gesellschaft? Die Ergebnisse zweier repräsentativer Journalistenbefragungen in den Jahren 1993 und 2005, veröffentlicht im „Report über die Journalisten in Deutschland“, gaben Aufschluss (Weischenberg u. a. 2006). Danach hat sich das Rollenselbstbild der Zeitungsjournalisten gewandelt. Die Kritiker und „Kontrolleure“ sind auf dem Rückzug, reine Informationsjournalisten und News-Manager auf dem Vormarsch. Die Zahlen:

- Nur noch gute jeder zweite Journalist (57 Prozent) sieht sich in der Rolle als „Kritiker an Missständen"; rund 20 Jahre zuvor waren es noch 63 Prozent gewesen.
- Journalisten, die ihre Rolle darin sehen, sich für die Benachteiligten in der Bevölkerung anwaltlich einzusetzen, sind mit nur noch 29 Prozent in Tageszeitungen am Start; 1993 waren es noch 43 Prozent.
- Nur noch rund jeder vierte Journalist (24 Prozent) gab bei der Befragung „Politik, Wirtschaft und Gesellschaft kontrollieren" als leitendes Rollenselbstbild an; zum Vergleich: 1993 waren es noch 37 Prozent gewesen.
- Umgekehrt stieg der Anteil der Journalisten, die „möglichst neutral und präzise informieren" wollen, von 74 auf 89 Prozent an.
- „Komplexe Sachverhalte erklären und vermitteln" will mehr jeder dritte Journalist (80 Prozent; 1993 = 74 Prozent).
- Fast ebenso viel (74 Prozent) sehen ihre Rolle nunmehr darin, die „Realität genauso abzubilden, wie sie ist" (1993 = 66 Prozent).

Bredow-Studie von 2023

Ähnliche Zahlen zum Rollenverständnis von Journalisten liefert die Bredow-Studie aus dem Jahr 2023 auf Basis von 1.221 Journalistenbefragungen (Loosen u. a. 2023, S. 10): Den Kern ihres journalistischen Rollenverständnisses sehen Journalisten danach in der „neutralen Vermittlung verlässlicher Informationen, um Menschen zur Meinungsbildung zu befähigen" (87,2 Prozent), aber auch „Desinformation" entgegenzuwirken (85,9 Prozent), aktuelles Geschehen einzuordnen und zu analysieren (83,9 Prozent) und „unparteiisch zu beobachten" (80,9 Prozent). Wichtig ist es ihnen auch, „gesellschaftliche Missstände zu beleuchten" (76,6 Prozent) und das Publikum zu bilden (69,4 Prozent). Demgegenüber ist die ökonomische Orientierung eher zurückgegangen. Nur 54,9 Prozent der befragten Journalisten war es wichtig, Inhalte anzubieten, „die ein möglichst großes Publikum anziehen".

Rollenverständnis von Journalisten (Befragung von 1.200 Journalisten)	**%**
Informationen vermitteln, zur Meinungsbildung befähigen	87,2
Desinformation entgegen wirken	85,9
aktuelles Geschehen einordnen und analysieren	83,9
unparteiisch beobachten	80,9
gesellschaftliche Missstände beleuchten	76,6
Auswirkungen aktueller Ereignisse aufzeigen	70,5
das Publikum bilden	69,4
Rat, Orientierung, Hilfe für den Alltag bieten	60,3

die „Mächtigen" kontrollieren	57,6
Geschichten erzählen, die emotional berühren	56,2
die Möglichkeit geben, Ansichten zu artikulieren	55,8
zum gesellschaftlichen Zusammenhalt beitragen	54,9
Inhalte anbieten, die ein großes Publikum anziehen	54,9
Randgruppen und Minderheiten eine Stimme geben	51,9
zur Teilhabe am politischen Geschehen motivieren	43,2
Unterhaltung und Entspannung bieten	39,6
die öffentliche Meinung beeinflussen	13,3

Abb. 6.4: Journalisten sehen sich in erster Linie als Vermittler von Informationen. | [34]

6.1.5 Berufsethik von Lokaljournalisten

Woran kann sich der Journalist im Redaktionsalltag orientieren? Das Pressegesetz verpflichtet ihn zur Einhaltung journalistischer Sorgfaltspflichten; sie besagen, dass Nachrichten vor ihrer Veröffentlichung auf Herkunft, Inhalt und Wahrheitsgehalt überprüft werden müssen und nicht sinnverzerrt oder verfälscht dargestellt werden dürfen. Verstöße ziehen aber zunächst in der Regel allenfalls arbeitsrechtliche Konsequenzen nach sich. Ein Lokaljournalist wird üblicherweise nicht verklagt, weil er die neu gewählten Vorsitzenden eines Heimatvereins nicht auf die richtige Reihe bekommen hat (Jonscher 1995, S. 321).

Es gab daher bereits Anfang des 20. Jahrhunderts – und auch schon davor – Überlegungen, von welchen Einstellungen sich Journalisten bei ihrer Arbeit leiten lassen sollen. Eine Standesgerichtsbarkeit wurde in den 1920er Jahren diskutiert, letztlich aber nicht eingeführt. Stattdessen setzte die Branche Mitte der 1950er Jahre auf das Modell einer Art freiwilliger Selbstkontrolle im Pressewesen, ähnlich wie in der Filmwirtschaft.

Die journalistische Berufsethik ist geprägt von sittlichen Prinzipien und Regeln, sie appellieren an die menschliche Einsicht und sollen den Journalisten bei seiner täglichen Arbeit leiten. Im Pressekodex des 1956 gegründeten Deutschen Presserats haben sie ihren Niederschlag gefunden, gewissermaßen als ethische Leitplanken des Journalismus. Der Presserat, paritätisch (mit Journalisten und Verlegern) besetzt fungiert als Selbstkontrollorgan und „oberster Wächter" der journalistischen Arbeit.

Wichtige ethische Normen im **Pressekodex** sind beispielsweise die Wahrung der Menschenwürde, die Vertraulichkeit sowie der Schutz der persönlichen Ehre und der religiösen Überzeugung. Die journalistische Ethik umfasst danach diese publizistischen Prinzipien:

- Wahrhaftigkeit in der journalistischen Darstellung
- Objektivität durch emotionale Distanz zum Thema/Geschehen
- Neutralität bei der Berichterstattung, Sorgfalt bei der Recherche
- Achtung der Menschenwürde und des Persönlichkeitsrechts
- Vertraulichkeit gegenüber Informanten/Quellen
- Trennen von Redaktion und Werbung, das Kenntlichmachen von Werbung
- Das Richtigstellen von Falschmeldungen oder unwahren Behauptungen.

6.1.6 Berufszugang

Die scharfen Reglementierungen des Schriftleitergesetzes im Dritten Reich – das neben der staatlichen Zugangskontrolle bei Verstößen gegen „Berufspflichten" auch die Möglichkeit von Berufsverboten vorsah – waren nach 1945 ein Hauptgrund dafür, dass der Berufszugang zum Journalismus staatlicherseits ungeregelt, also prinzipiell frei blieb. Jeder sollte seine Meinung in Wort, Schrift und Bild sagen und verbreiten dürfen, war die Intention des Verfassungsgebers (BVerfG E 20, 162, 175 f.). Der prinzipiell freie Zugang zum Beruf des Journalisten basiert damit auf Erwägungen, die im Wesentlichen historisch legitimiert sind.

> **„Frei"** bedeutet jedoch nicht, dass der Zugang generell gewährleistet wäre, denn die berufliche Tätigkeit als Journalist setzt die Anstellung in einem Medienunternehmen oder wenigstens die Möglichkeit zur regelmäßigen freien Mitarbeit voraus. Das Internetzeitalter hat das Nadelöhrproblem seit den 1990er Jahren entschärft: Auch wer keine Anstellung in einem Medienbetrieb findet oder seinen Arbeitsplatz verliert, hat nun die Möglichkeit, journalistisch zu arbeiten und damit Einkommen zu erzielen.

Der Zugang zum Journalismus hängt damit entscheidend von der Zustimmung des jeweiligen Verlegers ab, denn ein rechtlicher Anspruch auf Mitarbeit lässt sich aus Artikel 5 des Grundgesetzes nicht ableiten, noch nicht einmal ein Anspruch auf Abdruck eines Artikels oder auf Veröffentlichung eines Leserbriefes. Die Entscheidungen über den Berufszugang liegen mithin in den Händen (relativ weniger) Medienunternehmer, die sich so eine Verfügungsgewalt über die Journalistenausbildung sichern. Die Folge: Sie können de facto – wie kaum in einer anderen Branche – in diesem gesellschaftlich wichtigen Berufsfeld Ausbildungsbedingungen, -ziele und -inhalte selbst bestimmen, nach eigenem Gutdünken und nach eigenen Erfordernissen ausrichten (Jonscher 1995, S. 330).

6.1.7 Berufsanforderungen

Welche Eigenschaften, Fähigkeiten und Qualifikationen muss ein Journalist haben, was müssen Journalisten können und was müssen sie wissen? Die Meinungen gehen hier auseinander – und das ist nicht neu.

Meinung | Wahrheitsliebe

Bereits im 17. Jahrhundert machten sich Zeitungstheoretiker wie Weise (1676), Peucer (1690) oder Stieler (1695) Gedanken über die „Zeitungs-Schreiber" und deren „Eignung", die auch als **moralische Kategorie** gesehen wurde. Die „Wahrheitsliebe" ist für Peucer (1690) das Fundament eines „guten" Zeitungstextes (S. 5). „Verstand und Urteilskraft" seien vonnöten, um „glaub- und denkwürdige Tatsachen von unbedeutenden oder unwahren Nachrichten oder Gerüchten zu unterscheiden" (Peucer 1690, S. 4).

Kluge Leute

Kaspar von Stieler (1695) forderte: Zeitungsschreiber müssten kluge Leute sein, „die das Wichtige und Weitaussehende von Lappalien zu unterscheiden wüsten" (Stieler, S. 70); ferner müssten sie „unparteyisch seyn" (S. 122).

Glaubwürdig und vernünftig

In Zedler's Universal-Lexikon von 1749 heißt es unter dem Stichwort Zeitungsschreiber: Erwartet wird vom Lokaljournalisten, dass er „unpartheyisch [sei] und die Sprachen, Historie, Genealogie und Geographie wohl verstehe". Darüber hinaus wurden bereits besondere Anforderungen an seine Charaktertugenden gestellt: „Überhaupt soll er alle Eigenschaften eines glaubwürdigen und vernünftigen Geschichtsschreibers haben."

Reicht „Klugheit" allein für einen Journalisten aus? Lange fehlte es in der deutschen Presse der Einsicht, dass eine fundierte Ausbildung, ein sogenanntes Volontariat, im Journalismus überhaupt nötig sei. Das Berufsbild war von Maßstäben wie Begabung und Talent geprägt – und ist es noch heute. So urteilte beispielsweise der 1910 gegründete Reichsverband der deutschen Presse kategorisch: „Der journalistische Beruf setzt eine eigene Berufsbegabung voraus."

Das ist lange nicht bezweifelt worden. Redakteur konnte sich nennen, wer sich dazu berufen und begabt genug fühlte. Die Vorstellung von einem „offenen Begabungsberuf" ist bis heute nicht revidiert worden.

Meinung | Opferbereiter Idealismus

Abb. 6.5: Emil Dovifat (1890–1969). | [35]

Der Zeitungswissenschaftler Emil Dovifat erklärte Mitte der 1960er Jahre in den von der Bundesanstalt für Arbeit herausgegebenen *Blättern zur Berufskunde* (1965): „Der Beruf fordert eine eigene stilistische Kraft und Ausdrucksfähigkeit von charaktervoller und tiefgreifender Wirkung [...]. Er verlangt ein hohes Maß an opferbereitem Idealismus und moralischer Grundsatzfestigkeit sowie den ganzen Einsatz der Person. Widerstandsfähige, größten Arbeitsanforderungen standhaltende Gesundheit, starke Nerven, Ruhe, Beweglichkeit [...] keine Gehbehinderung, gepflegtes Äußeres."

Doch da hatte der Reichsverband der deutschen Presse das **Volontariat** bereits längst zur gängigen Ausbildungsform erklärt (was der Begabungsthese nicht widerspricht). Im Jahr 1913 fiel die Entscheidung. Als formale Voraussetzungen dafür, den Journalistenberuf optimal auszuüben, werden seither eine entsprechende Vorbildung (mindestens Abitur, möglichst abgeschlossenes Hochschulstudium oder eine Ausbildung in einem anderen Beruf) und vor allem ein breites Allgemeinwissen genannt. Darüber hinaus erfordere die Ausübung des Journalistenberufs ein „hohes Maß an persönlicher und beruflicher Qualifikation", bemerkte der Deutsche Journalistenverband (DJV) 2015 zum Berufsbild des Journalisten.

Die journalistische Berufsausübung setze „besondere Fähigkeiten" voraus und werde durch „persönliche Eigenschaften geprägt", so der DJV. Dazu zählen laut DJV insbesondere

- soziales und gesellschaftspolitisches Verantwortungsbewusstsein,
- logisches und analytisches Denken,
- sprachliche Ausdrucksfähigkeit und -sicherheit,
- Einfühlungsvermögen und Kreativität,
- Kontaktfähigkeit und Bereitschaft zur Zusammenarbeit,
- Konflikt- und Kritikfähigkeit.

Die Art und Weise, wie diese Charaktereigenschaften und Wesenszüge des Journalisten in welchem Maße ausgebildet sind, beeinflusst in der Praxis die Berichterstattung. Ein Beispiel: Wer kritisch und unabhängig berichten soll, muss konflikt- und kritikfähig und dazu bereit sein, sich von äußeren Einflussfaktoren gegebenenfalls zu lösen, um Unstimmigkeiten, Widersprüche und Fehlverhalten nicht nur zu erkennen, sondern auch, dem journalistischen Impetus folgend, aufzugreifen.

Für Schneider & Raue (2012) benötigt ein Journalist fünf Eigenschaften, die überwiegend angeboren seien und „einem Erwachsenen nicht mehr zu vermitteln“: 1. Neugier, 2. Streitlust, 3. Standfestigkeit („bereit sein, sich Feinde zu machen und auch zu seinen Freunden kritische Distanz zu wahren, sobald man über sie schreibt“), 4. Misstrauen, 5. Frei von Hochmut. Schließlich benötige ein Journalist auch **Begabung**: ein gewisses Maß an Intelligenz und Sprachtalent sowie einen „hurtig arbeitenden Verstand“ und schließlich die Fähigkeit, mit Drucksituationen aller Art umzugehen: „Die Langsamen, die Mimosen und die Schüchternen sollten den Beruf wohl nicht ergreifen“ (S. 16).

Ein Lokaljournalist, der Informationen weitergeben und kommentieren soll, benötigt neben eigenen Kenntnissen auch die Fähigkeit, sich Kenntnisse anzueignen. Dazu soll aber, nach allgemeiner Auffassung, nicht unbedingt ein Hochschulstudium erforderlich sein. Vor einer solchen Akademisierung wurde – und wird – in der Branche regelrecht gewarnt: Der Berufszugang werde dadurch ohne Grund unnötig erschwert.

Meinung | Bewährte Autodidakten

Die Ansicht, „ein Fachgelehrter sei an und für sich auch schon ein vollendeter Journalist, ist irrig“, stellte Johannes Frizenschaf (1901) in seinem Handbuch *Die Praxis des Journalisten* (S. 57) fest. Gerade die (unausgebildeten) Autodidakten hätten „sich in der Presse vielfach bewährt“, während bei Akademikern verstärkt die Gefahr bestehe, dass sich beim ihm „eine Fülle von Gedanken [...] derart stoßen und drängen, dass er vor lauter Gedanken und Plänen nicht zum Schreiben kommt“ (S. 61). Und Siegfried Junker (1915) stellte in seinem „Grundriß der Journalistik“ fest, es gebe „keine Hochschule der Welt, die imstande wäre, alles dem Redakteur nötige Wissen und Können zu übermitteln“ (S. 5).

6.2 Berufs- und Sozialstatistik

6.2.1 Erste Ansätze

Begründet durch das seit jeher geringe Ansehen ihrer Tätigkeit, fand die soziale Situation der „schreibenden Zunft“ lange wenig Beachtung. Erst 1910 regte der Soziologe Max Weber eine *Enquete über das Zeitungswesen* an, um eine empirische Grundlage für eine Soziologie des Zeitungswesens zu erarbeiten. Doch dazu kam es nicht. Auch Alfred Scheel, der die erste deutschsprachige Kommunikatorstudie mit dem Titel „Die Enquete über den Redakteursstand" in den Mitteilungen des Reichsverbandes der deutschen Presse (RdP) im Jahr 1912 ankündigte, konnte sein Vorhaben nicht vollenden: Seine schriftliche Befragung stieß auf Misstrauen und Widerstand und scheiterte schließlich 1914, als der Krieg dazwischen kam. Es folgten Studien, die sozialstatistische Daten aus Fachzeitschriften und Verbandsunterlagen auswerteten.

Hintergrund | Statistik von 1927

Eine der ersten Berufsstatistiken, erhoben vom Reichsverband der Deutschen Presse, datiert aus dem Jahr 1927. Danach hatten 11 Prozent der Zeitungsredakteure einen Volksschulabschluss (häufig waren dies ehemalige Setzer und Drucker, die als Alleinredakteure an Kleinstadtzeitungen tätig waren), 26 Prozent hatten eine höhere Schule besucht und 63 Prozent ein Universitätsstudium absolviert. Ein ähnliches Ergebnis fand Rudolf Oebsger-Röder (1936) für die Zeit nach 1933 bei seinen „Untersuchungen über den Bildungsstand der deutschen Journalisten".

Die Situation nach 1945

Auch nach 1945 änderte sich das geringe Interesse an den Journalisten kaum. Erste Aufschlüsse lieferte 1956 eine Untersuchung des Instituts für Publizistik der Universität Münster („Die soziale Lage des deutschen Journalistenstandes"), bei der 349 rheinisch-westfälische Journalisten an Tageszeitungen und Zeitschriften schriftlich befragt wurden. 46 Prozent der befragten Redakteure und 42 Prozent der freien Mitarbeiter waren danach erst nach dem Krieg Journalisten geworden, die meisten von ihnen hatten vorher einen anderen Beruf ausgeübt (Lehrer, Schauspieler, Offizier usw.). Das Durchschnittsalter lag bei 40 Jahren. Etwa jeder dritte freie Journalist und jeder vierte Redakteur hatte kein Abitur. 59 Prozent der Redakteure, die eine Hochschule besuchten, schlossen ihr Studium nicht ab (Walter Hagemann 1956). Eine intensivere Erforschung der sozialen und beruflichen Situation der Journalisten setzte erst 20 Jahre später, Mitte der 1970er Jahre, ein.

Zahlen von 1977

Eine erste größere Studie über Lokaljournalisten („Journalismus und kommunale Öffentlichkeit") unternahm 1977 die Arbeitsgemeinschaft für Kommunikationsforschung im Auftrag der Bundeszentrale für politische Bildung.; befragt wurden 503 Journalisten, von denen 67 Prozent im Lokalressort tätig waren. Danach hatten Lokalredakteure im Durchschnitt eine schlechtere formale Bildung als andere Redakteursgruppen und wurden im Durchschnitt auch schlechter bezahlt. Nur 50,5 Prozent der Befragten hatten als formalen Abschluss Abitur, 42 Prozent mittlere Reife, 7,5 Prozent hatten einen Hauptschulabschluss und nur 7,8 Prozent einen akademischen Abschluss.

6.2.2 Beschäftigtenzahlen

Die Zahl der Erwerbstätigen, die sich als „Journalisten" bezeichnen, nahm bundesweit zwischen 1970 und 1987 um etwa 16.000 auf 40.000 zu. Rund 14.500 arbeiteten an Tageszeitungen; ihre Zahl stieg in der Folge an. Die Studie „Journalismus in Deutschland 2005" kommt auf eine Zahl von knapp 17.000 hauptberuflichen Zeitungsjournalisten (Weischenberg u. a. 2006, S. 349). Die am Hamburger Hans-Bredow-Institut entstandene Studie „Journalismus in Deutschland 2023", gefördert von der Deutschen Forschungsgemeinschaft (DFG), kommt auf Basis einer „qualifizierten Schätzung" auf eine Gesamtzahl von ca. 39.800 Journalisten in Deutschland, von denen 28,5 Prozent (= 11.340) an Tageszeitungen arbeiten (Loosen u. a. 2023). Befragt wurden 1.221 repräsentativ ausgewählte Journalisten aus allen Sektoren der Branche: Tageszeitungsredakteure (28,5 Prozent), Radio- und Fernsehjournalisten (ca. 33 Prozent) und auch Agenturkollegen (ca. 7 Prozent).

- Ihre Zahl ist rückläufig. Nach Angaben des Bundesverbandes der Digitalpublisher und Zeitungsverleger (BDZV) arbeiteten im Jahr 2020 noch 11.188 Redakteure an deutschen Tageszeitungen, hinzu kamen ca. 900 Volontäre.
- Geht man von ca. 1.400 lokal unterschiedlichen Zeitungsausgaben aus, müssen in den Lokalressorts bundesweit schätzungsweise mindestens 5.000 Lokaljournalisten arbeiten, vermutlich jedoch mehr. Bei einer üblichen Zwei-Drittel-Quote wären das ca. 7.500.

Alters- und Beschäftigungsstruktur

Journalisten sind der Bredow-Studie (2023) zufolge im Durchschnitt 45,3 Jahre alt und damit älter als andere Angestellte bzw. Beschäftigte des Öffentlichen Dienstes (40 bis 42 Jahre).

Das relativ hohe Alter ist ein Thema im Printjournalismus, der auf jüngere Zielgruppen zielt. Nicht wenige Lokalredaktionen gelten, gemessen an ihrem Zielpublikum, als „überaltert" und nicht mehr kompatibel mit dessen Einstellungen und Interessen, was dazu führen kann, dass sie „am Publikum vorbei" schreiben. Ein Grund ist der hohe Anteil von älteren, festangestellten Redakteuren, die nach Abschluss ihres Volontariats einen unbefristeten „Rentenvertrag" erhalten hatten und diesen auch erfüllen, ohne vorzeitig auszuscheiden. Gründe hierfür sind zum einen a) in einer insgesamt größeren Arbeitszufriedenheit zu finden sowie b) in eher unattraktiveren Vorruhestandsangeboten. Die „Überalterung" hat zudem auch finanzielle Aspekte und Einfluss auf die Personalkosten für Lokalredaktionen, da ältere Kollegen in aller Regel noch nach Tarifsätzen bezahlt werden, die nach Berufsjahren gestaffelt sind.

Die Zahlen der Bredow-Studie von 2023 bestätigen das. Die meisten Journalisten verfügen danach über eine längere Erfahrung in ihrem Job; im Durchschnitt arbeiten sie seit 19,9 Jahren in ihrem Beruf.

- 89,4 Prozent arbeiten in Vollzeit; insgesamt haben 80,3 Prozent eine feste Stelle. Von ihnen hat die große Mehrheit einen unbefristeten Arbeitsvertrag.
- Der Anteil an zeitlich befristeten Stellen stieg allerdings innerhalb von acht Jahren deutlich an: von 7,3 Prozent auf 14,5 Prozent.
- Eine deutliche Mehrheit (82,0 Prozent) verdient ihr gesamtes Einkommen mit Journalismus (Loosen u. a. 2023, S. 8).

6.2.3 Aus- und Vorbildung

Journalisten müssen „kluge Leute“ (Kaspar von Stieler 1695) sein, um intellektuell auf der Höhe zu sein. Ein Hochschulstudium gilt üblicherweise als hinreichendes Indiz für eine solche „Klugheit.

Die Bredow-Studie aus dem Jahr 2023 belegt das. Deutsche Journalisten sind danach in der Regel akademisch ausgebildet: 54,7 Prozent verfügen über einen Hochschulabschluss wie Magister, Master oder Diplom und 12,4 Prozent über einen Bachelor-Abschluss. Weitere 3,1 Prozent haben einen Doktortitel. 7,7 Prozent haben ein Hochschulstudium begonnen, aber nicht abgeschlossen (Loosen u. a. 2023, S. 8). Die Zahlen sind praktisch identisch mit denen der Kommunikatorstudie „Journalismus in Deutschland“ (Weischenberg u. a. 2006, S. 353) aus dem Jahr 2006. Auch damals war der Journalismus eine Branche für akademische Seiteneinsteiger, die ihr Studium vorzeitig beendeten, um bei der Presse ihr Glück zu versuchen (15 Prozent der Befragten).

Hintergrund | Volontariat als „Königsweg“

Die große Mehrheit der Journalisten hat eine klassische journalistische Ausbildung durchlaufen. Ein Volontariat hat der Loosen-Studie (2023) zufolge 77,5 Prozent absolviert; in der Weischenberg-Studie von 2006 war es 60 Prozent. 15,7 Prozent haben eine Journalistenschule besucht. Erfahrungen in Praktika oder Hospitationen haben 75,3 Prozent der Befragten gesammelt.

Akademiker mieden lange Zeit das lokale Ressort weitestgehend, dem ein Image als „Vorschule“ für den Journalisten anhaftete, als „Sammelplatz für Gescheiterte“ (Edgar Thielemann: Der Lokalredakteur. Sozialprofil, Ausbildung und Selbstverständnis. 1972). An der Meinung hat sich bis heute nur wenig geändert, dafür aber die Lage am Arbeitsmarkt für Journalisten. Stellen in den klassischen Mantelressorts der Zeitungen wie Wirtschaft oder Kultur wurden – aufgrund redaktionsinterner Umstrukturierungen – rarer, die Lokalredaktion hingegen verlor deutlich weniger Redakteursstellen. Auch in den Lokalressorts der Zeitungen, die auf Dauer sichere Arbeitsplätze versprechen, finden sich deshalb zunehmend mehr Akademiker. Zahlen hierzu gibt es nicht.

6.3 Arbeitssituation von Lokaljournalisten

6.3.1 Berufliche Sozialisation

Arbeitssituation und Berufsrolle des Lokalredakteurs wurden in der Zeitungswissenschaft lange kaum thematisiert; nur sporadisch finden sich in der Literatur, ausgehend vom 17. Jahrhundert, klischeehafte Betrachtungen über Journalisten, alsbald auch praktische Hinweise für die Redaktionsarbeit.

Erst zu Beginn der 1970er Jahre wurde die Berufsrolle des Lokalredakteurs auch Gegenstand empirischer Studien. Waren bis dahin offenkundige Defizite in der Berichterstattung im Wesentlichen den persönlichen Unzulänglichkeiten einzelner Lokalredakteure zugeschrieben worden, richtete sich der Blick nun auch auf andere Einflüsse durch äußere Bedingungen, unter denen sich der alltägliche Lokaljournalismus vollzieht.

Hervorzuheben ist hier zunächst die berufliche Integration der Lokaljournalisten in ihre Printunternehmen, die sie angestellt haben, genauer: in die Handlungs- und Entscheidungsstrukturen der Redaktionen. Ihnen haben sie sich anzupassen. Kepplinger (1979) sah als Folge eine „große Konsonanz der Journalisten", eine „Homogenität ihrer Vorstellungen von sozialen Problemen" und eine „Enge ihres Meinungsspektrums". Er führt dies auf „Anpassungsmechanismen" zurück, deren Ursachen und Folgen den betroffenen Akteuren aber kaum bewusst seien.

Allein schon arbeitsvertraglich haben sich Lokaljournalisten bei ihrem Eintritt in die Redaktion bestimmten Mitgliedschaftsregeln zu unterwerfen (Rühl 1979, S. 247). Als da wären

- die Verpflichtung auf eine bestimmte Arbeitszeit, ein Aufgabengebiet, eine Grundhaltung der Zeitung sowie redaktionelle Richtlinien;
- die Anerkennung der Entscheidungsrechte der Redaktionsleitung;
- die Identifikation mit der Redaktion, insbesondere durch ein angemessenes Auftreten zur Repräsentation der Zeitung.

Anpassung an Kollegen

Journalisten unterhalten sich häufiger als die Angehörigen vieler anderer Berufsgruppen mit ihren Kollegen über berufliche Themen und Probleme. Sie holen sich im Zweifel eine „zweite Meinung" ein, um sich abzusichern. Ein Grund besteht darin, dass es im Journalismus zumeist nicht um objektiv nachvollziehbare 1:0-Berichterstattung geht, sondern um zu deutende Grauzonen, ohne vorgegebenes Endresultat wie im Sportjournalismus. Insofern besteht bei Journalisten, aus einem Schutzbedürfnis heraus, ein Bedürfnis, eigene Wahrnehmungen mit denen von Kollegen abzugleichen, um allzu offenkundige „Fehler" und deren Folgen zu vermeiden. Die Kenntnis der Kollegenmeinungen hat aber zur Folge, dass sich mit der Zeit „gemeinsame Urteilsgrundlagen" herausbilden und eine „gegenseitige Anpassung der Auffassungen" (Kepplinger 1979, S. 14).

Zum anderen neigen Journalisten dazu, auch im Nachhinein die Berichte anderer Medien und Berufskollegen mit eigenen zu vergleichen, um eine Bestätigung ihrer eigenen Entscheidungen zu erhalten. Wobei als „Erfolg" bewertet wird, wenn Kollegen ein Thema gleichartig akzentuiert haben. Laut Kepplinger (1979) führt ein solches Verhalten zu einem Pingpong-Effekt und letztendlich dazu, dass Journalisten bei ihren Entscheidungen Kollegenentscheidungen wechselseitig zu antizipieren suchen und sich von diesen vermuteten Entscheidungen in ihrem eigenen Verhalten erheblich leiten lassen (Kepplinger 1979, S. 14).

Das bestätigen Journalisten. Laut der Hamburger Bredow-Studie von 2023 gaben 27,2 Prozent der Befragten im Zusammenhang mit „wahrgenommenen Einflüssen" bei ihrer Arbeit die Meinungen Reaktionen von Redaktionskollegen an, noch vor dem Feedback des Publikums (21,1 Prozent) und dem Blick auf konkurrierende Medienbetriebe (11,1 Prozent).

Einflüsse bei der Arbeit

Journalismus vollzieht sich nicht isoliert; Aufgabe des Journalisten ist es ja gerade, möglichst viele Quellen zu kontaktieren und möglichst vielfältige Informationen über Institutionen und Personen im redaktionellen Umfeld zu sammeln und diese dann im Austausch mit anderen Kollegen und Vorgesetzten innerhalb einer Redaktion zu verarbeiten. Typisch für seine Arbeit sind deshalb unterschiedlichste Einflüsse aus verschiedensten Richtungen und Quellen; sie können produktiv, aber auch kontraproduktiv sein, positiv und negativ.

Laut der Hamburger Bredow-Studie aus dem Jahr 2023 stören sich Journalisten bei ihrer Arbeit vor allem an einem Zeitdruck, dem sie sich ausgesetzt fühlen (57,9 Prozent). Die Meinungen von Vorgesetzten (32,4 Prozent) oder gar der Geschäftsführung ihres Medienbetriebs (11,9 Prozent) spielen ebenfalls eine marginale Rolle, ebenso wie Marktdaten über Einschaltquoten oder Auflagenhöhen (30,6 Prozent), während der Einfluss von Kollegen in der Redaktion (27,2 Prozent), das Feedback vom Publikum (21,1 Prozent) und Reaktionen v on Interessengruppen wie z. B. Gewerkschaften (4,1 Prozent) deutlich weniger Gewicht haben (Loosen u. a. 2023, S. 13/14).

Einflüsse auf die journalistische Arbeit (Befragung von 1.220 Journalisten)	%
Zeitdruck	57,9
journalistische Ethik	48,4
persönliche Werte und Überzeugungen	39,6
Meinungen von Vorgesetzten	32,4
Marktdaten (Quoten, Auflagenhöhen)	30,6
Kollegen in der Redaktion	27,2
Blattlinie bzw. redaktionelle Leitlinie	25,5
Feedback vom Publikum	21,1
persönliche Beziehungen zu Quellen	17,5
Profiterwartungen	17,2

Geschäftsführung des Medienbetriebs	11,9
konkurrierende Medienbetriebe	11,1
Interessengruppen (z. B. Gewerkschaften)	4,1
Freunde, Bekannte und Verwandte	3,4

Abb. 6.6: Die Arbeit von Journalisten vollzieht sich nicht im „luftleeren Raum", es wirken permanent Einflüsse auf sie ein. | [36]

Autonomie

Laut der Bredow-Studie (2023) schätzen die meisten der befragten Journalisten ihre persönliche Autonomie bei der Arbeit hoch ein. Bei der Auswahl der Themen fühlen sich 62 Prozent frei. Wenn es darum geht, bestimmte Aspekte einer Geschichte hervorzuheben, sind 74,7 Prozent der Auffassung, frei zu agieren (Loosen u. a. 2023, S. 13).

Risiken und Gefahren

Insgesamt ist laut der Bredow-Studie (S. 15) eine hohe Stressbelastung unter Journalisten zu erkennen:

- Nahezu jeder Zweite gibt an, in den vergangenen sechs Monaten „oft oder sehr oft" unter Stress bei der Arbeit gelitten zu haben (49,8 Prozent).
- Die Mehrheit der Befragten hat in den letzten fünf Jahren zudem „erniedrigende oder hasserfüllte Äußerungen" (58,9 Prozent) und „öffentliche Diskreditierung" ihrer Arbeit (62,1 Prozent) erlebt.
- Andere Drohungen oder Einschüchterungsversuche sind 26,5 Prozent der Journalisten in diesem Zeitraum widerfahren.
- Mobbing am Arbeitsplatz haben 15,7 Prozent der Befragten erlebt.
- Außerdem befürchtete jede zehnte befragte Person, in den nächsten zwölf Monaten ihren Job im Journalismus zu verlieren (10,3 Prozent).

Arbeitszufriedenheit von Lokaljournalisten (Index: 1 = sehr zufrieden; 6 = sehr unzufrieden)	**%**
eigene Vorschläge einbringen können	1,5
Kritik einbringen können	1,8
Verhältnis zu Kollegen	2,1
Verhältnis zu Vorgesetzten	2,2
Selbstbestimmung der Arbeitszeit	2,7

politische Linie der Zeitung	2,8
berufliche Sicherheit	2,9
Zeitbudget für Recherchen	3,4
Arbeitsbelastung	3,6
Aufstiegsmöglichkeiten	3,7
Weiterbildungsmöglichkeiten	4,3

Abb. 6.7: Laut einer Studie aus dem Jahr 2014, in der 55 Lokaljournalisten des „Münchner Merkur" befragt wurden, waren diese insgesamt mehr oder weniger zufrieden mit ihren Arbeitsbedingungen. | [37]

Trolle - Feinde des Lokaljournalisten

Lokaljournalisten sehen sich, wie die Bredow-Studie zeigt, „hasserfüllten Äußerungen" und Verunglimpfungen ausgesetzt, verbreitet von sogenannten „Trollen", die im Internet ihr Unwesen treiben und sich auch auf Internetportalen von Tageszeitungen austoben. Ihre in der Frühphase des Onlinegeschäfts noch freigeschalteten Kommentarfunktionen lockten die Störenfriede in Scharen an – was, am Rande bemerkt, für Zeitungen einen zunächst nicht unerwünschten Nebeneffekt hatte: Jeder Leser konnte nach Herzenslust Dampf ablassen, gerade „gehatete" Artikel erzielten hohe Clickzahlen. Inzwischen haben Zeitungen hier einen Riegel vorgeschoben. Nur noch registrierte Abonnenten haben die Möglichkeit, sich unter imaginären Phantasienamen in den Kommentarfunktion auszutoben.

Hintergrund | Spaßvögel, Rächer & Hater

Der Begriff Troll stammt aus dem Englischen und hat inzwischen eine eigene Wortbedeutung: jemanden trollen heißt, ihn zu diskreditieren und bloßzustellen. Bereits seit den 1990er Jahren sind die Trolle im Netz unterwegs. Grob unterschieden werden die Spaßvögel, die Rächer und die Hater. Eine Studie belegt: Es sind meist jüngere, isoliert lebende Männer, die sich im Netz ausleben. Sie haben kein Interesse an faktenbasierten Diskussionen, sie leitet schlichtweg der Spaß am Stören, Beleidigen und Verunglimpfen (Alexander Bor & Michael Bang Petersen: Die Psychologie der politischen Feindseligkeit im Internet. In: Engineering & Technology 2021). Daneben weisen Trolle oft auch sadistische Wesenszüge auf. Sie erfreuen sich an der Aufregung, die sie auf ihren Schlachtfeldern hinterlassen; die Empörung und Wut der Leidtragenden amüsiert sie (Erin Buckels u.a.: Trolls just want to have fun. In: Personality and Individual Differences. 67/2014, S. 97–102).

Lokaljournalisten sind beliebte Zielscheiben für Trolle; sie sind einem breiteren Publikum bekannt und bieten persönliche Angriffsflächen. Und sie können sich als Autoren nicht aus einer Community ausklinken. Um sich zu schützen, sind manche längst dazu übergegangen, sich hinter Autorenkürzeln zu verbergen. Autorenzeilen werden im Onlinejournalismus zudem, anders als in Printausgaben, nicht über einem Beitrag, sondern möglichst unauffällig am Ende platziert – und damit aber direkt vor dem „Tobeplatz" der Trolle: der Kommentarfunktion.

Trolle agieren in einer rechtlichen Grauzone, wenn sie in Meinungsäußerungen verpackte Diffamierungen in die Welt setzen. Onlinezeitungen sind unter Druck. Sie sind verpflichtet, schädliche Inhalte aus ihren Portalen zu eliminieren; andererseits müssen sie beim Betätigen der Löschtaste vorsichtig sein. Denn auch die Meinungsäußerungen von Trollen sind grundrechtlich geschützt. Laut Bundesverfassungsgericht (BVerfG, Az. 1 BvR 194/13) endet die Meinungsfreiheit von Trollen aber dort, wo andere Grundrechte betroffen sind: die freie Entfaltung der Persönlichkeit anderer Menschen oder deren persönliche Ehre (Art. 5 Abs. 2 GG). Wann die Grenzen der Meinungsfreiheit überschritten sind, muss insofern eine Redaktion im Einzelfall abwägen.

Hintergrund | Kontrollierter Zugang

Um Portale zu schützen, ist ein kontrollierter Zugang unerlässlich: eine Autorisierung per E-Mail, unter Angabe persönlicher Daten, die eine Identifizierung ermöglichen. Indem nur registrierte Nutzer zugelassen werden, ist es auch möglich, einzelne Trolle seitens der Administratoren zu sperren und ihre Zahl somit zu begrenzen. Einen absoluten Schutz gibt es nicht.

6.3.2 Soziale Nähe zum Rezipienten

Anders als seine Kollegen in anderen Zeitungsressorts wohnt und lebt der Lokaljournalist in dem Milieu, über das er berichtet, ist Mitglied in Vereinen und kennt oft viele Bewohner privat, zumindest die aus seinem Dorf oder seinem Stadtviertel (Kluthe 1973, S. 114). Er ist damit „identifizierbar", haftbar zu machen für seine Arbeit und muss mit seiner Berichterstattung leben: Tagtäglich wird er damit konfrontiert. Jacobi (1992, S. 21) schreibt: „Lokaljournalisten sind, je kleiner die Gemeinde ist, bekannt wie bunte Hunde. Sie sind [...] selbst Teil des sozialen Systems, über das sie kritisch berichten sollen." Das sei ein Grunddilemma lokaler Berichterstattung.

Meinung | Gegner und Freunde des Kleinstadtredakteurs

Der Journalist Walter Weilshaeuser klagte in seinem Beitrag über „Gegner und Freunde des Kleinstadtredakteurs" (1930, Sp.362): „In der Kleinstadt sitzen Zeitung und Redakteur auf dem Tablett. Hinz und Kunz glauben, sich an sie heranmachen zu dürfen, wenn etwas geschrieben wird, das ihnen nicht passt."

Welche Auswirkungen diese soziale Nähe auf die Berichterstattung hat, haben Dorsch & Roegele in ihrer Studie „Zeitungswettbewerb in der Region München" (1986) untersucht. Ihrer Meinung nach besteht der Vorteil einer starken Eingebundenheit in das System darin, dass der Lokalredakteur Zugang zu allen wichtigen Informationen hat; der Nachteil sei jedoch, „dass er an beruflicher Distanz verliert, die allein ihn in die Lage versetzt, die Informationsauswahl nach journalistischen Prinzipien zu treffen".

Richtig ist aber auch: Je kleiner und überschaubarer ein Ort ist, desto „privater" wird die lokale Öffentlichkeit, was zur Folge haben kann, dass sich die Berichtsmöglichkeiten für den Lokaljournalisten fast schon proportional verringern: Informationen, die er im Verein oder am Stammtisch, erfährt, darf er oft nicht journalistisch verwerten, will er sein gesellschaftliches Ansehen in der Gemeinde und das Vertrauen seiner Gesprächspartner nicht verlieren (Dorsch & Roegele 1986, S. 156).

Nachvollziehbar manifestiert sich die **Nähe zwischen Journalisten und lokalen Eliten** durch gemeinsame Mitgliedschaften in sozialen Netzwerken wie *Facebook* & Co., wenn Journalisten und Politiker sich öffentlich als „Freunde" zu erkennen geben und sich gegenseitig „liken". Zeitungsleser mag das irritieren.

6.3.3 Beziehungen zu lokalen Eliten

Über die „normalen" sozialen Kontakte hinaus entwickeln Lokaljournalisten rege dienstliche und außerdienstliche Kontakte auch zu Mitgliedern der lokalen „Elite", den auch als „Honoratioren" oder „Schlüsselpersonen" des kommunalen Lebens bezeichneten „Macht- und Herrschaftsträgern" (Bürgermeister, Vereins- oder Parteivorsitzende, Gemeindedirektoren, Amtsleiter, Amtsrichter, Unternehmer, Gewerkschaftsbosse, Polizeichefs, Schuldirektoren, Pastoren usw.) an den Schaltstellen kommunaler Megaentscheidungen, die sich permanent untereinander an Stammtischen, in elitären Herrenclubs, in Vereinen oder bei losen Zusammenkünften über jeweils aktuelle Angelegenheiten verständigen – und dabei aufgrund ihres herausgehobenen sozialen Status , insbesondere in kleineren und mittleren Städten, oft mehr Macht und Einfluss in einer Kommune ausüben, als sich dieses demokratietheoretisch legitimieren ließe (Kurp 1994, S. 47).

Hintergrund | Die Angesehenen

Der Begriff „Honoratioren" entstammt der Kanzleisprache des 17. Jahrhunderts; er leitet sich ab vom lateinischen Honoratiores („die Angesehenen"). Auch der Begriff „Elite" tauchte ungefähr zur gleichen Zeit auf; er wurde zunächst zur Bezeichnung von hochwertigen und teuren Waren, vor allem von Stoffen („Elitegarn") verwendet. Erst allmählich begann man, den Begriff auch auf soziale Zusammenhänge anzuwenden. Zur Zeit der Französischen Revolution wurden mit élite Personen bezeichnet, die sich (im Gegensatz zu Adel und Klerus) ihre gesellschaftliche Position selber verdient hatten. Bis heute muss eine Elite nicht notwendigerweise aus Mitgliedern privilegierter sozialer Schichten bestehen.

Lokale Eliten agieren nicht nur im Hintergrund. Sie sind auch in der lokalen Berichterstattung identifizierbar, wie Studien zeigen (Ronneberger & Wolz 1974; Rager 1982; Murck 1983). Sie fallen auf dort durch eine überdurchschnittlich hohe Präsenz, als Bestandteil einer Berichterstattungsroutine der Lokalreporter, die Eliten fast schon reflexartig in ihren Berichten erwähnen, sobald diese irgendwo auftauchen, und sei es nur als geladene Ehrengäste bei Schützenfesten oder Vereinsversammlungen. Selbst ohne Redebeitrag schaffen sie es in den Bericht wohin sie ihrer eigenen Meinung nach auch gehören.

Meinung | Kollektive Eitelkeiten

Bürgermeister, berichtete Theodor Eschenburg (1965) Mitte der 1960er Jahre, würden „zu Veranstaltungen eingeladen, damit die Veranstalter sich selber ehren". Die Tatsache, dass man ihn nicht begrüßen könne, stelle eine „Wertminderung" der gesamten Veranstaltung dar. Es handele sich hier mithin im Wesentlichen um eine „Kollektiveitelkeit".

Andererseits werden Eliten auch überaus häufig von Journalisten – als Informationsquellen – kontaktiert (Ronneberger & Wolz 1974, S. 26).

Was tun Eliten?

Um die Rolle der **Honoratioren** in der lokalen Politik richtig einordnen zu können, ist ein Rückblick auf die Anfänge der **kommunalen Selbstverwaltung** in Deutschland nötig. Sie hatte sich – im Anschluss an die napoleonische Besatzungszeit – nach Inkrafttreten der **Stein'schen Städteordnung** im Jahr 1808 herausgebildet und garantierte den Kommunen weitgehende Freiheiten, damit sie aus einer gewissen Urkraft heraus den Staat stärken; um eine Basisdemokratisierung ging es dem Reformer Lorenz von Stein (1815–1890) dabei jedoch keineswegs. Das kam erst viel später. Stein sah vielmehr im Besitzbürgertum, in der kommunalen Oberschicht, einen Träger seiner Reformideen: die Honoratiorengesellschaft, nach der die „Honoratioren-Selbstverwaltung" benannt wurde und die in deutschen Städten noch bis in die Anfänge des 20. Jahrhunderts hinein Bestand hatte. Die zumeist betuchten Honoratioren, tüchtig und erfolgreich im Beruf, waren dank ihrer Muße in der Lage, kundig auch in öffentlichen Angelegenheiten mitzureden. Ehrenamtlich widmeten sie sich den kommunalen Belangen – „mit Liebe und Leidenschaft, und ohne für sich selber oder ihre Firma einen Nutzen aus diesem Wirken zu ziehen" (Eschenburg 1965).

Meinung | Persönliches Ansehen

Nach einer Definition von Max Weber (1864–1920) sind „Honoratioren" Bürger, die für die Politik leben, ohne von ihr leben zu müssen, da sie ihre Einkünfte aus Grundbesitz und Vermögen beziehen. Es gehe ihnen in der Politik um persönlichen Ansehensgewinn (Max Weber: Wirtschaft und Gesellschaft. Grundriss der verstehenden Soziologie. 1922).

Auch später, in der Weimarer Republik sollte sich, wenn nun auch unter demokratischen Vorzeichen, an der erhabenen Stellung der lokalen „Honoratioren" in den Gemeinden grundsätzlich nicht viel ändern. Allerdings war 1918 die kommunale Selbstverwaltung verfassungsrechtlich beschnitten worden; erst in der Bundesrepublik lebte sie nach 1945 wieder auf – und mit ihr das alte Selbstverständnis der „Honoratioren", das zunächst nicht in dem Maße in Frage gestellt wurde. Denn Honoratioren waren es, die aufgrund ihrer unbestrittenen Kenntnisse und Fähigkeiten für einen reibungslosen Neustart der nunmehr demokratisch funktionierenden Kommunen standen.

Noch heute gelten „Honoratioren" aufgrund ihres beruflichen Status und ihres Bekanntheitsgrades meist als anerkannte öffentliche „Größen" in einer Gemeinde und tun im Prinzip nichts anderes als Normalbürger auch: Sie unterhalten und verständigen sich, etwa in lockerer Runde an Stammtischen, über aktuelle Fragen, die eine Gemeinde gerade umtreiben, ziehen als Einzelperson ihre persönlichen Schlüsse daraus.

Eliten, das zeichnet sie aus, sind dabei überdurchschnittlich gut vernetzt. Und sie verfügen über diese vielfältigen Kontakte über ein überlegenes Hintergrund- und Insiderwissen, das andere Bürger nicht haben. Es ermöglicht ihnen, wie durch ein „Gewohnheitsrecht" berechtigt, über die Köpfe der Bürger hinweg im Sinne der Allgemeinheit Einfluss zu nehmen, ohne politisch legitimiert zu sein.

Hintergrund | Türöffner

Allein ihr Name ist meist der „Türöffner" zu Ämtern und Behörden. Aufgrund ihrer meist ausgezeichneten persönlichen Kontakte haben „Eliten" in der Regel einen kurzen Draht zu den dortigen Ansprechpartnern, bei denen sie in der Regel auf offene Ohren stoßen, wenn sie ihre Anliegen vortragen oder Meinungen abgeben. Was nicht nur ab und an geschieht, sehen Eliten – aufgrund ihrer vermeintlichen Prädestination und weil sie dazu in der Lage sind – doch eine gewisse „Verpflichtung" darin, sich um die Belange „ihrer" Gemeinde zu kümmern, allgemein und für sie selbst akzeptable Lösungen herbeizuführen, unter Wahrung von guten alten Gepflogenheiten.

Hintergrund | Kritische Beobachter

Neue Entwicklungen und Einflüsse haben Eliten im Blick. Das gilt insbesondere für die Lokalpresse, die „ein potentieller Störfaktor im Getriebe der Parteien und Verwaltungen" (Murck, 1983) ist. Journalistische Berichterstattung über „ihre" Gemeinde und die Bewohner wird kritisch beäugt – und, falls es geboten erscheint, gibt es entsprechende Hinweise an zuständige Stellen: an den Chefredakteur der Lokalzeitung, den man von gemeinsamen Veranstaltungsbesuchen kennt, oder gleich an den Geschäftsführer bzw. Herausgeber, den man oft auch persönlich kennt, weil er in den selben Kreisen verkehrt wie sie, die Angehörigen der Eliten.

Hintergrund | Redaktion unter Druck

Die Redaktion gerät hier unter Druck. Sie macht sich angreifbar, sobald sie von akzeptierten Berichterstattungsroutinen abweicht, beispielsweise bei der Vereinsberichterstattung, und sich an ihre Kritik- und Kontrollfunktion erinnert. Kurzum, die deutsche Lokalpresse steht aufgrund ihrer Aufgabe stets nur am Rand des sozialen, von Eliten geprägten Systems Gemeinde bzw. sogar außerhalb.

6.3.4 Stille Integration?

Die permanente berufliche Nähe, der ständige Umgang mit den Eliten, birgt eine gewisse Gefahr der Vereinnahmung, sofern der erforderliche „Sicherheitsabstand" zwischen beiden Seiten in journalistisch fragwürdiger Weise unterschritten wird (Jonscher 1995, S. 343). Ein Beispiel sind gemeinsame Mitgliedschaften und Zusammenkünfte in den Ortsgruppen elitärer Clubs, zu denen Ottonormalleser keinen Zugang hat. Mitglied werden kann, wer dazu eine explizite Einladung (Kooptation) des Clubs erhält und sich beruflich bewährt hat. Manfred Murck bezeichnet diese Vereinnahmung in seinem Beitrag „Macht und Medien in Kommunen" (1983, S. 375) als „stille Integration": eine schrittweise Einbeziehung über das Netzwerk persönlicher Kontakte, die letztlich dazu führt, dass Journalisten irgendwann auch die Probleme und Perspektiven eben dieser Eliten als ihre eigenen übernehmen und sie dazu neigen lässt, „sich die Normen und Standards dieser Bezugsgruppe zu eigen zu machen, ihr eher kooperativ als kritisch gegenüberzustehen" (Holger Mühlberger: Zur gesellschaftlichen Integration von Lokaljournalisten. 1979, S. 101).

Meinung | Verzerrter Blickwinkel

Die Maßstäbe dessen, was für berichtenswert gehalten wird", berichtet Manfred Murck (Macht und Medien in Kommunen. 1983, S. 375), „werden nicht mehr von der Vielfalt des Lebens in einer Kommune, nicht mehr vom einfachen Bürger und Leser geprägt, sondern von einer ‚Bezugsgruppe' mit ihren höchst eigenen Problemen und Spielregeln. Ohne dass es einer bewussten Umorientierung, eines eingestandenen Verzichts auf andere Vorstellungen bedarf, wird die Welt nach und nach stärker aus dem Blickwinkel dieser Bezugsgruppe betrachtet."

Furcht vor der Alltagsmacht

Theodor Eschenburg (1965) spricht von einer „Furcht vor der Alltagsmacht" einflussreicher Personen in einer Gemeinde (Bürgermeister, teils auch Politiker), der sich kritische Journalisten tagtäglich ausgesetzt sehen und die unter Einbeziehung eigener Interessenpositionen und einer Abwägung von Vor- und Nachteilen letztlich zu einer „Lähmung" der journalistischen Kritikfunktion führten: zu einer „Indolenz" (Schmerzunempfindlichkeit) angesichts gewisser Geschehnisse und Erscheinungen. Eschenburg spricht hier von einer in der von wechselseitigen Interdependenzen geprägten Gesellschaft weit verbreiteten „Gefälligkeitspsychose", die am stärksten in den Gemeinden zu spüren sei.

Es gibt seitens der Elite zudem subtile Mechanismen, diese stille Integration der Berichterstatter zu forcieren, die natürliche Distanz zu den gegen sie prinzipiell agierenden *social watchdogs* durch Konditionierungen wie Lob und Tadel zu verringern, regelrechte „Beißhemmungen" zu evozieren.

Hintergrund | Freier Eintritt und Warenrabatte

Ein bewährtes Instrument zur Vereinnahmung ist die Gunsterweisung durch Gewährung von **Gratifikationen**. So werden Lokaljournalisten oft gezielt von Personen, die ein Interesse an einer positiven Berichterstattung über eigene Aktivitäten haben, also z. B. von führenden Kommunalpolitikern, bevorzugt behandelt: Lokaljournalisten gelten dann als „Freunde des Hauses", denen nicht nur ein ausgewählt freundlicher Ton entgegengebracht wird; sie werden regelmäßig auch zu privaten oder gesellschaftlichen Veranstaltungen und Festen (Jubiläen, Jagden, Einweihungen usw.) eingeladen und genießen darüber hinaus sogar materielle Privilegien wie etwa freien Eintritt in öffentliche Einrichtungen oder Preisnachlässe durch ortsansässige Warenhersteller und Händler. Auch ein Platz am Honoratiorenstammtisch ist dem Lokalchef einer Gemeinde in der Regel reserviert. Folge: Die Berichterstattung wird „auf das Weltbild und das Darstellungsbedürfnis der politischen Entscheidungsträger zugeschnitten" (Murck 1983, S. 376).

6.3.5 Macht des Journalisten?

Der Journalismus empfange, behauptete Johannes Frizenschaf in seinem Handbuch *Die Praxis des Journalisten* (1901, S. 4), „seinen Inhalt erst von den Zuständen [...], die er wiederspiegelt", weshalb „die Presse keine Macht an sich, sondern die Dienerin einer Macht, die hinter ihr steht" sei. Tatsächlich spiegelt die lokale Berichterstattung aber nicht bloß die vorgefundene Wirklichkeit wider.

Der Journalist erschafft durch seine Arbeit ein Abbild der Realität, eine künstlich erzeugte „Medienrealität" (Jürgen Wilke: Nachrichtenauswahl und Medienrealität in vier Jahrhunderten. 1984, S. 220). Wobei die Redakteure als *Gatekeeper* den Zutritt zu dieser Medienbühne kontrollieren. Inwieweit diese „Macht" in der Praxis ausgeübt wird, hängt auch von der Konfliktbereitschaft des Journalisten ab und der Frage, inwieweit er bereit ist, ernsthafte Auseinandersetzungen mit Personen bzw. Organisationen in Kauf zu nehmen, denen er den „Zutritt" zum Lokalteil, aus welchen Gründen auch immer, verwehrt. Entscheidend sei hier auch der „persönliche Mut" des Journalisten, seine „Macht" auszuüben (Kepplinger 1979, S. 18/19).

Meinung | „Mächtige" Zeitungsschreiber

Zur „Macht" des Journalisten heißt es bereits in Zedler's Universallexikon von 1749 über die „Zeitungsschreiber": Diese seien „überhaupt [...] in ihren Gedancken nicht nur fast allwissend, sondern auch sehr mächtig, und können in wenigen Augenblicken mehr ausrichten, als der gröste Monarch in vielen Jahren" (Bd. 61., Sp.917).

6.4 Aufgaben des Lokaljournalisten

6.4.1 Recherche und Informationskontrolle

Wie in anderen Berufen, die wichtige öffentliche Funktionen erfüllen (Beamte, Ärzte, Anwälte), ergeben sich auch für Journalisten, durch den starken Einfluss, den sie auf die öffentliche Meinung ausüben, besondere Pflichten (BGH Z 3, 285; 39, 129) und eine erhöhte Verantwortung. „Ein Missbrauch dieser geistigen Macht kann für die Allgemeinheit wie für den einzelnen Bürger, der in das kritische Scheinwerferlicht der Presse gerät, schwerwiegende Folgen haben" (Ricker 1986, S. 250).

Daher legen Gesetz und Rechtsprechung der Presse bei Ausübung ihrer publizistischen Tätigkeit besondere Sorgfaltspflichten auf. „Die Presse hat alle Nachrichten vor ihrer Verbreitung mit der nach den Umständen gebotenen Sorgfalt auf Inhalt, Herkunft und Wahrheit zu prüfen", heißt es in fast allen Pressegesetzen der Länder. Herkunft, Inhalt und Wahrheit bilden somit die Kriterien, an denen sich der Lokaljournalist bei der Bearbeitung von Informationen zu orientieren hat.

Meinung | Wahres von Falschem „absondern“

Abb. 6.8: Christian Weise (1642–1708). | [38]

Auf diese zentrale Sorgfaltspflicht wies bereits in der Frühphase der Presse (1676) der Schriftsteller und habilitierte Pädagoge Christian Weise (1642–1708) in seiner Abhandlung *Schediasma curiosum de Lectione Novellarum* (Interessanter Abriss über das Lesen von Zeitungen) hin, der forderte, „das Wahre [sei] vom Falschen [...] abzusondern“ (Weise 1676, S. 2).

Was wahr und nachzureden ist ...

Nachfolgend betonte auch Kaspar von Stieler (1695), ein wesentlicher Gesichtspunkt bei der Auswahl des Nachrichtenstoffes sei die Wahrheit, „dass man berichtet werde dessen / was wahr und nachzureden ist“ (S. 74), weshalb verläßliche Zeitungsherausgeber „examiniren und prüfen vorhero die bey ihnen einlaufende Zettul / wo sie herkommen und ob ihnen auch zu trauen sey?“ (Stieler S. 71).

Nur das „Wahrscheinlichste“ veröffentlichen

Ähnlich betonte der Göttinger Philologe Johann Matthias Gesner (1691–1761) in seiner Abhandlung: „Wohlmeinender Unterricht, für alle diejenigen, welche Zeitungen lesen [...]“ (Leipzig 1755, S. 44): „Der Zeitungsschreiber „muß alle Nachrichten, die er [...] haben kann, genau prüfen, und nur das wichtigste und wahrscheinlichste darunter seinen Lesern bekannt machen.“

Allgemeine Klugheit als Ratgeber

Tobias Peucer (1690) schließlich warnte in seiner Dissertation *De Relationibus Novellis*, dass „bei der Auswahl des der Veröffentlichung würdigen Stoffes [in seligenda materia] einige Vorsichtsmaßnahmen nötig [seien], die die allgemeine Klugheit rät“. Auszuscheiden sind danach u. a. Informationen aus dem Privatleben der Fürsten, über die Geschäfte der Bürger untereinander „und anderes dieser Art, was besser in die Tagebücher von Privatpersonen als in öffentliche Akten paßt“ (Peucer 1690, S. 8/9).

Keine scheußlichen Verbrechen

Keinen Nachrichtenwert besitzen demzufolge das Regelhafte und Gewohnheitsmäßige, das rein Private selbst bei hochrangigen Personen, das bürgerliche Alltagsleben. Schließlich, so lautet eine weitere Vorsichtsmaßnahme, „solle nicht eingefügt werden, was den guten Sitten oder der wahren Religion schadet: z. B. Obscönitäten, auf scheußliche Art vollbrachte Verbrechen, gottlose Ausdrücke der Menschen, die für fromme Ohren abstoßend sind“ (Peucer 1690, S. 9).

Die frühen Zeitungsleser waren skeptisch, was die Wahrheit der Berichterstattung betraf. Der Grund: Lügen waren im 15. Jahrhundert, als die ersten Blätter erschienen, unter den Menschen üblich. Die Leute waren untereinander gehässig, setzten Unwahrheiten und Gerüchte in die Welt, um anderen zu schaden – ohne die Gefahr, dafür belangt zu werden. Zu gering war die Wahrscheinlichkeit, dass ihre Lügengeschichten aufflogen. Die „Wahrheit" nachzuprüfen, war in der Regel praktisch unmöglich. Auch die Presse wurde der chronischen Lügerei bezichtigt. „Lügen wie gedruckt" – die Redewendung stammt aus dem 15. Jahrhundert, als Johannes Gutenberg den Buchdruck erfand.

Meinung | Kurzlebige Gerüchte

Tobias Peucer (1690) bemerkte dazu: Der größte Teil der in den Zeitungen enthaltenen Nachrichten überdauere „wegen der falschen, aus Gerüchten und wenig verlässlichen Schriften geschöpften Schreibweise die Zeit nicht" (S. 5).

Nur drei Teile Wahrheit

Der Philosoph Georg Christoph Lichtenberg (1742–1799) soll gespottet haben, die Zeitungen seiner Zeit bestünden aus „50 Teilen falsche Hoffnung, 47 Teilen falsche Prophezeihung und drei Teilen Wahrheit" (Quelle: Sudelbuch K, 1793–1796: K 266).

Seit jeher hatten die Menschen ihre Nachrichten *mündlich* weitergegeben, sie standen dem schriftlich fixierten Wort deshalb zunächst skeptisch gegenüber. Neu für sie: Sie sollten nunmehr einem Blatt Papier Glauben schenken. Das funktionierte nicht. Durch den Druck auf Papier würde, so meinte man, die in die Welt gesetzte „Unwahrheit" vermeintlich sogar noch verstärkt. Glaubwürdiger erschien deshalb weiterhin die mündlich mitgeteilte Information, hatte man hier doch wenigstens die Chance, vermeintliche Lügner zu erkennen, weil man seine Pappenheimer kannte und weil manche Menschen die Angewohnheit haben, beim Lügen zu erröten oder sich in Widersprüche verstricken. Lügen zu drucken, erschien da nur als neuartige Methode, um sich nicht beim Lügen ertappen zu lassen. Es wurde weiterhin gelogen, dass sich die Balken bogen – „wie gedruckt".

6.4.2 Maßstäbe

Inhalt und Umfang der publizistischen Sorgfaltspflicht bemessen sich nach dem Maßstab der im bürgerlichen Recht (§ 276 BGB) geltenden Sorgfaltspflicht, die vom objektiven Maßstab der im Verkehr „erforderlichen" Sorgfalt ausgeht; abgestellt wird somit nicht auf eine berufsübliche, sondern auf die „nach den Umständen gebotene"

Sorgfalt. Mit anderen Worten: Auf eine etwaige berufsübliche, allgemein praktizierte Nachlässigkeit kann sich die Presse somit nicht berufen (BGH Z 30, 7).

Grundsätzlich ist an die journalistische Sorgfalt ein strenger Maßstab anzulegen; dieser muss allerdings relativiert werden durch die besonderen Umstände, unter denen sich Pressearbeit vollzieht (Zeitdruck, Nachrichtenfülle, fremde Quellen). Denn es gehört zur Eigenart, dass im Zeitungsjournalismus, weil Zeitungen täglich neu erscheinen, schneller gearbeitet werden muss als in anderen Branchen. Das lasse sich, so das OLG Köln (AfP 1975, 920), mit dem Gebot einer wirklich zuverlässigen Nachrichtenübermittlung oft nicht vereinbaren.

Meinung | Ohne Gewähr

Dies erkannte bereits Schwarzkopf (1795, S. 92) in seinem *Beytrag ueber Zeitungen*, der zwar die Wahrheit „das Ziel, nach welchem jeder Schriftsteller zu streben hat" bezeichnete; sie „mit der bey Zeitungen erforderlichen Neuheit der Nachrichten zu vereinigen", sei aber „eine sehr schwere Aufgabe". Eine Zeitung könne unmöglich „für alles Gewähr leisten"; sie müsse „vielmehr vieles der Urtheilskraft und Nachsicht des Lesers anheimstellen", wobei der „Maasstab dieser Nachsicht" in der Wahrscheinlichkeit und in der Abwägung zwischen allgemeinem „Interesse an der Neuheit mit dem nachtheil, welchen die Verbreitung einer falschen Nachricht hervorbringen kann", liege.

Knapp 200 Jahre später bemerkte das Bundesverfassungsgericht, eine totale Verpflichtung der Presse auf die objektive Wahrheit würde zu einer Einschränkung oder gar völligen **Lähmung der Pressetätigkeit** führen (BVerfG NJW 1980, 2073) und damit die Erfüllung der öffentlichen Aufgabe in Frage stellen.

Tatsächlich kann es keine Pflicht zu wahrheitsgemäßer Berichterstattung geben, „sondern allenfalls eine Verpflichtung, so wahrheitsgemäß wie möglich zu berichten" (Mathy 1988, S. 60). Denn die eigentliche Wahrheit, das liegt in der Natur der Sache, erschließt sich trotz intensivster Recherche längst nicht immer; ein Journalist vermag oft nicht, zu ihr vorzudringen, denn sie verbirgt sich in unzugänglichen Sphären. Ein Journalist kann sich deshalb immer nur bemühen, der „objektiven Richtigkeit" so nahe wie möglich zu kommen, um seiner Sorgfaltspflicht gerecht zu werden: Es kommt für ihn nicht auf das Ergebnis an, auf das, was er herausgefunden hat, sondern auch auf sein „pflichtgemäßes Bestreben" hin zu dieser Erkenntnis (Klaus Mathy: Das Recht der Presse. 1988, S. 60).

6.4.3 Pflicht zur Wahrheit

Zentrale Sorgfaltspflicht des Journalisten ist die Pflicht zur Wahrheit: die Faktentreue in der Berichterstattung, die Übereinstimmung zwischen Aussage und Wirklichkeit. Auch müssen Nachrichten vollständig sein. Meldungen, die zwar richtig sind, aber unvollständig, das heißt: wesentliche Momente unerwähnt lassen, können ein falsches beziehungsweise verzerrtes Bild der Wirklichkeit erzeugen (BVerfG E 12, 113; BGH Z 31, 308).

6.4.4 Zuverlässigkeit der Informationsquelle

Stammt eine Information aus einer Quelle, die sich stets als zuverlässig erwiesen hat, bedarf sie einer weniger strengen Prüfung, als wenn es sich um eine bisher unbekannte oder gar als unzuverlässig bekannte Quelle handelt. Wobei Informationen aus seriösen Quellen, z. B. von Nachrichtenagenturen oder Behörden (Pressemitteilungen, Polizeiberichte, Gerichtsurteile) im allgemeinen auch ohne eigene Recherche weitergegeben werden dürfen. Der Journalist darf deshalb davon ausgehen, dass die Information wahr ist, solange er im Einzelfall keine Anhaltspunkte dafür hat, dass die Information unrichtig ist, also keine Widersprüche und Ungereimtheiten enthält (OLG Braunschweig AfP 1975, 913).

Auch darf die Presse grundsätzlich von der Richtigkeit der eigenen Angaben des von einer Veröffentlichung Betroffenen ausgehen. Dagegen bedürfen Auskünfte Dritter einer sorgfältigen Überprüfung.

Für Nachrichten von freien Mitarbeitern gilt: Hat die Redaktion deren Qualifikation und Seriosität überprüft und die genannten Mitarbeiter schon längere Zeit ohne Beanstandungen für sie gearbeitet, muss die Redaktion nur dann nachrecherchieren, wenn der Bericht im Einzelfall Veranlassung gibt, an seiner Zuverlässigkeit zu zweifeln oder wenn in ihm besonders schwere Vorwürfe erhoben werden.

Hintergrund | Wahrheitsgehalt

Für Informanten, die eigene, persönliche oder wirtschaftliche Interessen an der Verbreitung bestimmter Informationen haben könnten, gilt:
Gibt es hierfür Hinweise, ist die Information besonders sorgfältig nachzuprüfen. Für den Wahrheitsgehalt bietet sich ein Prüfschema an, das im militärischen Bereich zu nachrichtendienstlichen Zwecken für die Überprüfung von Informationen entwickelt wurde (→ Abb. 6.9.):

Wahrheitsgehalt von Informationen (Index: 1 = sicher; 6 = unsicher)	
1	von Beteiligten bestätigt
2	wahrscheinlich zutreffend
3	möglicherweise zutreffend
4	zweifelhaft
5	unwahrscheinlich
6	nicht bewertbar

Abb. 6.9: Prüfschema für den Wahrheitsgehalt von Informationen. | [39]

Nach Auffassung von Gerichten genügt die Presse ihren Sorgfaltspflichten dann, wenn sie Informationen im Hinblick auf Inhalt, Wahrheit und Herkunft mit den ihr zu Gebote stehenden Mitteln überprüft. Dabei soll berücksichtigt werden, dass die Presse nicht über die weitreichenden Möglichkeiten der Wahrheitsfindung verfügt wie etwa die Justiz. Deshalb soll „das objektive und ernstliche Bemühen um wahrheitsgemäße Darstellung" ausreichen.

> Mit anderen Worten: Für die Presse gilt kein starrer, sondern ein **gleitender Sorgfaltsmaßstab**, bei dem es auf die Umstände des Einzelfalles ankommt. Je schwerer der Eingriff in fremde Rechte ist, die von einer Publikation ausgeht, umso höhere Anforderungen sind an die publizistische Sorgfaltspflicht zu stellen (BGH GRUR 1969, 151).

6.4.5 Bedeutung und Wesen der Recherche

Die Recherche ist das journalistische Instrument zur Erfüllung von Informationspflichten. Sie dient der Ermittlung von nicht offen erkennbaren Informationsdetails, um diese publik zu machen: das „Suchen, Sammeln und Dokumentieren konkret vorfindbarer, auf eingegrenzte Themen bezogener Fakten, Sachverhalte oder Prozesse mit dem Ziel, das recherchierte Material in geordneter Form, in Nachrichten, Berichten, Analysen, darzustellen" (Koszyk & Pruys 1981, S. 275). Paetzold spricht der journalistischen Recherche die Aufgabe zu, „die unterschlagene Wirklichkeit für die öffentliche Kommunikation zu erschließen" (Paetzold 1980, S. 24).

Meinung | Was „brafe“ Schreiber tun

Kaspar von Stieler appellierte in seinem 1695 erschienenen Werk *Zeitungs Lust und Nutz* bereits an die Postmeister, die damaligen „Zeitungsverleger“, vor einer Weiterverbreitung von Nachrichten die Quellen und die Nachricht selbst zu prüfen, um Falschmeldungen, soweit möglich, auszuschließen; der „brafe“ Schreiber raffe „nicht alles zusammen / was ihm aus der Luft entgegen geflogen kommt“ (S. 71).

Abb. 6.10: Kaspar David von Stieler (1632–1707). | [40]

6.4.6 Wie sind Nachrichten zu prüfen?

Eine generelle Richtlinie hierfür gibt es nicht. „In der Regel wird es genügen, wenn man prüft, ob die Nachricht in ihrem Grundgehalt richtig ist. Wenn dann nicht jede Einzelheit stimmt, muss deshalb nicht automatisch das Sorgfaltsgebot verletzt worden zu sein“ (Mathy 1988, S. 63). Nur in besonderen Fällen könne es, je nach Bedeutung, auf die Richtigkeit jeder Einzelheit ankommen.

- Für selbstrecherchierte Beiträge gilt, dass der Journalist alle ihm erreichbaren Quellen ausschöpfen muss, um sich Gewissheit über einen Sachverhalt zu verschaffen. Die bloße Weitergabe von Gerüchten ohne eigene Recherche ist in jedem Fall unzulässig. Vom Ergebnis der Recherche hängt ab, was veröffentlicht werden darf.
- Zu einer sorgfältigen Recherche gehört zudem, dass einem Betroffenen Gelegenheit gegeben wird, zu Vorwürfen Stellung zu nehmen

6.4.7 Geschichte der Recherche

Abb. 6.11: Augenzeugenschaft war für Journalisten lange die zuverlässigste Informationsquelle. | [41]

Die Augenzeugenschaft war lange Zeit im Lokaljournalismus wichtigste Erkenntnisquelle (→ Abb. 6.11.). Der Journalismus fühlte sich ursprünglich nicht der Recherche verpflichtet. Die seit Anfang des 17. Jahrhunderts verbreiteten *Zeytungen* waren voll von Kolportagen und eher subjektiv geprägten Darstellungsformen. Eine objektive Darstellung auf Basis professioneller Nachforschung, noch dazu in einem kritischen Kontext, war in den vordemokratischen Blättern nicht üblich.

Die Einführung der Pressefreiheit – sie tauchte erstmals im Reichspressegesetz von 1874 auf – war dann Basis und „Startschuss" für einen erstarkenden Recherchejournalismus, ebenso die ökonomische und medientechnische Entwicklung der Presse, die seit Anfang des 19. Jahrhunderts zur redaktionellen Ausdifferenzierung des Journalismus und innerredaktioneller Arbeitsteilung führte. Sie erst ermöglichte es Journalisten, Zeitungsinhalte zu recherchieren.

Heute ist die Recherche Kern des „neuen" Qualitätsjournalismus.

Meinung | Kür des Journalismus

Die Recherche ist die Kür des Journalismus: Nur so erfahren die Menschen die Ereignisse, die ohne die Mühe des Journalisten niemals ans Licht gekommen wären. Keine journalistische Aufgabe ist schwieriger, aber auch so abhängig von Zufällen, vom Glück – und von einer detektivischen Kleinarbeit. Nur der Fleißige und Couragierte nimmt sie auf sich" (Wolf Schneider & Paul-Josef Raue: Handbuch des Journalismus. Hamburg 2012, S. 91).

Drohpotenzial der Presse

So lange Journalisten die Möglichkeit haben, eigenständig Informationen zu sammeln und zu Themen zu verknüpfen, die der öffentlichen Meinungsbildung zur Verfügung gestellt werden", schreibt Bernd Blöbaum (1992), „wird gewissermaßen ein Drohpotenzial aufrechterhalten, prinzipiell jederzeit (unkalkulierbar) Themen auf die öffentliche Tagesordnung zu setzen, die nicht von organisierten Interessen ins Spiel gebracht sind."

6.5 Schreiben und Vermitteln von Nachrichtenstoffen

6.5.1 Zeitungssprache

Nach der Recherche eines Nachrichtenstoffes stellt sich für den Journalisten die Aufgabe, diesen Stoff in schriftliche Form zu kleiden, um ihn zum Leser zu „transportieren". Es kommt für ihn darauf an, die Informationen so zu vermitteln, dass sie den Leser erreichen. Dabei ist die Sprache wichtig. Sie ist das Werkzeug des Journalisten (Jonscher 1995, S. 363).

Entstehung

Journalisten bedienen sich einer speziellen, sprachökonomisch geprägten „Berufssprache", die sich unter den Bedingungen der Zeitungsproduktion (Aktualitätsdruck, Redaktionsschluss, Begrenztheit des Platzes) schon früh, ansatzweise bereits im 17. Jahrhundert herausbildete. Journalistische Sprachproduktion unterliegt Zwängen: Sie erfolgt notwendigerweise innerhalb kurzer bis extrem kurzer Zeiteinheiten, unter Einhaltung starr vorgegebener Blattumfänge. Journalisten müssen täglich aufs Neue relevantes Tagesgeschehen in einen limitierten Lokalteil pressen; das führte zur Entwicklung einer mehr funktionsorientierten, künstlichen Sprache: zur Zeitungssprache: Sie muss kurz und prägnant sein, und sie muss es ermöglichen, selbst komplexere Sachverhalte in einer gebotenen Länge zusammenzufassen und trotzdem verständlich sein. Das ist nicht neu. Schon in den Avisen des frühen 17. Jahrhunderts hatten Beiträge meist nur 50 bis 60 Wörter (Schröder 1995, S. 272).

Kritik

Die neuartige, funktionsorientierte Sprache der Journalisten stand bald in der Kritik. Es waren vor allem Kollegen der literarischen Zunft, die bis dahin ein „Monopol" als Wortschöpfer und Sprachentwickler innegehabt hatten, die zuweilen kein gutes Haar an ihren schreibenden Verwandten, den Journalisten, ließen.

Meinung | Sprachverderber

Abb. 6.12: Gustav Wustmann (1844–1910). | [42]

Bereits 1643, also bald nachdem die ersten Zeitungen erschienen waren, prangerte der Dichter Christoph Schorer (1618–1671) die Journalisten als „Sprachverderber" an (Schorer: Der Unartig Teutscher Sprachverderber. Beschrieben durch einen Liebhaber der redlichen alten teutschen Sprach. Hamburg 1643).

Sprachverhunzungen

Nicht weniger sanft ging Wustmann in seinem 1891 erschienenen „Hilfsbuch" zur deutschen Sprache (Titel: „Allerhand Sprachdummheiten") mit der Presse um, als er behauptete: „Die Hauptursache der Verwilderung unserer Sprache, der eigentliche Herd und die Brutstätte dieser Verwilderung sind die Zeitungen, ist die Tagespresse" (Wustmann 1891, S. 14). Und Schopenhauer (1851) wünschte sich gar einen Zensor, der Journalisten für „Sprachverhunzungen" mit Geldstrafen zu belegen hätte (Arthur Schopenhauer: Ueber Schriftstellerei und Stil. Berlin 1851; § 283–285).

Hintergrund | Banal, phrasen- und fehlerhaft und gedrechselt

Die „neue" Pressesprache war dann Ende des 19. Jahrhunderts Stein des Anstoßes, als sprachliche Neuerungen Mode wurden, sie sollten Zeitungssprache gängiger machen. Die neuen Mode-, Schlag- oder Jargonwörter, Formeln und Klischees der Presse fanden zunächst keinen Anklang. Sie seien, befand man, ohnehin nur dem Aktualitätszwang der Presse geschuldet und ihren „sprachökonomischen Notwendigkeiten" (J. Sabin: Die Sprache der Presse. 1893). Die kritische Betrachtung der Zeitungssprache wurde erst viel später fortgesetzt: Zu banal sei die Sprache in den Medien oder auch zu komplex, zu phrasenhaft, gedrechselt, voller Fehler.

Bis heute werden Journalisten kritisch beäugt. Verkannt wird bei aller Kritik, dass sie es waren, die mit ihrer sprachlichen Kreativität einen nicht unerheblichen Beitrag zur Verbreitung der hochdeutschen Schriftsprache leisteten, der Verständlichkeit als Qualitätsnorm zum Durchbruch verhalfen (Gunter Reus).

Meinung | Verzweifelt schwer zu lesen

Die Allgemeinverständlichkeit als journalistischen Standard propagierte der Gründer der ab 1786 in Wolfenbüttel herausgegebenen, überregional verbreiteten *Zeitung für Städte, Flecken und Dörfer*, wegen ihrer rot gedruckten Titelzeile auch *Rothe Zeitung* genannt. Herausgeber war der evangelische Dorfpastor Hermann Braess (1738–1797). Er setzte sich zum Ziel, die bäuerliche Landbevölkerung zu bilden, sie über Ereignisse aus Wissenschaft, Kultur, Gesellschaft und Politik zu informieren, denn Zeitunglesen mache „klug“. Braess kritisierte offen das „oft verzweifelt schwere“ Lesen und Verstehen der Zeitungen; er legte besonderen Wert auf die Allgemeinverständlichkeit seiner einfach, knapp und übersichtlich gehaltenen Texte, die er „volksnah“ aufbereitete, beispielsweise durch die Verwendung des in der Region gesprochenen Plattdeutschen. Das verstanden seine Leser. Fremdwörter und ausländische Eigennamen transkribierte Braess phonetisch (Fritz Barnstorf: Pastor Hermann Braess mit seiner „Rothen Zeitung für die lieben Landleute“. In: Braunschweigische Heimat. 52. Jahrgang 1966, S. 128–134).

22

Zeitung

für Städte, Flecken und Dörfer,

insonderheit

für die lieben Landleute

alt und jung.

89. Stück. Sonnabend, den 13. November 1790.

Ein neunzigjähriger Greis vom Lande,
im Kreise seiner Kinder, Enkel und Urenkel,
in Braunschweig,
bey der Ankunft
des Durchlauchtigsten Erbprinzen
CARL GEORG AUGUST
mit Seiner Frau Gemahlinn,
der Durchlauchtigsten Prinzessinn
FRIDERICA WILHELMINE LUISE
von Nassau-Oranien.

Den 10ten November, 1790.

Abb. 6.13: Sie sollte einfachen Lesern die Welt erklären: Die erste Ausgabe der „Rothen Zeitung“ erschien am 25. November 1786 in Wolfenbüttel. | [43]

Rein, klar und kurz

Auch Tobias Peucer (1690) beschäftigte sich in seiner Dissertation *De Relationibus Novellis* mit der Verständlichkeit der damals neuartigen Zeitungssprache. Er übertrug die zentralen Begriffe der antiken Schulrhetorik auf die Sprache der frühen Zeitungsschreiber. Reinheit (*puritas*), Klarheit (*perspicuitas*) und Kürze (*brevitas*) galten für ihn als ideale Darstellungskriterien (S. 9).

Einfältig, aber auch munter

Kaspar von Stieler (1695) forderte, die „Schreibart" der Zeitungen müsse „einfältig / aber doch auch munter seyn; gleich fliessend / doch auch hurtig und Sinnreich" (S. 89). Alles „gekünstelte und gezwungene" habe darin keinen Platz.

Die Zeitungssprache wurde allmählich immer verständlicher, saugte äußere Einflüsse auf. Lesernah ausgerichtet, ließ sie es zu, dass **Umgangssprache** Eingang fand, ließ Sätze kürzer, den Stil salopper werden. In einer sich wandelnden Umwelt stießen zunehmend **Fachausdrücke** und Fremdwörter dazu.

Merkmale

Und das sind einige Merkmale der **Zeitungssprache**:

- Die Satzlänge ist zumeist eher gering, vor allem in umfangmäßig limitierten Nachrichtenformaten wie Kurzmeldung und Kurzbericht. Zeitungssprache enthält, um inhaltlich kompakter zu informieren, eine hohe Frequenz von Adverbien, Adjektiven und Partizipien.
- Typisch ist bei Meldungen und Berichten, wie in der Alltagssprache, ein sogenannter parataktischer Stil: eine Reihung einfacher Hauptsätze, während Nebensätze zumeist nur als solche ersten Grades vorkommen.
- Die Übersetzung komplexer Sachverhalte bedingt einen regen Einsatz von Metaphern und neuen kompakten Wortschöpfungen.
- Mit der Zeit gehend, greifen Journalisten Sprachmoden, Modewörter und Floskeln auf.
- Sie benutzen zudem meist emotional wirkende Reizwörter als zusätzliche Stimulanz für den Leser: Begriffe, die über die Beschreibung eines konkreten Sachverhalts (Denotation) hinaus intensive Wertassoziationen (Konnotationen) auslösen und zum Weiterlesen motivieren.

6.5.2 Sprachstörungen

Journalismus vollzieht sich nicht isoliert, die Texte entstehen in einer vielsprachigen Gesellschaft, zu der auch die Sprache der **Vereine** gehört mit ihren teils antiquiert erscheinenden, von Schriftführern verbreiteten „Fachcodes", die Lokaljournalisten vor Herausforderungen stellen, wenn sie mit offiziös klingenden, halbamtlichen Sitzungsprotokolle konfrontiert werden, in denen sich „traditionelle" Zeremonien widerspiegeln, die aus der Zeit gefallen scheinen.

Eine andere sprachliche „Großbaustelle“ für Lokaljournalisten ist die Sprache der **Behörden** und **Verwaltungen**, die ein verquastes Beamtendeutsch verbreiten, das Lokaljournalisten nahezu täglich begegnet: immer dann, wenn Behörden sich schriftlich äußern, ohne dass Behördensprecher die Möglichkeit haben, die Texte sprachlich zu „entschärfen“, bevor sie an die Öffentlichkeit gelangen.

Ein Beispiel sind die sogenannten *Beschlussvorlagen* der Verwaltung, in denen Behörden im Vorfeld politischer Entscheidungen Stellung beziehen. Journalisten kommt auch hier die Aufgabe zu, teils nie gehörte Wortungetüme wie „Spontanvegetation“ (Unkraut) zu übersetzen, absurde Begrifflichkeiten wie „nicht lebende Einfriedung“ (Zaun).

Hintergrund | Unverständliche Spracherscheinung

Behördendeutsch ist eine Schreibsprache, die nicht gesprochen wird. Verglichen mit der Alltagssprache, handelt es sich um eine mittel- bis schwer-, teils sogar unverständliche Spracherscheinung, die, strengen Korrektheitsregeln folgend, auf absolute Präzision und Rechtssicherheit zielt. Wichtig ist ihr die Erfassung aller nur möglichen Eventualitäten, die oft in nur einen einzigen Satz bzw. Satzgefüge gezwängt werden.

Nie gehörte sprachliche Kopfgeburten

Heraus kommen sprachliche „Kopfgeburten“, wie sie Normalbürger nie gehört haben: formelhafte Fachidiome, gespreizt wirkende grammatikalische Konstrukte, verschachtelte Bandwurmsätze, in denen mehr Substantive als aktive Verben vorkommen. Wobei die Sprache der Behörden den Nominalstil liebt – und das Passiv, das aktive Verben verdrängt mit der Folge, dass oft unklar ist, wer oder was eigentlich verantwortlich für etwas ist. Die Bedeutung mancher Sätze erschließt sich selbst für normalverständige Bürger nach mehrmaligem Lesen nicht.

Antonym der Pressesprache

Behördendeutsch ist damit ein Antonym, ein genaues Gegenteil von Journalistensprache, die Sachverhalte – maximal verständlich – auf den Punkt zu bringen hat: Durch ihre eigentümlichen Sprachungeheuer, die mindestens in jedem zweiten Satz auf ihn lauern, ist sie der „natürliche Feind“ des Lokaljournalisten, der sie dem Leser „übersetzen“ muss (Serger 1993, S. 92).

Riskante „Übersetzungen“

Das kann nicht immer optimal gelingen. Und oft genug siegt auch der Pragmatismus, wenn es darum geht, schwierige, bis dahin unbekannte Sachverhalte klar und einfach mit eigenen Worten auszudrücken. Journalisten neigen dann, aus einer Unsicherheit heraus, dazu, das „Risiko der eigenen Formulierung“ zu scheuen, im Zweifel Experten aus Verwaltung oder Wissenschaft zu zitieren (Golombek 1993, 32).

6.5.3 Verständlichkeit

Sprachliche Kommunikation kann nur gelingen, soweit sich „sprachlicher Zeichenvorrat und Verknüpfungsregeln bei den Kommunikationspartnern decken" (Wilke 1981, S. 78). Das heißt für Journalisten: Sie müssen, um verstanden zu werden, ihren Sprachgebrauch an den der Leserschaft anpassen: Ihre Beiträge müssen verständlich sein.

Sprachpsychologen entdeckten Mitte der 1970er Jahre vier Dimensionen der sprachlichen Gestaltung, die Einfluss auf die **Verständlichkeit** und das Behalten von Aussagen haben (Langer u. a. 1974). Das sogenannte Hamburger Verständlichkeitskonzept soll Texte verständlicher machen:

Sprachliche Einfachheit

- Verwendung von geläufigen Wörtern;
- Erläuterung von unvermeidlichen Fremdwörtern und Fachausdrücken;
- Formulierung einfacher Sätze mit kurzen Satzteilen;
- Benutzung aktiver Verben;
- Vermeidung von Nominalisierungen und Schachtelsätzen; konkrete anschauliche Darstellungen.

Gliederung und Ordnung

beim Textaufbau durch eine folgerichtige und übersichtliche Darstellung, die eine Differenzierung zwischen wesentlichen und unwesentlichen Inhalten erlaubt (unterstützt durch Zwischenüberschriften, typografische Hervorhebung wichtiger Passagen).

Kürze und Prägnanz

durch Beschränkung auf das Wesentliche, die knappe Darstellung und Konzentration auf Kernaussagen, das Vermeiden von Wiederholungen, Füllwörtern und weitschweifigen Formulierungen sowie überflüssigen Einzelheiten.

Zusätzliche Stimulanz

durch Verwendung von „anregenden" sprachlichen Zutaten wie wörtliche Rede, lebensnahe Beispiele, Vergleiche oder Abbildungen. Gebräuchlich im Journalismus ist der Einsatz von emotional wirkenden Reizwörtern: Begriffe, die über die Beschreibung eines konkreten Sachverhalts hinaus (Denotation) bei den Lesern intensive Wertassoziationen auslösen (Konnotation) und zum Weiterlesen eines Textes motivieren.

Regeln für gute Textverständlichkeit

Textverständlichkeit ist ein Problem, das nicht nur Journalisten beschäftigt. Schon bei Konfuzius und in der Bibel finden sich Bezüge. „Die Sprache der Wahrheit ist einfach." Dieses Zitat dem griechischen Dramatiker Euripides (480–407 v. Chr.) zugeschrieben, und der französische Philosoph Voltaire 1694–1778) soll gesagt haben: „Verwendet nie ein neues Wort, sofern es nicht drei Eigenschaften besitzt: Es muss notwendig, verständlich und wohlklingend sein."

In Bezug auf journalistische Texte wird häufig auf die **Verständlichkeitsregeln** von Walther von La Roche (2017) verwiesen. Er rät das Folgende:

- Bringen Sie nur, was Sie selbst verstanden haben.
- Berichten Sie anschaulich.
- Erzählen Sie die Vorgeschichte, zeigen Sie Zusammenhänge auf.
- Wiederholen Sie, wenn Sie befürchten müssen, der Leser habe bereits ein Detail vergessen, was an früherer Stelle genannt wurde und was er jetzt im Kopf haben müsste, um die gegenwärtige Stelle voll zu verstehen.
- Vermeiden Sie Behördendeutsch.
- Geizen Sie mit Fremdwörtern.
- Erklären Sie Begriffe und Abkürzungen.
- Bevorzugen Sie das Aktiv
- Bilden Sie kurze Sätze.

6.6 Formen der journalistischen Darstellung

6.6.1 Tatsachenorientierte Berichterstattung

Die tatsachenorientierte, rein informierende Art ist die „Urzelle" (Karl d' Ester, 1928) der Berichterstattung, sie bedient sich im Wesentlichen der Stilformen Kurzmeldung, Nachricht und Bericht. Laut *Handbuch der Massenkommunikation* (1969) sind Nachrichten „regelwidrig auftretende Tatsachen oder Ereignisse, die Anspruch auf Interesse in der Öffentlichkeit [...] erheben dürfen" (Koszyk & Pruys 1969, S. 247).

Nach heutiger Definition sind es mehrere Faktoren, die eine Information zur Nachricht werden lassen: Sie muss sich vor allem vom Alltäglichen unterscheiden, vom „Normalen abweichen" (Weischenberg 1990, S. 16). Diese Erkenntnis ist übrigens alles andere als neu. Der Pressekritiker Kaspar von Stieler schrieb Ende des 17. Jahrhunderts in seinem Buch *Zeitungs Lust und Nutz* (1695): „Zu förderst muss dasjenige / was in die Zeitungen kommt / Neue seyn" (S. 66).

Bestimmende Faktoren der Nachricht sind: Aktualität, allgemeines Interesse, Aufbau, Mitteilung (Verständlichkeit) und Objektivität. Ihr Sprachstil ist idealerweise funktional ausgerichtet, das heißt, klar und allgemeinverständlich, um Informationen einem heterogenen Leserkreis zu vermitteln.

Verwandte Stilformen sind Kurzmeldung und Bericht, die sich hauptsächlich in ihrer Länge von einer Nachricht unterscheiden: Die „Kurzmeldung" will eine Neuigkeit schlagwortartig oft nur in einem einzigen Satz vermitteln, die Nachricht ergänzt diese Kerninformation durch wesentliche Zusatzinformationen, während schließlich der „Bericht" ausführlicher auf Einzelfragen eingeht und damit bereits Detailinformationen liefert.

Die Nachricht hat einen bestimmten Aufbau. Sie soll möglichst in der Form einer auf die Spitze gestellten Pyramide aufgebaut sein, das heißt: Das Wichtigste soll bereits im ersten Satz mitgeteilt werden, eine Quintessenz im ersten Absatz (Vorspann) folgen. Dem Leser wird zunächst der Kern der Information serviert, auf den in aller Regel auch schon die Überschrift hinweist. Darauf folgen Zusatzinformationen von abnehmender Bedeutung.

Objektivität

Objektiv berichten heißt: Dinge sachlich, neutral schildern. Es geht darum, Menschen, Gegebenheiten, Situationen – kurz: die **Realität** – vorurteilsfrei und unvoreingenommen einzuschätzen und zu beurteilen und dieses Urteil unverfälscht (= objektiv) weiterzugeben. Das Urteil soll unabhängig und frei sein von persönlichen Aspekten wie Vorlieben, Abneigungen, Erfahrungen, Wertvorstellungen oder Wünschen und sich allein an den gegebenen Tatsachen und Fakten orientieren.

Meinung | Die „lautere historische Wahrheit"

Dieser Standard der Journalistensprache brauchte Zeit, um sich allmählich in der Branche herauszubilden. Die frühen journalistischen „Zeitungshandwerker" hatten ihre eigenen Gepflogenheiten bei der Berichterstattung. Zeitgenossen fanden, dass sie „Muthmaszungen" als Realität und bloße „Anstalten zu einem Vorhaben in würckliche Unternehmungen verwandeln" (Zedler's Universal-Lexikon, 1749). Eine weitere Eigenschaft, „die nicht weniger Tadel verdient", sei, „dass sie partheyisch sind, [...] ja gantz widersinnige und entgegengesetzte Dinge, als die lautere Historische Wahrheit behaupten" (Zedler's Universal-Lexikon, 1749).

Die „wahrhaftige" Unterrichtung der Öffentlichkeit ist heute ein zentraler Grundsatz im Kodex des Deutschen Presserates, aus dem sich die Forderung nach größtmöglicher „Objektivität" herleitet.

Dabei lässt sich der Begriff „Objektivität" in Dimensionen betrachten. Er bezieht sich auf

- das Verhältnis der Inhalte der Berichterstattung zur Realität: Objektivität in diesem Sinne heißt: Der berichtete Sachverhalt entspricht einem realen Geschehen oder realen Zustand.
- die sprachliche Darstellung: Objektivität verlangt hier eine ausschließlich sachorientierte Darstellung des Geschehens, wertende Elemente bei Wortwahl, Satzbau und Anordnung der Inhalte haben zu unterbleiben, emotionsbetonte Formulierungen wie „leider“ oder „unglücklicherweise“ zu meiden.
- die Nachrichtenauswahl: Objektivität ist hier gleichzusetzen mit Neutralität.
- die Präsentation der Nachrichten: Sie sollen möglichst sachlich wiedergegeben werden.

Kurz gesagt: Dem kommunikativen Zielwert „Objektivität“ werden Begriffe wie Richtigkeit, Faktentreue, Vollständigkeit, Sachlichkeit und Neutralität zugeordnet.

Die Aussagen basieren auf der sogenannten realitätsbezogenen Objektivitätstheorie; nach ihr wird die Objektivität von Nachrichten – idealbildlich – als eine vollkommene Identität zwischen Aussage und Wirklichkeit definiert: Nachrichten sind dann „objektiv“, wenn sie „richtig“ und faktentreu sind, das heißt, der Realität exakt entsprechen. Die Frage ist nur, wie – durch welche Methoden – sich die wahre Realität herausfinden lässt?

Subjektive Wahrnehmung

Hirnforscher wissen: Nichts in dieser Welt ist, wie es scheint. Das gilt auch für vertraute Nahwelten, die als „wirklich“ oder „real“ gelten. Tatsächlich jedoch besteht diese vermeintliche „Wirklichkeit“ zu einem Großteil aus **subjektiver Wahrnehmung**. Von außen unablässig eintreffende Eindrücke und Erscheinungen durchlaufen im Gehirn des Menschen, für ihn unbewusst, ausnahmslos eine Art Filter, bestehend aus bewertenden Urteilen, Meinungen und Gedanken , und sie werden dabei auf ihre Relevanz hin fokussiert – und möglichweise auch ignoriert. Mit anderen Worten: Das Informationsangebot wird auf diejenigen Informationen reduziert, die relevant erscheinen, und „Tatsachen“ mit Bedeutung und Gefühlen unbewusst subjektiv angereichert. Folge dieser subjektiven Wahrnehmung: Die Wirklichkeit des Menschen besteht letztlich nur noch aus einem kleinen Teil „physikalischer Realität“, über die ein Reporter vermeintlich „objektiv“ berichterstatten soll.

Meinung | Meinungen entstehen durch Mediendarstellung

Die Folge beschreibt Karl Steinbuch in seinem Buch „Maßlos informiert. Die Enteignung unseres Denkens“ (1978, S. 24): „Die meisten Meinungen entstehen nicht durch unmittelbare Wahrnehmung der Wirklichkeit, sondern durch deren Darstellung in den Medien und man diskutiert häufig diese Darstellung und nicht die Wirklichkeit.“

Wahrhaftigkeit

Abb. 6.14: Daniel Dafoe (1660–1731) forderte als einer der ersten Wahrhaftigkeit und gilt als „Erfinder" des Journalismus. | [44]

Unfähig, „richtig" und „wahrheitsgemäß" zu berichten, konzentriert sich für den gewissenhaft berichtenden Journalisten die Aufmerksamkeit auf die Wahrhaftigkeit seiner Berichterstattung – als ein ihm persönlich immanentes, auf der Ebene seiner ethisch empfundenen Verantwortung angesiedeltes Korrektiv. Wahrhaftigkeit heißt dabei für den Journalisten: subjektive „Ehrlichkeit" bei seinem erkenn- und nachvollziehbaren Streben nach Objektivität und Wahrheit. Sie gebietet ihm, unumgängliche Unvollkommenheiten, Unwägbarkeiten und Unsicherheiten in seinen Berichten dem Publikum anzuzeigen.

In der Praxis stellt die Wahrhaftigkeit der Berichterstattung somit ein journalistisches Superkriterium für die Qualität eines Beitrags dar, das andere in seiner Relevanz überragt: Journalisten haben etwaige Schwächen bei der Wahrheitsfindung klar zu deklarieren, beispielsweise durch Nennung der Quellen, aber durch sprachliche Distanz wie die Verwendung des Konjunktivs oder klar gekennzeichneter Zitate. Und selbst ein redaktionelles Autorenkürzel, das die Autorenschaft eines Beitrags verschleiert, ist mit der Wahrhaftigkeit im Grunde nicht vereinbar, mit der „Zurechenbarkeit von Verantwortung für Veröffentlichtes" (Horst Pöttker). All diese Mittel zielen darauf ab, die Transparenz der Berichterstattung zu erhöhen. Dem Publikum wird die Möglichkeit gegeben, anhand dieser Informationen den Wahrheitsgehalt einer Nachricht besser einschätzen zu können.

Meinung | „Konsensuell" objektiv

Saxer (1974) prägte in den 1970er Jahren den Begriff der **konsensuellen Objektivität** und definierte ihn als „Wille zu einer möglichst unverzerrten und daher allgemein annehmbaren publizistischen Beschreibung der Wirklichkeit". Dieser Wille, so Saxer, solle für den Leser klar erkennbar sein (Ulrich Saxer: Die Objektivität publizistischer Information. 1974, S. 206).

Keine Wahrheitsmaschinen

In Bezug auf Medienrealitäten schlägt Hebel (2019) ein Umdenken vor: Die mediale Vermittlung des Geschehens sei „nicht als Wahrheitsmaschine zu verstehen, sondern als Angebot. Als ein Angebot, die journalistische Darstellung der Wirklichkeit zwar als eine möglichst wahrhaftige zu verstehen, aber zugleich als Annäherung, als nur eine von vielen möglichen Wahrheiten" (Stephan Hebel: Absolute Objektivität gibt es nicht. In: Frankfurter Rundschau, Ausgabe v. 22.1.2019).

6.6.2 Hintergrundberichterstattung

Die journalistische Wahrnehmung ist auf augenfällige Abläufe fokussiert: auf relevante Vordergrundinformationen, die aufgenommen und gespeichert, zunächst aber nicht hinterfragt werden. Erst später werden sie verarbeitet, das heißt, mit Sinn angereichert. Journalisten haben gelernt, ihre Wahrnehmungen zu notieren, um sie anschließend nach der bekannten W-Methode abzuarbeiten: Wer tut was wo wann warum und wie? Die Methode verhindert, dass Fakten „vergessen" werden.

Der deutsche Lokaljournalismus liebt die Faktensprache; die Formel ist: Zahl der Fakten = Informationsmenge. Die Gleichung geht jedoch nicht immer auf; denn Fakten, zusammenhanglos präsentiert, besitzen nur einen vermeintlichen Informationswert, wenn nötiges Hintergrundwissen fehlt. Denn Fakten sprechen nicht für sich, sie sind kontextabhängig (Quandt & Ratzke 1989). Nötig zum Verständnis ist „die Einordnung von Oberflächenerscheinungen in ihren politischen, sozialen und wirtschaftlichen Kontext". Genaugenommen, kann es eine journalistische Information ohne Hintergrundwissen gar nicht geben, denn sie bliebe unverständlich: „Wie schon jeder einzelne Buchstabe nur im Kontext eines Wortes seinen semantischen Stellenwert, so gewinnt jedes Wort nur im höheren Kontext von Sätzen seine Bedeutung."

Fakten müssen deshalb erklärt und eingeordnet werden. Isoliert wahrgenommen, sind sie oft nicht mehr als „bloße Nachrichtenfetzen" (Hienzsch 1990, S. 61), die womöglich mehr Fragen aufwerfen als sie beantworten. Die für das Verständnis nötigen Zusatz- und Hintergrundinformationen werden in der Praxis oft als Allgemeinwissen vorausgesetzt, wie die Abseitsregel bei TV-Zuschauern; sie sind omnipräsent, jedoch nicht sichtbar und umkreisen den Nachrichtenkern auf peripheren Bahnen. Der Faktensammler findet sie abseits der Wegstrecke, wenn er Steine umdreht und nach Erklärungen gräbt – wie Ernie & Bert in der ARD-Serie *Sesamstraße*, wenn es heißt: „Wieso, weshalb warum? Wer nicht fragt, bleibt dumm!" Was nicht heißen soll, dass Journalisten wie Ernie & Bert oder das Krümelmonster arbeiten; sie stellen **W-Fragen** wie Polizeiermittler auf der Suche nach Tatmotiven. Journalisten suchen auch Motive; sie lassen sich dabei von einer Neugier leiten, einem Gespür für die *story behind the story* – falls ihnen die einfache Story nicht genügt.

Die Reichweitenfalle

Journalisten sollen Beiträge generieren, die hohe Reichweiten erzielen; sie sollen Schlagzeilen verkaufen und Klickzahlen garantieren. Der so konditionierte Journalist gerät in eine „Reichweitenfalle"; er verliert das Gespür für das Hintergrundszenario, begnügt sich mit vordergründigen Fakten, wenn diese nur plausibel genug erscheinen für eine Story.

Hintergrund | Zahlen ohne Aussage

Ein Beispiel sind die monatlichen Arbeitslosenzahlen. Was aus ihnen nicht hervorgeht: **Nicht jeder, der einen Job sucht, taucht in der Statistik der Bundesagentur auf.** Es fehlen all jene, die vom Staat gefördert werden: durch Fort- und Weiterbildungen, Trainings- und Arbeitsbeschaffungsmaßnahmen. Auch Ein-Euro-Jobber gelten nicht als arbeitslos und es gibt weitere Ausnahmen, beispielsweise für Über-58-Jährige. Das alles wird als Hintergrundwissen vorausgesetzt.

Die Hintergrundsparte, die „kleine Schwester" des Enthüllungs-Journalismus, ist als Genre in Deutschland kaum entwickelt. Das hat auch historische Gründe; deutsche Ostereier wurden lange Zeit verzehrt, ohne nach der Herkunft der Eier zu fragen. Erst ab den 1960er Jahren, seit der Spiegel-Affäre und dem Urteil des Bundesverfassungsgerichts (1966), kam es in Mode, nach Hintergründen zu forschen; der Hintergrundjournalismus wurde zur anerkannten Disziplin.

Doch fühlen sich deutsche Journalisten, ihrer Mentalität entsprechend, in erster Linie der neutralen Faktenwiedergabe verpflichtet. Sie reagieren gern auf Ereignisse; darin sehen sie ihre Profession. Seit der Frühphase der Presse im 17. Jahrhundert wurde so gearbeitet. Hintergründe waren tabu. Wer sich auf die Suche begab, durchbrach eine Mauer; er drang in die Sphäre anderer Personen ein, stellte Fragen und musste sich rechtfertigen. Daran hat sich bis heute im Prinzip kaum etwas geändert.

Pragmatische Gründe

Es gibt auch pragmatische Gründe, warum Journalisten gern vordergründig berichten.

- Hintergrundjournalismus ist arbeitsintensiver, da Fakten oft nicht frei zugänglich sind; sie müssen „ausgebuddelt" werden.
- Hintergrundberichte beinhalten ein höheres Fehlerrisiko; es müssen gelegentlich Quellen angezapft werden, die nicht hundertprozentig „sicher" sind und als solche gekennzeichnet werden müssen. Es bleibt ein Restrisiko, für das der Journalist die Verantwortung trägt.
- Hintergrundbeiträge durchbrechen die Berufsroutine; sie erfordern Eigeninitiative. Der Journalist muss für sein Vorgehen rechtfertigen und notfalls gegen Widerstände recherchieren – ergebnisoffen, ohne dass garantiert wäre, dass eine Story seine Arbeit krönt.

Die lokale „Lückenpresse"

Griffige Schlagzeilen verkaufen sich, nebulöse Hintergründe schrecken vermeintlich ab; sie überfordern angeblich den Leser. Es können so „Informationslücken" in den

Lokalteilen entstehen, wenn Journalisten sich die sogenannten **H-Fragen** (Hintergrundfragen) nicht stellen:

- wieso, weshalb, warum geschieht etwas,
- wie häufig geschieht es,
- wer profitiert davon und
- welche Folgen bzw. Auswirkungen hat es für wen genau?

In einer komplexer werdenden Umwelt wird der Bedarf an „Faktendimensionierung“ nicht geringer; er stellt Journalisten vor neue Aufgaben. Herausgebildet hat sich eine neue Form des Journalismus: der **interpretative Journalismus**, der Hintergründe erhellt. Wobei der jeweilige Hintergrund auch bereits im Gedächtnis des Lesers existieren kann und dann lediglich beim Lesen eines Textes aktiviert werden muss. Die Nachricht ergibt dann – zusammen mit dem erinnerten Hintergrundwissen – eine verständliche Information. Liefert die lokale „Lückenpresse“ (Teusch 2016) die erforderlichen Zusatzinformationen nicht, entsteht ein Nachrichtenloch: ein nicht spezifizierbares Delta zwischen weggelassenen und publizierten Informationen, dessen Dimension Leser nur erahnen können. Denn der Journalismus kennt keine Auslassungszeichen. Die französische Schriftstellerin Simone de Beauvoir (1908–1986) bezeichnet die Auslassung als die „hinterhältigste“ Form der Lüge.

6.6.3 Meinungsäußernde Berichterstattung

Eine weitere Aufgabe des Lokaljournalisten besteht darin, die Ereignisse des Tagesgeschehens zu beurteilen und in bestehende Zusammenhänge einzuordnen, aber auch die Meinungen anderer einzubeziehen, um so eine Meinungsbildung der Leser zu ermöglichen (Jonscher 1995, S. 394). Dazu dient in erster Linie der **Kommentar**: „Während die Nachricht in ihrer kurzen prägnanten Form durch Auswahl und Gestaltung den Leser zu einer Erkenntnis bringen will, führt erst der Kommentar zum tieferen Verständnis eines Ereignisses oder einer Entscheidung, indem er Tatsachen in Zusammenhänge stellt, deren Umstände und Hintergründe untersucht und einschätzt“ (Brendel & Grobe 1976, S. 54).

In der Praxis wird die Kommentierung jedoch allzu häufig vernachlässigt. Lokaljournalisten wird seit jeher eine geringe „Kommentierfreudigkeit“ nachgesagt.

Meinung | Urteile „peinlich vermeiden“

Der Verzicht auf persönliche Statements und Kommentare ist ein Phänomen des Lokaljournalismus, das früh beschrieben wurde. Die Absicht, möglichst viele Leser erreichen zu wollen, zwinge dazu, bemerkte Emil Dovifat (1927, S. 88), „sich streng an den Tatsachenbericht zu halten und jedes Urteil peinlichst zu vermeiden“. Ein Grund für ihn: Ein Urteil werde „an sich schon dem in Eile und Unübersichtlichkeit arbeitenden Reporter niemals möglich sein“. Außerdem berge jedes Urteil die Gefahr, Teile des Publikums zu verärgern – „statt in ihm eine gesteigerte Sympathie für das Blatt auszulösen“.

Dazu befragt, werden von ihnen als simpelste Erklärung zwei Gründe genannt, die sie kaum beeinflussen können:

- zum einen eine geringe Anzahl „kommentarwürdiger Ereignisse“,
- zum anderen Zeitmangel: Mancher Kommentar wird angeblich allein deshalb nicht geschrieben, weil hierfür nach der Erledigung der täglichen Routinetätigkeiten eines Redakteurs die nötige Zeit fehle (Benzinger 1980, S. 324). Mit anderen Worten: Die Routine, das bloße Informieren, geht vor. Sie wird als Pflichtaufgabe des Journalisten angesehen, der Kommentar die journalistische „Kür“.

Eine weitere Ursache sind die vermeintlich unzureichenden **Fachkenntnisse** der Lokaljournalisten. Studien zeigen: Es gebe hier und da „Wissenslücken“, auch ein „Gefühl der Inkompetenz“ sowie generell eine gewisse „Unsicherheit“ beim Kommentieren, der „Königsdisziplin“ auch im Lokaljournalismus (Rager 1982, S. 169/170).

Die geringe Motivation von Lokaljournalisten zu kommentieren ist auch der besonderen sozialen Nähe zu den lokal agierenden Personen und eine daraus resultierende „Beißhemmung“ geschuldet, einhergehend mit dem Branchenwissen, dass der vom lokalen Watchdog „Gebissene“ auch schmerzhaft zurückbeißen kann. Der Journalist scheut sich insofern, aus seiner relativ sicheren „Deckung“ hervorzutreten, die ihm die rein sachliche, neutrale Berichterstattung bietet, mitten hinein ins mediale Rampenlicht, und setzt, Pro und Contra abwägend, im Zweifel auf neutralere, sachlichere, weniger „bissige“ Formen der Berichterstattung.

Berufliche Vorteile locken ihn nicht hinter dem Vorhang hervor, um diese „Zusatzdarbietung“ zu erbringen angesichts kaum noch vorhandener Aufstiegschancen in abgeflachten Redaktionshierarchien, in denen zur Reduzierung von Personalkosten hier und da in einzelnen Ausgaben bereits Lokalchefs und Redakteursstellen in den Mantelredaktionen eingespart werden. Es kommt somit einzig und allein auf die jeweilige intrinsische, in der Person des Lokaljournalisten verankerte Motivation an, die angesiedelt ist bei dem Bestreben nach publizistischer Selbstverwirklichung. Ein lobender Leserbrief bzw. das anerkennende Schulterklopfen eines Kollegen oder Vorgesetzten müssen ihm reichen.

Das Dilemma der Redakteure ist klar umrissen: Ihr regionaler Arbeitsmarkt ist begrenzt, ebenso die Zahl der Arbeitsplätze. Speziell in sogenannten Einzeitungskreisen (Monopolgebieten) besteht praktisch kaum die Möglichkeit, den Arbeitsplatz zu wechseln. Insofern lassen sich Lokaljournalisten bei ihrer Arbeit auch von einer pragmatischen Gesichtspunkten leiten.

Tatsächlich ist es so, dass Kommentare im Lokalteil meist keine redaktionellen Standards sind und nicht explizit eingefordert werden. Es bleibt insofern zumeist der subjektiven Einschätzung des Lokaljournalisten überlassen zu entscheiden, ob er einen Sachverhalt kommentiert oder nicht. Doch warum sollte er dies tun, wenn der journalistische Impetus fehlt? Sich als Kommentator auf die glatte Meinungsbühne zu wagen für einen journalistischen Drahtseilakt, von dem man vorab nicht wissen kann, wie er beim Publikum ankommt. Der Journalist muss für sich abwägen. Er weiß: Es gibt für ihn, abgesehen von non-monetären Weihen, nicht allzu viel zu gewinnen beim „Kräftemessen" mit lokalen Größen, dafür viel zu verlieren. Denn solche Eliten nutzen ihren Einfluss. Und jede einzelne Beschwerde beschädigt die berufliche Integrität des Kritikers, die Voraussetzung ist, um weiterhin kritisch im Lokalteil unterwegs zu sein. Bei nachgewiesenen Fehlern droht schlimmstenfalls der Arbeitsplatzverlust (Benzinger 1980, S. 324). Der Zeitungsjournalist Eckart Frahm (1975) drückte es einmal mit drastischen Worten aus, die sich möglicherweise als Warnung in den Hinterköpfen von Berufskollegen verfangen haben: „Kein Lokalredakteur rüttelt ungestraft an den kommunalen Kulissen" (S. 35).

6.6.4 Onlineberichterstattung

Die erste Tageszeitung, die regelmäßig auch als E-Paper erschien, war die *Rhein-Zeitung*. Im Jahr 2001 schlug damit auch die Geburtsstunde des Onlinejournalismus. Inzwischen bieten fast alle Zeitungen eine E-Paper-Ausgabe im Internet an. Für Printjournalisten heißt das: Sie müssen sich neu erfinden.

Jahrhundertelang waren sie gewohnt, ihre Texte in Zeitungsspalten zu pressen. Nun können sie sich im Internet austoben und ihre Artikel veröffentlichen, wann immer sie möchten; einen Redaktionsschluss gibt es nicht. Und selbst wenn ein Artikel schon online ist, kann er jederzeit aktualisiert oder ergänzt werden.

Die Sprache der Journalisten muss sich den Onlinestandards anpassen. Internetnutzer bevorzugen einfache, verständliche Texte in einer klaren Sprache. Kernaussagen sollen bereits beim bloßen, schnellen Überfliegen erfasst werden können. Denn am Bildschirm werden ungern lange Texte am Stück gelesen. Entsprechend kompakter fallen Onlinenachrichten aus.

Echtzeitjournalismus

Onlinejournalismus basiert auf denselben Prinzipien wie der herkömmliche, klassische Journalismus; doch es gibt Unterschiede. Er ist aktueller. Ereignisse werden oft bereits unmittelbar nach ihrem Geschehen publiziert. Der Echtzeitjournalismus hat aber auch seine Tücken; präzise Recherchen sind aufgrund des Zeitdrucks oftmals nicht möglich (Hooffacker 2020). Schließlich leidet unter dem Aktualitätsdruck vielfach auch die sprachliche Qualität.

Keywords

Onlinetexte werden meist nicht gezielt angesteuert, sie werden gefunden; Suchmaschinen helfen dabei. Sie bewerten die Relevanz eines Artikels vor allem auch nach der Keyworddichte, der Häufigkeit von sogenannten Schlüsselwörtern. Entsprechend muss ein Journalist, um gefunden zu werden, möglichst viele gängige Suchwörter in seinem Artikel unterbringen. Das publizistische Einmaleins im Onlinesektor: mehr Suchwörter = mehr Klickzahlen. Das gilt vor allem für den Einstieg in den Text. Auch im Verlauf des Textes geht es darum, eine ausreichende Keyworddichte zu erzielen. Insofern werden beispielsweise Ortsnamen (insbesondere in Überschriften), aber auch die Namen von Politikern oder Vereinen in Onlineartikeln vielfach häufiger genannt als nötig.

Hypertext

Eine Stärke des Onlinejournalismus ist die Vernetzbarkeit mit anderen Informationen. Mittels der Markierungssprache HTML (Hyper Text Markup Language) kann ein Hypertext wie ein Geflecht von Textbausteinen strukturiert und durch Querverweise zu anderen Texten gestaltet werden. Das steigert die Klickzahlen auch bei diesen Beiträgen. Wichtig ist jedoch der Aufbau eines Textes: Im Printjournalismus sind Informationen linear organisiert, einer klaren Reihenfolge entsprechend. Für einen Hypertext gilt das nicht; er kann Informationen enthalten, die nicht linear aufgebaut sind. Denn seine Informationsstruktur ist netzartig und entsteht durch logische Verbindungen – die Hyperlinks.

Hypertexte bieten einen freien Leseweg; der User kann beliebig von einer Informationseinheit zu einer anderen übergehen, er kann dabei unterwegs aber auch vom ursprünglichen Artikelpfad abkommen. Deshalb müssen Onlinedokumente möglichst übersichtlich strukturiert sein und Navigationshilfen bieten. So stellt der Autor sicher, dass Leser sich nicht im neuen Onlinenachrichtenwald verirren (Rusinková 2012).

Literatur

Benzinger, Josef-Paul: Lokalpresse und Macht in der Gemeinde. Nürnberg 1980

Brendel, Detlef & Bernd Grobe: Journalistisches Grundwissen. München 1976

Dorsch, Petra E. & Otto B. Roegele: Zeitungswettbewerb in der Region München. In: KFB 1978–1985. Bonn 1986, S. 151–171

Eschenburg, Theodor: Der Mythos der kommunalen Selbstverwaltung. In: Die Zeit, Nr. 41/1965

Frahm, Eckart: Die Lokalzeitung – Gelesen und viel gescholten. In: Der Bürger im Staat 1/1975, S. 32–39

Frahm, Eckart: Lokalredakteure – Blinde als Anwälte? In: Wolfgang R. Langenbucher (Hrsg.): Lokalkommunikation. München 1980, S. 83–104

Golombek, Dieter: Meßlatten für das Lokale. In: Initiative Tageszeitung (Hrsg.): Redaktion '94. Bonn 1993, S. 29–36,

Hienzsch, Ulrich: Journalismus als Restgröße. Wiesbaden 1990

Hooffacker, Gabriele: Online-Journalismus. Texten und Konzipieren für das Internet. Ein Handbuch für Ausbildung und Praxis. Wiesbaden 2020

Jacobi, Jörg: Lokaljournalisten. Ergebnisse einer Umfrage. Frankfurt/Main 1992

Kepplinger, Hans Mathias & Inge Vohl: Professionalisierung des Journalismus? In: RuF [24] 4/1976, S. 309–343

Kepplinger, Hans Mathias (Hrsg.): Angepaßte Außenseiter. Was Journalisten denken und wie sie arbeiten. Freiburg 1979

Kluthe, Peter: Kommunikationsverhalten von Lokalzeitungslesern. Diss. München 1973

Koszyk, Kurt & Karl Hugo Pruys: Handbuch der Massenkommunikation. München 1981

Koszyk, Kurt & Karl Hugo Pruys: Wörterbuch zur Publizistik. München 1969

Kunczik, Michael: Journalismus als Beruf. Köln/Wien 1988

Kurp, Matthias: Lokale Medien und kommunale Eliten. Opladen 1994

La Roche, Walther von: Einführung in den praktischen Journalismus. München 2017

Langer, Inghard u.a.: Verständlichkeit in Schule, Verwaltung, Politik, Wissenschaft. München 1974

Loosen, Wiebke u.a.: Journalismus in Deutschland. Aktuelle Befunde zu Situation und Wandel. Hamburg 2023

Mathy, Klaus: Das Recht der Presse. Ein Handbuch für die Redaktionsarbeit. Köln 1988

Matzen, Nea: Onlinejournalismus. Konstanz 2014

Meyn, Hermann: Massenmedien in der Bundesrepublik Deutschland. Berlin 1996

Mühlberger, Holger: Stille Teilhaber. Zur gesellschaftlichen Integration von Lokaljournalisten. In: Hans Mathias Kepplinger (Hrsg.): Angepaßte Außenseiter. Was Journalisten denken und wie sie arbeiten. Freiburg/München 1979, S. 97–114

Murck, Manfred: Macht und Medien in Kommunen. In: RuF 1983, S. 370–380

Nazarewska, Barbara: Lokalfürsten in der Regionalzeitung. Diss. Augsburg 2014

Paetzold, Ulrich: Ulrich: Hofberichterstattung oder Recherchenjournalismus – Zur Philosophie journalistischer Arbeit. In: Wolfgang R. Langenbucher (Hrsg.): Journalismus & Journalismus. München 1980, S. 21–33

Prott, Jürgen: Der Journalistenberuf – ein dauerndes Mißverständnis. In: Fernstudium Kommunikationswissenschaft Teil 1. München 1984, S. 315–408
Quandt, Siegfried & Dietrich Ratzke: Hintergrundinformation als journalistische Aufgabe. In: Publizistik 1989, S. 117–121
Rager, Günther: Publizistische Vielfalt im Lokalen. Tübingen 1982
Reus, Gunter: Sprache und Stil. In: Journalistikon. Das Wörterbuch der Journalistik. 2016
Ricker, Reinhart: Die Pflichten der Presse. Berlin/New York 19841986
Ronneberger, Franz & Dieter Wolz: Lokale Presse und Herrschaft in der Ortsgemeinde. In: PU 1974, S. 19–29
Rühl, Manfred Rühl: Die Zeitungsredaktion als organisiertes soziales System. Freiburg 1979
Rusinková, Elena: Klassischer Journalismus versus Online-Journalismus. Diss. Brno 2012
Schneider, Wolf & Paul-Josef Raue: Das neue Handbuch des Journalismus. Hamburg 2012
Schröder, Thomas: Die ersten Zeitungen. Textgestaltung und Nachrichtenauswahl. Tübingen 1995
Schwarzkopf, Joachim von: Ueber Zeitungen. Ein Beytrag zur Staatswissenschaft. Frankfurt/Main 1795
Serger, Bernd: Wenn Sprache das Denken verdirbt. In: Initiative Tageszeitung (Hrsg.): Redaktion. Almanach für Journalisten. Bonn 1993, S. 91–94
Sieburg, Friedrich: Schwarzweiße Magie. Über die Freiheit der Presse. Tübingen u. a. 1949
Teusch, Ulrich: Lückenpresse. Das Ende des Journalismus, wie wir ihn kannten. Neu-Isenburg 2016
Vicari, Jakob: Blätter machen: Bausteine zu einer Theorie journalistischer Komposition. Köln 2014
Weischenberg, Siegfried u.a.: u.a.: Journalismus in Deutschland. In: MP 1/1993, S. 21–33
Weischenberg, Siegfried: Journalistik. Opladen 1990,
Weischenberg, Siegfried: Journalistik. Theorie und Praxis aktueller Medienkommunikation. Bd. 2. Opladen 1995
Wilke, Jürgen: Nachrichtenauswahl und Medienrealität in vier Jahrhunderten. Berlin 1984
Wilke, Jürgen: Sprache in den Massenmedien – Anforderungen an die Wissenschaften. In: Günter Bentele (Hrsg.): Semiotik und Massenmedien. München 1981, S. 75–80

Weiterführende Literatur

Aich, Prodosh: Gemeinde, Macht und journalistische Recherche. In: Wolfgang R. Langenbucher (Hrsg.): Lokalkommunikation. München 1980, S. 105–111
Arbeitsgemeinschaft für Kommunikationsforschung: Journalismus als Beruf. München 1977
Arbeitsgemeinschaft für Kommunikationsforschung: Journalismus und kommunale Öffentlichkeit. Auftragsarbeit der Bundeszentrale für politische Bildung. Bonn 1975
Arzberger, Klaus u.a.: Bürger, Presse und Eliten. In: Projektteam Lokaljournalisten (Hrsg.): Materialien für Lokaljournalisten – Teil 1. München 1980, S. 84–143
Bentele, Günter: Wie objektiv können Journalisten sein. In: Lutz Erbring u. a. (Hrsg.): Journalismus und Ethik. Berlin 1989, S. 196–225

Berger, Julius: Die Redaction eines Localblatts. In: Ostdeutscher Anzeiger für Buch- und Steindruckereien, Buchbindereien [4] Nr. 43 1897, Sp. 343–344

Dovifat, Emil: Journalist. In: Bundesanstalt für Arbeit (Hrsg.): Blätter zur Berufskunde. Bielefeld 1965

Durth, K. Rüdiger: Der Lokalredakteur. Wege zur bürgernahen Kommunikation. Remagen 1975

Fabris, Hans Heinz: Der Lokalredakteur und seine Probleme. In: journalist 2/1972, S. 20–22

Frizenschaf, Johannes: Die Praxis des Journalisten. Ein Lehr- und Handbuch. Leipzig 1901

Grimme, Eduard: Zwischen Routine und Recherche. Eine Studie über Lokaljournalisten und ihre Informanten. Opladen 1991

Grunenberg, Nina: Umzingelt von Vereinen: Bezirksredakteur im »Glockenland« – Bilder aus der deutschen Presse. In: Die Zeit Nr. 13 vom 25.3.1966, S. 62

Hagemann, Walter: Die soziale Lage des deutschen Journalistenstandes. Düsseldorf 1956

Hagemann, Walter: Die soziale Lage des deutschen Journalistenstandes. Düsseldorf 1956

Hebel, Stephan: Absolute Objektivität gibt es nicht. In: Frankfurter Rundschau, Ausgabe v. 22.01.2019

Langenbucher, Wolfgang: Der Lokalredakteur als Sozialisator und Sozialisand im Prozess der Lokalkommunikation. In: Franz Ronneberger (Hrsg.): Sozialisation durch Massenkommunikation. Stuttgart 1971, S. 151–171

Prott, Jürgen: Bewußtsein von Journalisten. Frankfurt/Main 1976

Rohr, Robert: Auf Abruf bereit. Lokaljournalisten bei der Arbeit. In: Hans Mathias Kepplinger (Hrsg.): Angepaßte Außenseiter. Freiburg/München 1979, S. 76–98

Rohr, Robert: Auswahl, Verarbeitung und Präsentation der lokalen Berichterstattung in der Presse. Diplom-Arbeit, Mainz 1975

Rohr, Robert: Terminjournalismus – und sonst nichts? In: Wolfgang R. Langenbucher, Hrsg.: Lokalkommunikation. München 1980, S. 64–82

Rückel, Roland: Lokalredakteure. Eine vergleichende Rollenanalyse. Opladen 1975

Rühl, Manfred: Berufliche Sozialisation von Kommunikatoren. In: Franz Ronneberger (Hrsg.): Sozialisation durch Massenkommunikation. Stuttgart 1971, S. 126–150

Rühl, Manfred: Sozialisation der Journalisten-Elite. In: Publizistik 2/3/1988, S. 395–405

Scharrelmann, W.: Der journalistische Beruf in der Kleinstadt. In: ZV [31] 1930, Nr. 9, Sp. 359–361

Thielemann, Edgar: Der Lokalredakteur. Sozialprofil, Ausbildung und Selbstverständnis hessischer Lokalredakteure. Frankfurt/Main 1970

Thielemann, Edgar: Lokalredaktionen – Sammelplätze für Gescheiterte? In: journalist 10/1972, S. 12–15

Wollenhaupt, Gabriela: Lokaljournalisten – Marionetten der PR-Manager? In: Die Feder 1980, S. 6/7

7 Kapitel | Inhalte und Defizite — Was in den Zeitungen steht und was nicht

Übersicht

Die Lokalpresse soll ein realitätsnahes Abbild der in einer Zeitungsregion relevanten Geschehnisse und Meinungen zeitnah widerspiegeln, damit sich Leser informieren und eine Meinung bilden können. Die Inhalte des Lokalteils zeigen jedoch oft genug eine andere, mehr oder weniger **asynchrone Medienrealität**. In den 1970er und 1980er Jahren war sie, im Zusammenhang mit einem besorgniserregenden Titelschwund auf dem Tageszeitungsmarkt und einer bis dahin nicht gekannten wirtschaftlichen Pressekonzentration, vermehrt Gegenstand von empirischen Studien. Lokale Inhalte wurden nach allen Regeln der verfügbaren Analysemethoden regelrecht seziert.

Die Studien gelangten, auch bei Großstadtzeitungen, zu signifikant ähnlichen Befunden: Viele der untersuchten Lokalteile enthielten nicht das, was sie nach Meinung der Forscher enthalten sollten – ohne dass sie konkrete „Defizite" im Einzelfall ex post nachzuweisen vermochten, da ein Abgleich mit realen Ereignishorizonten grundsätzlich unmöglich ist. Gezählt wurde insofern die Häufigkeit von äußerlichen **Qualitätsmerkmalen** wie Themenvielfalt, Handlungsträger, Zu-Wort-Kommende, Lob und Kritik.

Danach krankte die lokale Berichterstattung weiterhin an „alten" Leiden, die Leser bereits in der Frühphase der Presse ausgemacht hatten. Sich an vermeintlich bewährten Rezepten und Nachrichtenmustern orientierend, litt der lokale „Patient" vor allem an bekannten Mangelerscheinungen wie Kritiklosigkeit und Vordergründigkeit. Die damals veröffentlichten lokalen Untersuchungsbefunde vermerkten ...

... die Darstellung einer – realitätsverzerrten – heilen Welt im Lokalteil, einer Gegenwelt zu einer ansonsten zerrissenen Lebenswirklichkeit, geleitet von der Annahme, Leser hätten ein Bedürfnis nach Harmonie und nach Bestätigung der persönlichen, die eigene Lebenswelt, den Wohnort, das Wohnquartier betreffenden Identität der Leser,

- eine Inkongruenz zwischen der realen Lebenswirklichkeit im lokalen Berichterstattungsgebiet und den Inhalten des Lokalteils,
- ein vordergründiger Veranstaltungsjournalismus mit starkem Ereignisbezug unter Rückgriff auf etablierte Berichterstattungsmuster,
- eine Dominanz von darstellenden, referierenden Aussageinhalten,
- das Fehlen von Hintergrundinformationen über kausale bzw. finale Ereigniszusammenhänge,
- das Fehlen von Quellenangaben bei Pressemitteilungen,

- eine Dominanz von darstellenden, referierenden Zeitungsinhalten (Verlautbarungsjournalismus),
- eine allgemeine Kritikscheu („Beißhemmung") der Presse gegenüber einflussreichen Gruppen (Parteien, Vereine) zur Vermeidung von Negativreaktionen gegen das Unternehmen (Abokündigungen, Anzeigenentzug) und gegen den einzelnen Journalisten,
- ein Rückzug auf die bloße Wiedergabe bereits öffentlich gemachter, von dritter Seite geäußerter Kritik,
- eine unreflektierte „Hofberichterstattung" über Aktivitäten lokaler „Honoratioren" sowie eine Überrepräsentation dieser vermeintlichen Gemeindeelite, die sich aus örtlich ansässigen Unternehmern, Vereins- bzw. Parteivorsitzenden, Amtsinhabern, Bürgermeistern und politischen Mandatsträgern rekrutiert und die in der Regel – informal – als Ehrengäste bei verschiedensten Anlässen zusammentreffen, sich dabei über Belange in ihrer Gemeinde austauschen und sich verständigen.

Referenzstudie von 2018

Ob sich an den genannten Defiziten inzwischen etwas geändert hat, versuchte eine im Jahr 2018 veröffentlichte, groß angelegte Studie im Rahmen des Projekts „Leistungen des Lokaljournalismus" der Deutschen Forschungsgemeinschaft (DFG) zu ergründen. Acht Monate lang codierten Studierende 18.000 Artikel aus 103 deutschen Lokalzeitungen mit Auflagen zwischen 1.000 und 100.000 Exemplaren, herausgegeben von Verlagskonzernen bis hin zu kleinen Familienbetrieben. Mittels einer Inhaltsanalyse wurden per Indexbewertung **Qualitätskriterien** wie Neutralität, Unabhängigkeit, Aktualität, Partizipation und Themenvielfalt gemessen. Mit Blick auf frühere Analysen stellte die Studie fest:

- Der Lokaljournalismus hat sich gegenüber früher ermittelten Defiziten insgesamt verbessert, vor allem bei der Themenvielfalt.
- Die allermeisten Zeitungen berichten der Studie zufolge „unabhängig" und „glaubwürdig", wobei Kriterien für die „Glaubwürdigkeit" waren, ob Korrekturen veröffentlicht, ob Quellen für Texte und Bilder genannt werden. Ein Indiz für die Unabhängigkeit war das Trennen zwischen Werbung und redaktionellem Teil. Unabhängig zeigten sich die Blätter aber auch, indem sie eigene Recherchen anstellten, über Veranstaltungen nicht nur positiv berichteten und kritische Stimmen zu Wort kamen.
- Auf der mehr negativen Seite verbuchte die Studie eine noch immer nicht abgelegte „Beißhemmung" vieler Lokaljournalisten. Die Lokalpresse übte insgesamt nur „bedingt" Kritik.
- Es fehlten auch Hintergrundinformationen.

- Die Blätter waren gefüllt mit Meldungen und Berichten (86 Prozent der Artikel), während Interviews, Kommentare und Reportagen kaum eine Rolle spielten.
- Als „eines der größten Qualitätsprobleme" wertete die Studie, dass die allermeisten Lokalzeitungen Lesern kaum Möglichkeiten zur Partizipation geben. Leserbriefe besitzen keinen hohen Stellenwert.
- Eine grundsätzliche Erkenntnis über den Lokaljournalismus: Pauschale Urteile würden hier zu kurz greifen, zu unterschiedlich sei die Berichterstattung. So stechen Metropolenzeitungen beispielsweise bei der Vielfalt der Darstellungsformen hervor, beim Aufgreifen kontroverser Themen, dem Herunterbrechen von bundes- und weltpolitischen Themen auf die lokale Ebene, während Stadt- und Landzeitungen beim Service die Nase vorn haben und sich Boulevardzeitungen bei der grafischen Gestaltung der Lokalteile überlegen zeigen (Arnold & Wagner 2018, S. 177–206).

Qualität lokaler Zeitungsinhalte (Ergebnisse einer repräsentativen Inhaltsanalyse von 103 Zeitungen, Index: 0 = schlecht; 1 = gut)	
Neutralität	0,77
Unabhängigkeit	0,73
Themenvielfalt	0,70
Glaubwürdigkeit	0,65
Ausgewogenheit	0,62
Aktualität	0,58
Relevanz	0,34
Kritik	0,33
Analyse und Hintergrund	0,29
Diskursivität	0,23
Partizipation	0,23

Abb. 7.1: Neutralität, Unabhängigkeit und Themenvielfalt, aber auch Glaubwürdigkeit, Ausgewogenheit und Aktualität bescheinigte 2018 eine Inhaltsanalyse der lokalen Berichterstattung deutscher Tageszeitungen. | [45]

Zusammenfassend lässt sich feststellen: Auch die neue, groß angelegte Lokaljournalismusstudie belegt eine bis heute nicht gänzlich überwundene, offenbar immanente Problematik in der lokalen Berichterstattung, die sich bereits in der Frühphase der Presse zeigte und die im Folgenden näher zu erläutern sein wird.

7.1 Vorbemerkungen

Neuigkeiten, die relevant erschienen, wurden vermutlich bereits vor rund 200.000 Jahren verbreitet, als der sprachbegabte *Homo sapiens* sich auf den Weg machte, die Welt zu entdecken. Die „neuen" Menschen verständigten sich untereinander, auch schon mit Schriftzeichen. Sesshaft geworden, verbreiteten sie in ihren Gemeinden, in denen sie zusammenlebten, wichtig erscheinende Informationen und benutzten dazu bald auch Medien. Die Babylonier ritzten ihre Nachrichten in Tontafeln, im Alten Ägypten dienten Papyri als Schriftträger, im antiken Griechenland und Rom benutzte man mit Wachs beschichtete Tafeln aus Holz . In Pompeji, das 79 n. Chr. unter der Lava des Vesuv versank, fanden sich an Hauswänden Inschriften, mit denen Gasthäuser Reklamemachten; Gladiatorenspiele wurden angekündigt, vermisste Gegenstände beschrieben, Suchanzeigen geschaltet. Diese ersten *Wandzeitungen* waren vermutlich gratis.

Der internationale Handel stellte die Kommunikation Jahrhunderte später auf eine neue Basis. Kaufleute entdeckten neue Handelsrouten auf dem Land- und Seeweg und berichteten über ihre Erlebnisse, ab dem 13. Jahrhundert auch durch Briefe. Die Welt wurde kleiner. Fürsten und Handelshäuser unterhielten alsbald im In- und Ausland Korrespondenten, deren Aufgabe darin bestand, sie über politische und wirtschaftliche Entwicklungen stets aktuell zu unterrichten: die Vorläufer der heutigen Journalisten (M. Lindemann 1969, S. 16). Zuverlässig sollten die Nachrichten sein und vor allem neu. Für die Mitteilungen bildete sich – ausgehend vom Kölner Raum – kurz vor 1300 das Wort *zidinge* heraus, das so viel meint wie „Nachricht".

Übermittelt wurden die Nachrichten durch sogenannte *Zeitungs-Briefe*, sie waren ab dem 16. Jahrhundert in Europa ein verbreitetes Medium. Adressaten waren die Auftraggeber; die Nachrichten kursierten aber auch, wie in einem Intranet, in ihnen nahen Kreisen und sie wurden alsbald auch anderweitig veräußert. Die Nachfrage nach *zidingen* war groß (Grasshoff 1877). Die Briefe bestanden aus zwei Teilen: einem „intimen" und einem lose ins Couvert gelegten halböffentlichen Teil – *Avise, Beylage, Zeddel* oder *Nova* genannt und schließlich nur noch Zeitung.

Ein florierender „Nachrichtenhandel" auf Briefbasis setzte ein, den auch leitende Postmitarbeiter für sich entdeckten; sie saßen an den Nachrichtenquellen und ließen sich Lizenzen zur nebenberuflichen Nachrichtendistribution ausstellen. Staatlich genehmigt, kopierten sie Inhalte aus eingehenden Briefen. Das Publikum gierte nach

Klatsch- und Sensationsberichten aus dem In- und Ausland. Immer neue Nutzerkreise wurden erschlossen.

Hintergrund | Bezugspreise

Dokumente belegen, dass beispielsweise die Stadt Halle im Jahr 1662 dem Leipziger Avisenschreiber Hieronymus Teuthorn noch vierteljährlich 2 Schock 8 Groschen für die Lieferung seiner geschriebenen Zeitungen zahlte (1 Schock = 60 Groschen). Die Abopreise für die nachfolgenden gedruckten Zeitungen sind nicht bekannt, sie wurden vermutlich individuell ausgehandelt. So berichtete der Straßburger Verleger Carolus lediglich, dass er sein wöchentlich geedrucktes Blatt „ettlichen herren umb ein gewisß jahrgelt" einmal die Woche zustelle (Karl Bücher: Zur Geschichte des Zeitungs-Abonnements. In: Zeitschrift für die gesamte Staatswissenschaft, 1924, S. 3–18).

Der Beruf des Zeitungskorrespondenten bildete sich heraus. Doch die Qualität der Nachrichten war oftmals bescheiden. Viele der Korrespondenten waren aus heutiger Sicht keine „Nachrichtenprofis“, sie selbst vermochten nicht zu überprüfen, ob ihnen zuteil gewordene Nachrichten wirklich der Wahrheit (⟶ Kap. 6.4.3.) entsprachen oder aber der seinerzeit heftig brodelnden Gerüchteküche entstammten. Sie mussten glauben, was ihnen zugetragen wurde – obgleich ihn hinlänglich bekannt gewesen sein dürfte, dass der mittelalterliche Mensch es mit der Wahrheit oftmals nicht so genau nahm. Niemand, keine Instanz, war da, der ihn der Lüge, der Intrige überführen und die Wahrheit ans Licht bringen könnte. Johann Peter von Ludewig regte deshalb eine redaktionsähnliche Instanz für jeden Korrespondentenort an: Ihm schwebten *capable* (fähige) Leute vor, die ein Auge auf die Texte werfen sollten, bevor sie an die Verleger herausgingen und abgedruckt wurden. (1705, § 8, S. 89).

Das Publikum war nicht immer zufrieden. Nicht selten stellte sich heraus, dass Nachrichten aus anderen Zeitungen abgeschrieben waren. Und man fragte sich, oft nicht ohne Grund, ob denn die teils dick aufgetragenen Geschichten auch wirklich der Wahrheit entsprächen. Zweifel kamen auf, wenn reißerische Geschichten sich im Nachhinein als *fake news* entpuppten. Das kam vor. Allzu unsicher waren die Quellen.

Meinung | Einfältig in den Tag hinein geschrieben

Abb. 7.2: Johann Peter Ludewig (1688–1743). | [46]

Der habilitierte Historiker Johann Peter Ludewig (166 8–1743) konstatierte 1705, dass es mit den Methoden der Zeitungsschreiber im argen liege. Er warf ihnen Ungenauigkeit, Bestechlichkeit und die Benutzung unzuverlässiger Quellen vor. Vieles würde „freventlich / ungeschickt / einfältig und ungescheuer in den Tag hinein geschrieben" (§ 8, S. 98) und sei gespickt mit „handgreiflichen Fehlern". Zudem seien die Zeitungsleute, denen es nur um den Gewinn gehe, bestechlich: „um etliche Groschen willen" würden auf Wunsch und „zum Verdruß der Leser" Namen eitler Zeitgenossen abgedruckt. Was denn daran interessant sei, „ob jemand in der Lotterie gewonnen oder verloren hat" (Johann Peter Ludwig: Vom Mißbrauch der Zeitungen. Halle, 1705).

Nach Erfindung des Buchdrucks Mitte des 15. Jahrhunderts lösten gedruckte Blätter diese „Zeitungen" ab. Doch die nun entstehenden Druckkosten trieben die Zeitungspreise in die Höhe. Folge: Die Debatte um die Inhalte der Presseerzeugnisse nahm nun volle Fahrt auf, zumal den neuen Druckerzeugnissen vorgehalten werden konnte, dass sie weniger aktuell seien als die handschriftlichen Blätter, die parallel dazu noch eine Zeitlang auf dem Markt waren. Nicht selten lagen geschilderte Ereignisse mehrere Monate, wenn nicht Jahre zurück, bevor sie bekannt wurden und von den Zeitungsschreibern aufgegriffen werden konnten. Unmut unter den Beziehern dieser neuartigen Presseprodukte, heute würde man sie Abonnenten nennen, machte sich breit. Sie mussten mit barer Münze zahlen, um an die im Inneren der Blätter verborgenen Inhalte gelangen zu können.

Die Unzufriedenheit mit den frühen Nachrichtendruckern und „Zeitungsschreibern" nahm Fahrt auf. *Die deutsche Journalistik*, hieß es ein halbes Jahrhundert nach Erscheinen der ersten Tageszeitung, der Leipziger *Einkommenden Zeitung* im Jahr 1650), „war und ist zum größten Theile ein wahrer Schandfleck unsrer Culturgeschichte." Das Zitat wird dem Schriftsteller Karl Leberecht Immermann (1796–1840) zugeschrieben, der „absichtlich lügenhafte" Darstellungen in den Blättern anprangerte. Zeitungen seien „ungewiß und lügenhaft", wurde kritisiert (Stieler 1695, S. 143).

Hintergrund | „Wahrhafftige“ Zeitungen

Dabei waren es gerade „Wahrheit“ und die „Wahrhaftigkeit“, mit denen frühe Zeitungen – ungefähr ab 1515 – auf ihren Titelseiten warben, so etwa eine Neue Zeitung aus dem Jahr 1515 mit dem Titel „Neue worhaffte gezeittung, der kriegßleuff“. Ein Schreiber, der 1542 aus Schlesien über eine Heuschreckenplage berichtete, versicherte den Lesern: „Dieses alles magstu fürwar sagen / ich hab es selbst gesehen und erfaren.“ Die Etikettierung „wahrhaftig“ (zumeist „warhafftig“ geschrieben) wurde zur festen Titelformel, Wahrheit und Faktentreue wurden zur journalistischen Primärnorm erhoben, um die geschilderten Ereignisse ausdrücklich zu beglaubigen. Nicht selten wird darüber hinaus die Eigenschaft „gründlich“ aufgerufen, um die Qualität der Nachricht zu unterstreichen (Jürgen Wilke: Die „Neue Zeitung“. Leistungen und Normen eines vorperiodischen Informationsmediums. In: Jan Martin Lies, Hrsg.: Wahrheit, Geschwindigkeit, Pluralität. 2021, S. 83–108).

Abb. 7.3: „Warhafftige vnd erschreckliche Newe Zeitung“ von 1576, herausgegeben in Nürnberg. | [47]

Ging es anfangs primär um die geringere Aktualität der Nachrichten, so geriet später, als das öffentliche Leben in den Städten aufzublühen begann und die Zeitungsschreiber neue Stoffe vorfanden, über die sie mehr oder weniger frei berichten konnten, auch der lokale Teil der Zeitung in den Fokus, der in der Frühphase der Presse noch komplett gefehlt hatte. Er gab den Lesern am ehesten die Möglichkeit, den **Wahrheitsgehalt** von Nachrichten durch eigene Beobachtungen, eigenes Wissen oder Erkundigungen zu überprüfen, was bei Meldungen aus dem Ausland in der Regel nicht möglich war. Es gab keine vergleichenden Quellen. Der Lokalteil galt bald als das „Sorgenkind jeder Zeitung". Man finde „überall die gleichen Missstände", klagten Kritiker Anfang des 20. Jahrhunderts (Binder 1911, Sp.63). „Die Zuverlässigkeit der Meldungen war oft gering: Vieles, was abgedruckt wurde, war falsch oder nur zum Teil richtig. Nicht selten klagten die Verfasser selbst, dass sie nicht imstande seien, die Wahrheit der ihnen – aus anderen Zeitungen – zugegangenen Informationen zu prüfen (Lindemann 1969, S. 73).

Meinung | Platz zum Schuttabladen

Die Presse geriet unter Druck, der von Alleinredakteuren – unterstützt von freien Mitarbeitern – zusammen gezimmerte Lokalteil vermehrt ins Visier der Kritiker. Er wird zu einem „Platz, auf dem Schutt abgeladen werden kann". An die Lokalmitteilungen seinen im Hintergrund konkrete individuelle Interessen geknüpft, die Redaktion werfe „viel völlig Belang- oder Geschmackloses, ja Ungehöriges in diesen Teil", in dem „es der Freundschaft und der Beziehung, der Eitelkeit und dem Geschäftsinteresse am leichtesten gelinge, irgendeiner Notiz Eingang zu verschaffen". Die gleichgültigsten Vereinsfeste würden ausführlich geschildert, über silberne Hochzeiten, Geburtstage, Todesfälle, Verlobungen, Eheschließungen würde berichtet, für x-beliebige Firmen aus Anlass von Jubiläen „offen Reklame gemacht" (Otto Groth: Ein System der Zeitungskunde Bd. 1. 1928, S. 933).

7.2 Lokale Inhalte nach 1945

Nach Ende der NS-Presse-Epoche hatten die Alliierten, die das Pressewesen im besetzten Deutschland bis 1949 unter ihrer Kontrolle hatten, das Ziel verfolgt, die deutsche Tagespresse umzustrukturieren. Eine „neue", an anglo-amerikanischen Standards orientierte Berichterstattung sollte per Dekret praktisch wie aus dem Nichts entstehen, alte Zöpfe sollten abgeschnitten werden. Die Umsetzung stockte. Über die Inhalte der damaligen, noch in den 1940er Jahren unter deutscher Regie neu erscheinenden Lokalzeitungen ist nur wenig bekannt. Der Lokalteil interessierte im Zusammenhang mit der neuen Tagespresse wenig.

Erste Ansätze einer Aussagenanalyse gab es Ende der 1950er Jahre, als Gemeindesoziologen die Frage nach der Integrationsfunktion der Lokalpresse stellten, diese letztlich aber wenig überzeugend beantworteten. Ein stärkeres Interesse an den

Inhalten des Lokalteils wurde erst in den 1960er Jahren geweckt, im Zuge einer immer sichtbarer voranschreitenden Pressekonzentration, als in den zahlreichen sich herausgebildeten Ein-Zeitungskreisen die Möglichkeit einer umfassenden Information und Meinungsbildung der Leser in Frage gestellt wurde. Unter dem Titel „Kommentar und Kritik im Lokalteil in der Tagespresse der Bundesrepublik Deutschland“ unternahm Manfred Knoche 1967 eine der ersten Inhaltsanalysen zu diesem Thema; später ergänzte er zusammen mit Winfried Schulz diese Ergebnisse mit der Studie „Folgen des Lokalmonopols von Tageszeitungen“ (1969).

Meinung | Unwichtiges und Nichtiges

In dieser Zeit, Ende der 1960er Jahre, flammte die frühere Kritik an den allzu dürftig erscheinenden Lokalteilen, die während der NS-Zeit eingeschlafen war, wieder auf. Walter J. Schütz untersuchte 1969 „Struktur und Inhalt des lokalen Teils“ und befand: Der „Zwang, Seiten zu füllen um jeden Preis“, fülle die Zeitung „mit Unwichtigem und Nichtigem“. Jeder Todesfall und jedes Begräbnis liefere Stoff „mindestens für einen Zweispalter, keine Vereinssitzung ohne ausführliches Resümee. Dazu noch eine Menge Fotos, wenn der Stoff nun wirklich nicht mehr reicht, Abdruck von Waschzetteln, von Reklametexten, 3/4 Seite Gottesdienstnachrichten“ (S. 24).

In den 1970er Jahren reagierten auch andere Kommunikationswissenschaftler auf die sich immer offenkundiger zeigenden Auswirkungen der Pressekonzentration. Der Lokalteil rückte in den Fokus; seine Erforschung erlebte eine ungeahnte Konjunktur. Noelle-Neumann (1976) untersuchte die „Folgen lokaler Zeitungsmonopole“, kam aber zu anderen Ergebnisse als Knoche & Schulz zuvor. Stofer (1975) untersuchte die „Auswirkungen der Alleinstellung auf die publizistische Aussage der Wilhelmshavener Zeitung“. Zuvor hatten Hüther u. a. (1973) „Inhalt und Struktur regionaler Großzeitungen“ in mehreren Großstädten des Ruhrgebiets analysiert. Zeitgleich entstanden stärker politologisch interessierte Gemeindestudien, etwa die Studie „Wertheim III“ (Zoll u. a. 1974) über die Kommunikationsstrukturen dieser Kleinstadt.

Hintergrund | Die isolierte Welt des Lokalen

Vielbeachtete Inhaltsanalysen zur lokalen Berichterstattung präsentierten nachfolgend Klaus Schönbach über die „Die isolierte Welt des Lokalen“ (1978), Dieter Wolz über „Die Presse und die lokalen Mächte“ (1979), Josef-Paul Benzinger über „Lokalpresse und Macht in der Gemeinde“ (1980) sowie Günter Rager über „Publizistische Vielfalt im Lokalen“ (1981) und Theo Rombach über „Lokalzeitung und Partizipation am Gemeindeleben“ (1983).

Die Studien zeigten fast ausnahmslos unbefriedigende Ist-Zustände bei der lokalen Berichterstattung auf. Anknüpfend an Befunde aus früheren Zeitungsepochen, wurden der Lokalpresse weiterhin „Vereinsmeierei" und eine Durchsetzung mit anzeigenähnlichen PR-Berichten (Schleichwerbung) vorgehalten. Kaiserreich, Weimarer Republik, NS-Regime oder Demokratie – die vorgefundenen lokalen Berichterstattungsstrukturen erwiesen sich als immanente Grundmuster, sie überdauerten den Wandel der Zeiten, weil sie auf Sachzwängen der lokalen Presse basieren, solange diese maßgeblich durch Anzeigenerlöse finanziert wird. Die sich schon früh herausgebildeten Muster sind Resultat eines Dauerdrucks der Abonnenten und Inserenten, dem die Presse ausgesetzt ist, sowie der Notwendigkeit, mit dem Zeitungsinhalt möglichst viel Geld zu erwirtschaften.

Hintergrund | Das öffentliche Elend der Lokalpublizistik

Vor allem seit Beginn der 1970er Jahre zeigte sich ein „immer bewusster werdendes öffentliches Elend der Lokalpublizistik" (Rüdiger Durth: Defizite in der lokalen Berichterstattung. 1974, S. 24). Dieser Befund musste alarmieren; war er doch ein Indiz dafür, dass die massive Kritik der lokalen Berichterstattung offenbar auf wenig fruchtbaren Boden gefallen war. Nicht nur von „Hofberichterstattung" war die Rede; der Lokalpresse wurde zum Teil sogar die Konstruktion eines „vordemokratischen" Weltbildes vorgeworfen (Horst Haenisch & Klaus Schröter: Zum politischen Potenzial der Lokalpresse. 1972, S. 262). Mitte der 1980er, als Neue Medien die lokalen Kommunikationsräume eroberten, bestand Anlass, dass insgesamt ein neuer Wind in die Berichterstattung einziehen könnte. Doch es gab früh Skeptiker, die vor allzu großen Hoffnungen warnten. Es gebe „Defizite, die bleiben werden", prophezeite Otfried Jarren (1984). Er sollte Recht behalten.

7.3 Umfänge der lokalen Berichterstattung

Die Zahl der lokalen Meldungen war in der Frühphase der Presse zunächst gering, es gab nur wenig zu berichten. Ein freies, von der Obrigkeit emanzipiertes Leben, das auch lokalen Nachrichtenstoff geboten hätte, entwickelte sich erst viel später. Die Menschen interessierten sich für andere Dinge und waren bereit, dafür zu zahlen: für spektakuläre, mit Holzschnitten illustrierte Sensationsgeschichten aus aller Welt, mit reißerischen Schlagzeilen. Der lokale Teil fand seinen Platz folglich weiter hinten in den Blättern. Welchen Platz Lokalmeldungen in den frühen Zeitungen tatsächlich hatten, welcher Stellenwert ihnen eingeräumt wurde, erschließt sich bei Durchsicht der erhaltenen Zeitungsausgaben von damals. Statistische Erhebungen über lokale Zeitungsinhalte gab es nicht, zu unbedeutend erschien das Lokale. Doch das sollte sich ändern.

Hintergrund | Leipziger Studie (1850–1890)

Ein statistischer Überblick über die inhaltliche Entwicklung des lokalen Teils in Leipziger Tageszeitungen in der zweiten Hälfte des 19. Jahrhunderts zeigte, dass die lokale Rubrik im liberal ausgerichteten *Leipziger Tagblatt* zwischen 1850 und 1890 um mehr als das Fünffache anwuchs, gemessen am noch stärker expandierenden Gesamtumfang der Zeitung jedoch mit 2,4 Prozent eher schrumpfte (Erich Conrad: Die Entwicklung des kommunalen Teils der größeren Leipziger Tageszeitungen in der zweiten Hälfte des 19. Jahrhunderts. Diss. Leipzig 1935, S. 164).

Die Stoklossa-Studie von 1909

Eine erste groß angelegte Zeitungsstatistik nahm 1909 Paul Stoklossa in Angriff. Eine Woche lang maß er die Inhalte von 30 Zeitungen, unter ihnen 13 Berliner Blätter (u. a. *Berliner Tageblatt*, *Vossische Zeitung* und *Berliner Lokal-Anzeiger*) sowie 17 *Provinzzeitungen*, unter ihnen *Frankfurter Zeitung*, *Münchener Neuste Nachrichten*, *Kölnische Zeitung*, *Dresdener Nachrichten*, *Breslauer Zeitung*, *Rhein- und Ruhrzeitung*, *Braunschweigische Landeszeitung*, *Düsseldorfer Zeitung* und *Ostsee-Zeitung*. Die Ergebnisse: Bei den Berliner Zeitungen betrug der redaktionelle Teil, gemessen am Gesamtumfang, 65,5 Prozent, der Anzeigenteil 34,5 Prozent. Rund 25 Prozent machten Wettermeldungen aus, gefolgt von Innenpolitik (8,8) und Unterhaltung (5,3 Prozent). Lokale Nachrichten rangierten mit 3,7 Prozent weiter hinten; zieht man die Polizeimeldungen hinzu, die in einer Extrarubrik geführt wurden, kam das Lokale auf bis zu 7,9 Prozent des Gesamtumfangs. Bei den „Provinzzeitungen" betrug der Anteil 5,4 Prozent, mit Polizeimeldungen bis zu 10,7 Prozent (Paul Stoklossa: Der Inhalt der Zeitung – 1909. In: Zeitschrift für die gesamte Staatswissenschaft. 1910, S. 555–565).

Die Württemberg-Studie (1911/12)

Otto Groth untersuchte 1911/12 die „Stoffzusammensetzung" von zehn Tageszeitungen. Er fand heraus, dass acht württembergische Zeitungen – unter ihnen *Schwäbischer Merkur*, *Württemberger Zeitung* und *Schwarzwälder Bote* – innerhalb eines Jahres insgesamt 239.075 Spaltenmeter Lokales veröffentlichten, das waren rund 10 Prozent des redaktionellen Teils. Eine weitere Erkenntnis der Studie: Die Umfänge des redaktionellen Teils richteten sich nicht, wie man erwarten würde, nach der Menge des verfügbaren Informationsmaterials. Der Umfang sei vielmehr „elastisch" und werde hauptsächlich „von der Masse der Inserate beeinflusst" – in wechselseitiger Beziehung: Je mehr Inserate, desto weniger redaktioneller Inhalt – und umgekehrt (Otto Groth: Der Stoff der Zeitungen, seine Einteilung und Verteilung 1911/12. In: Winfried Schulz, Hrsg: Der Inhalt der Zeitungen. 1970, S. 99–128).

Schütz-Studie von 1954

Der Pressestatistiker Walter J. Schütz, ab 1970 zuständig für die Medienberichte der Bundesregierung, führte 1954 am Institut für Publizistik der Universität Münster eine erste Stichtagssammlung der bundesdeutschen Tageszeitungen durch mit ihren damals rund 1500 unterschiedlichen Ausgaben. Bis 2012 sollten sieben weitere Erhebungen folgen. An einem Stichtag im Dezember 1954 erschienen danach in den 1.488 örtlichen Zeitungsausgaben 4.366 voneinander abweichende Lokalseiten, die 23 Prozent des gesamten Textteils beanspruchten; im Durchschnitt hatte jede Ausgabe 3,4 Seiten Lokales (Walter J. Schütz: Deutsche Tagespresse in Tatsachen und Zahlen. 1956, S. 40).

NRW-Studie von 1993

In vier nordrhein-westfälischen Tageszeitungen erschienen an einem Stichtag im März 1993 durchschnittlich 8,7 Seiten Lokales, das waren 17,4 Prozent des Gesamtumfangs. Die neun Monopolausgaben der *Westdeutschen Allgemeinen Zeitung* brachten es auf durchschnittlich 4,3 Seiten Lokales, die 18 Konkurrenzausgaben dagegen auf 6,7 Seiten, die Dortmunder Ausgabe sogar auf 12 Seiten (Ulrich Pätzold, Horst Röper: Lokale Medienkonkurrenz und publizistische Vielfalt. 1995, S. 591).

Zusammenfassend lässt sich feststellen: Der Umfang der redaktionellen Berichterstattung bemisst sich primär nicht nach der Fülle der Ereignisse, sondern hauptsächlich auch nach dem Anzeigenaufkommen und ist damit Ergebnis einer betriebswirtschaftlichen Kalkulation (Otto Groth 1928). Den Textteil auszuweiten, würde zusätzliche Papier-, Satz- und Druckkosten verursachen sowie Zusatzkosten für Redaktion (mehr Mitarbeiter) und Informationsmaterial. Diese müssten durch höhere Einnahmen aus dem Vertriebs- und Anzeigengeschäft der Zeitungen kompensiert werden. Daraus folgt: Es müssten also schon konkrete Gründe vorliegen, um einen Lokalteil umfangreicher und damit für Leser attraktiver zu gestalten, beispielsweise die jeweilige *Marktsituation*: Wenn es nämlich darum geht, Mitbewerber am Markt auszustechen.

Hintergrund | Mehr Wettbewerb = mehr Zeitung

Statistisch ließ sich Ende der 1960er Jahre nachweisen, dass Zeitungen in Wettbewerbssituation ihre Umfänge erhöhen, um Mitbewerber aus dem Felde zu schlagen (Walter J. Schütz: Struktur und Inhalt des lokalen Teils. 1969, S. 23). Der Umfang des Lokalteils – in Wettbewerbsgebieten war dieser oft doppelt bis dreimal so dick wie in Monopolgebieten – ließ demnach „eher Rückschlüsse auf die Intensität des Wettbewerbs als auf die Größe des Erscheinungsortes und den Stoffanfall" zu (Schütz 1969, S. 23). So begnügte sich der Schütz-Studie zufolge die *Augsburger Allgemeine* in Augsburg, wo sie keine Wettbewerber hatte, mit zwei Seiten, zuweilen sogar mit einer Seite Lokales, während sie ihre Konkurrenz in Marktoberdorf oder in Kempten mit drei bis vier Lokalseiten und zusätzlich drei Bezirksseiten auszustechen versuchte – und dies, obwohl der Stoffanfall in Marktoberdorf erheblich geringer als im 30-mal so großen Augsburg gewesen sein dürfte (Schütz 1969, S. 23).

Studie über Ost-Zeitungen

In den 1990er Jahren wurden die redaktionellen Inhalte von Monopol- und Wettbewerbszeitungen in den neuen (Ost) und den alten Bundesländern (West) analysiert. Es zeigte sich, dass ostdeutsche Tageszeitungen mit lokaler Konkurrenz im Durchschnitt einen um drei Fünftel umfangreicheren Lokalteil als Titel in örtlicher Alleinstellung hatten; mit etwa 25 Prozent war auch der Anteil am redaktionellen Gesamtangebot deutlich, nämlich um 8 Prozentpunkte größer. Konkurrenzzeitungen im alten Bundesgebiet waren sogar um zwei Drittel umfangreicher in der Lokalberichterstattung. Bei ihnen nahm der Lokalteil 30 Prozent (gegenüber 19 Prozent bei Monopolzeitungen) ein.

Zeitungsumfänge **Studie über Tageszeitungen in Monopol- und Wettbewerbsstellung** **(SZ = Seitenzahl; RT = Redaktioneller Teil; LT = Lokalteil)**			
Ost-Zeitungen (120)	SZ	RT	LT
Gesamt	29	19	4,2
Monopole (n = 48)	28	18	3,1
Wettbewerb (n = 72)	30	19	4,9
West-Zeitungen (72)	SZ	RT	LT
Gesamt	33	21	5,6
Monopole (n = 24)	35	21	3,9
Wettbewerb (n = 48)	32	21	6,4

Abb. 7.4: Tageszeitungen in Wettbewerbsstellung berichten in der Regel ausführlicher über lokales Geschehen, um Leser zu gewinnen. | [48]

Faktoren

Zusammenfassend lässt sich feststellen, dass der Umfang eines Lokalteils eine variable „elastische“ (Groth 1928) Größe ist, die von folgenden Faktoren bestimmt wird:

Marktsituation

Die Umfänge der lokalen Berichterstattung steigen, sobald es darum geht, Mitbewerber in der Lesergunst zu übertrumpfen. Selbst unter den einzelnen Ausgaben derselben Regionalzeitung können die Umfänge der Lokalteile – je nach Marktsituation – erheblich, teils um fünf und mehr Seiten divergieren.

Leseransprüche

Die kollektiv von Vereinen und lokalen Interessengruppen an eine Redaktion herangetragenen Erwartungen können zur Folge haben, dass Verlage ihnen nachgeben und mehr Platz zur Darstellung der Aktivitäten einräumen.

Anzahl der Mitarbeiter

Eine Ausweitung der lokalen Berichterstattung setzt voraus, dass die Kosten zur zusätzlichen Nachrichtenbeschaffung und -bearbeitung erübrigt werden können.

Ereignishorizont

Aktuelles Tagesgeschehen in einer Gemeinde ereignet sich oft zufällig und ungeplant oder aber geplante Ereignisse nehmen einen unerwarteten Verlauf, was dazu führt, dass die Nachrichtenmenge unvorhersehbar steigt. Um ihrer Informationsfunktion nachzukommen, müsste die Lokalredaktion dementsprechend mehr Seiten produzieren, was dazu führen würde, dass der betriebswirtschaftlich kalkulierte Maximalumfang des Lokalteils überstiegen würde. Dieses Problem haben andere Ressorts auch; sie lösen es durch redaktionelle Selektionsmechanismen: vor allem durch die Kürzung von Beiträgen (totale bzw. partielle Nachrichtenselektion).

Diese Varianten stehen der Lokalredaktion grundsätzlich auch zur Verfügung, sie sind jedoch durch Besonderheiten eingeschränkt, die sich an das lokale Nachrichtenmaterial knüpfen:

- Eine wesentliche Besonderheit besteht darin, dass die Nachrichtenstoffe maßgeblich auch durch spezielle **Publikumserwartungen** (z. B. ausführliche Berichterstattung über eigene Aktivitäten) geprägt sind, die durch Interessenverbände gegenüber der Presse artikuliert werden, im Redaktionsalltag insofern also gewisse „Vorrechte“ hinsichtlich ihrer Veröffentlichung genießen.
- Dazu gehört zum Beispiel auch, dass gravierende Eingriffe in den Umfang der – meist selbst verfassten – Fremdtexte unterlassen werden. Die betreffenden Beiträge genießen innerhalb von Redaktionen eine Art publizistischen „Bestandsschutz“.

7.4 Aussageinhalte

In einer Zeitung mache das Wesentliche „der Inhalt aus, der unter das Volk ausgeworfen wird“ (Wuttke 1866, S. 5). Der Durchschnittsleser, dieses Zitat wird Kurt Tucholsky zugeschrieben, erlebe „die Welt so, wie sie ihm seine Zeitung vermittels großer und kleiner Schriftgrade ordnet“. Womit die Präsentation der Zeitungsinhalte gemeint ist.

Wie lässt sich aber die Qualität der Inhalte messen? Um diese adäquat analysieren zu können, bedarf es zunächst geeigneter Parameter. Eine Schlüsselrolle kommt hier der publizistischen Vielfalt zu, genauer: der Vielfalt der im Blatt aufgegriffenen Themen und Meinungen, der darin Zu-Wort-Kommenden und nicht zuletzt auch der journalistischen Darstellungsformen. Vielfalt ist letztlich übergeordnetes quantitatives Qualitätsmerkmal und die Voraussetzung dafür, dass andere, qualitativ definierte Merkmale wie Aufzeigen von Meinungen, Nachrichtenquellen und Hintergründen quantitativ nachweisbar sind.

7.4.1 Sachgebiete

Die Inhalte der ersten lokalen Printmedien im 17. Jahrhundert waren weitestgehend unpolitisch; sie wollten den noch wenigen Lesern primär eine unterhaltsame Lektüre mit einem Mix aus Verbrechen, Unglücksfällen, positiv gefärbten Hofnachrichten und – so würde sie man heute bezeichnen – „Human-touch-Geschichten“ bieten.

Das Themenspektrum des lokalen Ressorts hat sich seither, analog der politischen, sozialen und wirtschaftlichen Entwicklung, erheblich erweitert, die Sachgebiete erstrecken sich über die ganze Bandbreite des gesellschaftlichen Lebens: von der Politik über Wirtschaft, Feuilleton bis hin zu Sport, Freizeit und Vereinswesen. Prinzipiell jedes Thema ist für das lokale Ressort relevant, sofern es nur einen peripheren Lokalbezug hat. Selbst Entscheidungen auf Bundes- oder Europaebene werden dadurch lokale Themen, dass ihre Auswirkungen auf lokaler Ebene dargestellt werden.

In der Praxis findet diese Vielfalt der Sachgebiete auch ihren Niederschlag in der Berichterstattung, wenngleich festzustellen ist, dass sich Aussagenschwerpunkte in einigen Sachgebieten gebildet haben. Dazu gehören vor allem Lokalpolitik, Parteien, Vereinswesen, Polizeiberichte, Kultur und Sport, während über Wirtschaft, Arbeit sowie Verbraucher- und Alltagsthemen deutlich weniger berichtet wird.

7.4.2 Anlässe (Ereignisse)

Studien belegen, dass bis zu acht von zehn Beiträgen in der lokalen Berichterstattung ereignisorientiert sind, wobei fest terminierte Veranstaltungen in sechs von zehn Fällen den Anstoß gaben. Sie bestimmen, wann Lokaljournalisten zur Feder bzw. zum Laptop greifen. Geht man davon aus, dass daneben auch Verbrechen und Unfälle einen gewissen „Ereignischarakter“ haben, so stellt man fest, dass sie ebenfalls in der lokalen Nachrichtenhierarchie ganz oben stehen. Es zeigt sich, dass Redaktionen mehr reagieren, als dass sie selbst agieren. Deutlich wird ein verstärkter Trend zum „Terminjournalismus“ (Jonscher 1989, S. 124/125.

7.4.3 Handlungsträger (Akteure) und Zu-Wort-Kommende

„Handlungsträger“ sind Personen, die in Beiträgen zentral agieren, also nicht bloß als Teilnehmer von Veranstaltungen usw. am Rande erwähnt oder zitiert werden. Ihre Aktivitäten, Meinungen und Interessenpositionen werden von der Lokalpresse bevorzugt – in der gebotenen Ausführlichkeit – wiedergegeben. Zu den mit Abstand „fleißigsten“ Handlungsträgern in der lokalen Berichterstattung zählen die arrivierten lokalpolitischen Akteure, die lokalen Honoratioren: Bürgermeister, Fraktions-, Partei- und Ortsgruppenvorsitzende, die bei keiner Veranstaltung als geladene Ehrengäste fehlen, ob Schützenfest oder Brieftaubenausstellung.

Gleichauf mit ihnen an erster Stelle rangieren die Vorsitzenden der örtlichen Vereine und Interessengruppen sowie die Vertreter der exekutiven Machtelite: Gemeindedirektoren, Dezernenten, Amtsleiter, Polizeichefs, Amtsrichter und andere Funktionäre. Wohingegen unorganisierte Personen, nennen wir sie „Normalbürger“ oder „Ottonormalverbraucher“, zwar ebenfalls häufig im Mittelpunkt des von den Redakteuren inszenierten Mediengeschehens stehen. Sie finden allerdings fast ausschließlich aus Anlass von Verbrechen, Vergehen, Unfällen oder Jubiläen Eingang; das heißt, wenn die Normalbürger handeln, dann meist mehr oder weniger unfreiwillig (Rager 1982, S. 65).

7.4.4 Interessenpositionen

Interessenpositionen tauchen in der Berichterstattung nicht gerade häufig auf, explizit mitunter nur in 0,2 bis 1,3 Prozent der lokalpolitischen Beiträge (Rager 1982, S. 100). Die Möglichkeit zur öffentlichen Artikulation eigener Interessen ist auch eine essenzielle Bedingung der öffentlichen Meinungsbildung in einer Gesellschaft. Für das Medienpublikum ist es wichtig zu erfahren, welche Interessen Parteien, Verbände und Gruppen in Bezug auf bestimmte Angelegenheit haben. Nur so ist es möglich, eine politische Entscheidung in ihren kausalen und finalen Zusammenhängen richtig zu deuten. Die Medien bieten dazu das Forum.

Faktischen Zugang zu den Lokalmedien haben jedoch vor allem die sogenannten „etablierten“ Gruppen wie Vereine, Organisationen, Interessenverbände, während neu entstandene Bürgerinitiativen oder Randparteien oft im Vergleich zu kurz kommen.

7.4.5 Meinungen

Neben der Distribution von Informationen verfolgt die Presse durch eine kommentierende Begleitung des öffentlichen Lebens die politische Meinungsbildung ihrer Rezipienten. Als „Meinungen“ im Sinne des Artikel 5 Grundgesetz sind dabei alle

Stellungnahmen, Wertungen, wertende Urteile, Werturteile, Beurteilungen, Einschätzungen, wertende Ansichten, Anschauungen oder Auffassungen zu verstehen (BVerfG E 30, S. 352).

Meinungen spielen in der kommerziellen Tagespresse jedoch seit jeher eine untergeordnete Rolle; die Arbeit des Journalisten (→ Kap. 6.) beschränkte sich auf Fakten, auf ein bloßes Referieren von Neuigkeiten.

Hintergrund | Kaum Meinungsbeiträge in Leipzig

So veröffentlichte das *Leipziger Tagblatt* noch in der zweiten Hälfte des 19. Jahrhunderts in bis zu 9 von 10 Artikeln Berichte und nur einen Meinungsbeitrag, wobei der weit überwiegende Teil dieser Meinungsbeiträge (bis zu 96 Prozent) als Zuschriften von Lesern stammten (Quelle: Erich Conrad: Die Entwicklung des kommunalen Teils der größeren Leipziger Tageszeitungen in der zweiten Hälfte des 19. Jahrhunderts. Diss. 1936, S. 169).

Dieser Zustand hat sich, ungeachtet der fortgeschrittenen Demokratisierung der Gesellschaft, bis heute nur unwesentlich verbessert.

Hintergrund | Studie in Baden-Württemberg

In einer baden-württembergischen Monopolzeitung fanden sich Mitte der 1970er Jahre in 71 untersuchten Ausgaben 105 lokale Kommentare, also durchschnittlich 1,5 pro Ausgabe, wobei sich nur jeder fünfte mit kommunalpolitischen Fragestellungen befasste, und ansonsten unpolitische Themen bevorzugt wurden (Josef-Paul Benzinger: Lokalpresse und Macht in der Gemeinde. 1980, S. 591).

7.4.6 Wertigkeit (Tendenz)

Nicht nur Meinungsäußerungen enthalten explizit Wertungen. Um eine Wertigkeit von Aussagen festzustellen, gibt es auch die Parameter „Erfolg“ und „Misserfolg“: Als „Erfolge“ können dabei (wirtschaftlicher) Gewinn, Rekord, Zuwachs oder einfach nur ein ordnungsgemäßer Verlauf eines geplanten Prozesses (sei es auch nur die vom Vorstand organisierte Mitgliederversammlung des Taubenzüchtervereins) angesehen werden, als „Misserfolge“ (wirtschaftliche) Rezession, Konkurs, Niederlage, Unfall, Abweichung von einem geplanten oder vom Normalverlauf usw.

Die zweite Art von Wertigkeit ist eine explizite, mehr subjektive Bewertung von Personen, Handlungen, Zuständen oder Ereignissen: nämlich „Lob“ und „Kritik“ durch den Verfasser oder durch eine Zu-Wort-Kommende Person. Bis zu 50 Prozent der lokalen Beiträge weisen solche Wertigkeiten nicht auf (Wilking 1990, S. 125; Jonscher 1989, S. 126), das heißt, die Lokalmedien enthalten sich weitestgehend nicht nur der eigenen Beurteilung, was sich in einer geringen Zahl von Kommentierungen ausdrückt. Sie scheuen sich auch davor, negativ gefärbte Ereignisse (Misserfolge) aufzugreifen.

Es überwiegen, so kann man immer wieder feststellen, in den Lokalteilen Erfolgsmeldungen, die bis zu 20-mal häufiger abgedruckt werden als Misserfolgsmeldungen (Rombach 1983, S. 232). An der Spitze liegen hier die kulturellen Veranstaltungen, die Jubiläen sowie Feste und Feiern, also zumeist Veranstaltungen im Umkreis von Vereinen, die Misserfolge – zumindest in der Zeitung – kaum kennen (Rager 1982, S. 98/99).

Anders als in den überregionalen Ressorts, in denen Katastrophen, Skandale und „Skandälchen" geradezu bevorzugt werden, scheinen Misserfolge am Ort nur ein geringes Presseecho zu finden (Jonscher 1989, S. 126).

7.4.7 Hintergrundinformationen

Die Presse soll kausale, historische und finale Zusammenhänge von Entscheidungen aufzeigen, Handlungsalternativen und Folgen von Entscheidungen.

Meinung | Nichtausgesprochenes eruieren

Schon Kortendieck (1919) vermerkte in seiner Betrachtung über die „Redaktionelle Eigenarbeit der kleineren und kleinen Provinzpresse": Es genüge nicht, aus Sitzungen das gesprochene Wort einfach wiederzugeben. Viel wichtiger sei gerade die Eruierung des „Nichtausgesprochenen", der Zusammenhänge (H. Kortendieck: Redaktionelle Eigenarbeit der kleineren und kleinen Provinzzeitung. 1919, S. 3).

Festzustellen ist jedoch eine häufig punktuelle, kontextlose Berichterstattung, die kaum Bezüge zu früherem oder künftigem Geschehen und auch keine Vergleiche zu anderen Kommunen herstellt. Das lokale Geschehen stellt sich als „ausgesprochen kurz, weitgehend kontextfrei, aber auch wenig überraschend und ambivalent" dar (Schönbach 1978, S. 265). Entwicklungen werden nicht aufgezeigt, die Partizipation des Bürgers dadurch erschwert (Schönbach 1978, S. 274).

Fast ausschließlich vordergründig wird über das Vereinswesen, Religion und Kirchen berichtet (Jonscher 1989, S. 127).

Kommunalpolitik werde von den Medien nicht selten zusammenhanglos dargestellt, als bloße „Exekution von Sachzwängen", wobei die Lokalpresse wie ein „Verlautbarungsorgan des Machtblocks von Verwaltung, Parlament und etablierten Parteien" fungiere, hieß es Anfang der 1980er Jahre (Beywl & Brombach 1982, S. 552). Lokalredaktionen böten dabei „Wirklichkeitskonstruktionen an, die nur von Insidern angemessen interpretiert werden können" (Kurp 1994, S. 248).

7.4.8 Aufzeigen von Alternativen

Partizipation an politischen Entscheidungen setzt voraus, dass auch mögliche Alternativen anstehender Entscheidungen bekannt sind. Die Praxis kommunaler Selbstverwaltung sieht oft anders aus: Entscheidungen werden in frühen Planungsstadien auf administrativer Ebene vorbereitet, der überwiegende Teil der Verwaltungsvorlagen passiert diskussionslos, kaum oder gar nicht verändert die Ratsgremien bis hin zum Gemeindeparlament, das in letzter Instanz die Vielzahl dieser Vorlagen nur noch als bloßes Zustimmungsorgan „absegnet“ und dafür auch noch die politische Verantwortung übernimmt. Konstruktive Gegenvorschläge oder Entscheidungsalternativen werden so erst gar nicht öffentlich diskutiert, erreichen folglich auch den Bürger nicht. Die Lokalpresse hat hier die Aufgabe, bereits im Vorfeld politischer Entscheidungen auch Alternativen aufzuzeigen, die etwa Kreisen oppositioneller Politiker entstammen.

De facto leistet lokale Berichterstattung ihre Aufklärungsarbeit nicht. Wenn über lokalpolitische Angelegenheiten berichtet wird, werden nur selten – oft nur in drei von 100 Fällen (Rager 1982, S. 101) – Handlungs- oder Entscheidungsalternativen benannt, die beabsichtigte oder getroffene Entscheidung also in Frage gestellt, und wenn, dann noch am häufigsten in der Bau-, Verkehrs- und Finanzpolitik (Rombach 1983, S. 199).

7.5 Aussagefunktionen

7.5.1 Information und Meinungsbildung

Massenmedien haben zuallererst ihre Leser zu informieren, damit sie sich eine Meinung bilden können, oder anders ausgedrückt: das subjektive Nichtwissen durch Nachrichtenvermittlung zu reduzieren. Doch selbst diese publizistische Kernfunktion ist im lokalen Sektor stets ein Thema gewesen. Redaktionen wiesen nach Meinung der Leser in bestimmter Hinsicht „blinde Flecken“ auf, missachteten damit die Interessen des Lesers, wie Ende der 1960er Jahre befunden wurde. „Der tägliche Polizeibericht, fast unredigiert übernommen; ein paar farblose Notizen über Vereinsfestlichkeiten; trockene Beschlussprotokolle aus dem Gemeinderat; gelegentlich ein bisschen Heimatgeschichte und unkommentiert das tägliche Fernsehprogramm“, so beschrieben Glotz & Langenbucher in „Der missachtete Leser“ (1969, S. 113) die Inhalte der lokalen Tagespresse.

Dabei sollen Lokalmedien möglichst umfassend informieren, das heißt, im Idealfall sollen *alle* lokal relevanten Ereignisse, Sachverhalte, Zustände, Prozesse und Meinungen im Lokalteil ihren Niederschlag finden, wenngleich diese theoretische Idealgröße – kommunikationswissenschaftlich als „publizistische Vielfalt“ bezeichnet (Rager 1982) – im Printsektor der Zeitungen faktisch nicht erreichbar ist, weil die Menge der zu veröffentlichenden Informationen, zumindest in größeren Gemeinden, sehr wahrscheinlich den Umfang des Lokalteils sprengen würde. Was für den E-Paper-Sektor der Zeitungen zwar nicht gilt, da solche Kapazitätsgrenzen hier nicht bestehen. Praktisch wäre aber auch hier das Erreichen des hundertprozentigen Vielfaltidealzustandes ebenso wenig möglich wie dessen empirische Nachprüfbarkeit.

Hintergrund | Publizistische Vielfalt

Wie „vielfältig" müssen Inhalte der lokalen Berichterstattung sein? Eine publizistische Zielvorgabe, eine Soll-Größe, gibt es hier nicht, ebenso wenig ein normativ explizit formuliertes Gebot der publizistischen Vielfalt. Mit anderen Worten: Im Printmediensektor können Redaktionen selbst frei entscheiden, wie vielfältig ihre Produkte sein sollen, anders als im Rundfunksektor, in dem es mangels einer äußeren Pluralität an Sendern vermehrt auf die inhaltliche Pluralität ankommen muss (BVerfG E 12, 205–264; 83, 238–341). Wobei der äußere Umfang einer lokalen Berichterstattung ein Merkmal ist, das für sich allein noch wenig über die publizistische Vielfalt und die Leistung einer Zeitung aussagt. Ein großer Umfang kann eine Voraussetzung, nicht jedoch bereits ein Garant für eine vielfältige und umfassende Berichterstattung sein. Umfangreiche Lokalteile sind inhaltlich mitunter wenig vielfältig. Wobei festzustellen ist, dass manche Beiträge, an die sich kollektive Erwartungen von Vereinen und Interessengruppen knüpfen, durch unangemessene Ausführlichkeit auffallen, die in keinem erkennbaren Verhältnis zu ihrer öffentlichen Bedeutung steht (Jonscher 1989, S. 178).

Unklare Größe

Der Vielfaltsbegriff entpuppt sich – hier oder da – letztlich als unklare Größe, denn ob Medien inhaltliche Vielfalt darstellen, lässt sich empirisch kaum nachprüfen: Die tatsächliche Realität ist als Referenz praktisch nicht nachweisbar. Schon Ronneberger & Stuiber (1976), die im Zusammenhang mit der Frage, welche Auswirkungen lokale Pressekonzentration auf lokale Zeitungsinhalte hat, bezweifelten, ob sich eine inhaltliche Vielfalt der Themen überhaupt messen lässt, wenn die tatsächliche Ereignisfülle in einem Gebiet nicht bekannt ist. Diese kann, je nachdem, ob es sich um eine Kleinstadt oder eine Großstadt handelt, erheblich divergieren. Folge: Eine quantitative Messung von Merkmalen der Vielfalt hat keine absolute Aussagekraft. Es fehle der „Diminuend zur Bestimmung der Differenz zwischen Nachrichtenangebot und Zeitungsinhalt" (Ronneberger & Stuiber 1976, S. 75).

Das Postulat der publizistischen Vielfalt ist insofern eine theoretische Hilfskonstruktion, die lediglich ermöglicht, eine in Berichterstattungen vorgefundene Informationsvielfalt rein quantitativ zu beschreiben. Die vorgefundenen Häufigkeiten an sich besagen jedoch wenig zur Frage, wie vielfältig lokale Medien unter den gegebenen Umständen berichten. Ihnen selbst bleibt es letztlich überlassen zu beurteilen, wie vielfältig sie ihre Leser zu unterrichten haben.

Gleichwohl lässt sich feststellen, dass die in den Medien gebotene Realität oft *nicht* sehr vielfältig ist. Festzustellen ist u. a.

- eine Dominanz von darstellenden, referierenden Aussageinhalten;
- eine Überrepräsentation der Gemeindeelite;
- eine Kritiklosigkeit gegenüber lokalen Honoratioren;
- eine Dominanz solcher Themen, die einen punktuellen Anlass zur Berichterstattung bieten, das heißt, einen starken Ereignisbezug haben (Veranstaltungen);
- ein Defizit an Hintergrundinformation über kausale und finale Ereigniszusammenhänge.

Es fehlen Aussagen aus solchen Bereichen,

- die keine ereignisorientierten, punktuellen Anlässe wie etwa Veranstaltungen zum Berichten bieten;
- die wenig spektakulär und publikumswirksam sind, beim Publikum kein besonderes Interesse erregen, online nur geringe Clickzahlen generieren und deshalb unter kommerziellen Aspekten nicht gut „verkäuflich" sind;
- die in Bezug auf die Berichterstattung ein hohes Konfliktpotenzial bieten, also „heiße Eisen" darstellen, nicht mit den Interessen von lokalen *pressure groups* kompatibel sind und wegen der ihnen immanenten „Gefahr" von unliebsamen Reaktionen nur ungern journalistisch angefasst werden;
- deren Vertreter über zu wenige Einflussmöglichkeiten verfügen, um ihre Aussagen gegenüber der Redaktion durchzusetzen;
- die wenig artikulationsfähig und/oder artikulationsbereit sind, also keine intensive Pressearbeit betreiben (können), mithin also keine professionellen Pressemitteilungen anbieten;
- die aufgrund der Struktur ihrer Themen viel Recherchetätigkeit des Journalisten verlangen, also arbeitsintensiv sind;
- die seit jeher in den Medien zu kurz kommen, denn Journalisten neigen dazu, bestehende Verhaltensmuster in Bezug auf die Nachrichtenauswahl zu adaptieren: Betroffen sind solche Aussagen, die nur wenige anerkannte Nachrichtenfaktoren bieten, vor allem keine spektakulären Abweichungen vom Normalverlauf.

7.5.2 Kritik und Kontrolle

Zur öffentlichen Meinungsbildung trägt die Presse neben der Veröffentlichung von Meinungen dadurch bei, dass sie selbst aktiv Stellung nimmt und Kritik übt, das heißt, politische, wirtschaftliche und kulturelle Vorgänge nach juristischen, moralischen und sonstigen jeweils relevanten Maßstäben wertend beurteilt, um Mängel, Fehler und Widersprüche aufzudecken. „Der Publizist zündet das Licht gerade dort an, wo zuvor Dunkelheit herrschte", schrieb Wilmont Haacke (1970, S. 58).

Der Journalist agiert dabei im Interesse des Allgemeinwohls, idealerweise als unerschrockener und nimmermüder Wächter, der stets die Augen offen hält und sie anderen öffnet, und dabei Akteure benennt, die sich nicht an die „Spielregeln" halten, ohne sich von Repressalien schrecken zu lassen. Bekannt wurde diese Funktion als Watchdog-Journalism (Wachhundjournalismus); sie avancierte spätestens in den 1970er Jahren zur journalistischen „Königsdisziplin", die ihre vornehmliche Aufgabe darin sieht, politische Skandale wie damals die Watergate-Affäre aufzudecken, die ihren Ursprung immer auch auf lokaler Ebene haben.

Meinung | Das Recht, sich gegen die Regierung zu wehren

Diese **Wächterfunktion** der Presse geht im Kern zurück auf den englischen Staatsphilosophen und Aufklärer John Locke (1632–1704), nach dem die Bürger – und somit auch die Presse – in einem Staat das Recht haben, sich gegen eine Regierung zu wehren, die ihre Kompetenzen überschreitet (John Locke: Zwei Abhandlungen über die Regierung. 1690, § 202).

Urteile sind „verwerflich"

Abb. 7.5: Der Philosoph John Locke (1692-1704). | [49]

Wobei Kritik in der Lokalpresse seit jeher ein Ruch des Destruktiven anhaftet. So herrschte bis weit ins 18. Jahrhundert hinein, unter dem Druck staatlicher Zensur, die Auffassung, ein „Urteil in den Zeitungen zufällen" sei „verwerflich" (Stieler 1695, S. 60). Man lese die Zeitungen schließlich nicht, „dass man daraus gelehrt und in beurtheilung der sachen geschickt werden / sondern dass man allein wissen wolle / was sich hier und dar begiebet. Derowegen die Zeitungs-schreiber / mit ihrem unzeitlichen Richten zu erkennen geben / dass sie nicht viel neues zu berichten haben / sondern blos das Blat zu erfüllen / einen Senf darüber her machen / welcher zu nichts anders dienet / als / dass man die Naseweysheit derselben verlachet" (Stieler S. 60).

Über alles räsonieren, was im Land vorgeht

Die gegenteilige Ansicht, die Forderung nach einem öffentlichen Blatt, „worin alles, was im Lande vorgeht, angezeigt, beschrieben und darüber räsoniert würde" vertrat als einer der ersten der Dichter und Journalist Christian Schubart (1739–1791) im diskursiv und argumentativ angelegten ersten Teil seiner anekdotischen Erzählung *Zur Geschichte des menschlichen Herzens* (1775), herausgegeben in der Januarausgabe des *Schwäbischen Magazins*; sie sollte wenig später den Plot zu Schillers Drama *Die Räuber* (1781) liefern. Die öffentliche Meinungsäußerung des Menschen zählte Schubart zu den „Rechten des offenen Herzens".

„Frey und ungefesselt" das Wort führen

Knapp 40 Jahre später meinte Joseph Görres 1814 im *Rheinischen Merkur* (Nr. 80 vom 1.7.1814, S. 3), es sei nunmehr „allgemein [...] als ein knechtischer Grundsatz verworfen", dass Zeitungen „bloß Thatsachen erzählen, und jedes Urtheils sich enthalten sollen". Stattdessen sollten die Zeitungen nach Görres „in Zucht und Maaß wie sich geziemt, aber auch äußerlich frey und ungefesselt, das Wort für die öffentliche Meinung führen; Tribunen sollen sie die große Mehrheit vertreten, sie sollen der Mund des Volkes und das Ohr des Fürsten seyn. Was Alle wünschen und verlangen, soll in ihnen ausgesprochen werden; was Alle drückt und plagt darf nicht verhohlen bleiben; Einer muß seyn, der da die Wahrheit zu versprechen verbunden ist, unumwunden ohne Vorbehalt und Hinderniß" (Görres 1814, S. 3).

Wo immer es menschliches Leben in Gesellschaft gibt, gibt es auch Konflikte. Doch nur wenig davon spiegelt sich traditionell in der Lokalpresse wider; fast habe es den Anschein, die jeweiligen Verbreitungsgebiete seien konfliktfreie Zonen, besagen Studien aus den 1970er Jahren. Fast nie drängten Meinungsverschiedenheiten oder Querelen unter den Mitgliedern eines Vereins oder Verbandes nach außen; Beschlüsse oder Vorstandswahlen erfolgten für Zeitungsleser zumeist harmonisch und einstimmig. Und wenn es tatsächlich einmal „Störungen" und Interessenkonflikte zu vermelden gäbe, gingen Lokalmedien nach bewährten Berichterstattungsmustern vor: aus einem „Drei-Takt" (Normalzustand – Störung – Wiederherstellung) bestehenden Erzählmustern, die in Lokalteilen nicht selten in der „schlichtesten Ausführung" vorzufinden seien und an deren Ende in aller Regel der Zustand der „heilen Welt" stehe (Michel 1975).

Hintergrund | Gütersloh-Studie

Die Journalistin Nina Grunenberg (1966) war eine der ersten, die in einem viel zitierten Beitrag in der Wochenzeitung *Die Zeit* explizit die Kritiklosigkeit der deutschen Lokalpresse am Beispiel einer Gütersloher Zeitung aufzeigte: „Obwohl es an Platz nicht mangelt, bringt die Gütersloher Glocke [...] offene Kritik nie." Angegriffen würden nur „allgemein anerkannte Missstände": die fehlende Festhalle in Gütersloh, der Verkehr, Parkplatzmangel und Wohnraumnot. Über diese Mängel seien sich alle Parteien einig. Kritische Anmerkungen würden hier alle treffen – oder keinen (Grunenberg 1966, S. 62).

Wertheim-Studie

Für Aufsehen sorgten die Ergebnisse der Gemeindestudie „Wertheim III" Anfang der 1970er Jahre. Die Zahl der in den Lokalteilen enthaltenen „Konflikte" sollte Maßstab sein für die Demokratie auf Lokalebene. Doch die Berichterstattung der vier untersuchten Lokalzeitungen erschien den Autoren „uniform und zum Teil identisch", sie enthielt keine Kontroversen und ließ Entscheidungsprozesse im Dunkeln. Mit deutlicher Kritik belegt wurden allein solche Bürger und Parteien, die den Status quo, die „heile Welt", gefährdeten (Zoll & Ellwein 1974, S. 191).

Dabei könne Kritik systemstabilisierend wirken, meint der Soziologe Günter Hartfiel (1972, S. 12), indem sie „Ungereimtheiten, unzulängliche Problemlösungen, Reibungsverluste, Anpassungsrückstände, funktionale Diskrepanzen“ offenlegt. Ralph Dahrendorf spricht gar vom Wert eines „produktiven Konflikts“ als Triebkraft sozialen Wandels. Fazit: Dieser Wandel wird von lokalen Printmedien aber eher nicht gefördert.

7.5.3 Soziale Orientierung und Sozialisation

In demokratischen Gesellschaften und Teilgesellschaften wie den Gemeinden ist ein gemeinsamer, auf Grundregeln des Zusammenlebens basierender Grundkonsens unabdingbar. In zunehmend heterogeneren Gesellschaften hat vor allem der massenhafte Zuzug von Asylbewerbern und Kriegsflüchtlingen neuerdings auch die kleinstädtischen und dörflich-ländlichen Lebenswelten vor einschneidende soziale Veränderungen gestellt. Die neuen Bewohner bringen aus ihrer Heimat eigene Sprachen, aber auch kulturelle und religiöse Traditionen und Gewohnheiten als feste Bestandteile ihrer persönlichen Identität mit, die sie in gewissem Umfang auch beibehalten möchten. Unterschiedliche Teilöffentlichkeiten sind die Folge, solange neue Bewohner noch nicht vollständig integriert sind.

Medien sollen hier helfen, einen Modus Vivendi des Zusammenlebens zu schaffen: durch Kommunikation Beziehungen herzustellen, Menschen zu sozialisieren (Ronneberger 1985, S. 5/6). Sie seien eine die sozialen Differenzierungen übergreifende „Klammer“, ohne die ein Zusammenhalt industrieller Großgesellschaften nicht denkbar sei, meint Maletzke (1990, (S. 167).

Meinung | Normbewusstsein stärken

Hess (1969) war einer der ersten, der die Sozialisationsfunktion der Massenmedien beschrieb, nach seiner Definition haben sie der „Sozialisierung und Stärkung des Normbewusstseins“ zu dienen. Sie sollen Handlungsmuster vermitteln, Rollenverhalten, Normen und gesellschaftliche Werte (Henner Hess: Ein soziologischer Bezugsrahmen für die Massenkommunikationsforschung. In: Publizistik 3/1969. S. 277–286).

Dazu seien lokale Medien grundsätzlich in der Lage, findet auch Benzinger (1980): Durch lokale Berichterstattung gewinne der lokale Lebensraum eine kulturelle Integration, behauptet er, die für die Bürger nicht nur ein ordnendes Element für den Alltag bedeute. Sie lasse ihn auch „über kommunale Grenzen hinwegsehen und das Ganze als Einheit empfinden“ (S. 51/52).

Hintergrund | Chicago-Studie

Dass lokale Massenmedien, sofern sie über entsprechende Reichweiten verfügen, einen positiven Einfluss auf die Sozialisation innerhalb eines Stadtviertels haben können, stellte Anfang der 1950er Jahre als erster Morris Janowitz in einer Studie über Funktion und Wirkung einer amerikanischen Stadtviertelzeitung in Chicago fest. Die Lokalpresse stellte aus seiner Sicht einen der Mechanismen dar, durch den sich das Individuum in die städtische Sozialstruktur integriere (Morris Janowitz: The Community Press in an Urban Setting. Michigan 1952). Einen Kausalzusammenhang wies Janowitz nicht nach. Ebenso unklar blieb auch, wie bzw. wodurch Medien überhaupt sozialisierend wirken und woran man dies an ihren Inhalten erkennen kann (Ronneberger 1985, S. 15).
Gleichwohl wurde in Deutschland, beginnend in den 1960er Jahren, die These von Janowitz als „Beweis“ für die empirisch bis heute nicht belegte Behauptung herangezogen, dass Medien eine Sozialisationsfunktion haben und ihnen diese insofern als Aufgabe zufalle. Als Schlüsselwerk dieser Sozialisationsthese gilt das 1971 veröffentlichte Werk „Sozialisation durch Massenkommunikation“ des Kommunikationswissenschaftlers Franz Ronneberger, der sich mit der Wirkung über *Public Relations* befasste. Er behauptete: Jegliche Art von Information habe eine Wirkung auf den Rezipienten, egal welcher der Ursprung ist. Wie Werbung Menschen in ihrem Verhalten beeinflusse, so täten dies auch Massenmedien in Bezug auf ihr Verhalten.

Mitte der 1980er Jahre setzt sich in Deutschland die Erkenntnis durch, dass lokale Mediennutzung nicht automatisch soziale Integration ihrer Leser bewirkt, dass sich vielmehr beide Seiten, Medien und Sozialisation, gegenseitig beeinflussen. Mit anderen Worten: Wer in eine Gemeinschaft noch nicht integriert ist, weil er entweder noch zu jung dazu ist oder aber von außerhalb zugezogen, liest Zeitung meist nicht mit der Absicht und dem Ziel, sich einzugliedern. Und umgekehrt: Eine erfolgreiche Eingliederung ist meist gerade eine Voraussetzung dafür, dass man sich für lokales Geschehen interessiert und deshalb die lokale Zeitung studiert. Und nicht umgekehrt.

Die Frage ist: Wird die Lokalpresse der ihr zugewiesenen „Sozialisationsfunktion“ gerecht? Und kann sie das überhaupt? Oder ist die Sozialisation lediglich eine von Medien unbeabsichtigte, jedoch gesellschaftlich erwünschte Nebenwirkung? Die Frage lässt sich seriös nur schwer beantworten, da Parameter fehlen, um sozialisationsfördernde Inhalte nachzuweisen.

7.5.4 Soziale Kontrolle

Besser als aktive Medienfunktion lässt sich die soziale Kontrolle bestimmen und sogar anhand bestimmter Parameter (Kritik, Tadel, Abweichungen vom Normalverlauf, Aufdecken von Skandalen) messen. Es geht um die Darstellung positive Sanktionierungen (Lob, Anerkennung) sozial erwünschten Verhaltens wie auch das Aufzeigen und die negative Sanktionierung abweichenden Verhaltens (Verbrechen, Vergehen, Ordnungswidrigkeiten, unsoziales Handeln usw.) durch Tadel oder Strafe. Der Einzelne soll zu einem Verhalten und Handeln veranlasst werden, das den sozial erwünschten Verhaltensmustern entspricht.

Problematisch ist die Abgrenzung, wann ein öffentlich zu rügendes abweichendes Verhalten vorliegt und wann unberechtigterweise in Persönlichkeitsrechte eingegriffen wird: Relativ eindeutig ist die Sachlage dann, wenn ein Normverstoß zugleich ein Gesetzesverstoß ist. Selbst innerhalb einer Redaktion weicht die Einschätzung sozial umstrittenen Verhaltens oft sehr voneinander ab. Konfrontiert mit fiktiven „Fällen", fallen die Entscheidungen für oder wider eine Veröffentlichung nicht selten unterschiedlich aus.

Hintergrund | Studie in Baden-Württemberg

Problematisch wären zum Beispiel folgende Fälle: Ein Polizeikommissar verursacht betrunken einen Autounfall mit Sachschaden; oder der Stadtpfarrer wird beim Kaufhausdiebstahl erwischt. Die Redakteure einer baden-württembergischen Regionalzeitung entschieden sich mehrheitlich *gegen* die Publikmachung des Kaufhausdiebstahls, jedoch *für* den Autounfall (Benzinger 1980, S. 335).

Es existieren offenbar gewisse „Tabus" in der lokalen Berichterstattung (Wolz 1979, S. 287; Rager 1982, S. 129). Kein Thema für die örtliche Lokalpresse war beispielsweise der „Ausrutscher" eines Stadtdirektors, er war zugleich Vorsitzender des größten Fußballclubs am Ort, der bei der Eröffnung eines Salzmuseums auf der Bühne eines Festzeltes gegen einen Lautsprecher urinierte. Die *Lüneburger Landeszeitung* berichtete darüber nicht (Wichmann 1990).

7.6 Ursachen und Einflussfaktoren

Es gibt eine Reihe von Gründen, warum es der privatwirtschaftlichen Lokalpresse nicht gelingt, die ihr angedienten öffentlichen „Aufgaben" und Funktionen in dem Maße zu erfüllen.

7.6.1 Person und Berufsverständnis des Journalisten

Nicht eine Redaktion (→ Kap. 5.) schreibt die Texte fürs Lokale, den Input liefern ihre Autoren. Redaktionen können nicht schreiben. Deshalb richtet sich, wann immer es um Zeitungsinhalte geht, der Blick auf die Autoren. Beim Autor eines Beitrags laufen alle Informationen zusammen, nur ihm sind alle recherchierten Fakten bekannt und es obliegt ihm, daraus nach allen Regeln der ihm gegebenen journalistischen

Schreibkunst einen Artikel zu formen. Heraus kommen sollte somit im Normalfall ein höchst individualistischer Text, so wie der Roman eines Schriftstellers, der nie einem anderen gleicht. Auch die lokaljournalistischen „Tagesschriftsteller" haben ihre eigenen Schreibideen im Kopf, wenn sie sich überlegen, wie sie ein Thema aufgreifen, wie sie Fakten interpretieren und präsentieren wollen – und heraus kommen müssten eigentlich heterogene, inhaltlich unterschiedliche Zeitungsinhalte, so wie kein Augenzeuge beispielsweise einen Unfallhergang wie der andere beschreibt. Polizisten wissen: fünf Zeugen = fünf verschiedene Unfälle.

Schreib- und Erzählmuster

Lokaljournalisten berichten nicht nur über Unfälle anders. Sie lassen sich von einer „Berufsroutine" leiten, die sie verinnerlicht haben, und schreiben nach gleichen, nahezu identischen Mustern, was zur Folge hat, dass Textinhalte alle irgendwie ähnlich und damit „richtig" erscheinen. Ein Grund ist die Verwendung sprachökonomisch optimierter Nachrichtenformate, die sich als Schreibmuster herausgebildet haben (Kurzmeldung, Bericht) und individualistische Schreibstile ausschließen. Die journalistische W-Formel prägt den sprachlichen Duktus, sie ermöglicht es, lokales Geschehen in Zeilen zu pressen. Volontäre lernen als allererstes den Umgang mit diesen sieben W-Fragen, die im Normalfall in dieser Abfolge zu beantworten sind:

- wer (hat etwas getan)
- was (hat er getan)
- wo (hat er es getan)
- wann (hat er es getan)
- wie (hat er es getan)
- warum (hat er es getan)
- woher (stammt die Information).

Nachrichtentexte, die sich strikt an diese W-Regeln halten, gelangen automatisch zu ähnlichen und somit „richtig" erscheinenden Darstellungen. Inhaltlich vereinheitlichend wirkt zudem der Rückgriff auf chronologische Erzählmuster, die, so unterschiedlich die geschilderten Abläufe sein mögen, in der Regel harmonisch enden. Protokollarisch strukturierte Vereinsberichte sind da ein Beispiel. Lokaljournalisten haben unter dem Stichwort „Vereinsveranstaltungen" gängige Muster als Versatzstücke parat, in denen sich der Vorsitzende eingangs freut, diverse Ehrengäste begrüßen zu können, anschließend die Redner das Mikrofon ergreifen und abschließend „das Tanzbein geschwungen" wird. Warum der Schatzmeister überraschend von seinem Amt zurückgetreten ist, aus welchen Gründen Mitglieder den Verein verlassen haben, wird in dem lokalen Musterartikel allenfalls als Randnotiz erwähnt.

Längere Formate wie Reportagen und Features fallen nicht in die W-Kategorie. Dass aber auch hier ähnlich erscheinende Beiträge entstehen, ist wiederum einer „Routine" geschuldet, die dazu führt, dass Journalisten auf bewährte „Erzählmuster" (Frahm

1975) zurückgreifen, wenn sie komplexe, womöglich widersprüchliche Informationsgemenge „unfallfrei“ zum Leser transportieren müssen.

> Ein Beispiel ist eine Debatte im **Gemeinderat**, ein allmonatliches Standardthema vor allem für klein- und mittelstädtische Lokalredaktionen: Statt über das Streitthema zu berichten, Hintergründe und Vorgeschichte zu erläutern, greift Ottonormal-Reporter zum einfachen „Erzählmuster“, zu dem mit dem Etikett „Sitzungsberichte“, das er in seinem journalistischen Repertoire für solche Anlässe parat hat: mit einleitendem Vorspann, dem dann die hitzigen Wortbeiträge der Redner folgen – lückenlos zitiert und mit peinlich exakt bemessener Zeilenzahl für jede Partei, damit die journalistische Neutralität nach außen hin gewahrt bleibt. Am Ende des Berichts folgt dann das Abstimmungsergebnis – und damit ist der politische „Frieden“ im Gemeinderat (und in der Zeitung) wieder hergestellt. Über Auswirkungen und Folgen der Entscheidung muss sich der Leser selbst seine Gedanken machen. Sie sind in dem Schema nicht vorgesehen.

Und selbst bei Meinungsbeiträgen wie Kommentar, Kolumne oder Glosse, in denen es keine W-Fragen und keine festgelegten Schreib-Standards in dem Sinne gibt, „schielt“ der Lokaljournalist, wenn er „neu“ oder unsicher ist, instinktiv gern auf „Standards“ von Kollegen. Das Vielfaltpotenzial, das Autoren bieten, bleibt damit beim Schreiben weitgehend ungenutzt.

Themenwahl

Anders ist es bei der Themenwahl. Hier ist es vor allem der einzelne Journalist, der innerhalb einer Redaktion (→ Kap. 5.) die Akzente setzt, indem er, meist geleitet von persönlichen Interessen, ihm relevant erscheinende Themen aufspürt. Er agiert er damit im Hinblick auf die redaktionelle Themenvielfalt als unberechenbarer „Zufallsgenerator“: Er drückt dem Lokalteil, für den er schreibt, zumindest thematisch seinen Stempel auf.

7.6.2 Ausbildung

Der Zugang zum Journalismus ist frei und ungeregelt. Journalist nennen kann sich in Deutschland jeder, der sich dazu berufen fühlt. Er muss nur eine Zeitung finden, die seine Elaborate abdruckt bzw. veröffentlicht und bereit ist, dafür ein Honorar zu zahlen. Der Autor darf sich dann „freier Mitarbeiter“ nennen. Beiträge freier Mitarbeiter füllen seit jeher die Lokalteile auf, sie ergänzen den Output der Lokalredakteure. Die Nebenberuflichen erklären sich bereit, selbst für Dumpinglöhne zu arbeiten, wie als „freiwillige Selbstausbeuter". Angetrieben werden die allermeisten, wie sie sagen, von einer „Lust am Schreiben“.

Es sind Angestellte, Lehrer, Pensionäre, Rentner, Hausfrauen, aber auch Studenten und Schüler, die nebenbei zur „Feder", sprich: zum Laptop greifen und von der Redaktion zumeist an Wochenenden konkrete Auftragsarbeiten erhalten und zu Terminen geschickt werden.

- Die „Nebenberuflichen" berichten dann zumeist über Feste, Feiern und Veranstaltungen.
- Über die Feierabendjournalisten ist nur wenig bekannt; sie arbeiten mehr im Hintergrund. Viele sind gut gebildet (Studium), jedoch weniger vertraut mit journalistischen Standards. Sie suchen dies zu kaschieren, indem sie Schreibstile ihrer Profikollegen nachahmen. Aufmerksame Leser bemerken den Unterschied.

Wie gut sind Lokaljournalisten ausgebildet? Wie gut sind ihre Beiträge? Nicht alle gelten als Kandidaten für den Pulitzer-Preis. Und tatsächlich sind es paradoxerweise nicht immer die allertalentiertesten Schreiber, die in jenem Ressort landen, das am meisten gelesen wird: in der Lokalredaktion. Das gilt für freie Mitarbeiter wie auch für ihre festangestellten Kollegen. Das lokale Ressort galt einmal als „Sammelplatz für Gescheiterte" (Thielemann 1972): als Arbeitsplatz für jene, die es nach ihrem Volontariat nicht in die klassischen Ressorts der Tageszeitung geschafft haben.

Zahlen und Fakten

Redaktionsintern ist das Lokale in der Prestigehierarchie weiterhin am unteren Ende angesiedelt. Und auch die hier gezahlten Gehälter setzen kaum Anreize für taltentierte Nachwuchskräfte, Lokalredakteur zu werden. Es gibt attraktivere Journalismusfelder. Gleichwohl überrascht es, wenn Zahlen und Fakten auf den Tisch kommen, die beweisen, dass die Kollegen in den lokalen Ressorts formal die gleiche Bildung haben wie die in den klassischen Ressorts. Auch die Redaktionen, in denen sie arbeiten, sind bezüglich ihrer Sozialstruktur durchschnittlich besetzt (Kretzschmar u. a. 2009, S. 150).

Defizite

Qualität ist das Resultat von Talent und Ausbildung. Sollen Journalisten **Qualität** liefern, müssen sie gut ausgebildet werden. Und hier hapert es.

- Nach dem in der Branche üblichen Motto *learning by doing* werden Berufsanfänger allzu oft „ins kalte Wasser" geworfen, müssen Redakteursarbeiten übernehmen. Verlage wollen so Geld einsparen. Nachwuchskollegen fehlt oft jedoch die fachliche Kompetenz, um vollwertige Journalistenarbeit abzuliefern (Rager 1982).
- Befragungen weisen auf „Wissensdefizite" und „subjektive Unsicherheiten" hin, die zum Rückgriff auf einfache, branchenübliche Berichterstattungsmuster führen können und schlimmstenfalls zum Ausblenden schwieriger Themen bis hin zum Verzicht auf Kommentar und Kritik (Benzinger 1980, S. 169/170)

7.6.3 Soziale Nähe der Journalisten

Der Lokaljournalist wohnt und lebt meist in dem Ort, über den er berichtet; er ist damit für den Leser identifizierbar und das unterscheidet ihn von Kollegen aus überregional tätigen Ressorts, die in der Regel unbehelligt über Geschehnisse berichten können, die sich weitab von ihrem Wohnort ereignen. Der deutsche Bundeskanzler ruft nicht an, wenn ihm die Kritik eines Provinzjournalisten nicht gefällt, der Ortsbürgermeister einer Kleinstadt schon. Der kritische Lokaljournalist muss hier Rechenschaft ablegen über seine Arbeit.

Bis in die 1980er Jahre hinein war es deshalb üblich, dass sich lokale Autoren hinter kryptischen, meist aus zwei Buchstaben bestehenden Namenskürzeln verbargen, während die „Klarnamen" nur Insidern bekannt waren. Die Zeiten änderten sich, Zeitungen mussten sich öffnen. Und spätestens mit Einführung der „Autorenzeitung" war die Epoche der redaktionellen Kürzel endgültig beendet; sie verschwanden aus den Lokalteilen weitestgehend, werden heute nur noch zur „Verschleierung" von Fremdtexten (Pressemitteilungen) benutzt.

Die Nähe zu den Bewohnern bleibt nicht ohne Einfluss auf seine Tätigkeit, sie kann eine gewisse Zurückhaltung bis hin zur „Beißhemmung" zur Folge haben – auch aus der Erfahrung heraus, dass „Gebissene" zurückbeißen können: Sie können sich „ab oberer Stelle" beschweren. Selbst dezente „Hinweise" haben so oder so Wirkung. Einmal geäußert, wirkt Journalistenschelte nachhaltig; sie ist nicht wieder aus der Welt zu schaffen, wie Zahnpasta, die aus der Tube gedrückt wurde.

7.6.4 Pressionen

Lokale Zeitungsinhalte entstehen in einem Umfeld, das sensibilisiert ist und Berichte grundsätzlich kritisch beäugt – schließlich wird über lokales Geschehen in der eigenen Nahwelt berichtet, das den Leser unmittelbar betrifft. Nicht alles, was im Blatt steht, ist genehm. Vereine mokieren sich, weil ihre Pressemitteilungen gekürzt oder umgeschrieben wurden, Anzeigenkunden beanspruchen ein Recht, auch redaktionell wie „König Kunde" behandelt zu werden, wenn über den lokalen Einzelhandel berichtet wird. Kommt die Redaktion (→ Kap. 5.) dem nicht nach, rekrutiert sich Unmut. Wolken ziehen auf am Horizont, es drohen „Blitzeinschläge" in der Redaktion: Beschwerden, Abbestellungen, Anzeigenstornierungen, dem Instrumentarium zur Durchsetzung von Interessen.

Anzeigenkunden haben hier vermeintlich die meisten Asse im Ärmel, da sie das Presseunternehmen dort treffen können, wo es ihm am meisten weh tut: bei den Anzeigenerlösen. Ihr Einfluss ist umso größer, je geringer die Zahl der Großinserenten einer Zeitung ist, da jeder einzelne Anzeigenverlust umso stärker wirkt.

Auch Journalisten leiden unter den Pressionen, die umso stärker wirken, je geringer die berufliche Mobilität des Kollegen ist und die materielle Abhängigkeit von einer Arbeitsstelle. Die Zahl der Arbeitsplätze ist im Lokaljournalismus rückläufig, in Einzeitungskreisen besteht nicht die Möglichkeit, einen Arbeitgeber zu wechseln.

7.6.5 Arbeitsbedingungen

Qualitätsjournalismus entsteht nicht im luftleeren Raum; Autoren benötigen ein Arbeitsklima, das ihre Produktivität fördert: kreative Freiräume, reguläre Arbeitsbedingungen, sichere Arbeitsplätze. Nur so ist gewährleistet, dass Zeitungsautoren täglich aufs Neue Qualität generieren und nicht allmählich ausbrennen. In der „bleiernen Zeit“ des Lokaljournalismus, der im späten 20. Jahrhundert endete, gab es solche Überlegungen noch kaum. Die Zeitungen verkauften sich, die Arbeitsplätze waren sicher. Eine Schreibmaschine, ein Telefon, ein separates „Dichter- und Denkerzimmer“ reichten, um Journalisten zufrieden zu stellen.

Im Zeitalter des Großraumbüros funktioniert Lokaljournalismus anders: Redakteure arbeiten wie Mitarbeiter von Callcentern, sie sind ob der Nähe und der ständigen Störfaktoren gestresst, haben aber immerhin die Möglichkeit, sich zum Schreiben in sogenannte „Stillarbeitsräume“ zurückzuziehen, die sie jedoch isolieren von allem, was in der Redaktion geschieht und besprochen wird.

Zeitungsautoren brauchen mehr als einen Laptop und ein Dach über dem Kopf. Redakteure sind zunehmend unzufrieden mit ihren modernen Arbeitsbedingungen. Existenzängste wabern durch die Redaktionen, Rationalisierungen verdichten die Arbeit, steigern den Zeit- und Leistungsdruck. Nicht wenige Lokaljournalisten sind längst so frustriert und ausgebrannt, dass sie über einen Ausstieg aus dem Beruf nachdenken.

Tatsächlich ist es so, dass unter Zeitdruck keine journalistischen Meisterleistungen zu erwarten sind, ebenso in unterbesetzten Redaktionen: Autoren ziehen sich hier, um ihre Gesundheit zu schützen, auf journalistische Minimalstandards zurück, verzichten auf intensive Recherchen. Lücken im Lokalteil werden – vermeintlich unbemerkt vom Leser – mit Pressemitteilungen aufgefüllt und mit semiprofessionellen Beiträgen freier Mitarbeiter (Schmidt u. a. 2022).

7.6.6 Auswahlmechanismen

Was gehört in die Zeitung – und was kann weg? Welcher Termin ist wichtig und welcher nicht? Nicht alles, was im lokalen Verbreitungsraum geschieht, kann im Lokalteil als Meldung oder Bericht veröffentlicht werden, nicht einmal in Kleinstädten. Dafür hat dieser zu wenige Seiten. Je nach Relevanz muss deshalb jeder Information ein Platz zugewiesen, der Rest vorerst „auf Halde“ gelegt bzw. entsorgt werden. Die alltägliche Nachrichtenselektion ist für den Printlokaljournalisten Teil des Tagesgeschäfts, sie ist aber auch eine Herausforderung, der er sich alltäglich stellen muss. Macht er Fehler, könnten relevante Informationen unter den Tisch fallen, den Lesern vorenthalten bleiben. Journalisten müssen insofern genau abwägen.

Doch im Zuge ihrer beruflichen Sozialisation lernen sie, damit umzugehen. Sie adaptieren früher oder später bewährte Auswahlmechanismen, die sich an lokalen „Nachrichtenwerten“ orientieren: Die „Prominenz“ von Akteuren ist ein wichtiger Faktor. Redaktionen tun sich schwer damit, Texte abzulehnen, in denen Abgeordnete zu Wort kommen, oder Veranstaltungen zu übergehen, wenn der Bürgermeister oder der Stadtdirektor angekündigt sind. Im Umkehrschluss heißt das: Nachrichten und Termine, in denen lokale Prominenz nicht vertreten ist, fallen leichter aus der Berichterstattung heraus.

7.6.7 Kommerzielle Ausrichtung

Die Redaktion agiert nicht autonom; sie hat stets auch die kommerziellen Belange ihres Presseunternehmens im Auge, die „Eischaltquoten" bei den Lesern und die Clickzahlen bei den E-Papers im Internet. Bevorzugt werden deshalb Themen

- die möglichst marktgängig erscheinen, weil sie Lese- und Kaufanreize schaffen (Negativereignisse, unerwartete Abweichungen vom Normalverlauf, Sensationen, Ungewöhnliches) und
- sie vernachlässigt umgekehrt solche Themen, die vermeintlich weniger spektakulär erscheinen, aber dennoch relevant sind für Zeitungsleser, die umfassend informiert sein möchten: über Probleme von gesellschaftlichen Randgruppen beispielsweise.
- Zum anderen müssen redaktionelle Inhalte kompatibel sein mit den Erwartungen von **Anzeigenkunden**. Studien zeigen: Damit Geschäftsanzeigen optimal zur Geltung kommen, müssen sie in einem insertionsfreundlichen Textumfeld positioniert sein, das zum Verweilen animiert und nicht zum Weiterblättern. Wobei die subjektiv empfundene Qualität des redaktionellen Inhalts die vermeintliche Wertigkeit einer daneben positionierten Anzeige beeinflusst.
- Es besteht eine latente **Korrelation**, die Auswirkungen auf Zeitungsinhalte hat, auch wenn Anzeigenkunden ihre Erwartungen nicht explizit äußern. Denn durch das Wissen um ihre wirtschaftliche „Macht", durch ihre Aufträge bestimmen sie potenziell mit bis zu einem gewissen Grad mit, was und wie in der Zeitung steht.

7.6.8 Der unbekannte Leser

Wer liest den Lokalteil und warum? Welche Inhalte erwartet er? Was interessiert ihn nicht? Der Lokalteilleser ist die Unbekannte in einer täglich zu lösenden Gleichung, in der es um Leserzahlen geht, um Auflagenhöhen und journalistische Variablen: Stellschrauben, an denen Redaktionen drehen, damit die Gleichung aufgeht. Den unbekannten Leser will die Redaktion erreichen, weiß aber nicht, wie und wo. Nachhaltige Kontakte zum Leser, der kein Politiker ist, kein Bürgermeister und kein Vereinsvorsitzender, sind eher selten. Stetige Rückmeldungen erhält der Lokaljournalist dafür von den genannten Protagonisten, denen er beruflich begegnet.

Und der Leser? Er bleibt unsichtbar und tritt kaum in Erscheinung, außer wenn er einen Leserbrief schreibt.

Leserbriefe

Die Zahl der Leserbriefe ist, gemessen an den Leserzahlen, aber so gering, dass die Meinungen nicht repräsentativ sind, zumal Leserzuschriften ohnehin zumeist negativ ausfallen. Es wird weit mehr gerügt als gelobt.

Meinung | Nimmermüde und Immerandersdenkende

Leserbriefe wurden deshalb in Zeitungsredaktionen schon immer skeptisch beäugt. Der Zeitungswissenschaftler Emil Dovifat (1930) bezeichnete Leserbriefschreiber als „die Nimmermüden und Immerandersdenkenden"; man freue „sich der Nähe des Papierkorbs angesichts solcher Briefe". Der Zeitungsverleger Max Ernst Wiessner (1885–1946) glaubte 1931 in seinem Werk „Der unzufriedene Leser" gar feststellen zu müssen: „Die Stimme des Lesers ist in der Regel die Stimme der Unsachlichkeit, der Ungerechtigkeit und in sehr vielen Fällen die Stimme der völligen Verständnislosigkeit."

Dabei sollte der Leserbrief nach den Vorstellungen der Alliierten nach Ende der Lizenzphase (1949) in der „neuen" deutschen Zeitung ein wichtiges Korrektiv sein zur leserschaftlichen Kontrolle der Redaktionen. Nach ihren Vorstellungen sollten in einer demokratisch verfassten Presselandschaft Redaktionen kritisierbar sein und Leser deshalb einen verbindlichen Zugang ins Blatt finden. So dachten zumindest die amerikanischen und britischen Presseoffiziere. Sie „verordneten" einen verbindlichen Dialog zwischen Lesern und Blattmachern. Tatsächlich kam es dazu nie. Leserbriefe führten in den Redaktionen über viele Jahre hinweg ein Mauerblümchendasein. Leserbriefschreiber hatten nie ein gutes Image, weil sie sich häufig kritisch über die Berichterstattung äußerten und somit als potenzielle „Störenfriede", als Nörgler und Querulanten eingestuft wurden. Eine Befragung von Leserbriefschreibern ergab, dass unter den Autoren sich vor allem Akademiker hervortun, die Sachverhalte richtigstellen wollen. Die meisten Verfasser sind männlich und über 50 Jahre alt (Mlitz 2008).

Daten und Fakten

Spezielle Statistiken über Lokalteilleser gibt es kaum, nicht über die Lokalteilleser von Großstadtzeitungen und auch nicht über die von Heimatblättern. Über Tageszeitungsleser weiß man:

- Sie werden immer älter. 58,7 Prozent gehören aktuell zur sogenannten Ü50-Fraktion; 27,2 Prozent waren älter als 70 und nur 2,2 Prozent jünger als 20 Jahre.
- Und dann ist noch bekannt: Mehr als 80 Prozent all dieser Leser interessieren sich in „ihrer" Zeitung vor allem für das Lokale (Quelle: BDZV 2023).

- Die Leser einer Regionalzeitung – und damit auch des Lokalteils – sind eher konservativ; sie haben in den meisten Fällen einen niedrigen bzw. mittleren Bildungsabschluss und arbeiten meist nicht in führenden Positionen oder sind sogar schon in Rente. Akademiker stellen nur ein Zehntel der Leserschaft dar (Kretzschmar u. a. 2009, S. 128).

Exakte Daten haben Lokaljournalisten damit nicht; dennoch existiert in ihren Köpfen ein stereotypes Bild, das sie gern zur Legitimation von Entscheidungen heranziehen (Kretzschmar u. a. 2009, S. 131) und das im Übrigen auch Ausdruck eines bekannten Phänomens ist, dem sich Menschen, auch Journalisten, nicht entziehen können: Sie schließen gern von sich auf andere – aus Gründen, die hier nicht zu erläutern sind.

> Der Lokalteilleser als **Projektionsfläche** des zur Egozentrik neigenden Journalisten: So würde sich erklären, warum Journalisten gern über Themen sprechen und schreiben, die sie selbst umtreiben und interessieren – und über andere nicht.

Der „unbekannte Leser“ ist so oder so im Lokaljournalismus omnipräsent. Und so könnte der „Prototyp“ des Lokalteillesers aussehen:

- im Durchschnitt mindestens 50 bis 70 Jahre alt, vielfach älter,
- seit Jahren „treuer“ Leser der Zeitung (Printausgabe),
- normal gebildet, ohne akademischen Abschluss,
- politisch einflusslos, konservativ und tendenziell etwas rechts von der Mitte stehend (Kretzschmar u. a. 2009, S. 132),
- nicht in sozialen Netzwerken bzw. im Internet unterwegs,
- ins lokale Leben integriert und deshalb stark interessiert an allem, was in der Nahwelt geschieht,
- eher nicht interessiert an Inhalten, die das positive Bild der Heimatstadt und der als intakt empfundenen Nahwelt in Frage stellen, sprich: die Idylle der „heilen Welt“ stören (wobei unklar ist, ob eine solche „heile Welt“ tatsächlich überhaupt in den Köpfen der Leser existent ist).

Die „heile Welt“ im Lokalen

Der Ausdruck „heile Welt“ geht zurück auf ein gleichnamiges Gedicht des Schriftstellers Werner Bergengruen (1892–1964); er ist negativ besetzt und wird öfter in Zusammenhang mit der Tätigkeit der deutschen Lokalpresse gebracht, der eine verzerrte Darstellung der lokalen Realität vorgeworfen wird: die Konstruktion einer „heilen Welt“ der von Vorsitzenden regierten Vereine und Parteien, einer von Bürgermeistern geführten Stadt, in der er keine „Skandale“ und Widersprüchlichkeiten duldet. Diesen Eindruck soll angeblich die Lektüre mancher Lokalteile vermitteln.

Tatsächlich gibt es diese „heile Welt“ – allerdings nur in den Köpfen einiger Bürger, die ihre Nahwelt harmonisch und konfliktfrei erleben und diese dementsprechend in der Presse dargestellt sehen möchten. Vor allem gut situierte, besserverdienende Bürger haben sich und ihre Umwelt oftmals so eingerichtet, sagen Psychologen. Während „draußen" die Konflikte um sich greifen. In der Psychologie geht man von einer Wahrnehmungsstörung aus: einem „Heile Welt Naivitätsfehler", der dazu führt, dass die Realität verzerrt wahrgenommen bzw. komplett negiert wird, sobald diese den eigenen „Frieden" stört.

Dieser Wunsch des Menschen nach einer „heilen Welt" entspringt laut Psychologen aus einem **Grundbedürfnis nach Bestätigung und Anerkennung**. Menschen wollen so ihr Selbstwert- und Sicherheitsgefühl stärken. Wahrgenommenes muss für sie kompatibel sein mit diesem Bild, ihm zumindest keine bedrohlichen Risse zufügen. Alles, was dazu geeignet wäre, wird ausgeblendet, uminterpretiert, klein gedacht, weggedacht oder sogar negiert. Die künstliche „Realität" muss unter allen Umständen aufrecht erhalten bleiben.

Für die Presse hat die „heile Welt" in den Köpfen mancher Leser zunächst einmal keine besondere Relevanz. Sie kann kritisch berichten auf die Gefahr hin, dass die „heile Welt" Risse erhält. Problematischer wird es erst, wenn es um die „heile Welt" der Vereine und Parteien geht. Sie haben die Möglichkeit, wie *pressure groups* vorzugehen und ihrem Unmut über die Berichterstattung kollektiv Ausdruck zu verleihen: durch geeignete Pressionen gegen die Redaktion, durch Beschwerden beim Presserat oder durch Abbestellung der Zeitung.

Folgen für die Berichterstattung

Das Bild des unbekannten Lesers hängt in den Redaktionen quasi über den Schreibtischen. Er wirkt mit bei Themenwahl, Sprache und inhaltlicher Darstellung und prägt insofern Zeitungsinhalte mit, denn komplett ausblenden lässt sich ein solches imaginäres Leitbild bei Entscheidungen nicht. Redaktionen müssen darauf bedacht sein, nicht am Leser vorbei zu berichten. Sie muss die verbliebenen Restleser erreichen und das kann sie nur, wenn sie bildungs- und altersgerecht informiert. Lokaljournalisten schreiben insofern für ältere Leser ohne Abitur, mit konservativer Einstellung. Sie sollen schließlich verstehen und akzeptieren, was sie in „seinem" Lokalteil lesen. Jüngere Leser erreichen Lokalteile damit nicht. Sie gehören mehrheitlich zur Schar der sogenannten Printverweigerer. Will man sie nicht für immer verlieren, müssen Lokalredaktionen andere Themen generieren. Sie haben keine Wahl: Es geht ums Überleben. Manch altgedienter Lokaljournalist muss sich neu erfinden und überwinden. Der von ihm erwartete Spagat ist keine leichte Turnübung.

Literatur

Arnold, Klaus, Anna-Lena Wagner: Die Leistungen des Lokaljournalismus. In: Publizistik Bd. 63. 2018, S. 177–206

Benzinger, Josef-Paul: Lokalpresse und Macht in der Gemeinde. Nürnberg 1980

Beywl, Wolfgang & Hartmut Brombach: Kritische Anmerkungen zur Theorie der Alternativpresse. In: Publizistik 4/1982, S. 551–569

Binder, Heinrich: Der lokale Teil der Tageszeitungen. In: ZV [12] 1911 Nr. 4, Sp. 63–65

Brennig, Heribert R.: Die Zeit vor der Zeitung. In: Klaus Beyrer & Martin Dallmeier (Hrsg.): Als die Post noch Zeitung machte. Eine Pressegeschichte. Frankfurt/Main 1994, S. 6–14

Ellwein, Thomas. u.a.: Wertheim. Politik und Machtstruktur einer deutschen Stadt. München 1982

Grasshoff, Richard: Die briefliche Zeitung des XVI. Jahrhunderts. Leipzig 1877

Groth, Otto: Die Zeitung. Ein System der Zeitungskunde [Bd. 1]. Mannheim u. a. 1928

Haacke, Wilmont: Publizistik und Gesellschaft. Stuttgart 1970

Hartfiel, Günter: Die autoritäre Gesellschaft. Opladen 1972

Hüther, Jürgen u.a.: Inhalt und Struktur regionaler Großzeitungen. Düsseldorf 1973

Jarren, Otfried: Defizite, die bleiben werden. Möglichkeiten lokaler Kommunikation durch Neue Medien. In: Medium 1984, S. 12–17

Jonscher, Norbert; Inhalte und Defizite des lokalen Teils in der deutschen Tagespresse. Diss. Göttingen 1989

Knoche, Manfred & Winfried Schulz: Folgen des Lokalmonopols von Tageszeitungen. In: Publizistik 1969, S. 298–310

Knoche, Manfred: Kommentar und Kritik im Lokalteil in der Tagespresse der Bundesrepublik Deutschland. In: Publizistik 1968, S. 348–359

Kretzschmar, Sonja u.a.: Lokaljournalismus. Wiesbaden 2009

Kurp, Matthias: Lokale Medien und kommunale Eliten. Opladen 1994

Lindemann, Margot: Deutsche Presse bis 1815. Berlin 1969

Maletzke, Gerhard: Integration – eine gesellschaftliche Funktion der Massenkommunikation. In: Hannes Haas (Hrsg.): Mediensysteme. Struktur und Organisation der Massenmedien in den deutschsprachigen Demokratien. Wien 1990

Michel, Karl Markus: Unser Alltag. In: Kursbuch 41, September 1975, S. 1–40

Mlitz, Andrea: Der Leserbrief in der deutschen Tagespresse. Konstanz 2008

Nazarewska, Barbara: Lokalfürsten der Regionalzeitung. Diss. Augsburg 2014

Noelle-Neumann, Elisabeth: Folgen lokaler Zeitungsmonopole. In: dies. u.a.: Streitpunkt lokales Pressemonopol. Düsseldorf 1976a, S. 11–57

Rager, Günter & Bernd Weber (Hrsg.): Publizistische Vielfalt zwischen Markt und Politik. Düsseldorf u. a. 1992

Rager, Günther: Publizistische Vielfalt im Lokalen. Tübingen 1982

Rombach, Theo: Lokalzeitung und Partizipation am Gemeindeleben. Berlin 1983

Ronneberger, Franz & Heinz-Werner Stuiber: Lokale Kommunikation und Pressemonopol. In: Elisabeth Noelle-Neumann u. a. (Hrsg.): Streitpunkt lokales Pressemonopol. Düsseldorf 1976, S. 59–167

Ronneberger, Franz: Integration durch Massenkommunikation. In: Ulrich Saxer (Hrsg.): Gleichheit oder Ungleichheit durch Massenmedien? München 1985, S. 3–18

Schmidt, Burkhard u.a.: Arbeitsdruck – Anpassung – Ausstieg. Eine Studie im Auftrag der Otto Brenner Stiftung. Frankfurt/Main 2022

Schneider, Beate u.a.: Lokalzeitungen in Ostdeutschland. In: Media Perspektiven 7/1997, S. 385
Schönbach, Klaus: Die isolierte Welt des Lokalen. In: RuF 1978, S. 260–276
Stofer, Wolfgang: Auswirkungen der Alleinstellung auf die publizistische Aussage der Wilhelmshavener Zeitung. Wilhelmshaven 1975
Wagner, Anna-Lena & Wiebke Möhring: Freie im Lokalen. Wer sie sind und was sie tun. 2022
Wilke, Jürgen: Korrespondenten und geschriebene Zeitungen. In: Johannes Arndt & Esther-Beate Körber, Hrsg: Das Mediensystem im Alten Reich der Frühen Neuzeit (1600–1750). Göttingen 2010, S .59–74
Wilking, Thomas: Strukturen lokaler Nachrichten. München u. a. 1990
Wolz, Dieter: Die Presse und die lokalen Mächte. Düsseldorf 1979
Wuttke, Heinrich: Die deutschen Zeitschriften und die Entstehung der öffentlichen Meinung. Ein Beitrag zur Geschichte des Zeitungswesens. Hamburg 1866
Zoll, Ralf u.a.: Wertheim III. Kommunalpolitik und Machtstruktur. München 1974
Zoll, Ralf u.a.: Wertheim III. Kommunalpolitik und Machtstruktur. München 1974

Weiterführende Literatur

Durth, K. Rüdiger: Defizite in der lokalen Berichterstattung. In: journalist 1974, S. 24/25
Fuchs, Wolfgang: Presse und Organisationen im lokalen Kommunikationsraum. Diss. Augsburg 1984
Groth, Otto: Der Stoff der Zeitungen, seine Einteilung und Verteilung (1911/12). In: Winfried Schulz (Hrsg.): Der Inhalt der Zeitungen. Düsseldorf 1970, S. 99–127
Gubo, Mathias: Die Quellen im Lokalteil der Tageszeitung. München 1982
Institut für Zeitungswissenschaft: Der Lokalteil der Zeitung. Inhaltsanalysen zu Struktur und Funktion der lokalen Information in der deutschen Tagespresse. München 1974
Jonscher, Norbert: Einführung in die lokale Publizistik. Opladen 1991
Jonscher, Norbert: Inhalte und Defizite des lokalen Teils in der deutschen Tagespresse. Diss. Göttingen 1989
Jonscher, Norbert: Lokale Publizistik. Opladen 1995
Knoche, Manfred & Winfried Schulz: Folgen des Lokalmonopols von Tageszeitungen. In: Publizistik 1969, S. 298–310
Knoche, Manfred: Kommentar und Kritik im Lokalteil der Tagespresse in der Bundesrepublik Deutschland. In: Publizistik 1968, S. 348–359
Pätzold, Ulrich & Horst Röper: Lokale Medienkonkurrenz und publizistische Vielfalt. Unterschiede der Lokalberichterstattung am Beispiel nordrhein-westfälischer Zeitungen. In: MP 12/1995, S. 586–593
Preller, Ludwig: Untersuchungen über die Statistik des redaktionellen Zeitungsinhalts. Diss. Leipzig 1922
Quandt, Siegfried & Dietrich Ratzke: Hintergrundinformation als journalistische Aufgabe. In: Publizistik 1989, S. 117–121

Rind, Christoph: Arbeitstechnische, absender- und themenspezifische Einflußfaktoren in der lokalen Presse-Berichterstattung dargestellt am Beispiel der Rheinischen Post in Duisburg. Diss. Münster 1982

Rohr, Robert: Lokale Berichterstattung – Auswahl von Ereignissen aus der lokalen Realität. In: Rundfunk und Fernsehen 1978, S. 319–327

Rohr, Robert: Terminjournalismus – und sonst nichts? In: Wolfgang R. Langenbucher, Hrsg.: Lokalkommunikation. München 1980, S. 64–82

Schulz, Winfried (Hrsg.): Der Inhalt der Zeitungen. Düsseldorf 1970

Schütz, Walter J.: Struktur und Inhalt des lokalen Teils. In: Emil Dovifat & Karl Bringmann (Hrsg.): Die Bedeutung des Lokalen. Düsseldorf 1969, S. 18–30

Wichmann, Jo: Was im Sande versickert. Zwei unterbliebene Nachrichten aus Lüneburg. In: Jürgen Hogrefe & Eckart Spoo (Hg.): Niedersächsische Skandalchronik. Göttingen 1990, S. 220–222

Wilking, Thomas: Strukturen lokaler Nachrichten. München u. a. 1990

8 Kapitel | Redaktionelles Marketing — Wie man den Leser gewinnt

Übersicht

Eine Tageszeitung verkauft sich nicht automatisch, selbst reißerische Schlagzeilen schaffen es nicht, eine schrumpfende **Printauflage** nachhaltig zu stoppen. Um im verschärften intermediären Wettbewerb zu bestehen, muss sich das publizistische Selbstverständnis der Lokalzeitungen ändern. Sie befinden sich bereits seit Jahrzehnten „im Umbruch", versuchen einen „Drahtseilakt", wenn sie sich von „alten Zöpfen" lösen, jedoch Bewährtes bewahren möchten. Die lokale Tageszeitung war schließlich stets ein erfolgreiches „Markenprodukt", das sich nicht einfach neu erfinden lässt, sondern allenfalls modifiziert werden kann, unter Bewahrung des Markenkerns. Ein entscheidender Durchbruch ist dabei bislang nicht gelungen. Es stellt sich die Frage, wie die Attraktivität der Zeitung so vergrößert werden kann, dass Leser gehalten, neue Leser hinzugewonnen werden.

„Redaktionelles Marketing", ein bereits in den 1960er Jahren geprägtes Schlagwort, soll hier die Lösung sein. Es geht dabei um einen **Mehrwert** für den Leser: um mehr Qualität der Inhalte sowie mehr Relevanz und Lesernähe. Und es geht angesichts einer inflationären Menge an Gratisinformationen darum, die eigenen Informationen mit einem „Qualitätssiegel" zu versehen: die Wertigkeit der Berichterstattung und jedes einzelnen Beitrags durch wertsteigernde Maßnahmen zu erhöhen.

Der sogenannte „neue" **Qualitätsjournalismus** soll neue Leser generieren, ein attraktiveres Werbeumfeld für Inserenten schaffen. Denn die Art und Weise, vor allem: die Qualität der Berichterstattung, dies belegen Studien, wirkt sich auch auf den Erfolg von Anzeigen im Lokalteil aus.

8.1 Entstehung des Marketinggedankens

8.1.1 Vorbemerkungen

Die ersten deutschen Zeitungswissenschaftler setzten sich schon früh mit Inhalten und Qualitäten der neuartigen, entgeltlich betriebenen Presseberichterstattung auseinander. Bereits im 17. Jahrhundert, als die ersten Tageszeitungen erschienen, beschäftigten sich die sogenannten Dogmatiker (Otto Groth 1948) mit der Frage, welchen Nutzen die Zeitungslektüre haben könne und welche Schäden zu besorgen seien.

Der thüringische Kanzleidirektor Ahasvar Fritsch (1629–1701) wollte das Zeitungslesen nur der politischen Elite zubilligen und warnte 1676 insbesondere vor „erfundenen Nachrichten“: die Verbreitung falscher Nachrichten wertete er als „Sünde vor Gott“.

Der Zittauer Pädagoge Christian Weise (1642–1708) stellte wenig später den Nutzen der Zeitungen heraus: Sie seien förderlich für die Bildung und die Orientierung über die aktuelle Gegenwart. Es komme aber darauf an, das tatsächlich Wichtige, also das Relevante auszuwählen.

Der Sprachwissenschaftler Kaspar von Stieler (1632–1707) erklärte 1695 in seinem Kompendium *Zeitungs Nutz und Lust*, damit Zeitungen nützlich und unterhaltsam sind, müssten sie einer Reihe von Anforderungen genügen. Neben Wahrheit, Relevanz und Vielfalt ging es Stieler auch um Verständlichkeit, Neutralität und Aktualität („Zu förderst muss dasjenige / was in die Zeitungen kommt / Neue seyn“, S. 66).

Ansätze im frühen 18. Jahrhundert

Explizit mit der Frage, wie man die Qualität von Zeitungen verbessern könne, befasste sich zehn Jahre später, 1705, der Historiker und Staatswissenschaftler Joachim von Schwarzkopf (1766–1806), der damit zu einer Art „Pionier“ für das redaktionelle Zeitungsmarketing wurde. Allein schon hinsichtlich ihrer „Form“ seien deutsche Zeitungen „einiger Verbesserungen fähig“, befand er und sah Optimierungsmöglichkeiten bei Typographie und Layout:

- Ein „kleiner und enger Druck“ schade dem „Gesichte der Zeitungen“ (S. 85) und dieser sei auch schlechter lesbar.
- Das Hervorheben bestimmter Inhalte durch Verwendung unterschiedlicher Bleilettern – eine Diversifizierung des Schriftbildes – erleichtere die „Übersicht“ sehr.
- Nachteilig für den Leser sei die „sehr übliche Zerstückelung zusammenhängender Nachrichten in mehreren Blättern“.
- Zur besseren Übersichtlichkeit regte der Autor eine Ausgliederung („Absonderung“) einzelner Aspekte eines Artikels an, vergleichbar den heutigen Faktenkästen.
- Besonders am Herzen lag Schwarzkopf die Quellenangabe „bey jedem Artikel“, die gesondert daneben positioniert sein solle, notfalls unter Verwendung von Abkürzungen. Vorbildlich und „nachahmenswert“ sei hier der Neuwieder „Unpartheyische Correspondent“ (S. 85). Die „Beurteilung der Glaubwürdigkeit einer Nachricht“ werde durch die Quellenangabe erleichtert. Zeitungen sollten aufhören, ihre Quellen zu verschleiern, indem sie „entlehnte Artikel“ durch „Aenderung des Datums, des Orts und der Form entstellen suchen“.

Dem Autor ist klar, dass solche „Verbesserungen" nicht kostenneutral zu bewerkstelligen sein würden, vor allem nicht die „Einführung eines besseren Drucks und Papiers" (S. 86). Schwarzkopf erkannte jedoch einen Absatzmarkt für Zeitungen in der deutschen Bevölkerung, der er, so sie denn lesen konnte, einen besonderen „Lesetrieb" bescheinigte. „Gefährliche" Nachteile oder gar ein „Misbrauch des Zeitungswesens" seien durch die Expansion des Zeitungsmarktes nicht zu erwarten angesichts der „politischen Schwerfälligkeit des Deutschen" (S. 74).

Abb. 8.1: Joachim von Schwarzkopf (1766–1806). | [50]

Schwarzkopf hatte sogleich auch eine „Marketingidee" parat, wie der Verkaufspreis verringert werden könne: durch größere Reichweiten und höhere Auflagenzahlen. Als Zielgruppe sah er die „gebildeten Stände"; er regte hier marktgängige Form des Zeitungsabonnements an: die „Associierung in Lesezirkeln". Sie könne den Abopreis „hundertfach vermindern" (S. 87). Lesezirkel waren zu jener Zeit nicht neu; erstmals wurde ein solcher Zirkel bereits 1610, kurz nach Erscheinen der ersten gedruckten Zeitungen, in Kitzingen von einem Postmeister namens Pankraz Müller gegründet.

Marketing für *Newe Zeytungen*

Die Qualitätsdebatte um deutsche Tageszeitungen war damit bereits früh eröffnet; neu war das Thema Qualität aber nicht. Bereits im 15. und 16. Jahrhundert hatten die *Newen Zeytungen* Maßstäbe gesetzt im Hinblick auf Leserwerbung und Absatzmarketing. Überaus offensiv, heute würde man sagen: marktschreierisch, warben sie auf ihren Titelseiten mit groß aufgemachten Ankündigungen und Versprechen um jeden der seinerzeit noch raren Leser und führten als Argumentationshilfe die vermeintliche Qualität ihrer Zeitungen ins Feld: die Aktualität, Zuverlässigkeit und „Warhafftigkeit" der abgedruckten Nachrichten (Wilke 2021, S. 99).

Damalige Zeitungen hatten ein massives Imageproblem, würde man heute sagen. Herausgeber suchten dem mit aggressivem Marketing beizukommen: Die Menschen trauten den ihnen – namentlich nicht genannten – anonymen Zeitungsschreibern nicht; sie lehnten die gedruckte Information sogar rigoros ab, da sie gewohnt waren, Neuigkeiten von Angesicht zu Angesicht zu erfahren. So vermochten sie die Glaubwürdigkeit der Quelle besser einzuschätzen. Die neue Drucktechnik, glaubte man, würde nur dazu dienen, unbehelligt Unwahrheiten zu verbreiten, ohne dem belogenen Leser in die Augen schauen zu müssen. Denn nachprüfen ließen sich damals die meisten Zeitungsnachrichten nicht; sie stammten meist aus entfernten Städten.

Ein weiteres Absatzproblem der *Newen Zeytungen* lag auf der Hand: Sie konnten ihre Auflagenzahlen nur sehr begrenzt steigern. Denn die meisten Menschen konnten zu jener Zeit noch nicht lesen; die allgemeine Schulpflicht sollte es ihnen erst viel später ermöglichen.

Aus heutiger Sicht erscheinen die damaligen Marketinginstrumente simpel und wenig überzeugend; gleichwohl mag es verwundern, dass Zeitungen bis ins heutige Internetzeitalter auf ähnliche Strategien setzen, um Leser zu überzeugen. Die Qualität des Blattes soll es richten. Es reicht jedoch nicht, dass sich Tageszeitungen als verlässliches Qualitätsmedium beweisen; sie müssen sich auch neuen Herausforderungen stellen – und Nichtleser ansprechen, wie früher: Menschen von *Zeitungs Lust und Nutz* (Stieler 1695) überzeugen.

8.1.2 Situation in den 1960er Jahren

Der Begriff Redaktionelles Marketing kam Anfang der 1960er Jahre auf, als die Lokalpresse nach neuen Wegen suchte, um sich auf einem neu strukturierten Zeitungsmarkt zu etablieren (Wagner 1961; Frohn 1966). Der „missachtete Leser" sollte zu Wort kommen, Verleger und Redakteure sollten in die Pflicht genommen werden, sich fortan konsequenter den Leserinteressen zu widmen: Die Zukunft der Zeitung liege „in einem systematisch geplanten Kommunikationsmarketing" (Glotz & Langenbucher 1969, S. 152). Im Unterschied zu anderen Wirtschaftsbranchen wurde der Marketinggedanke (engl. für: auf den Markt bringen) im Pressebereich aber nur zögerlich umgesetzt. Marketing heißt, dass sich Unternehmen primär am Markt orientieren sollten, sprich: auch an den Lesern einer Zeitung.

Hintergrund | Lokale General-Anzeiger

Lesernähe und Lokalität waren als Marketinginstrumente zu diesem Zeitpunkt nicht neu; sie hatten bereits der anzeigenblattartigen *General-Anzeiger-Presse* vor allem Ende des 19. Jahrhunderts, im neuen Industriezeitalter, als das „neue" Alltagsleben in den wachsenden Großstädten zunehmend Nachrichtenstoff boten, zu hohen Auflagen und teils bemerkenswerten Geschäftserfolgen verholfen, allerdings ohne journalistischen Anspruch.

Ein Pastor als „Pionier"

Den hatte mehr als 100 Jahre zuvor der evangelische Theologe Hermann Braess (1738–1797) aus Dettum (Wolfenbüttel), ein „Pionier" der modernen Lokalzeitung. In seiner ab 1786 erschienenen „Zeitung für Städte, Flecken und Dörfer", wegen ihrer rot gedruckten Titelzeile auch „Rothe Zeitung" genannt, bemühte er sich – erfolgreich – um lesernahe und lebenspraktische Themen, die er in ein übersichtliches Layout „verpackte" (inklusive Infografiken und Abbildungen), und um ein enges Verhältnis zu seinen Lesern. Braess sah den Leserbrief als Brücke zwischen Redaktion und Publikum und veröffentlichte jährlich bis zu 24 Zuschriften (Andrea Mlitz: Leserbriefe in der deutschen Tagespresse. Konstanz 2008). Zentrales Anliegen war dem in Braunschweig geborenen Theologen bei allem die Bildung seiner Leser; er schrieb, das war ein Novum, gegebenenfalls auch Kommentare, um Sachverhalte allgemeinverständlich darzulegen (→ Kap. 8). Doch Braess reformierte nicht nur die Zeitungsinhalte; er hatte stets auch seinen Zeitungsmarkt im Auge und druckte hin und wieder sogar Leserlisten ab; sie geben noch heute Aufschluss über die Verbreitung der Zeitung, die auch auf den Postämtern vieler Städte Norddeutschlands zu kaufen war.

Die „Oberkasseler Zeitung"

Der Druckereibesitzer und Zeitungsverleger Johannes Düppen (1881–1952) aus Oberkassel, einem Dorf bei Bonn, setzte im Tageszeitungsbereich Anfang des 20. Jahrhunderts einen weiteren Meilenstein, als er Ende 1921 – in der noch jungen Weimarer Republik – seine kurz zuvor übernommene Heimatzeitung konsequent lokalisierte und die Leser in sein neues Konzept integrierte; seine Intentionen prononcierte er vorab ausführlich auf der Titelseite seiner Zeitung. Düppen ließ nicht nur gezielt Vereine und andere ortsansässige Institutionen zu Wort kommen, er veröffentlichte auch überaus detaillierte Berichte über die – nunmehr demokratisch geführten – Gemeinderatssitzungen. Leserbriefe waren ein wichtiger Baustein in Düppens „neuer" Lokalzeitung – wie auch das „Herunterbrechen" von politischen Entscheidungen auf die lokale Ebene, um Auswirkungen am konkreten Beispiel aufzuzeigen (Helmut Kötting: Johannes Düppen und seine Oberkasseler Zeitung. Bonn-Oberkassel, 2012). Die *Oberkasseler Zeitung* hatte damit Erfolg, sie sollte Jahrzehnte später jedoch das Zeitungssterben nicht überleben; 1973 erschien ihre letzte Ausgabe.

Die **lokale Geschäftsidee** ploppte in den 1960er Jahren in der Branche wieder auf. Schon seit den späten 1960er Jahren wehte ein frischer Wind durch vermiefte Lokalredaktionen. Das *Göttinger Tageblatt* brachte erstmals Interviews im Lokalteil. Die *Süddeutsche Zeitung* veranstaltete 1968 ein erstes Leserforum zur Gestaltung der Münchner Fußgängerzone, es folgten der Telefonservice der *Lübecker Nachrichten*, das „Anonyme Telefon" der *Velberter Zeitung*, die „Verbraucherrunde" der *Stuttgarter Nachrichten*, das „Gesundheitsforum" der *Süddeutschen Zeitung* Das Telefon wurde immer mehr zur interaktiven „Brücke" zwischen Leser und Redaktion; es ermöglichte, anders als der Leserbrief, direkte, zeitnahe Kontakte. Die Zahl der Festnetzanschlüsse stieg in den 1960er Jahren rapide an; noch 1960 hatten erst 4 von 100 Deutschen einen Anschluss, heute liegt die Zahl bei rund 38,6 Millionen (Statista 2024).

Abb. 8.2: Johannes Düppen (1881–1952), Verleger der „Oberkasseler Zeitung". | [51]

Doch erst in den 1970er Jahren, als die Pressekonzentration volle Fahrt aufgenommen hatte, rückte das redaktionelle Marketing immer mehr in den Blickpunkt: Der regionale und lokale Markt stelle für das redaktionelle Marketing eine besondere Chance dar, hieß es. Es gelte die „journalistische" Marktlücke aufzuspüren. Leserverhalten, Leserbedürfnisse und Leseranliegen müssten einer genauen Analyse unterzogen werden (Krohn 1972, S. 1928). Die „neue" Zeitung, so stellte man sich vor, sollte ein Forum sein, der Leser im Mittelpunkt stehen. Um ihn zu erreichen, sollten neue journalistische Wege gegangen werden: Interviews, engagierte Reportagen, gut recherchierte Hintergrundberichte, Kommentare, übersichtliche Rubriken, Terminkalender, Forumsveranstaltungen, Podiumsgespräche, Verbraucherinformationen.

Meinung | Mehr Leserservice

Leserservice, unter diesem Marketingschlagwort wurde eine Ausrichtung der Berichterstattung nach den Wünschen und Bedürfnissen des Publikums propagiert. Lokaljournalismus sollte sich mehr als „Dienst" am Leser verstehen, nicht länger die ihn beschäftigenden Alltagsthemen ausklammern, wie dies noch Tobias Peucer (1690), einer der ersten deutschen Medienkritiker, empfohlen hatte: Informationen über „das tägliche Tun der Menschen", so riet er, sollten auf keinen Fall veröffentlicht werden. Er sollte sich irren.

8.2 Konzepte für die „neue" Tageszeitung

8.2.1 Die Entdeckung des Lokalen

„Die Zukunft der Zeitung liegt im Lokalen" (Kieslich 1970) oder „Dem Lokalteil gehört die Zukunft" (Padrutt 1970) mit diesen Schlagzeilen wurde die Marketingdebatte nun geführt. Ziel war, den überlebenden, jedoch chronisch schwindsüchtigen Lokalzeitungen wieder auf die Beine zu helfen. Die erste Konzentrationswelle auf dem deutschen Zeitungsmarkt, losgetreten unmittelbar nach Aufhebung der Lizenzpflicht im Jahr 1949, war da schon verebbt. Zahlreiche Blätter der „alten" Lokal- und Heimatpresse hatten sie nicht überlebt. Die neuen, von den Alliierten lizensierten Blätter (viele von ihnen herausgegeben von erfahrenen Altverlegern) erwiesen sich als stabiler im neuen Wettbewerb. Vor allem ab 1954 warfen viele kleine Zeitungen das Handtuch oder entledigten sich der Herstellung eines Zeitungsmantels, um sich fortan ausschließlich dem lokalen Sektor zu widmen. Die überlebenden Blätter suchten dabei nach Lösungen, um sich auf dem neuen Zeitungsmarkt zu positionieren.

Die Lokalzeitung wurde als „Organ einer neuen Presseepoche" propagiert (Peitsch 1969). Die lokale Berichterstattung, bis dahin „am Leser vorbei" zielend, sei dazu jedoch dringend „reparaturbedürftig" (Kieslich 1970, S. 2656), sie sollte sich nach Vorstellungen der Reformer von „alten Zöpfen", vom „Mief des Provinziellen" lösen, insgesamt lebendiger, attraktiver und lesernäher werden und sich damit der politischen und gesellschaftlichen Entwicklung in den Gemeinden anpassen.

Es gab Zeiten, die „fetten Jahre" der Lokalpresse, in denen lokaler Printjournalismus eine zuverlässige „Gelddruckmaschine" war; sie scheinen endgültig vorbei. Die Lokalzeitung leidet unter einer schleichenden Depression, die mit noch so bewährten Hausmitteln allein nicht therapierbar ist. Die „Fieberkurven" in den Zeitungsverlagen leuchten hellrot, die alten Leser verabschieden sich in den Familienanzeigen und die jungen Leser kommen nicht in dem Maße nach. Sie saugen sich ihre Informationen aus dem Netz.

Die Prognose klingt erschütternd: „Die Zeitung wird mit den Alten sterben, wenn nicht bald etwas geschieht" (Strobel 2011, S. 3).

8.2.2 „Mediamorphose"

Die Nachricht ist in den Zeitungshäusern angekommen. Gerade kleine und mittelgroße Tageszeitungen suchen wieder einmal neue Wege – und ihr Heil im Lokalen. Hier können sie ihre wahre Stärke ausspielen. Es geht darum, sich in einer veränderten Medienlandschaft neu zu orientieren, nicht länger als (unterlegener) Konkurrent von Hörfunk und Fernsehen in der überregionalen Berichterstattung mitzueifern, sondern als Referenzmedium im lokalen Bereich aufzutreten.

In vielen Verlagen ist diese Notwendigkeit zur „Mediamorphose" erkannt, jedoch noch nicht überall adäquat umgesetzt worden – nicht nur weil die stärker lokalbetonte Ausrichtung strukturelle Veränderungen erfordert, sondern weil damit in einer Übergangszeit zweifellos auch gewisse wirtschaftliche Risiken verbunden sind. Nehmen die Leser – vor allem die älteren – das neue Konzept an? Die Abkehr von „alten Zöpfen" in der Lokalberichterstattung? Wie reagieren Sie darauf? Der aktuelle Stand: Die Ressorts Politik und Wirtschaft sind es weiterhin, die ihre exponierte Platzierung auf den Titelseiten insgesamt erfolgreich verteidigt haben; während Lokales – abgesehen von lokalen Fenstern – bis auf Weiteres auf die hinteren Seiten verbannt bleibt.

8.2.3 Der neue Käufermarkt

Damit der von Zeitungstheoretikern stammende Marketinggedanke im Alltag der Lokalredaktionen ankam, bedurfte es einer Initialzündung: der Einführung des Internets. Seit Ende der 1990er Jahre veränderte es peu à peu alles. Selbst altgediente Journalisten, anfangs noch skeptisch, sahen bald ein: Der Zeitungsmarkt – und damit ihr Arbeitsmarkt – hat sich unter dem Einfluss neuer Nachrichtentechniken gewandelt: von einem Verkäufermarkt hin zu einem Käufermarkt, auf dem der Rezipient das Sagen hat, oder anders ausgedrückt: auf dem nicht mehr der Verleger diktiert, was in „seiner" Zeitung steht und was nicht.

Der Leser ist heute der Souverän. Er hat, selbst im lokalen Sektor, die freie Auswahl an Informationsmedien und muss nicht mehr die lokale Tageszeitung abonnieren, um informiert zu sein. Die Lokalpresse hat ihre Quasimonopolstellung verloren; das Kapitel ist Teil der deutschen Pressegeschichte. Die Zeitung ist substituierbar geworden und konkurriert mit Internet & Co. um jeden einzelnen Leser.

Die lange Erfolgsgeschichte der Lokalpresse endet damit jedoch nicht. Doch müssen Verlage sich der Situation stellen und ihre Produkte neu positionieren: idealerweise mit einem unverwechselbaren Gesicht, einem unnachahmlichen Profil als Bausteine einer Marketingphilosophie, die „König Leser“ wieder zurück holt ins sinkende Boot und ihn zum neuen Steuermann macht.

Damit das Boot wieder Fahrt aufnimmt, müssen auch junge Fahrgäste an Bord geholt werden: die sogenannten Printverweigerer, die als **Digital Natives** nur schwer für Printprodukte zu gewinnen sind. Aufgewachsen in zeitungslosen Haushalten, kennen sie *ihre* Zeitung meist nur vom Hörensagen oder nehmen sie im Vorübergehen am Kiosk wahr, vergleichbar einem ausgestellten Retroobjekt im Alltagsmuseum, in dem sich ausgediente Röhrenfernseher finden, mechanische Schreibmaschinen und Festnetztelefonen mit Wählscheibe.

8.2.4 Gefahr der „Fastfoodisierung“

Ist wirtschaftliches Marketingdenken aber überhaupt 1:1 auf die Presse übertragbar? Es gab Journalisten, die das bezweifelten, die hinter dem neuen M-Wort eine Kommerzialisierung ihres Mediums befürchteten: eine „allzu eilfertige Anpassung an den Markt“ (Weber 1992, S. 148). Gewarnt wurde auch vor einer „McDonaldisierung“ der Medien und vor einer „Fastfoodisierung“ ihrer Produkte durch Anpassung an den Massengeschmack (Weischenberg 1995). Schnell verzehrbare, leichtverdauliche, aber letztlich arg abgespeckte und wenig gehaltvolle Light-Produkte würden dem hastig rezipierenden Medienkonsumenten als vollwertiges Informationsmenü zu Sonderpreisen offeriert, um Absätze zu steigern.

Solche Fastfoodrezepte fanden in der Folge unter den lokalen „Nachrichtenköchen“ tatsächlich nur wenig Anklang. Sie setzten weiterhin auf ihre gewohnte Hausmannskost. Sieht man die Lokalredaktion als „Großküche“, deren Aufgabe es ist, aus regionalen Zutaten das jeweilige Tagesmenü zu zaubern, so kann man es, kulinarisch ausgedrückt, so sagen:

- Ihre Zutaten bezieht sie, ohne Zugabe von irgendwelchen zweifelhaften Geschmacksverstärkern, aus dem jeweiligen Tagesgeschehen mit seinen Ingredienzien, die nur richtig zubereitet und gemixt werden müssen, damit sie den Lesergeschmack treffen.
- Dabei mussten die lokalen Nachrichtenköche feststellen: Der Kunde ist ernährungsbewusster und er ist wählerischer geworden und er weigert sich mehr und mehr, manchen Nachrichtenbrei zu „schlucken“ oder aufgewärmte Buchstabensuppen zu löffeln. Er hat seine Wünsche.

- Die Köche waren lange ratlos. Ihre Suppe schmeckte nicht mehr. Was tun? Neue Gerichte mussten her, doch man hielt lange an vertrauten Rezepturen fest, von denen man wusste, dass sie empfindlichen Lesern nicht auf den Magen schlagen.

Eine grundsätzliche Frage stellte und stellt sich auch weiterhin für Presseunternehmen: Ist eine absatzorientierte Vermarktung ihrer journalistischen Erzeugnisse überhaupt kompatibel mit dem besonderen Auftrag der Presse? Mit ihrer „öffentlichen Aufgabe", die sich an einem nicht kommerziell greifbaren Gemeinwohl zu orientieren hat? Die Redaktion muss hier einen Spagat versuchen: Um ihre „öffentliche Aufgabe" weiterhin erfüllen zu können, ist eine „Kommerzialisierung" ihrer Produkte erforderlich. Aber diese muss, wenn sie Erfolg haben soll, überaus sensibel erfolgen, so dass Leser nicht mit Boulevardelementen verschreckt werden, die sie in „ihrer" Zeitungen nicht kennen.

An Marketingstrategien kommt eine Firma heutzutage nicht mehr vorbei, wenn sie sich am Markt behaupten will: Selbst sogenannte Non-Profit-Unternehmen wie Kommunen, Verbände, Kirchen, Kultureinrichtungen, so auch die mit einer „öffentliche Aufgabe" befasste Lokalpresse, benötigen spezielle Konzepte, um in einer Welt der vielfältigen Anbieter ihre Organisationsziele zu erreichen: ein auf ihre Bedürfnisse zugeschnittenes „Marketing" zur Steigerung von Resonanz und Effizienz (Kotler 1978, S. 4).

8.3 Was wollen Lokalteilleser?

8.3.1 Das Ende der redaktionellen Alleingänge

Tageszeitungen bedürfen einer kontinuierlichen Nachfragestimulierung, sie gehören nicht zu den unverzichtbaren Konsumgütern wie Butter und Brot und verkaufen sich deshalb nicht von allein. Das weiß man nicht erst seit heute. Gleichwohl haben, rückblickend gesehen, Presseunternehmen nicht konsequent genug danach gehandelt, man kann sagen: „entgegen jeglicher marktwirtschaftlicher Logik", wenn sie und Zeitungen „im Alleingang" produzierten – und dabei „viel an das Produkt und wenig an den Konsumenten" dachten (Strobel 2011, S. 3).

Lange herrschte Ratlosigkeit darüber, wie man Nichtmehrleser dazu bewegen könnte, wieder zur Lokalzeitung zu greifen – wie früher. Bis man auf die Idee kam, einmal den Leser zu fragen. Der Journalist, der bis dahin praktisch Alleinentscheider in der Frage, was für den Leser interessant ist bzw. sein sollte, wurde teilweise „entmachtet". Ihm wurde irgendwann klar: Am Publikumsgeschmack vorbei lässt sich Zeitungsqualität nicht herstellen, denn „Qualität" ist kein absoluter Begriff; er ist abhängig von jeweiligen Erwartungen und subjektiven Bewertungen. Diese Erkenntnis war der Schlüssel, der „Türöffner", für den Einzug des redaktionellen Marketings in den Zeitungsredaktionen.

8.3.2 Das unbekannte Wesen

Kann ein Publikum überhaupt wollen? Theodor W. Adorno (1963) hat sich das einmal in den 1960er Jahren in Bezug auf die Fernsehunterhaltung gefragt, und er kam zur Erkenntnis: Das Publikum ist mit dem zufrieden, was ihm das Fernprogramm vorsetzt. Für Lokalzeitungen bringt diese Erkenntnis nichts. Denn ihre Leser „wollen", wie Befragungen zeigen. Doch um herauszufinden, w a s sie denn wollen, müssen Redaktionen auf den Leser zu gehen; dazu müssen sie ihre Leser kennen.

Der „neue" Lokaljournalismus ist mehr als die bloße Aneinanderreihung von Informationen. Er muss sich auch als Die r Medienbranche der Erfolg nicht dem Zufall überlassen werden. Dass ein erfahrener Journalist „weiß, was der Markt will", ist keine verlässliche Basis; er sollte sich nicht allein von vermeintlichen Erfahrungswerten leiten lassen, sondern den Käufer im Auge haben, hat sich der Zeitungsmarkt doch zu einem Käufermarkt entwickelt. König Leser entscheidet, was gut ist und was er will oder nicht will. Und dabei spielen seine ganz individuellen Erwartungen eine Rolle, denn kein Leser ist wie der andere – vergleichbar mit dem Ernährungssektor: Die einen lieben es süß, die anderen salzig, viele sind auf Steak und Schnitzel abonniert, anderen auf Tofuprodukte.

Süß oder sauer? Fleisch oder Tofu? Tatsächlich wissen Redaktionen meist viel zu wenig über ihr Publikum. Schon 1969 sprachen Glotz & Langenbucher von einem „missachteten Leser". Oft schließen Redakteure von sich selbst, ihrer privaten und dienstlichen Umwelt auf alle Leser, oft orientiert sich die Redaktion leichtfertig an dem, was ihr zufällig zugetragen wird.

Der Zeitungsleser war lange das „unbekannte Wesen" am anderen Ende einer „Einwegkommunikation" (Mathes 1995, S. 70). Leserforschung wurde nur selten betrieben, Interessen wurden eher vermutet als erkundet. Wonach bestimmte sich also, was warum in der Zeitung stand und was warum nicht? Die Entscheidungsträger ließen sich hier von persönlichen Empfindungen und Erfahrungen, ansonsten von ihrem Gutdünken leiten, unter Berücksichtigung des Prinzips des geringsten Widerstandes.

8.3.3 Ombudsräte als Leseranwälte

Aufschlüsse über Präferenzen der Leser bieten zum einen **persönliche Kontakte** des Lokaljournalisten. Diese Publikumsnähe ist jedoch selbst im Lokaljournalismus nicht immer gegeben, nicht einmal in kleineren oder mittleren Städten. Oft sind sich Journalist und Leser fremd, Kontakte sind der Fügung des Zufalls überlassen. Nur manchmal taucht tatsächlich ein lebendiges Exemplar der Spezies „Leser" aus der Außenwelt auf: Er ruft in der Redaktion an, schreibt einen Brief oder kommt sogar persönlich vorbei.

Der Beruf bringt es mit sich, dass Journalisten eher einen stärkeren Bezug zu lokalen **Eliten** als zum „normalen" Publikum entwickeln. Denn Eliten sind jene Hauptakteure auf der lokalen Bühne, mit denen sich Journalisten auseinanderzusetzen haben, und sie sind auch die vielzitiertesten Protagonisten in den Lokalteilen. Von den Eliten erhält der Journalist in der Regel seine Rückmeldungen, nicht vom Leser. Eine Folge ist, dass sich lokale Berichterstatter unmerklich am Kenntnisstand, an den Bedürfnissen und den Erwartungen dieser Elite orientiert und nicht an denen der schweigenden Allgemeinheit. Die Elite repräsentiert aber nicht den durchschnittlichen Leser. Interessenvertreter, Geltungssüchtige und Querulanten, die den Kontakt zur Presse suchen, verstellen oft der Redaktion den Blick auf das allgemeine, wirkliche Leserinteresse.

Der Abbau dieses Deltas zwischen Redaktion und Rezipient muss deshalb ein Ziel sein. Einige Zeitungen haben deshalb ab den späten 1990er Jahren die Institution des **Ombudsrates** ins Leben gerufen, in der Regel besetzt mit redaktionsexternen, in der Lesergemeinde angesehenen Vertrauensleuten wie Richtern, Lehrern, Professoren. Sie können von Lesern kontaktiert werden und vertreten als Leseranwälte die Interessen ihrer Klientel gegenüber der Redaktion bzw. Chefredaktion. Der Begriff Ombud stammt aus dem Altnordischen und steht für „Vollmacht“ bzw. „Auftrag“. Einen der ersten deutschen Ombudsräte installierte die *Braunschweiger Zeitung*.

Die Ombudsleute verfolgen das Ziel, den Lesern die journalistische Arbeit in den Redaktionen zu erklären und näher zu bringen, um Transparenz und Leserzufriedenheit zu steigern. In der Regel arbeiten Ombudsräte unabhängig von der Chefredaktion. Seit 2018 gibt es eine Bundesvereinigung, unterstützt vom Deutschen Presserat.

8.3.4 Methoden der Leserforschung

Um herauszufinden, was Leser von ihrer Tageszeitung erwarten, wurden verschiedene Methoden entwickelt.

- Auswertung der Leserresonanz. Die einfachste Methode, um etwas über die eigenen Leser zu erfahren, ist die Auswertung von Leserbriefen, E-Mails und anderen Reaktionen. Der Vorteil ist, dass man kostenlose Informationen über die Stammleserschaft erhält, aber eben nur von den Lesern, die sich sowieso schon sehr mit der Zeitung identifizieren und trotz gelegentlicher Unmutsäußerungen nicht abbestellen werden.
- Leserbefragung. Durch eine regelmäßige Lesergruppenbefragung kann man tiefere Einblicke in die Motive der Leser gewinnen. Ein Problem ist jedoch die nicht gegebene Repräsentativität der Befragten.
- Intensivinterview. Eine weitere Möglichkeit ist das Verteilen von Probeabos und die anschließende Befragung der Abonnenten.
- Copy-Test. Das Verfahren wurde bereits 1931 in den USA entwickelt, um herauszufinden, was in einer Zeitung wahrgenommen wird und was nicht; zunächst ging es um die Wirkung von Werbeanzeigen, später um redaktionelle Texte. Interviewer gehen mit Lesern eine Zeitung seitenweise durch und markieren die gelesenen Inhalte. Sie erhalten so Daten zur Nutzungsintensität von Rubriken, Beiträgen, Themen, Autoren, Artikelumfang und Schreibstil sowie zur Wirkung von Layouts und Fotos.

- Reader Scan. Ausgewählte Leser markieren hier mit einem elektronischen Stift jene Artikel, die sie gerade lesen und die Stellen, an denen sie die Lektüre beenden. Erkennbar wird so, in welchen Situationen, zu welchen Tageszeiten und wie lange Leser sich mit welchen Artikeln befassen.

Redaktionen, die den Einsatz solcher Instrumente nicht scheuen, sind hinterher oft kaum weniger überrascht als ein Weihnachtsmann nach der Lektüre seiner Wunschzettel. Denn auf den *Newsdesk* plumpsen nicht, wie genormte Bausteine, die Patentlösungen für einen „neuen“ Lokalteil. Heraus purzeln wie aus einer Wundertüte unterschiedlichste Leserwünsche und Erwartungen als Teile eines Puzzles, das der „Puzzle-Master“ in der Lokalredaktion so zusammenfügen muss, dass möglichst kein Teil übrig bleibt: zum Lokalteil der Zukunft.

8.4 Bestandsaufnahme und Analyse

Mehr Service, mehr Lesernähe, mehr Relevanz, mehr inhaltliche Vielfalt: Kategorien, die einmal die „neuen“ Eckpfeiler der Lokalberichterstattung sein sollten; wie Pflöcke wurden sie in den 1970er Jahren in den Boden gerammt, um Lokalzeitungen den Pfad in die Zukunft zu zeigen. Die „Zukunft“ ist heute Gegenwart, doch nach wie vor werden Lokalteilen Defizite attestiert, die sich mit den Vorstellungen eines „neuen“ Lokaljournalismus nicht in Einklang bringen lassen. Dass Lokalteile oft „am Leser vorbei“ gestaltet sind, ist noch immer oft zu hören; tatsächlich lebt der „missachtete Leser“ (Glotz & Langenbucher 1969) der späten 1960er Jahre bis heute in Lokalteilen fort – nicht nur in ländlichen und kleinstädtischen Zeitungsregionen, in denen es Zeitungstraditionen vermeintlich leichter fällt zu überleben als in modernen Großstädten. Neue Studien belegen: Die „alten“ Befunde aus den 1970er Jahren sind noch relevant. Der lokale Printjournalismus zeigt sich über die Jahrzehnte konstant. „Nicht der Bürger mit seinen konkreten alltäglichen Interessen und Sorgen findet sich in der Lokalzeitung wieder, sondern ein abstrakter Rezipient, der […] mit den Erfolgen, Forderungen und Meinungen der örtlichen Institutionen, Verbänden und Parteien konfrontiert wird“ (Durth 1975, S. 7).

Hinzu kommt, dass sich die Aufmerksamkeit vieler Verleger inzwischen nicht mehr so sehr auf ihre lokalen Printmedien, sondern mehr auf digitale Onlineauftritte richtet, für die andere Paradigmen gelten. Echtzeitjournalismus genießt hier Priorität; die „schnelle Info“ verspricht hohe Klickzahlen.

Eine weitere Ursache waren dramatische Einschnitte im Anzeigen- und Auflagensektor; sie waren für die Qualität der lokalen Berichterstattung kontraproduktiv, entzogen den Verlagen peu à peu die finanzielle Basis für die personelle Ausstattung der Lokalredaktionen. Die Zahl der festangestellten Redakteure ist heute noch stark rückläufig, freie Mitarbeiter (→ Kap. 5.3.), die für deutlich geringeres Entgelt Beiträge liefern, haben ihre Arbeit übernommen. Oder aber die Lokalteile wurden vom Umfang den neuen personellen Stärken angepasst, das heißt, „abgespeckt“.

Auch an den publizistischen Ausrichtungen hat sich meist wenig verändert. Zurückgegriffen wird teils immer noch auf bewährte Konzepte und journalistische „Rezepte“, die dem Leser vertraut sind und die den Geschmack der Leser jahrzehntelang zuverlässig getroffen haben, wie man glaubt. Auf appetitanregende „Geschmacksverstärker“ wird verzichtet, gesetzt wird in der lokalen „Nachrichtenküche“ auf die solide Hausmannskost. So kommt es, dass in Lokalredaktionen noch Tag für Tag die alten Defizite reproduziert werden, obwohl es an Vorschlägen und Neukonzeptionen nicht fehlt (Huber 1986; Matt 1980).

8.5 Die publizistische Mehrwerttheorie

Was wollen die Menschen in der Zeitung lesen, wenn sie sagen, sie interessieren sich für das Lokale? Anders als die klassischen thematischen Ressorts wie Politik, Wirtschaft, Kultur oder Sport ist das Lokale traditionell ein sogenanntes Querschnittsressort. Ein guter Lokalteil berichtet deshalb grundsätzlich über ein breites Themenspektrum, um Leser anzusprechen (Möhring 2017). Studien zeigen: Innerhalb des Lokalteils interessieren sich die Leser an erster Stelle für vermischte lokale Nachrichten, für 81 Prozent ist dieses Themengebiet (sehr) interessant, dicht gefolgt von lokaler Politik (80 Prozent) und Service (78 Prozent) sowie Bürgerinformationen (Chmielewski 2011, S. 122–124).

Eine repräsentative Befragung aus dem Jahr 2021 ergab, dass sich 77 Prozent der Menschen für die Ereignisse im eigenen Wohnort bzw. in der näheren Umgebung interessieren (Quelle: ZMG-Studie 2021). Von Bedeutung sind für sie auch Informationen über lokale/regionale Freizeit- und Einkaufsmöglichkeiten.

Interesse an lokalen Informationen (Ergebnisse einer repräsentativen Bevölkerungsumfrage)	%
Ereignisse im Wohnort	77
Ereignisse in der Gegend	70
Freizeitmöglichkeiten in der Umgebung	63
Informationen von Geschäften in der Nähe	62
Kulturangebote in der näheren Umgebung	53
Sportveranstaltungen in der Umgebung	35

Abb. 8.3: Die Ereignisse im eigenen Wohnort haben für viele Menschen ein hohes Interesse. | [52]

Hintergrund | Ruhr-Nachrichten-Studie (2011)

Laut einer Studie über 3.000 Leser und Nutzer der Dortmunder *Ruhr Nachrichten* sind unter den Lokalteillesern drei verschiedene Informationstypen auszumachen:

1. Lokale „Hard-news-Konsumenten“ mit den Hauptinteressensgebieten Lokalpolitik und Lokalwirtschaft;
2. allgemein lokal Interessierte, die sich für lokale Kultur-, Wirtschafts- und Politikthemen interessieren und
3. lokale „Soft-news-Konsumenten“ mit einer Vorliebe für vermischte Lokalthemen, Servicethemen und lokale Werbung (Chmielewski 2011).

Der Leser will sich auch selbst in der Zeitung wiederfinden, sich und seine unmittelbare Umwelt in die Lokalzeitung einordnen können; Soziologen bezeichnen das als soziale Orientierung. Dazu müssen aber auch die Themen im Vordergrund stehen, die Menschen beschäftigen, das heißt, relevant für ihn sind. Dies muss nicht immer nur Kommunalpolitik sein. Wenn sich Menschen unterhalten, geht es meist um andere Themen, um den Beruf, die Freizeit, den Urlaub, das Geld. Die Lokalzeitung muss diesen Inhalten der privaten Lokalkommunikation Rechnung tragen, ihren Lesern nicht länger ausschließlich eigene Themen oktroyieren, auch wenn diese Agenda-Setting-Funktion nie außer Acht gelassen werden darf.

„Over-newsed but under-informed“

Gestresste Leser sind *over-newsed but under-informed* (Aldous Huxley) in der schönen neuen Medienwelt, angesichts einer kaum noch zu verarbeitenden Nachrichtenfülle, die täglich auf sie einprasselt; nur noch die wenigsten Leser können sich in der schönen neuen Medienwelt sachgerecht orientieren. Journalisten haben deshalb die Aufgabe, Nachrichten zu analysieren, einzuordnen und damit konkret nutzbar zu machen. Für dieses Genre hat sich der Begriff Nutzwertjournalismus etabliert (Fasel 2004). Der Begriff „Nutzwert“ stammt aus der Volkswirtschaftslehre; dort bezeichnet er den Nutzen, den ein Käufer beim Erwerb eines Gutes oder einer Dienstleistung erlangt. Im Journalismus bezieht sich der „Nutzwert“ auf den Nutzen eines Textes (*news you can use*) für das Publikum (Christoph Fasel 2004).

Auch lokale Nachrichten müssen für den Leser nützlich sein; idealerweise signalisiert ein Beitrag auf den ersten Blick, dass er einen Nutzen bietet: dass eine Investition von Zeit und Geld in die Lektüre sich lohnt, weil der Leser im Gegenzug einen **Mehrwert** erhält. Dieser kann darin bestehen,

- dass er beim Lesen unterhalten wird,
- dass er hinterher mehr weiß als zuvor und sich an Gesprächsrunden gut informiert beteiligen kann, ohne sich zu blamieren,

- dass er auch sonst aus der Lektüre Nutzen zieht, unter Umständen sogar materiell, indem er Einkaufstipps oder Ratschläge zur Geldanlage zum eigenen Vorteil nutzt. Themen, welche die Leser direkt betreffen, sollten deshalb aufgewertet werden (Wohnen, Geld, Beziehungen, Gesundheit und Ernährung, Konsum).

Leserbefragungen zeigen, dass Lokalteilleser ein Primärbedürfnis nach **Sicherheit** haben. Als „sehr wichtig" eingestuft werden Informationen über erreichbare Ärzte, Notfallapotheken, Polizei, Feuerwehr, Müllabfuhr und Verkehrsbehinderungen, wichtig sind auch medizinische, psychologische und juristische Ratgeber (Saxer u. a. 1987, S. 112).

Publizistischer Mehrwert
Publizistischer Mehrwert bedeutet **mehr Nutzen**. Er kann bestehen • in einem speziellen Informationsgewinn durch Sportergebnisse, Servicetipps, Gewinnzahlen, Aktienkurse usw. • in einem allgemeinen Wissenszuwachs, der es ermöglichgt, an Diskussionen teilzunehmen, oder • in der Unterhaltung bei der Zeitungslektüre, beispielsweise durch amüsante Glossen oder spannende Reportagen.

Abb. 8.4: Diese Faktoren definieren idealerweise einen publizistischen Mehrwert bei der Zeitungslektüre. | [53]

8.6 Publizistische Qualitätsmaßstäbe

Damit sind bereits einige essenzielle Qualitätsansprüche genannt, die sich an Form und Inhalt der „neuen" Lokalzeitung knüpfen. Immer mehr Zeitungsverlage schreiben sich „Qualitätsjournalismus" auf ihre Fahnen; sie wollen sich damit kategorisch vom omnipräsenten Gratiscontent im Web abgrenzen. Doch was ist journalistische Qualität? Noch Anfang der 1990er Jahre gab es Stimmen, die resignierend anmerkten: Qualität im Journalismus definieren zu wollen, gleiche „dem Versuch, einen Pudding an die Wand zu nageln" (Ruß-Mohl 1992, S. 85).

Hat die Lokalredaktion ihre „Hausaufgaben" gemacht und die Leser angehört, kennt sie zumindest die Zutaten für ihren „Pudding". Nicht alles, was Leser anregen, kann hinein; zu speziell sind manche Wünsche. Gefragt ist der größte gemeinsame Nenner; nötig sind objektivierbare, allgemeingültige Parameter, nach denen sich die Qualität der Berichterstattung bestimmen und gegebenenfalls nachjustieren lässt.

Objektiv lässt sich die **Qualität**, die Wertigkeit der Berichterstattung zunächst anhand folgender Faktoren bemessen:

- sachliche Richtigkeit bzw. Faktentreue der Informationen (Wahrheitsgehalt, Zuverlässigkeit);
- sorgfältige Recherche (Nach- oder Gegenrecherche; Vor-Ort-Recherche);

- Verständlichkeit (einfache sprachliche Darstellung; inhaltliche Zugänglichkeit/ intellektuelle Nachvollziehbarkeit);
- leichte Rezipierbarkeit (übersichtliches Layout, Lesbarkeit des Textes, sauberes Druckbild, Visualisierung von Aussagen durch übersichtliche Graphiken und anschauliche Bilder);
- inhaltliche Vollständigkeit, Ausführlichkeit;
- Aktualität und Gegenwartsbezug (Neuigkeitswert);
- Transparenz der kausalen, historischen und finalen Zusammenhänge (Auswirkungen, Folgen, Aufzeigen von Betroffenheit) durch Hintergrundinformation;
- Nutzung vielfältiger Nachrichtenquellen;
- Erkennbarkeit des Verfassers (Nennung des Berichterstatters) zur Einschätzung von Glaubwürdigkeit und Seriosität;
- Trennung von Text- und Anzeigenteil (Ausschluss von Schleichwerbung);
- Ausgewogenheit: Unabhängigkeit und Unparteilichkeit der Darstellung, Distanzierung von lokalen Honoratioren, Parteien und lokalen „Eliten";
- Kritik und Kontrolle der politischen und gesellschaftlichen Machtelite durch Kommentierung und das Aufdecken von inakzeptablen Verhaltensweisen;
- Aufzeigen sozial schädlichen oder unerwünschten Verhaltens (soziale Kontrolle);
- Kontinuität (Berichte über den Fortgang von Ereignissen; das Aufzeigen von Entwicklungen);
- redaktionelle Eigeninitiative bei der Themensuche;
- anwaltschaftliches Engagement (Einsetzen für soziale Randgruppen);
- Vermittlung von Serviceinformationen (Veranstaltungshinweise; Tipps für Freizeitgestaltung, Gesundheit, soziale Sicherheit);
- Orientierung an den Interessen und Lebensbedingungen des Publikums;
- Gebrauchswert (Nutzen) der Informationen;
- Unterhaltungswert und Rezeptionsvergnügen (Klatsch, Spannung, Schadenfreude, Befriedigung von Neugierde);
- Vielfalt an Themen und Meinungen entsprechend den realen Verhältnissen.

Eine Häufung der genannten Merkmale spricht dafür, dass es sich um eine qualitativ hochwertige Berichterstattung handelt, wenngleich nicht jeder einzelne Beitrag alle aufgeführten Qualitätsmerkmale aufweisen muss.

8.7 Ansätze für das redaktionelle Marketing

Bezogen auf die genannten Qualitätsmaßstäbe lassen sich im Wesentlichen folgende inhaltlichen Defizite feststellen:

- Beiträge werden nicht sorgfältig genug recherchiert.
- Die Sprache des Lokaljournalismus ist durch Verwendung von Fachjargons („Behördendeutsch") mitunter schwer verständlich; es fehlt die nötige „Übersetzung" für den Leser.

- Die Beiträge sind oft wenig aktuell.
- Es fehlen Hintergrundinformationen zum Aufzeigen kausaler, finaler Zusammenhänge (Auswirkungen, Folgen, Aufzeigen von Betroffenheit).
- Beiträge basieren oft nur auf einer einzigen Informationsquelle.
- Die Quelle der Information wird oft nicht mitgeteilt; das gilt vor allem für Pressemitteilungen, die nicht als solche gekennzeichnet werden.
- Verfasser von Beiträgen sind nicht klar identifizierbar, wenn sogenannte Autorenkürzel verwendet werden.
- Es finden sich werbende Texte und Hinweise, die über das zulässige Maß hinausgehen.
- Die Darstellung des lokalen Geschehens orientiert sich über Gebühr an den Interessen lokaler Eliten.
- Das Aufzeigen sozial schädlichen Verhaltens (soziale Kontrolle) beschränkt sich auf polizei- bzw. gerichtsbekannte Fälle.
- Es wird zu punktuell, meist aus Anlass von Veranstaltungen berichtet.
- Nicht artikulationsfähige Gruppen (soziale Randgruppen) finden kaum Eingang in die Berichterstattung.
- Die Beiträge orientieren sich zu wenig an den speziellen Interessen, Bedürfnissen und alltäglichen Lebensbedingungen des Publikums.
- Die Informationen haben einen geringen Gebrauchswert (Nutzen), wenig Unterhaltungswert und bieten kaum Rezeptionsvergnügen.
- Themen und Meinungen spiegeln nicht die reale Vielfalt entsprechend den sozialen Verhältnissen im Verbreitungsgebiet wider.

8.8 Qualitätsoffensive: Welche Stellschrauben haben Medien?

8.8.1 Qualifizierung der Mitarbeiter

Qualifizierte Mitarbeiter sind eine wichtige Ressource für ein Unternehmen, deren Aus- und Weiterbildung Kern der Personalentwicklung. Bereits seit 1946, als in München die ersten „Vorbildungskurse für Journalisten", unterstützt von den bayerischen Zeitungsverlegern, stattfanden, gibt es bundesweit eine Palette von Weiterbildungsseminaren speziell für Lokaljournalisten. Verlage nutzen solche Angebote, indem sie Mitarbeiter motivieren, daran teilzunehmen. Bei der Journalistenausbildung gehen Verlage hingegen, wenn sie es können, meist eigene Wege, betreiben eine hauseigene „Goldfischzucht", um qualifizierten Nachwuchs zu generieren.

Klar erkennbare Defizite hingegen zeigen sich in Bezug auf die Qualifikation bei den (nebenberuflichen) freien Mitarbeitern, die auch als Hobbyjournalisten bezeichnet werden. Freie Mitarbeiter (→ Kap. 5.3.) sind meist wenig oder gar nicht journalistisch ausgebildet und „wurschteln" sich nach dem Prinzip *learning by doing* durch ihren journalistischen Alltag, werden dabei teils auch durch die Redaktion journalistisch angeleitet (Kuntschik 1978, S. 136).

Freie Mitarbeiter ahmen journalistische Standards, so gut sie es vermögen, oft nur nach, orientieren sich dabei an ihren Profikollegen, die in den Redaktionen sitzen. Es ist an der Redaktion, dies zu ändern, bieten die freien Kollegen doch ein motiviertes, „formbares" Potenzial, dessen Optimierung direkt zur Qualitätssteigerung der Berichterstattung beitragen kann. Allein durch regelmäßiges Aufzeigen positiver Beispiele kann die journalistische Qualität der Beiträge verbessert werden.

8.8.2 Motivation

Der Journalismus ist typischerweise geprägt durch eine sogenannte intrinsische, das heißt, aus der Tätigkeit selbst herrührende Motivation der Mitarbeiter (Ruß-Mohl 1992, S. 157), die diesen Beruf – mehr als in vielen anderen Branchen üblich – ergreifen, weil sie sich dazu berufen fühlen. Folge: Medienbetriebe widmeten ihren journalistischen Mitarbeitern, dem Betriebsklima, in dem sie arbeiten, relativ wenig Aufmerksamkeit. Es funktionierte auch so. Jobs in Redaktionen waren immer begehrt, sie verhießen Möglichkeiten der Selbstverwirklichung. Personeller Ersatz war leicht zu beschaffen (Ruß-Mohl 1992).

Studien zeigen: Die Arbeitsleistung von Journalisten leidet durch

- ein schlechtes Betriebsklima,
- einen schlechten Führungsstil der vorgesetzten Entscheidungsträger,
- geringe (positive) Rückmeldungen über die erbrachte Leistung (Lob, konstruktive Kritik),
- wenig eigene Entscheidungskompetenzen (starke Vorgaben und Eingriffe „von oben"),
- geringe Möglichkeiten zur Verwirklichung eigener journalistischer Ideen,
- geringe Identifizierung mit dem Produkt und
- geringe Aufstiegsmöglichkeiten, geringe Bezahlung, Frustration.

Dementsprechend lässt sich die Mitarbeitermotivation optimieren durch

- eine Stärkung der Identifikation mit dem Produkt (durch Übertragung von mehr Verantwortung, Einräumen von besseren Mitsprachemöglichkeiten bei Redaktionskonferenzen),
- den Abbau von Arbeitsunzufriedenheit im jeweiligen Job durch intervallmäßige Aufgabenumverteilungen und Arbeitswechsel (Jobrotation),
- eine Verbesserung der Aufstiegsmöglichkeiten und
- den Aufbau eines positiven Sanktionssystems (Lob und Anerkennung bei guten Leistungen).

8.9 Welche Erwartungen haben Leser?

8.9.1 Relevanzcheck

Der Leser ist König. Seine Erwartungen an die Zeitung sind nützliche Koordinaten auf einem unübersichtlichen Lesermarkt; für sich allein sind sie jedoch noch keine validen Zielvorgaben für eine Redaktion.

> Denn einzelne Lesererwartungen allein sagen, wie häufig sie auch geäußert werden, noch wenig aus. Denn sie sind nicht repräsentativ genug und müssen daher ob ihrer Relevanz redaktionell „gecheckt" werden. Um relevant zu sein, müssen die genannten Erwartungen
>
> - zum einen für die Interessen mindestens einer breiteren Leserschaft stehen und
> - kompatibel sein mit journalistischen Standards wie Wahrhaftigkeit, Glaubwürdigkeit und Unabhängigkeit.

Die Redaktion muss Lesererwartungen insofern sehr genau filtern und alles aussondern, was lediglich singulären Charakter hat, das heißt, wirtschaftlichen, politischen oder sonstigen Interessen Einzelner dient. Dazu muss sie im Prinzip jeweils folgenden Fragenkatalog abarbeiten:

- Ist die Person Leser oder Nicht-Leser der Zeitung, besitzt sie ein Abo?
- Sind die genannten Erwartungen nachvollziehbar? Haben sie eine journalistische Relevanz bzw. einen Nachrichtenwert?
- Welches Themenpotenzial könnte sich für die Redaktion erschließen?
- Was leitet den Leser? Warum formuliert er seine Erwartungen? Zieht er daraus einen Nutzen? Ergeben sich für ihn Vorteile wirtschaftlicher, politischer oder sonstiger Art?
- Könnte es sonstige Einwände und Bedenken geben?

8.9.2 Sonder- und Partikularinteressen

Bei den Erwartungen, die an eine Redaktion herangetragen werden, handelt es sich teils auch um spezielle Sonder- bzw. Partikularinteressen, die aus (größeren) Gruppen heraus (*pressure groups*) nachdrücklich artikuliert werden und deshalb auf den ersten Blick relevant erscheinen mögen. Sie sind grundsätzlich nicht repräsentativ, aber soziologisch gesehen, legitimiert.

Meinung | Muss-, Soll- und Kann-Erwartungen

Nach der Rollentheorie des Soziologen Ralf Dahrendorf (1965) nimmt die Presse, indem sie informiert, kritisiert und Öffentlichkeit herstellt, eine öffentliche Aufgabe wahr und damit innerhalb der Gesellschaft eine soziale Rolle ein, an die sich berechtigterweise Verhaltenserwartungen anderer Rollenträger knüpfen. Nach Dahrendorf handelt es sich um Muss-, Soll- und Kann-Erwartungen, die „mit einer gewissen Verbindlichkeit des Anspruches" artikuliert werden, notfalls auch gegen die Interessen der Mehrheit, und denen sich ein einzelner Rollenträger – wie die Presse – „nicht ohne Schaden entziehen kann" (Dahrendorf 1965, S. 27). Die Presse hat dabei jedoch stets geltenden Normen zu beachten.

8.9.3 „Normale" Leserwünsche

Vermutlich jeder einzelne Lokalteilleser hat Interessen und Wünsche an die Redaktion. Welche das sind, verrät er von sich aus normalerweise aber nicht. Konkret ist über ihn zudem meist wenig bekannt (Arnold 2017, S. 100). Anders als in den USA, wo Zeitungen traditionell Marktforschungen anstellen, sieht der Etat deutscher Lokalzeitungen Ausgaben für Leserforschung meist nicht vor – zumal Redaktionen überzeugt sind, ihre Abonnenten zu kennen: jene zumeist älteren Restleser, die seit Jahren, teils seit Jahrzehnten „ihrer" Zeitung die Treue halten, als hätten sie irgendwann ihr Ja-Wort gegeben. In den Köpfen der Lokalredakteure existiert ein stereotypes Bild vom unbekannten Leser, der, so weiß man, mehr als 50 Jahre alt, oft auch über 70, durchschnittlich gebildet und politisch konservativ eingestellt ist.

Über Tageszeitungsleser weiß man hingegen mehr.

8.10 Qualitätsansprüche der Leser

8.10.1 Leichte Rezipierbarkeit

Leser bemessen die Qualität eines Artikels stark danach, ob er „gut geschrieben" ist (Arnold 2017, S. 277). Geschätzt wird neben Vollständigkeit, Kürze und logischem Aufbau vor allem sprachliche Verständlichkeit und leichte Rezipierbarkeit, da der Zeitaufwand für die Zeitungslektüre rückläufig ist. Die Redaktion muss deshalb bestrebt sein, leicht rezipierbare Formen der Berichterstattung anzubieten, unterstützt durch

- ein übersichtliches Layout,
- Inhaltsverzeichnisse am Kopf von Zeitungssegmenten,
- Leseanreize und Blickfänge wie Schlagzeilen und Fotos,
- qualitativ hochwertige graphische Illustrierungen.

8.10.2 Sachliche Richtigkeit (Faktentreue)

Das Publikum darf erwarten, dass Informationen „seiner" Zeitung verlässlich sind, dass sie stimmen oder zumindest einen sehr hohen Wahrheitsgehalt (→ Kap. 6.4.3.) aufweisen. Journalistische Stellschrauben zur Nachjustierung der Berichterstattung sind

- sorgfältige Recherche (Nach- oder Gegenrecherche; Vor-Ort-Recherche),
- die Nutzung möglichst zahlreicher und vielfältiger Informationsquellen,
- die Transparenz der Quellen für den Leser, damit dieser die Zuverlässigkeit der Information einschätzen kann,
- die konsequente Kennzeichnung von abgedruckten Pressemitteilungen der Behörden, Parteien, Verbände und Vereine als erkennbares Zeichen der journalistischen Qualität.

Was wollen Leser? (Ergebnisse einer repräsentativen Bevölkerungsumfrage)	**%**
verlässliche Berichterstattung	93
Qualität der journalistischen Inhalte	64
Hintergründe und Zusammenhänge	62
Quellen und Autorentransparenz	59

Abb. 8.5: Leser bevorzugen eine verlässliche und qualitativ hochwertige Berichterstattung. | [54]

8.10.3 Aktualität

Nachrichten sollten so aktuell wie möglich, jedoch ausreichend nachrecherchiert sein.

> Für Printmedien gilt idealerweise die Formel **ET + 1** (= Ereignistag plus eins), akzeptabel ist allenfalls noch ET + 2. Im Onlinejournalismus gelten andere Zeitvorgaben; hier ist **größtmögliche Aktualität** gefragt. Heraus gebildet hat sich in der Folge eine neue Art des Journalismus: der sogenannte **Echtzeitjournalismus**.

Dann muss es aber Gründe geben, warum die Nachricht erst einen Tag später im Blatt erscheint. Ein Grund kann bei Printmedien die sogenannte redaktionelle Deadline sein, sie bemisst sich nach dem Andruckzeitpunkt des Blattes. Durch tragbare Computer (Laptops) können Journalisten aktueller vom Ort des Geschehens berichten.

8.10.4 Unabhängigkeit und Unparteilichkeit

Das Vertrauen des Publikums in die Unabhängigkeit und Unparteilichkeit „ihrer" Zeitung gebietet es, dass Redaktionen „souverän" agieren und sich nicht von äußeren

Einflüssen bzw. Beeinflussungsversuchen fremdsteuern lassen. Das würde das Publikum als „Verrat am Leser" empfinden; Schaden nehmen würde die Glaubwürdigkeit der Berichterstattung. Geht sie verloren, wird die Zeitung für den Leser wertlos. „Glaubwürdigkeit heißt: Der Leser sollte sich darauf verlassen können, dass redaktioneller Text unbeeinflusst durch Dritte erstellt worden ist. Er muss davon ausgehen können, dass die Redaktion (→ Kap. 5.) ihre Themen nach ihren eigenen Relevanzkriterien auswählt und bearbeitet" (Branahl 1994, S. 151).

Um solche Einflüsse abwehren zu können, muss die Arbeit der Redaktion innerhalb eines Presseunternehmens einen **autonomen Status** haben, insbesondere bei den „Kaufleuten an der Verlagsspitze", die darauf verzichten sollten, „sich in die redaktionelle Arbeit einzumischen" (Branahl 1994, S. 151). Redaktionen haben jedoch ein immanentes Imageproblem, da sie direkt keine Einnahmen generieren, sondern nur Kosten verursachen, die sich zunächst einmal nicht spürbar amortisieren, sondern allenfalls mittel- bis langfristig auszahlen. Das setzt sie bei ihrer Arbeit unter Druck.

Kontakte zu lokalen Eliten

Um unabhängig und glaubwürdig zu erscheinen, ist für die Redaktion und den Lokaljournalisten eine **innere Distanzierung** von den lokalen Honoratioren einer Gemeinde nötig: den Repräsentanten der administrativen, politischen und gesellschaftlichen Machtelite, über die er zu berichten hat und die ihm fast täglich begegnen. Verboten sind selbst nähere Kontakte nicht; es obliegt dem einzelnen Lokaljournalisten, wie er damit so sensibel umgeht, dass seine journalistische Glaubwürdigkeit nicht beschäftigt wird.

Einheimische vs. Pendler

Im Zusammenhang mit ihrer sozialen Nähe stellt sich eine weitere Grundsatzfrage: Sollten Lokaljournalisten in der Gemeinde wohnen und leben, in der sie arbeiten – oder besser nicht? Tatsächlich wohnen längst nicht alle Kollegen in „ihrer" Gemeinde – und das müssen sie auch nicht. Der Arbeitgeber kann dies nicht bestimmen. Lokaljournalisten haben freie Wohnortwahl. Eine Studie beim *Münchener Merkur* offenbarte, dass in den rund 20 Lokalausgaben knapp 70 Prozent „Einheimische" arbeiteten, rund 30 Prozent der Lokalredakteure pendelten zur Arbeit (Nazarewska 2014, S. 215). Vorteil der Pendler: Sie haben zunächst einmal eine größere Distanz zu den lokalen Akteuren und damit eine größere subjektive Unabhängigkeit, die sich jedoch mit zunehmender Berufsdauer verringern kann. Auch auswärtige Journalisten können sich auf Dauer einer Sozialisierung nicht entziehen.

Vereins- und Parteimitgliedschaften

Journalisten (→ Kap. 6) sollen unvoreingenommen, unabhängig und ungebunden sein. Ist es dann mit ihrem Berufsethos vereinbar, wenn Lokaljournalisten Mitglied einer örtlichen Partei sind? Eine normative Regelung gibt es hier nicht. Jeder Journalist hat, wie ein Normalbürger, ein Grundrecht auf freie Entfaltung seiner Persönlichkeit; das schließt die Mitgliedschaft in einer Partei mit ein. Statistische Zahlen gibt es nicht. Doch bekannt ist aus einer repräsentativen Befragung von rund 1.500 deutschen Journalisten, dass diese sich selbst politisch „links der Mitte" verorten (Weischenberg u. a. 2006, S. 353). Der politischen Freizügigkeit gegenüber steht für Journalisten der sogenannte Tendenzschutz ihres Presseunternehmens. Er gibt Verlegern das Recht, die politische Grundhaltung ihres „Meinungsbetriebes" vorzugeben; Journalisten haben das als Preis für ihre Festanstellung zu akzeptieren.

> Anders als Mitarbeiter anderer Abteilungen haben sie als „Meinungsträger" Auskunft über Parteizugehörigkeiten zu geben (§ 118 Betriebsverfassungsgesetz). Die Personalpolitik einer Zeitung entscheidet insofern über die politische Zusammensetzung einer Lokalredaktion.

Ähnlich pikant ist das Thema Vereinsmitgliedschaften, bei dem es ebenfalls um die G-Frage geht. Mehr als 40 Prozent der Deutschen sind Mitglied in Vereinen. Eine Studie beim *Münchener Merkur* belegt das: Von befragten 56 Lokaljournalisten waren knapp 60 Prozent Mitglied in einem örtlichen Verein (Nazarewska 2014, S. 189).

> Darf ein Journalist über „seinen" Verein berichten? Er darf, doch auch hier gibt es für ihn eine Glaubwürdigkeitsfalle: Fällt sein Bericht nicht nach dem Geschmack des Vorsitzenden aus, könnte das als vereins- bzw. parteischädigendes Verhalten ausgelegt werden. Lokaljournalisten sollten deshalb keinesfalls Ämter im Vorstand innehaben, zum Beispiel als Schriftwart. Der Leser wäre, sofern er davon erfährt, vorsichtig ausgedrückt irritiert.

8.10.5 Hintergrundinformation (Transparenz)

Der tagesaktuelle Informationsschwall, der selbst in Lokalzeitungen über ein Publikum hereinbricht, kann leicht zur Desinformation werden, wenn die Bedeutung einzelner Informationen nicht herausgearbeitet wird. Nötig für das Verständnis und die Erkennbarkeit von Relevanz ist ein Aufzeigen von kausalen, historischen, finalen Zusammenhänge (Auswirkungen, Folgen). Man nennt das Hintergrundinformation.

Solche Informationen bezieht der Journalist am besten, indem er Kontakt zu Experten aufnimmt. Sie haben den nötigen Überblick. Gefüttert mit ihren Informationen, ist es dann Sache des Journalisten, den Lesern unverständliche, schwer einschätzbare „Nachrichtenfetzen" so zu „übersetzen", dass sie es verstehen.

8.10.6 Meinungs- und Themenvielfalt

Die Information der Leser setzt ein breites Themen- und Meinungsspektrum voraus, idealerweise 1:1 den Verhältnissen im Verbreitungsgebiet entsprechend. Die Informationen und Meinungen gelangen aber nicht von allein in die Redaktionen; sie müssen beschafft werden. Die Methode nennt sich Recherche. Ein „Königsweg" ist die investigative Akquisition durch den Lokaljournalisten, der als umtriebiger Faktensammler und Nachrichtenjäger in „seiner" Gemeinde unterwegs ist und dabei Augen und Ohren geöffnet hat. Er erfährt so, was sonst womöglich nie publik würde. Als Faustregel gilt: Die Zahl der Kontakte steht in einem direkten Verhältnis zum Nachrichteninput.

8.10.7 Urhebertransparenz

Um die Qualität einer Information einordnen zu können, sollte a) unbedingt die Herkunft bekannt sein sowie b) Name und Person des Autors. Schon Karl Bücher (1926) forderte, die Quellen von Nachrichten transparent zu machen, „damit für den Leser nichts unbegreifbar ineinander verschwimmt". Die Nennung des Autors war in der Frühphase der Lokalpresse ein Kardinalproblem. Nicht ohne Grund outeten sich Journalisten (→ Kap. 6) nicht als Urheber, versteckten sich hinter kryptischen Buchstabenkombinationen. Anonymität war gang und gäbe. Wenn damalige Zeitungsschreiber Kritik übten, sich über Personen äußerten, bewegten sie sich stets am Rande der Strafbarkeit: Denn sie taten dies ohne wie Normalbürger, ohne besondere Befugnisse oder ein „berechtigtes Interesse, die sie in irgendeiner Weise legitimierten. Ein Pressegesetz gab es nicht, Journalisten erfüllten noch keine „öffentliche Aufgabe", die ihre Tätigkeit schützte. Das kam erst viel später.

Meinung | Die Namenlosigkeit der Zeitungsaufsätze

Abb. 8.6: Heinrich Wuttke (1818–1871). | [55]

Schon Heinrich Wuttke (1875, S. 61) beklagte die „Namenlosigkeit der Zeitungsaufsätze", in die sich Zeitungen infolge der „großen staatlichen Missstände" (Pressezensur) geflüchtet hätten: Sie „thut dem Verderben unseres Zeitungswesens wesentlichen Vorschub. Sie sollte so sehr als thunlich eingeschränkt werden. Werthvolles und Werthloses muss der Leser durcheinander verschlucken. Wie viel schöne Zeit verdirbt er sich über all dem Schund, den er nicht ansehen würde, wüsste er, wer sein Verfasser ist." Es sei ihm unter den gegebenen Umständen unmöglich, „den wahrhaftigen und getreuen Mann vom Verdreher und Lügenschmid zu unterscheiden" (S. 9/10).

Die Zeit der Autorenkürzel ist vorbei. In den E-Papers lebt die Tradition ein Stück weiter: Während sich Printmedien heute als „Autorenzeitung" präsentieren, bleibt der Autor eines Onlinebeitrages oft eher unauffällig. Gründe hierfür mag es geben, der Leser kann sie aber nur erahnen. Die anonyme Kommentarfunktion öffnet Onlinelesern Tür und Tor, sich unbehelligt als boshafte „Onlinetrolle" über die Person des Autors auszulassen.

8.10.8 Faktischer Gebrauchswert (Mehrwertprinzip)

Befragungen haben gezeigt, dass Rezipienten Medienprodukte nach dem individuellen **Nutzen** (→ Kap. 8.5) beurteilen, den die Rezeption für sie mit sich bringt oder zu bringen verspricht. Nur dann sind sie auch bereit, einen angemessenen Preis zu zahlen; sie müssen sich aber sicher sein können, die Qualität auch tatsächlich zu erhalten (Arnold 2017, S. 98). Das heißt für Redaktionen, dass sie a) Qualität produzieren und b) diese offensiv, für den Leser erkennbar präsentieren müssen. Ziel sollte sein, das Produkt so zu gestalten, dass es bereits rein optisch einen Nutzen verspricht – und auch bietet. Der Leser sollte nicht mit reißerischen „Mogelpackungen" getäuscht werden. Aus Newspapers sollten *Usepapers* werden (Ruß-Mohl 1992, S. 153).

Publizistischer Mehrwert (→ Kap. 8.5) bedeutet mehr Nutzen. Er kann bestehen

- in einem speziellen Informationsgewinn (Sportergebnisse, Servicetipps, Gewinnzahlen, Aktienkurse),
- in einem allgemeinen Wissenszuwachs, der einem ermöglicht, an Diskussionen teilzunehmen, oder
- einfach nur in der Unterhaltung bei der Zeitungslektüre.

8.10.9 Unterhaltung

Der Zeitungskäufer will auch unterhalten werden. Zeitunglesen soll für ihn keine „Arbeit" sein, er möchte sich nicht durch die Seiten quälen müssen, auf der Suche nach relevanten Informationen. Das Studium „seiner" Zeitung soll auch Spaß machen. Idealerweise sollten Informationen deshalb, wenn möglich, auch unterhaltend verpackt sein, beispielsweise in lebendig geschriebenen Reportagen, denn „Journalismus büßt nicht notwendig an Qualität und Seriosität ein, wenn er zugleich unterhaltsam ist." (Ruß-Mohl 1995, S. 109).

Im Gegenteil: Die Unterhaltsamkeit eines Textes ist sogar ein journalistisches Qualitätsmerkmal; es bezeichnet die Eigenschaft eines Beitrags, durch unterhaltende und spannungserzeugende Elemente zur Rezeption anzuregen (originelle Überschriften, bildhafte Einstiege, amüsante Vergleiche) und damit zugleich auch die Verständlichkeit zu verbessern. Unterhaltende Elemente dienen damit letztlich der Herstellung von Öffentlichkeit (Pöttker 2010, S. 17). Denn unterhaltende Texte führen den Rezipienten erst zu den Inhalten hin.

Hintergrund | Unterhaltung vs. Seriosität

Unterhaltsamkeit war schon zu früh üblich im (Zeitungs-)Journalismus. Bereits die *Neuen Zeitungen* des 16. Jahrhunderts bedienten sich Illustrationen zur Veranschaulichung von Ereignissen und weckten damit Leseanreize. Doch taten sich die Autoren schwer damit, auch kompliziertere Inhalte unterhaltsam zu verpacken. Das schien der Glaubwürdigkeit nur abträglich. Autoren wollten sich nicht öffentlich in ihren Blättern zu Hofnarren der Obrigkeit machen. Lange wurde deshalb im Journalismus dichotomisch zwischen sachlicher Information und Unterhaltung unterschieden. Letztere galt vermutlich als kontraproduktiv, weil sie von Inhalten ablenkte und einer Flucht vor der Wirklichkeit diente (Eskapismus).

Meinung | „Aut prodesse volunt aut delectare poetae"

Doch tatsächlich hatte man bereits in der Antike den besonderen Wert des unterhaltenden Aspekts bei der Rezeption von Mitteilungsinhalten erkannt: der Koppelung von kognitiven mit emotionalen Elementen, die das Gedächtnis unterstützen. Bücher sollten unterhaltend, und/oder belehrend sein *(Aut prodesse volunt aut delectare poetae),* hieß es bei Horaz (Ars Poetica, *Vers 333).* Literatur solle zugleich nützen und erfreuen. Die alten griechischen Fabeln zeigten, was damit gemeint war.

Curiositas und Zeitungssucht

Die deutsche Tagespresse des 17. Jahrhunderts „lebte" von der Unterhaltung, die Leser gierten nach immer neuen Geschichten, die Abwechslung boten in einem harten, eintönigen Alltag. Selbst eher kritische Zeitungstheoretiker wie Tobias Peucer (1690) erkannten früh den Unterhaltungswert der Zeitungen: das Erregen von Affekten durch sensationelle Darstellungen (S. 13). Eine rein sachliche Nachrichtenüberlieferung könne „niemals Sinn und Zweck" der Zeitungsberichterstattung sein, treibende Kraft sei menschliche *curiositas* (Neugier, S. 12). Eine regelrechte „Zeitungssucht" wurde unter den Lesern ausgemacht; sie wurde von der staatlichen Obrigkeit nicht unkritisch beäugt (Johann Ludwig Hartmann: Unzeitige Neue-Zeitungs-Sucht. Rothenburg 1679; Ahasver Fritsch: Gebrauch und Missbrauch der Zeitungen. Jena 1676).

Mehr Vergnügen als Gesang und Tanz

Kaspar von Stieler (1695) „übersetzte" Peucers lateinische Ausführungen und schilderte bereits früh eine *Eskapismusfunktion* der Zeitungslektüre, durch welche „die lange Zeit vertrieben / oder doch verkürzet wird". Zeitunglesen sei eine „Belustigung" und bereite mehr Vergnügen „als Saitenspiel, Gesang, Tänze und allerlei Kurzweil" (S. 111).

Gemüthsergötzung

Ein halbes Jahrhundert später, 1755, vertrat der Göttinger Philologe Johann Matthias Gesner in seinem Buch „Wohlmeinender Unterricht, für alle diejenigen, welche Zeitungen lesen" eine andere Meinung. Er hebt gerade auch die Unterhaltungsfunktion der Zeitungslektüre hervor: Der „geringste Nutzen, den eine Zeitung allen Menschen überhaupt geben kann" bestehe darin, „dass sie zu einer Gemüthsergötzung dienet", und dennoch sei „dieser Nutzen schon so groß, daß er allein hinreichend seyn könnte, eine Zeitung beliebt zu machen" (Johann Matthias Gessner: Wohlmeinender Unterricht, für alle diejenigen, welche Zeitungen lesen. Leipzig 1755, S. 85).

Abb. 8.7: Johann Matthias Gesner (1691–1761). | [56]

8.11 Storytelling – Narrative Darstellungsweisen

Unterhaltungswert und Rezeptionsvergnügen lassen sich durch lange Zeit verpönte subjektivistische Stimulationen steigern, die dem herkömmlichen Lokaljournalismus fremd waren. Sie fördern Spannung, Schadenfreude, Neugierde. Das Format des *Storytelling* ist ein Beispiel.

Hintergrund | Die „neuen" US-Journalisten

In den USA verabschiedeten sich die *New Journalists* bereits in den 1960er Jahren von der nüchternen Berichtsform und verschrieben sich dem mehr subjektivistischen, literarischen Stil: dem *Storytelling*, auch **narrativer Journalismus** (erzählender Journalismus) genannt. Das Marketing hatte die Methode für sich entdeckt und perfektioniert: Storys sollen helfen, den Verkauf von Produkten mit Hilfe von Emotionen zu fördern. Sie sollen Neugier erzeugen, die Fantasie anregen, Kunden in die Erzählung hineinziehen. Man weiß: Bei der Kaufentscheidung zählen nicht nur Qualität oder Preis, sondern vor allem die Geschichte, die mit dem Produkt verbunden wird.

Im Journalismus ist narrativer Journalismus längst eine Alternative, um Interesse zu steigern. Der Autor vermittelt Informationen, indem er, kurz gesagt, eine Geschichte erzählt und darin seine Fakten einbettet. Er bindet mit der Story den Leser, zieht seine Aufmerksamkeit auf sich, lässt ihn teilhaben. Als Basisformate nutzt er dabei subjektive Formen wie Feature, Essay, Porträt und ihre Mischformen. „Selbst Nachrichten und Berichte können Storyelemente enthalten und werden dadurch verständlicher und anschaulicher" (Lampert u. a. 2011). Es geht darum, bildhafte oder emotionale Momente in einem Thema aufzuspüren, spannende Zugänge zu entdecken und zu nutzen, um ein Thema interessant zu machen. So werden Leser „verführt", sich auch mit Hintergründen und Zusammenhängen zu befassen.

8.12 Der „neue" Qualitätsjournalismus

Die in sozialen Netzwerken befeuerten Fake-news-Debatten rund um die Bezahlpresse hat das Bewusstsein für die Qualität von Nachrichten geschärft. Folge: Menschen achten mehr auf die Vertrauenswürdigkeit von Nachrichtenquelle. Die deutschen Tageszeitungen haben reagiert – und die „Qualitätszeitung" erfunden.

8.12.1 Entstehung

Qualitätsjournalismus ist ein Schlagwort aus dem Zeitungsmarketing; gemeint ist hochwertiger professioneller Journalismus, der sich durch saubere, gründliche Recherche, Transparenz und Relevanz auszeichnet. Die Idee dahinter: Er soll die diskreditierte „Lügenpresse" rehabilitieren, eine neue professionelle Berichterstattung dagegen setzen, sich vom inflationär in Blogs und Social-Media-Kanälen verbreiteten Laienjournalismus abgrenzen. **Qualitätsjournalismus** verfolgt das Ziel, Glaubwürdigkeit aufzubauen und Vertrauen beim Leser zu schaffen.

Als Kriterien für den sogenannten Qualitätsjournalismus gelten

- Wahrhaftigkeit und Richtigkeit der Inhalte,
- Sorgfalt bei Recherche und Dokumentation,
- Sachlichkeit bei der Berichterstattung,
- Unparteilichkeit im Konfliktfall,
- Ausgewogenheit, Unabhängigkeit und Unbestechlichkeit,
- Verständlichkeit,
- vielfältige Informationsgehalte,
- strikte Trennung zwischen Berichterstattung und Werbung,
- Originalität,
- Aktualität,
- Spannung, Sinnlichkeit, Anschaulichkeit,
- Nutzwert und
- Transparenz (Offenlegung von Quellen, Eingeständnis von Fehlern).

Qualitätsjournalismus ist keine „Neuerfindung", er setzt im Prinzip nur auf alte Qualitätsstandards auf und streicht explizit Standards wie Pflicht zur Wahrheit, Sachlichkeit und Sorgfältigkeit heraus – verpackt in einen Werbeslogan, der darauf abzielt, bezahlten Journalismus besser verkaufen zu können. Printmedien erhalten so einen Qualitätsstempel: Er soll Lesern garantieren, dass seine Inhalte jederzeit qualitativ hochwertig und ihr Geld wert sind.

Was ist Qualitätsjournalismus

Kriterium	Indikatoren
Richtigkeit	• Faktentreue, Wahrheitsgehalt • Zuverlässigkeit, Fehlerkorrektur
Aktualität	• Neuigkeitswert • Gegenwartsbezug
Vollständigkeit	• Lesernähe, Nutzbarkeit • Betroffenheit, Auswirkungen
Verständlichkeit	• einfache sprachliche Darstellung • Befragen aller Beteiligten
Glaubwürdigkeit	• Transparenz, Autorenangabe • Quellenangabe
Relevanz	• Lesernähe, Nutzbarkeit • Betroffenheit & Auswirkungen
Ausgewogenheit	• Neutralität • Themenvielfalt
Unabhängigkeit	• Distanz zu Parteien, Honoratioren & Anzeigenkunden
Rezipierbarkeit	• Textgliederung, Layout • Info-Boxen, Bilder & Grafiken
Originalität	• Exklusivität von Themen & Quellen • Eigenrecherche
Unterhaltung	• Spannung, Lesevergnügen • Eskapismus

Abb. 8.8: Diese journalistischen Kriterien sind Indikatoren für eine qualitativ hochwertige Berichterstattung. | [57]

8.12.2 Einflussfaktoren

Um Qualitätsjournalismus zu generieren, müssen nicht nur die Zutaten vorhanden sein, es müssen auch die Produktionsbedingungen stimmen. Schulzki-Haddouti u. a. (2009) haben untersucht, was die „Entfaltung eines Qualitätsjournalismus" beeinflusst. Es gebe, so das Fazit, „begründete Anlässe zur Sorge um den Journalismus". Die Digitalisierung, die zurzeit im Vordergrund steht, könne hierbei als „Beschleunigungs- und Transformationsfaktor gleichermaßen" verstanden werden. Die Autoren fanden folgende, teils mehrfach miteinander verknüpfte Faktoren, die „guten Journalismus" in der Praxis beeinflussen:

Geld

Die knapper werdenden finanziellen Ressourcen führen danach in den Redaktionen zu einem Abbau des Personals; freie Journalisten erhalten weniger Aufträge und geringere Honorare (Honorardumping).

Zeit

Es steht infolge des erhöhten finanziellen Drucks immer weniger Zeit für Recherche und Qualitätssicherungsmaßnahmen zur Verfügung.

Routinen

Die Recherche als Routine wird zunehmend abgebaut. Die Selektionskriterien von Journalisten (→ Kap. 5.7.2.) können zu einer „systematischen Vernachlässigung von Themen führen, die für Leser relevant sind“.

Organisation

Redaktionen wurden infolge erhöhten finanziellen Drucks umorganisiert. Die Annahme, dass damit Qualitätsverbesserungen einhergehen, müsse in Frage gestellt werden.

Selbstverständnis

Der erhöhte finanzielle Druck lässt Journalisten ihr Selbstverständnis zunehmend in den Hintergrund stellen.

Public Relations

Der Anteil der PR-beeinflussten Beiträge im redaktionellen Teil nimmt deutlich zu. Journalistische Inhalte werden immer häufiger als Umfeld für Werbekunden betrachtet.

Literatur

Branahl, Udo: Der Kampf um innere Pressefreiheit. In: Sibylle Reiter & Stephan Ruß-Mohl (Hrsg.): Zukunft oder Ende des Journalismus. Gütersloh 1994, S. 142–154

Bücher, Karl: Gesammelte Aufsätze zur Zeitungskunde. Tübingen 1926

Chmielewski, Daniel: Lokale Leser. Lokale Nutzer. Informationsinteressen und Ortsbindung im Vergleich. Eine crossmediale Fallstudie. Köln 2011

Dahrendorf, Ralf: Homo sociologicus. Ein Versuch zur Geschichte, Bedeutung und Kritik der Kategorie der sozialen Rolle. Köln 1965

Durth, K. Rüdiger: Der Lokalredakteur. Wege zur bürgernahen Kommunikation. Remagen 1975

Fasel, Christoph: Nutzwertjournalismus. Konstanz 2004

Frohn, Hermann: Zeitungsmarketing – der Leser im Mittelpunkt. In: AZ 19/1966, S. 70–75

Glotz, Peter & Wolfgang R. Langenbucher: Der mißachtete Leser. Zur Kritik der deutschen Presse. Köln/Berlin 1969

Huber, Rudolf: Redaktionelles Marketing für den Lokalteil. München 1986

Kieslich, Günter: Die Zukunft der Zeitung liegt im Lokalen. In: ZV+ZV 1970, S. 2650–2657
Kotler, Philip: Marketing für Nonprofitorganisationen. Stuttgart 1978, S. 4).
Krohn, Peter: Peter: Redaktionelles Marketing bei Regionalzeitungen. In: ZV+ZV 1972, S. 1928
Kuntschik, Gerhard: Freie Mitarbeiter bei regionalen und lokalen Wochenzeitungen. Diss. Salzburg 1978
Lampert, Marie & Rolf Wespe: Storytelling für Journalisten. Konstanz 2011
Mathes, Rainer: Konzepte zur Nutzung und Bewertung von Tageszeitungen. In: Karin Böhme-Dürr & Gerhard Graf (Hrsg.): Auf der Suche nach dem Publikum. Konstanz 1995, S. 69–87
Matt, Rüdiger: Ein anderer Lokaljournalismus. In: Wolfgang R. Langenbucher (Hrsg.): Journalismus & Journalismus. München 1980, S. 131–146
Nazarewska, Barbara: Lokalfürsten der Regionalzeitung. Diss. Augsburg 2014
Padrutt, Christian: Die Lokalzeitung hat Zukunft. In: ZV+ZV 1970, S. 2052–2054
Peitsch, Helmut: Helmut: Die Lokalzeitung heute. Das Organ einer neuen Presseepoche. In: ZV+ZV 1969, S. 1858–1861
Pöttker, Horst: Zur Bedeutung des Sprachgebrauchs im Journalistenberuf. In: Josef Kurz u.a.: Stilistik für Journalisten. Wiesbaden 2010, S. 9–20
Ruß-Mohl, Stephan: Redaktionelles Marketing und Management. In: Otfried Jarren (Hrsg.): Medien und Journalismus 2. Opladen 1995, S. 103–141
Ruß-Mohl, Stephan: Zeitungsumbruch. Berlin. 1992
Schulzki-Haddouti, Christiane u.a.: Begrenzter Journalismus. Was beeinflusst die Entfaltung eines Qualitätsjournalismus. Analyse im Auftrag des 14. Mainzer Mediendisputs (2009)
Strobel, Michaela: Redaktionelles Marketing. Theoretische und praktische Ansätze aus Zeitungsredaktionen. München 2011
Wagner, Erich: Ohne Marketing keine Zeitungskonzeption. In: ZV/ZV 1961, S. 1545–1546
Weber, Bernd: Management in der Zeitungsredaktion. In: Günther Rager & Petra Werner (Hrsg.): Die tägliche Neu-Erscheinung. Untersuchungen zur Zukunft der Zeitung. Münster/Hamburg 1992, S. 159–169

Weiterführende Literatur

Arnold, Klaus: Qualitätsjournalismus. Die Zeitung und ihr Publikum. Konstanz 2009
Aufermann, Jörg: Publizistische Vielfalt – ein Marketingproblem? In: Vorgänge 6/1973, S. 51–68
Greiser, Franz: Marketing im Verlag heute und morgen. In: Der neue Vertrieb 1962, S. 805–808
Handstein, Holger: Qualität im lokalen Zeitungsjournalismus. Theoretischer Entwurf und empirische Fallstudie. München 2010
Kopper, Gerd G.: Redaktionelles Zeitungsmarketing. In: Günther Rager & Bernd Weber (Hrsg.): Redaktionelles Management. Dortmund 1991, S. 34–53
Nußberger, Ulrich: Dynamik der Zeitung. Stuttgart 1961
Rager, Günter u. a. (Hrsg.): Zeile für Zeile – Qualität in der Zeitung. Münster 1993
Rager, Günther: Redaktionelles Marketing. Bonn 1994

Reiter, Sibylle & Stephan Ruß-Mohl (Hrsg.): Zukunft oder Ende des Journalismus? Medienmanagement – Publizistische Qualitätssicherung – Redaktionelles Marketing. Gütersloh 1994

Renner, Karl N.: Narrative Darstellungsweisen im Journalismus. In: Werner Früh & Felix Frey: Narration und Storytelling. Theorie und empirische Befunde. Köln 2014

Schlüter, Hans-Joachim: Der neue Lokaljournalismus. In: Wolfgang R. Langenbucher (Hrsg.): Lokalkommunikation. München 1980, S. 24–30

Schröter, Detlef: Qualität im Journalismus. München 1992

Abbildungsbelege

[1] © nadla (iStock)
[2] Statistisches Amt der Europäischen Union: Einzelpersonen – Internet-Aktivitäten (05/2019)
[3] Porträt von Jakob Schlesinger (1831) (Wikimedia Commons)
[4] Holzschnitt von Christoph Armberger (1526) (Bildarchiv Preußischer Kulturbesitz)
[5] Balkendiagramm in Anlehnung an Zeitungsmarktforschung – Gesellschaft der deutschen Zeitungen (ZMG) mbH: Studie: Digitaler Journalismus (10.3.2021)
[6] Tabelle in Anlehnung an Bundesverband kostenloser Wochenzeitungen (BDVA): Daten & Fakten – Übersicht 2024 und aktuelle Marktentwicklung
[7] Tabelle in Anlehnung an Bundesverband kostenloser Wochenzeitungen (BDVA): Daten & Fakten – Übersicht 2024 und aktuelle Marktentwicklung
[8] Porträt von Jost Amman (1589) (Staatsbibliothek Berlin)
[9] Flugschrift von Reinhard Lutz (1571) (Wikimedia Commons)
[10] Deutschsprachige Relation von Johann Carolus (1609) (Wikimedia Commons)
[11] Maler unbekannt (Wikimedia Commons)
[12] Einkommende Zeitungen von Timotheus Ritzsch (ab 1650) (Wikipedia gemeinfrei)
[13] Tabelle in Anlehnung an Schütz: Die deutsche Tagespresse in Zahlen 1954–2012; Medienberichte der Bundesregierung
[14] Tabellen in Anlehnung an Medienberichte der Bundesregierung
[15] Tabelle in Anlehnung an Röper, Horst: Zeitungsmarkt 2022 – weniger Wettbewerb bei steigender Konzentration
[16] Tabelle in Anlehnung an Röper, Horst: Zeitungsmarkt 2022 – weniger Wettbewerb bei steigender Konzentration
[17] Tabelle in Anlehnung an Bundesverband Digitalpublisher und Zeitungsverleger (BDZV): Zur wirtschaftlichen Lage der deutschen Zeitungen 2023
[18] Eigene Darstellung
[19] Eigene Darstellung
[20] Französischer Kupferstich Ende des 18. Jahrhunderts (Musee de Carnevalet, Paris, Inventar-Nr. G 39134)
[21] © Pixabay
[22] Redaktion einer schwedischen Zeitung um 1935 (Wikimedia Commons)
[23] Tortendiagramm in Anlehnung an Wagner & Möhring: Freie im Lokalen (2020)
[24] Tabelle in Anlehnung an Statista 2023
[25] Tabelle in Anlehnung an Statistisches Bundesamt/BDZV-Jahrbücher
[26] Eigene Darstellung
[27] Eigene Darstellung
[28] Privatarchiv Lietz
[29] Eigene Darstellung
[30] © Userba011d64_201 (iStock)
[31] Eigene Darstellung

[32] Tabelle in Anlehnung an Nazarewska (2014), S. 151
[33] Stich von Henri Gascard (1667) (Wikimedia Commons)
[34] Tabelle in Anlehnung an Loosen u. a. (2023), S. 10
[35] Portrait (1940) (Wikimedia Commons)
[36] Tabelle in Anlehnung an Loosen u. a. (2023), S. 13
[37] Tabelle in Anlehnung an Nazarewska (2014), S. 151
[38] Kupferstich von Martin Bernigeroth (1716) (Wikimedia Commons)
[39] Eigene Darstellung
[40] Bild aus „Der Teutsche Advokat" (1678) (Wikimedia Commons)
[41] Karikatur von Alphonse Hector Colomb (1882) (Wikimedia Commons)
[42] Portrait (undatiert) (Wikipedia gemeinfrei)
[43] Rothen Zeitung (1786) (Wikipedia gemeinfrei)
[44] Portrait (undatiert) (Wikimedia Commons)
[45] Tabelle in Anlehnung an Arnold/Wagner (2018)
[46] Portrait (undatiert) (Wikimedia Commons)
[47] Newe Zeitung (1576) (SPRINT)
[48] Tabelle in Anlehnung an Schneider, Beate u. a.: Lokalzeitungen in Ostdeutschland. In: Media Perspektiven 7/1997
[49] Porträt von Godfrey Kneller (1697) (Wikimedia Commons)
[50] Stich von Wilhelm Arndt (undatiert) (Wikimedia Commons)
[51] Portrait (undatiert) (Heimatverein Bonn-Oberkassel)
[52] Tabelle in Anlehnung an BDZV/ZMG-Studie „Digitale Journalisten" (2021)
[53] Eigene Darstellung
[54] Tabelle in Anlehnung an BDZV/ZMG-Studie „Digitale Journalisten" (2021)
[55] Portrait (undatiert) (Wikimedia Commons)
[56] Portrait (undatiert) (Wikimedia Commons)
[57] Eigene Darstellung

Stichwörter und Personen

Abbildungsverzeichnis